イギリス立憲政治の源流

——前期ステュアート時代の統治と「古来の国制」論——

土井美徳 著

木鐸社

―目　次―

凡例

1 引用については，本文中に著者名・出版年・該当ページの順で記し，巻末に参考文献表をつけた。
2 基本的な史料からの引用については，略語を用いて本文中に記し，以下に略語と文献の対照表を記した。
3 引用文中の［ ］は引用者による補遺である。

〈略語対照一覧〉

BJ	Foss, E., *Biographia Juridica*, London, 1870.
CCD	Hearne, T., *A Collection of Curious Discourse*, Oxford, 1720.
CD	Tanner, J. R. (ed.), *Constitutional Documents of the Reign of James I*, Cambridge, 1952.
CD21	Notestein, W. *et al*. (eds.), *Commons Debates, 1621*, New Haven, 1935.
CJ	*Journals of the House of Commons*.
DNB	Stephen. L. *et al*. (eds.), *Dictionary of National Biography*, London. 1908.
GE	Fortescue, Sir John, *The Governance of England*, London, 1926.
LCA	Bracton, Henry de, *De Legibus et Consuetudinibus Angliae*, Cambridge, 1968.
LLA	Fortescue, Sir John, *De Laudibus Legum Angliae*, Cambridge, 1949.
LJ	*Journals of the House of Lords*.
MAS	Winwood, Sir Ralph, *Memorials of Affairs of State*, 3vols., New York, 1972.
NLN	Fortescue, Sir John, *De Natura Legis Naturae*, London, 1980.
PD10	Gardiner, S. R. (ed.), *Parliamentary Debates in 1610*, New York, 1862.
PP10	Foster, E. R. (ed.), *Proceedings in Parliament 1610*, 2vols., New Haven, 1966.
PP14	Jansson, M. (ed.), *Proceedings in Parliament 1614*, Philadelphia, 1988.
PP25	Jansson, M. *et al*. (eds.), *Proceedings in Parliament 1625*, New Haven, 1987.
PP26	Bidwell, W. B. *et al*. (eds.), *Proceedings in Parliament 1626*, 4vols., New Haven, 1991-6.
PP28	Jonson, R. C. *et al*. (eds.), *Proceedings in Parliament 1628*, 6vols., New Haven, 1977-83.
RA	Smith, Sir Thomas, *De Republica Angrorum*, Cambridge, 1982.
PW	James IV and I, *Political Writings*, Sommerville, J. P. (ed.), Cambridge, 1994.
RCC	Granville, John (ed.), *Reports of Certain Cases*, London, 1775.
RHC	Rushworth, John, *Historical Collections of Private Passages of State*, London, 1659.
SRP	Larkin, J. F. and Hughes, P. L. (eds.), *Stuart Royal Proclamations*, 2vols., Oxford, 1973.
ST	Howell, T. B., *A Complete Collection of State Trials*, 21vols., reprint, New York, 2000.
THC	Townshend, H., *Historical Collections*, London, 1680.

イギリス立憲政治の源流

——前期ステュアート時代の統治と「古来の国制」論——

序論

ある一定の時代、一定の民族において、どのような法学的思惟類型が支配的であるかということは重大な意味と影響力を持っている。さまざまの民族や人種はおのおの異なった思惟類型と対応しており、そしてある民族に対する精神的並びに政治的支配はある一定の思惟類型の優勢ということと結びつきうるものである。（中略）政治的生活の形成はすべて法的生活の特殊な思惟方法や推論方法と直接的な相互連関を持っている。

—カール・シュミット『法学的思惟の三種類』より(1)—

一　問題の所在

一七世紀イングランドの政治社会は、近代イギリスの政治的進路を決定するさまざまな可能性のオルタナティヴが登場していた時代である。そして、一六八八年の名誉革命による「体制確立（settlement）」以降のイングランドの政治社会に特有の〈政治的な知の様式〉と〈政治的伝統〉を考えるうえで、一七世紀の「前期ステュアート時代」はとりわけ重要な時期であったと言ってよい。

一般的に一七世紀のイングランド政治史は、「前期ステュアート朝（the early Stuarts）」（1603-1649）、「空位期

（Interregnum）」（1649-1660）、「後期ステュアート朝（the later Stuarts）」（1660-1668）の三つの時代に大きく区分される。一六〇三年にテューダー朝のエリザベス一世が死去すると、王位継承者を欠いていたテューダー家に代わって、すでにスコットランド国王となっていたステュアート家のジェームズ六世がイングランドの王位を継承し、ジェームズ一世としてステュアート朝を開始した。このジェームズ一世の即位から、一六四〇年代の内乱期の過程でチャールズ一世が処刑されるに至った一六四九年までが、「前期ステュアート朝」にあたる。[2] 国王チャールズの処刑によって、その後イングランドは、歴史上唯一の空位時代あるいは共和政時代を経験することとなる。この「空位期」は、長期議会の残部により構成されたランプ議会による貴族院の廃止、一院制となった庶民院への権力集中、さらには聖徒による支配をめざした指名議会、「統治章典」発布に伴うプロテクター制の樹立という一連の共和政の試みによって占められている。この時代の政治過程の中心人物であったのが、オリヴァー・クロムウェルであった。[3] 一六五八年のクロムウェルの死去に伴い、一気に伝統的国制へと回帰したイングランドは、一六六〇年、チャールズ二世の即位によって王政復古を迎える。このチャールズ二世の治世から、その後ジェームズ二世による絶対主義への反動という時代を経て、オレンジ公ウィリアムのオランダからの招聘と『権利章典』の発布によって「名誉革命」による体制決着が図られた一六八八年までの時代が、「後期ステュアート朝」と呼ばれる。[4]

こうした一七世紀イングランドの政治過程のなかにあって「前期ステュアート朝」がもつ歴史的意義について確認しておこう。ジェームズ一世とチャールズ一世の治世にあたる前期ステュアート朝は、国制のあり方全体をめぐって政治社会が大きく動揺した時代であり、テューダー朝時代までの中世後期から近世初頭のイングランド史に一つの画期をもたらした時代と見なすことができる。さらに、この前期ステュアート朝は、ジェームズ治世最初の議会が開かれた一六〇四年から、『権利請願』をめぐる対立によってチャールズが議会を解散して親政政治へと舵を取った一六二九年までの、いわば議会が機能していた「議会政治の時代」（1604-1629）と、その後カンタベリー大主教ウィリアム・ロードとアイルランド総督代理トマス・ウェントワース（のちストラフォード伯）によるいわゆるロード・ストラフォード体制を敷いて無議会政治へと転じた「親政政治の時代」（1629-1640）[5]、そして一六四〇年に一一年ぶりに議会が召集され、その後、国王派と議会派の衝突によって内乱が勃発し、チャールズの処刑によって結末を迎えた、いわゆる「内乱の時代」（1641-1649）[6]という形で、三つに区分して考えることができる。イギリス近代の立憲主義および議会主義の形成を考えるうえで、一六〇三年から一六二九年までの「議会政治の時代」は、その政治的・法的思考の原型を準備したという点でとりわけ重要な意義を持っていると言ってよい。そこでは、課税や独占といった政治的争点と国教忌避者や対カトリック政策などの宗教的争点が、国王大権の性格づけとその範域の問題と関連しながら、激しく論争されることとなった。

　絶対的な国王権力の範域を肯定するローマ法を継受したスコットランドにおいてすでに国王となっていたジェームズ一世は、当時の大陸ヨーロッパの新しい知的潮流に通じた学識ある君主として知られていたが、彼のこの学識は一方で、自然法思想に立脚した「王権神授説」を擁護する姿勢を生み出していた[7]。王権神授説の観念を信条とし、絶対的な君主権力の論拠を提示するローマ法に共感していたジェームズがイングランドの国王に即位すると、それと連動するかのごとくたとえば大主教となったリチャード・バンクロフトをはじめとする聖職者たちや、ジョン・カウエルのようなローマ法学者たちによって、イングランドにおいても絶対主義の言説が公然と登場するようになっていった。さらに議会の同意を得ない「賦課金（imposition）」の徴収や、法適用特別免除という国王大権に基づいた独占政策などのように、絶対主義の懸念を喚起させるようなステュアート王権の諸政策が現実に実施されるに及んで、庶民院、とりわけそこに議席を有するコモン・ローヤーたちは、国王ジェームズに対していっせいに態度を硬化させ、反発姿勢を示していったのである。ジェームズ治世第一議会（1604-1611）[8]、第二議会（1614）[9]、第三議会（1621-1622）[10]、第四議会（1624-1625）[11]、さらにチャールズ即位後の第一議会（1625）[12]、第二議会（1626）[13]、第三議会（1628-9）[14]という一連の政治過程において、庶民院のコモン・ローヤーたちは、ステュアート朝の現実政治において喫緊の課題となっていたイシューに対応するために、コモン・ローによる法の支配の原則や議会の絶対的な権能に関する新たな政治と法の言説を展開していった。[15]それは、イングランドの「古来の国制（Ancient Constitution）」へと訴える型の政治言説であった。この「古来の国制」論は、ステュアート王権の統治に対する「抵抗」の論理として提起されたものであり、イングランドの「古来の慣習」であるコモン・ローに基づく政治を擁護することによって、イングランド固有の〈伝統〉に訴えた政治観念であったと言える。この「古来の国制」論こそは、近代イギリスの立憲主義と議会主義を導いた祖型とも呼ぶべき政治言説にほかならなかった。前期ステュアート朝の一六〇三年から一六二九年までの議会政治の時代に生み出された「古来の国制」論はその後、親政政治から脱した一六四〇年の長期議会の庶民院が駆使した重要な政治言語となったし、さらには〈諸身分の調和〉に立った伝統的国制の再生をめざした一六六〇年の王政復古期の論者たちが依拠した政治言説でもあった。そして、一六八八年の名誉革命体制における統治原理の基本的な要素も、まさしく前期ステュアート朝の国制論の延長線上に位置するものであった。その意味で、「古来の国制」論とそれを支えた古典的コモン・ロー理論が形成された前期ステュアート時代、なかんずく議会が活発に機能した一六〇四年から一六二九年の時代は、近代イギリス政治における立憲主義と議会主義の形成にとっての揺籃期であったと言ってよい。

しかしながら、こうした前期ステュアート朝の政治過程がもつ重要性にもかかわらず、日本におけるこの時代に関する研究はあまりにも希薄であると言わざるをえない。とくに議会やコモン・ローといった国制の研究に関する限り、ほとんど皆無に近い状況である。一七世紀イングランド史の研究は、従来、一六四〇年代の内乱期（いわゆるピューリタン革命期と称された）の研究に圧倒的に集中しており、それに先行する前期ステュアート時代は、内乱ないし革命の単なる〈前史〉として位置づけられる傾向にあった。前期ステュアート朝それ自体を考察対象とした歴史研究は、日本ではたとえば「税制」に関する研究などが存在している程度で、ことのほか限られている。⑯議会やコモン・ローなどを対象とした政治的・法的な歴史研究は、そのコモン・ローの法的知識の難解さも相俟ってほとんど研究の手が及んでこなかった領域であると言える。「古来の国制」論をめぐる英米の研究史の整理を行う際に後述するように、本国イギリスにおいて前期ステュアート朝の政治史、政治思想史、議会史、国制史などの研究が隆盛をきわめているのと比べると、日本におけるこの分野の研究の立ち後れは驚くほどである。本書は、日本における一七世紀イングランド史のこうした研究史上の空白を埋めようとするものでもある。本書が考察の対象としているのは、前期ステュアート朝の政治史、政治思想史、議会史、国制史であり、ステュアート王権の統治下における現実政治への対応として庶民院のコモン・ローヤーたちが展開した政治言説を、当時の政治的コンテクストと言語的コンテクストのなかで分析しようとするものである。

いずれにせよ、一七世紀の前期ステュアート時代は、近代イギリスの主要な政治的様式を生み出した重要な時期にあたっている。当時の庶民院コモン・ローヤーたちに見られた、政治社会の統治原理を「古来の国制」のなかに求めるコモン・ロー理論の営為のなかから、イギリス特有の「法の支配」の原則に基づいた〈近代立憲主義〉の源流が形成されていったと言えるし、他方、基本法としてのコモン・ローの最終的解釈を担うのが議会とされ、またコモン・ローの二大原則である立法と課税における王国全体の同意を表明する機関も議会であるとされたことから、この立憲主義の観念は同時にイギリスの〈議会主義〉の発展と同時進行するものであった。さらに、この「古来の国制」論あるいはコモン・ロー理論が中心課題としていたのが、ほかならぬ「臣民の自由」であったことから、それはいわゆるイギリスの〈古典的自由主義〉を生み出していく端緒となる政治言説でもあった。前期ステュアート朝に発達した権利としてしばしば「選挙の自由」、「討論の自由」、「逮捕・拘禁からの自由」「経済活動の自由」等が挙げられるように［Ruigh 1971 : 8］、この時代は古典的自由主義の源流にあったと見なすことができるのである。

このように近代イギリスの主たる政治的様式を生み出した母胎としてのコモン・ロー理論は、すでに指摘したように、イングランドの〈古来〉の伝統に訴える型の思考に基づいていた。その伝統とは、イングランドの「超記憶的時代（time immemorial）」に由来する慣習法に依拠した「古来の国制」であり、それは、たとえば後の内乱期に登場するレヴェラーズやトマス・ホッブズに見られる思考様式が政治社会を「作為」によって設立する構成原理に立ったものであったとすれば、所与の伝統の解釈行為を基本にしていると言う意味で解釈原理の思考作業を通じて生み出されてきたものであったと言えよう。そしてその古来の伝統の解釈行為を担ったのが、コモン・ローヤーであり、なかんずく議会の庶民院に位置するコモン・ローヤーたちであった。彼らのなかに見られたいわゆる「コモン・ロー・マインド」と呼ばれるメンタリティは、J・R・ストナーが指摘するように、本質的に「政治的自由に関する思考様式」によって満たされていたのであり、先例となる裁判所の判例を翻く単なる法曹の思考ではなかった点に注目しなければならない。当時の「古来の国制」論あるいはコモン・ロー理論は、一七世紀初期のイングランドの政治社会に対して、「政治論争を行うための最も重要な知的道具」を提供していたのであって、「前期ステュアート時代の最も重要な政治言語」となっていたのである。臣民の諸々の自由ないし権利や、法の制定、課税などの争点は、ほとんどコモン・ローの独壇場であったと言っても誇張ではない [Stoner 1992 : 8]。グレン・バージェスによれば、当時の「政治言語」のなかでとくに重要な位置を占めていたのは「神学的な政治言語」と「コモン・ローの政治言語」であったとされ、とくに内政に関わる問題を論じる際に支配的言語となっていたのは「慣習や先例、権利、特権的自由、国王大権などといった概念」によって政治が語られるコモン・ローの政治言語であったと言う [Burgess 1992 : 116,119,138,174]。

本書は、こうした前期ステュアート時代の立憲主義と議会主義と古典的自由主義が成立していくその基底にあった政治的思考様式の枠組みとその特徴を、「古来の国制」論を展開した当時のコモン・ローヤーたちの言説のなかから探り出そうとするものであるが、筆者の見るところ、この一七世紀のコモン・ロー理論の思考様式こそは、その後のイギリス政治に見られる特徴的な政治的思考様式の原型を提示したものであった。そこには、たとえばイギリスの政治的思考様式のなかに確認されうる、伝統に立脚した「ラディカルな契機」と「コンサーバティブな契機」の併存とも言うべき特徴が本質的に見られる。大雑把な表現を敢えてするならば、本書で考察するようにイングランドの「古来の国制」を主題とするイングリッシュ・コンスティチューショナリズムに見られたラディカリズムの側面が、この後のイギリスのウイッグ的「自由主義」の発展を促していったと言うことができるし、他方でそれが持つもう一方のコンサーバティブな側面が、〈British Constitution〉を擁護したエドマンド・バークに典型的に見られたような後のイギリス「保守主義」へと継承されていったと言えよう。そして歴史的に見れば、このイングリッシュ・コンスティチューショナリズムのもつラディカルな側面は、たとえば一七世紀においては主として国王の「絶対的権力」との対抗関係のなかで発揮されたし、もう一方のコンサーバティブな特徴は、イングランドの内乱期のように（同様にフランス革命の時代にも）、近代自然権思想、とりわけコモンウェルス全体の意味ではなく、自然権の享有主体として政治社会を構成する個人としての「人民（the people）」と結びついたいわゆる作為の論理と、そしてこれを前提とした革命や革新といった政治事象との対抗関係においてとくに作用してきたと見ることができよう。その意味で、ラディカリズムもコンサーバティズムも、イングリッシュ・コンスティチューショナリズムがもつ「相対的」な働きとして見なされねばならない。いずれにせよ重要なのは、「自由主義」と言い「保守主義」と言っても、ヴィクトリア朝時代のある時期に至るまでは、同じ観念の異なった現れとして、いわばコインの表と裏のような関係にあったという点である。このことは、たとえば一九世紀の保守主義者と呼ばれる人びとが、同時に自由主義者でもあったとされている点に端的にうかがわれよう［村岡 一九九五、栄田 一九九二］。

そして、一六四〇年代の内乱期にレヴェラーズ的な自然権思想が登場する以前にあたる前期ステュアート時代にあっては、イギリスの近代的な立憲主義を生み出す母胎となったコモン・ローの政治言説は、「絶対君主制」の台頭として懸念された当時のステュアート王権との関係から、まさに典型的なラディカリズムの機能を果たしていた。「古来の国制」論を説いたコモン・ローヤーたちの〈保守〉すべき価値が、イングランドの現にある秩序としての慣習的世界を前提とし、その歴史的連続性を強調する限りにおいて、たしかにそれは、本質的に保守主義的な思考様式を呈していると言ってよい。しかし同時に、その保守すべき価値が〈古来〉のものだとする彼らの歴史論的な主張の基底には、それがより〈自然〉に適ったものであるとの存在論的な前提が存在した。この意味で彼らの「古来性（antiquity）」の主張とは、「合理性（reasonableness）」の主張にほかならず、彼らにとって〈古来〉に立ち返ることは、より根源的なもの（radical）としての〈自然〉に立ち返ることでもあった。このような「自然本来性」あるいは「根源性」を志向するイングリッシュ・コンスティチューショナリズムの契機のなかに、コモン・ロー特有の一見保守主義的な思考に内在したラディカリズムが生まれる思想的所以があると考えられる。本書の考察全体を貫いている通底音はまさにこの点にある。

本書の考察の狙いは、イングランド特有の政治的伝統の形成に寄与し、もって大陸ヨーロッパとは異なった、もう一つの〈ヨーロッパ近代〉の途とも言うべき漸進主義的・改革主義的な政治路線に大きな影響を与えた一七世紀の「古来の国制」論、およびそれを提起したコモン・ロー理論について、その政治的な思考様式を明らかにすることに置かれている。それは同時に、イギリス流の「立憲政治」の形成をもたらした政治的思考様式を明らかにしようとするものでもある。

二　研究史の整理

ここでは、過去のとりわけイギリスにおける研究史の整理を行うとともに、本章の研究視角を提示しておくことにしたい。一七世紀前期ステュアート朝のイングランドの国制や政治、法や議会に関する従来の考察は、王権と議会（実際には庶民院）との間の統治権力をめぐる闘争として、すなわち絶対主義・対・立憲主義という異なる政治原理の対立として描かれ、それは四〇年代に勃発する内乱を必然的にもたらした要因と見なされてきた。こうしたいわゆるウィッグ主義的な歴史解釈は、ここ数十年の研究において大きく修正されてきた。一九五〇年頃にはいち早くM・ジャドソンがこうした絶対主義と立憲主義、王権と庶民院という先鋭的な対立図式に疑問を呈し、両者の妥協的な側面を強調しながら、その対決的性格を緩和した［Judson 1949］。そして六〇年代になると、G・R・エルトンをはじめ、ウィッグ的な解釈図式の変更を迫るいくつかの研究が登場するようになった[17]。そしてこうした研究動向の変化は、八〇年代に入って、周知のようにコンラッド・ラッセルに代表される本格的な修正主義の研究に継承されていくことになるのである。修正主義研究の高まりのなかで多くの研究者は、絶対主義的な王権と立憲主義的な議会との間の原理的対決を前提とし、そこに革命ないし内乱の根本的な原因を見ようとする伝統的な解釈形式から離れ、むしろ両者のコンセンサスにおいて前期ステュアート朝の政治社会を把握しようとする傾向が顕著になっていった。

他方で、絶対主義・対・立憲主義という政治原理の先鋭的な対決という解釈パターンは、一九五七年に刊行されたJ・G・A・ポコックの『古来の国制と封建法』（*The Ancient Constitution and the Feudal Law : A Study of English Historical Thought in the Seventeenth Century*, Cambridge,1957）によって、二つの視座が提供されることとなった。一つは、前期ステュアート時代の政治的思考を支配していたのがコモン・ローに基づく「古来の国制」論であり、それはイングランドの古来の慣習に依拠した「島嶼的性格」の政治言説であったという視点であり、もう一つは、この「古来の国制」論が、庶民院のコモン・ローヤーの支配的な政治言説であっただけでなく、王権側の論者も含めたイングランド共通の政治言語であったという視点である。

ポコックの研究は、まず何よりも大陸ヨーロッパとの比較というパースペクティヴの下に、大陸とは異なるイングランド固有の政治言語をコモン・ローの言説に求め、それを「古来の国制」論という一個の類型として描き出そうとするところにあった。彼は、それを「コモン・ロー・マインド」と名づけ、イングランド特有の政治的メンタリティを形成していると見なした。それゆえ、「古来の国制」論を説いたコモン・ローヤーたちの思考は、当時大陸ヨーロッパで流行した人文主義の知的雰囲気とは切り離された、イングランドに固有のコンヴェンショナルな観念に根ざした島嶼的性格のものであったと指摘したのである。このポコックの先駆的業績によって、一七世紀イングランドの国制や法に関する研究は、「古来の国制」論をテーマとしてにわかに脚光を浴びるようになった。

イングリッシュ・コンスティチューショナリズムの研究に一つの画期をもたらし、後の研究史に大きな影響を与えたポコックのこの作品は、一七世紀イングランドの国制史の「根本的な性格と諸問題」に関して一つの理論を提示しようとしたものであり、「古来の国制」論という、当時の「最も典型的かつ必要な」思想でありながら、歴史家によって無視されてきた一七世紀イングランドの思想の系譜を明らかにしようと試みたものであった［Pocock 1987: Preface to the First Edition,xiii］。その基本的な構成は、イングランドの「コモン・ロー・マインド」の性格を、一六世紀に興ったフランスの人文主義的歴史研究と対照させながら描こうとするところにある。当時のイングランドの政治と法を主導した「コモン・ロー・マインド」がエドワード・クックに典型的に見られたような超記憶的な古来の慣習という観念によって構成されたものであり［chap.II］、それゆえそこには歴史研究における「比較」の基礎が欠けていたのに対して［chap.III］、人文主義の歴史研究に立脚したフランスやスコットランドの歴史家は「封建主義の発見」をもたらしていた［chap.IV］。しかし慣習の古来性を神話的に想定するイングランドのコモン・ローヤーたちの多くは、こうした大陸の新たな知的パースペクティヴに眼を閉ざしたままであり、人文主義の歴史研究の方法に基づいてイングランド法を封建法として認識した最初の、そして希有な論者として、ヘンリー・スペルマン（Sir Henry Spelman）を取り上げる［chap.V］。ポコックの研究が主張した基本的な論点は、一七世紀イングランドの現実政治において最も支配的かつ典型的な政治言語となっていたのが、古来のコモン・ローによる支配を説く「古来の国制」論であったという点と、その思考が大陸の人文主義とは切り離されたイングランドの島嶼的性格を持つものであったという点にある。こうしたイングランド固有の政治言語を形成した「古来の国制」論の典型としてポコックが見なしていたのは、コモン・ローによる「法の支配」を説き、一六二〇年代の議会において指導的な役割を果たしたエドワード・クックであった。

他方、ポコックの研究は、前期ステュアート時代の政治が絶対主義と立憲主義との対立にあったという解釈図式の修正を迫る側面も持っている。ポコックによれば、「ステュアート朝の国王たちが行おうとしていたことを支持した人びとであっても、通常は、自分たちの支配者を主権を持つ立法者とは考えていなかったし、……従って法が国王の意思から生じるという議論はしていなかった」。国王の支持者たちが依拠していたのは、むしろ古来のコモン・ローに関する言説であり、その意味でコモン・ローの政治言説とは、庶民院の「党派的な論拠」ではなく、「イングランド人にとってほとんど普遍的な信条」であった［Pocock 1957: 54］。こうして彼は、コモン・ローの政治言説を、庶民院コモン・ローヤーだけでなく、国王支持者たちによっても共有された前期ステュアート時代の共通の支配的な政治言語であったとの、後の修正主義につながる視座をも提示している。

こうしたポコックの議論はその後、一方で七〇年代に登場する修正主義の歴史家たちからの継承と批判を受けることになる。ポコックが提示した絶対主義・対・立憲主義の解釈図式の変容は、後の修正主義者たちによって、よりいっそう推し進められることになる。と同時に、彼が提起した「古来の国制」論の島嶼的性格に関するテーゼは、修正主義者たちからの批判に晒されることとなる。一般的に修正主義の研究によれば、前期ステュアート時代、とりわけジェームズ治世時代は、「コンセンサスと調和」に基づく対立不在の時代であったとされ、コモン・ローヤーの伝統的な国制観念とジェームズらの政治理念はともに共通の枠組みに立脚したものであったとされる。[18] こうして修正主義の研究によって、ジェームズ一世、チャールズ一世による絶対主義の台頭と、「古来の国制」論というコモン・ローの言説がもつ絶対主義への抵抗イデオロギーというウィッグ的な側面が完全に否定されていくことになる。他方で、当時のコモン・ローヤーの思考は、ポコックが説いたように、島嶼的性格のものでは決してなく、大陸ヨーロッパの知的パースペクティヴに十分に通じていたものであったとの指摘がなされるようになった。[19] こうした主に修正主義陣営からの批判に対して、ポコックは、一九八七年にかつての作品の改訂版を出して、自説を修正するとともに反論も試みた［Pocock 1987］。

さらに、ポコックの研究は、ウィッグ的な研究を批判した修正主義史家に対する反批判として登場したJ・P・サマヴィルらのネオ・ウィッグ的な研究者のほか、アメリカの憲法思想史の研究者らによっても継承され、さらに精緻な分析が試みられると同時に、「古来の国制」論がもつ反絶対主義のイデオロギー的側面が改めて強調された。[20] 一方、修正主義の研究のなかでも、前期ステュアート時代を対立の不在と見なすのではなく、そこに国制をめぐって複数の異なる政治理念あるいは政治言語が存在したことを認めつつ、ただしかつての伝統的解釈が想定した対立とは異なる形式の対立を描こうとする研究が登場してきた。こうした研究は一般的に、一六二〇年代後期のチャールズ治世初期における統治態度の変容を指摘し、ジェームズの時代とその後のチャールズの時代における対立の性格の変容に注目する。そしてチャールズ治世期とは異なって、とくにジェームズ治世のジャコビアン時代には、たしかに政治言語の性格や国制の構想において異なる理論が競合していたとしても、そこには一定のコンセンサスが成立していたと見なすのである。[21]

以上のような研究史のなかの対立軸を指摘するならば、それは以下の点に集約されよう。一般的に、ネオ・ウィッグ的な研究においては、かつてのウィッグ主義的解釈と総称される歴史研究と同様に、前期ステュアート朝の王権と議会との関係は、王権神授説に基づく絶対主義王権に対して、議会とりわけ庶民院がイニシアティヴを獲得していく過程として描かれ、とくに議会の特権、臣民の自由が確立されていく時代として説明されてきた。その場合、王権と議会との間には、前期ステュアート時代を通じて、立憲主義・対・絶対主義という原理的な対立が存在していたと想定され、この政治原理の根本的対立こそが内乱の長期的な要因になったのだと解釈されてきた。これに対して修正主義の批判的解釈に従えば、一六〇三年から一六四〇年の長期議会の召集までの時期は、政治的対立の時代ではなく、むしろコンセンサスと調和の時代であったとされる。この時代にはイデオロギー上の根本的差異はなかったし、その意味で、激しく対立しているかに見える相克もマイナーな具体的争点をめぐってであったり、あるいは宮廷内部のパーソナルな権力闘争に庶民院がリンケージしたことによって惹き起こされたものであると説明された。なかんずくジェームズ治世のジャコビアン時代の王権と議会には「実効的な妥協」［Carrier 1998: 1］が存在していたとし、両者の間の非対決的な性格を強調した「ジャコビアン・コンセンサス」［Burgess 1992: 139］が主張された。

たしかに、修正主義者が指摘したように、一六〇三年以降の前期ステュアート朝の政治過程を、四〇年代の内乱期の武力衝突へと至る直線的な連続性において把握する見方は適切であるとは言えない。ジェームズ治世期の対立がそのまま内乱へと至る必然性はないし、少なくともチャールズ一世による親政政治が開始される以前の、議会が開かれていた二〇年代末までの政治過程と、内乱へと突入した四〇年代の政治状況とは〈政治的アリーナの可能性〉という点で明らかに一定の差異が存在するからである。その意味で言えば、ジェームズ治世期とチャールズ治世期（とくに親政政治の時代）との間に一定の時代区分を設定することが必要であると思われる。それは、前者がまがりなりにも政治言語における一定の枠組を共有し、その解釈上の対立という形をとっていたことにより、政治的アリーナの可能性そのものが維持しえていた時代であったのに対し、後者は、この政治的アリーナそのものが破綻へと向かったという点で決定的な違いが存在するからである。しかしながら他方で、ジェームズの即位から一六二〇年代末までの政治過程が、こうした一定の政治言語の共有によって「コンセンサスと調和」が存在した時代であったとも到底言えないように思われる。すなわち、ジェームズの統治理念と庶民院コモン・ローヤーの国制論との間には、表面的あるいは形式的には一定の政治言語の枠組みが共有されていたとしても、ここでの解釈上の違いは、その根底に統治理念の明らかな相違を孕んでいたからである。しかも、共通枠組みとなっていた政治言語の〈解釈上の対立〉から生まれる実践上の帰結は、現実には「絶対主義的」な統治と、「立憲主義的」な統治との間の差異に相当するほどの対立的な性格のものであった。たしかに、共通の政治言語の上に立って解釈上の対立が繰り広げられたことによって、一方で他者の完全なる否定を意味する「対立」は回避されていたと言えよう。〈政治的アリーナの可能性〉が、基本的な政治原理の共有を前提としながら、そこに共通原理の解釈上の多様性を認め、討論を通じた対立の形式をとるところに存立しうるものであるとすれば、前期ステュアート時代のとりわけ議会政治の時代は、政治的アリーナが機能しえていたと見なすことができる。その限りにおいて、後の内乱という武力衝突に至る必然性はなかったと言える。しかし、共通の政治言語の解釈上の対立は、現実には、全く相容れない性格の帰結を孕んだものである限りにおいて、そこには明らかに抜き差しならない対立の構図が存在していたのである。その意味で「コンセンサスと調和」は、この時代を把握する視座としては的を射ているようには思われない。

本書では、前期ステュアート時代の政治社会を考察するうえで二つの前提を立てて議論を進めている。一つは、前期ステュアート朝の政治過程を、ジェームズ治世期とチャールズ治世期（とくに二九年以降の親政政治の時代）との間に時代区分を設定して考察すべきだという点である。それは、ジェームズ即位後の前期ステュアート朝の歴史過程を内乱ないし革命へのハイ・ロードと捉え、必然的な歴史のコースを描きがちなウィッグ史観や、両者の間に同質かつ連続的な対立の構図を見て取るネオ・ウィッグ的な歴史認識とも、また逆に内乱以前の前期ステュアート朝を「コンセンサスと調和の時代」と見なし、原理的な対立の不在を説く修正主義とも一線を画するものである。

もう一つの前提は、それにもかかわらず、すでにジェームズ治世期において後の四〇年代初頭までの時代を通底するある種の根深い政治的対立が存在していたという前提である。それは、一六〇三年から一六二九年までの議会が開かれていた時代にも、突き詰めるところ和解しがたい二つの統治理念の対立が当時の政治論争のなかにすでに存在していたという理解に立っている。「古来の国制」論のなかで古来のコモン・ローに基づく統治を主張したコモン・ローヤーたちと、原理的には王権神授説に立ちながら、実践的には「法に従う良き君主」を説いたジェームズの統治理念との間には、王権や議会をめぐる政治的権威の所在という点においても、また国王大権の性格づけの点においても、明らかに容易には和解しがたい対立的な論点が存在していた。こうした両者の間の対立軸は、本書で繰り返し指摘するように、「絶対的国王大権（the absolute prerogative）」の性格とその範域をめぐって議論がなされる文脈のなかに最も明瞭に現れてくる。もとよりここでの対立は、国王側においても庶民院およびコモン・ローヤーの陣営においても、一定の法言語と政治言語の伝統が共有され、その解釈上の対立という形をとっていた限りにおいて効果的な妥協が成立する余地も存在したが、しかし同時にこの「絶対的国王大権」論は、ローマ法の緊急時の「必要」という政治言語と結びついた時に、個々の政策ごとに国王の絶対的権力を導き出す、いわば「カズイスティクな絶対主義」をもたらす危険性も存在していたのである。本書の課題の一つは、庶民院のコモン・ローヤーたちの言説と、ジェームズやローマ法学者たちの言説を、前期ステュアート時代の現実政治のコンテクストや、さらには当時のさまざまな政治言説がもつ言語的コンテクストのなかに位置づけて考察することによって、この時代に存在していた〈対立〉の性格、あるいは対立軸の所在について明らかにすることにある。

他方、こうした対立かコンセンサスかといったいわゆる修正主義論争とは別に、「古来の国制」論を扱った従来の研究は、先駆的な研究であるポコックのそれはもとより、その後の代表的な研究であるサマヴィルやバージェスの研究においても、相対的にアプローチが静態的で、前期ステュアート朝を一個の時代として把握し、そこに存在した言説を分析するという手法に止まっている傾向がある。こうした傾向は、とりわけポコックとサマヴィルにおいて顕著である。そこには、一七世紀の「古来の国制」論が誕生した起源や、それが形成される際に依拠したコンヴェンショナルな種々の言説、さらにはそこから展開された思考様式の在りようについて、必ずしも十分な究明がなされているとは言えない。本書の課題は、イギリス政治において立憲主義と議会主義を導いた「古来の国制」論という政治言説が、いつ、どのようにして生まれたのか、その起源と形成過程を、ディスコースの連続と変容というコンテクストのなかで明らかにしていくことである。すなわち、どのような現実の政治状況のなかで、いかなる意図ないしは動機をもって、どのような言説を受容し、かつそれをどのように読み替えていったのか、を検討することにより、政治社会における政治言説ないし政治言語のダイナミズムを、あるいは政治的レトリックの展開を明らかにすることが、本書の主たる問題関心ともなっている。

三　方法論の確認

まず本書では、前期ステュアート朝時代のコモン・ローの言説を「政治言説（political discourse）」あるいは「政治言語（political language）」として扱い、考察を進めていく。そこでは、「政治言説」と「政治言語」を言い換え可能なものとして用いている。そうした言説ないし言語は、個々の論者の独創的思考と言うよりは、ある一定の時代と社会において集合的に共有され、個々の活動的生活を刻印している性格のものであって、言説を表出する個々の論者に必ずしも意識化されている必要はないという意味で、クエンティン・スキナーが言うような、観念（idea）

の「伝統（tradition）」として表現することもできるし、またポコックが用いたように「心性（mentalité）」という術語で理解することも可能である。さらに、一定の社会の人びとの政治的行為を集合的に規定する観念であるという意味で、そうした政治言説あるいは政治言語を、サマヴィルが使用したように、「イデオロギー（ideology）」と見なすこともできるであろう。[22]

また本書では、「政治言語」と「法言語」、「政治的生活」と「法的生活」の密接な結びつきを強調して考察を進めている。冒頭のカール・シュミットの言葉に端的に示唆されているように、ある特定の民族や国家の「政治的生活」の形成は、「法的生活」の思考様式と密接な連関を持っていると考えられる。その意味で、ある一定の時代、ある一定の民族において見られた支配的かつ典型的な法的思考様式を探り出すことは、その時代、その民族の「政治的生活」の固有の性格を浮き彫りにする作業であると言える。とりわけ、法曹集団としてのコモン・ローヤーが、同時に庶民院の主たる担い手でもあった一七世紀イングランドにあってはなおのこと、法的思考と政治的生活の連関は格別の意味を持っていたと言えよう。B・P・レーヴァックは、「一六〇三年にジェームズ一世が即位してから一六四二年に内乱が勃発するまでの間、法学者たちはイングランドの政治において際立った役割を果たしていた。その法曹界のなかで最も大規模かつ支配的な主流をなしていたのがコモン・ローヤーであり、彼らは実際、議会運動の主人公としての評判を得ていた」［Levack 1973 : 1］と指摘する。国制や政治に関する前期ステュアート時代の重要な政治言説の多くは、コモン・ローやローマ法などの法的パースペクティヴに立って、法的言語を用いて考察されていたのである。

周知のように、イングランドでは古くから法律家のギルドとしての法曹学院（Inns of Court）を中軸とした「法曹一元化制度」が実現し、イングランド法の研究も法律家養成の教育も主として法曹学院によって担われてきた。他方、イングランドでは大学における法学の講義は中世以来、イングランド法ではなく、ローマ法と教会法に限定されていた。こうしたことから、少なくともコモン・ローに関するかぎり、学説を担う法学者と、法実務を担当する裁判官および弁護士などの法律家はともに法曹学院によって輩出され、ある程度一体化されていたと言ってよい［伊藤 一九七六、第Ⅰ節］。他方、議会の役割について言えば、元来それは「最高裁判所（High Court of Parliament）」としての機能をそなえていたことから、議会の政務を遂行するうえでもコモン・ローヤーは欠かすことのできない存在であった。当時のイングランドにあって、コモン・ローヤーは、法学説と裁判実務と統治のトリアーデを形成し、そのなかで大きな政治的影響力を持っていたのである。

こうして、本書が「古来の国制」論あるいはコモン・ロー理論を考察する際にその考察対象としてしばしば取り上げる一群のコモン・ローヤーたちがここに構成される。すなわち、サー・エドワード・クック、トマス・ヘドリィ、ウィリアム・ヘイクウィル、サー・ジェームズ・ホワイトロック、サー・ジョン・ドッドリッジ、ジョン・セルデン、サー・ジョン・グランヴィル、サー・ヘンリー・フィンチ、サー・ヘネイジ・フィンチ、ウィリアム・ノイ、サー・ダドリィ・ディグズ、サー・ジョン・デイヴィスといった、相当の学識をもつ一級の法学者にして、裁判官その他の官職や上級法廷弁護士等として法実務家でもあり、かつ庶民院における代表的な政治家でもあった一群の人びとが、一定の言説のまとまりを持った考察対象として構成されるのである［巻末の付録を参照］。

そして、ステュアート朝が開始され、絶対主義の台頭を危惧させるような政治言説と政策に直面し、イングランドの国制の伝統が揺るがされる「懸念」を覚えた時、彼らのこうした能力、資質、経験は、伝統の解釈行為を通じて本格的な政治言説を新たに形成するのに十分であったし、実際的でかつ理論的な抵抗を準備できたのは、彼らをおいて他になかった。一七世紀イングランドを通底している主旋律は、かくのごときコモン・ローヤーによって展開されたコモン・ローに基づく国制論にほかならなかった。当時のイングランドは、政治および国制の構造転換の時代にあたっており、こうした構造変化は、とりも直さず当時の支配的な政治言説を形成していたコモン・ローヤーたちの「言語」、あるいはその「語用」のなかに刻印されていると言ってよい。それは、明確な政治的意図をもって進められた解釈行為であった。本書が、コモン・ローヤーの法言語を、当時の現実政治を導いた政治言語として考察するゆえんがここにある。

こうした研究目的に立つ本書では、方法論上、考察の対象として、ジョン・ロックやトマス・ホッブズといった際立った特徴を持つ頂点的な政治哲学者ではなく、前述したようにその時代の一般的な政治的態度を表現している典型的かつ代表的な複数の行為主体の政治言説を、かつ集合的に取り扱っていくことになる。それは、実践的な政治的行為との密接な結びつきを持った「言説（discourse）」の位相に照準を当てて考察を行うことによって、当時の現実政治とイデオロギーとの絡み合いを紐解きながら、立憲政治の形成過程を政治学的に再構成しようとする試みである。本書の考察では、コモン・ローヤーという当時の政治社会を担っていた人びとの間で共有されていた政治的・法的な思考枠組みを確認しながら、この時期の政治社会を動かしていた支配的・典型的な政治言説の在りようを探り出していく。それは、国制や法の形成をその背後で支えているところの法意識あるいは法文化の様態を歴史的に探り出すことを通じて、政治社会を基礎づける「政治的な知の様式」を浮かび上がらせようという方法論的手続きを踏んでいる。本書のこうした考察のなかに、政治的権威を根拠づける際の英国特有の形式の端緒となるべき政治的思考様式が見出されることになるであろう。

こうした視座に立つ本書の考察は、その採用した方法論的アプローチの手法から言って、時として多分に「構想力」に頼って叙述を展開せざるをえない側面を持つ。それは、本考察の扱おうとした資料的素材が体系的な思想を表現した一人の思想家のテクスト群ではなく、法書としてあるいは政治家として当時の活動的生活に従事する複数のコモン・ローヤーたちの言説であることによる。そうした言説は、その言語行為における表出の場と目的から見て、どうしても断片的・散発的な形で表現される傾向があると言わざるをえない。とくにそれが、法書として刊行された著作の言説ではなく、議会における発言として議事録に残された言説である場合、概してこうした断片的傾向はいっそう強まることになる。このような個々の論者とその表出された言説を、伝記的記述、あるいは実証的な歴史的知識の並列的・通時的な記述ではなく、当然に予想される論者間の偏差を時としてあえて捨象する危険を冒すことになったとしても、そうした個々の言説の背後にあって、おそらく共有されていたと思われる一定の集合的な思考の活動とその様式を紡ぎだし、彼らの政治的な知の基本的枠組みを発見的かつ原理的に再構成しようと試みる時、そこでは必然的に、そうした言説化された個々の素材を構造化する、こちら側の研究主観による「構想力」が方法論上要請されることとなる。したがって、本書の研究は、もとより実証的な歴史研究を目指すものではあるものの、それは時として研究主観によるある種「理念型」的な思考操作の結果としての「発見的方法」の側面を持つことをあらかじめ言明しておかなければならないと思う。一定の「距離化」された地点から再構成された、当時の論者たちについてのカテゴリー区分は、当時の本人たちにおいてはあるいは「自覚化」されていない場合もあるかもしれない。実際、クックとセルデンの例に典型的に見られるように、思想的位相でのカテゴリー化は、必ずしも当時の人物間の現実政治での協働・対立関係という歴史的位相のカテゴリー化と一致するとは限らない。

また、これは当然のことながら、当時の複数のコモン・ローヤーたちがそれぞれ示していた理解をカテゴリー化しようとする際、何を歴史観測の定点として設定するかによっても、ある程度、結果は異なってこざるをえない。その意味から、本考察の視座は、何よりも、「古来の国制」論とコモン・ローの基礎づけをめぐって当時のコモン・ローヤーたちに共有されていたより集合的な思考の活動、あるいはより標準的・典型的な思考の様式の分析にあるという点を確認しておきたい。そのうえで、必要に応じて、また可能な限り、個々のコモン・ローヤーの見解の特徴を明確にしていきたいと考えている。そのために本書では、巻末に「付録」として、本書が取り上げた主要なコモン・ローヤーの経歴や特徴を概説した一覧を作成するとともに、個々のコモン・ローヤーに関する研究文献も併せて明記した。本書の内容理解に資するものとして併せて参照されたい。

四　本書の構成

最後に、本書全体の内容構成について、簡潔に概観しておくことにしたい。まず第一章では、一七世紀の前期ステュアート朝の庶民院コモン・ローヤーたちが現実政治のなかでステュアート王権に対抗して「古来の国制」論を展開していく際に最も影響力のある所与の言語的文脈（linguistic context）となっていたイングランドの統治理念の伝統について考察を進める。彼らコモン・ローヤーが「古来の国制」を議論する際に頻繁に依拠したのは、一三世紀のヘンリー・オブ・ブラクトン、一五世紀後半のジョン・フォーテスキュー、一六世紀のトマス・スミスであった。一般的に権威的著書と見なされる彼ら三人の著作のなかから、「イングランドの法と慣習」「法に従う統治」「古来の不変の慣習」「政治的かつ王権的統治」「立法と課税における議会の同意」「議会における国王」など、一七世紀のコモン・ローヤーの政治的・法的な思考に重要な素材を提供したと思われる観念を取り上げ、イングランドの法と国制に関する伝統的な言説の連続性を確認することが第一章の課題である。それは、一七世紀のコモン・ローヤーに見られたイングランド特有の「コモン・ロー・マインド」の知的源泉を、イングランドの伝統的観念のなかに探っていく作業である。

続く第二章では、前期ステュアート朝のイングランドのコモン・ローヤーたちに影響を与えたと思われる大陸ヨーロッパの知的パースペクティヴについて考察を行う。それは、ルネサンス人文主義の知的態度とローマ法学の概念および思考法である。その知の様式を確認し、それらがイングランドのコモン・ローヤーたちにどのように影響を与えていたのか、その道筋を歴史的にたどることが第二章の課題である。それは、イングランドの「古来の国制」

を擁護したコモン・ローヤーたちが、かつてJ・G・A・ポコックが主張したようにイングランド固有の伝統のなかで閉じた思考法に立脚していたわけでは決してなく、彼らコモン・ローヤーの思考様式が、ルネサンス人文主義とローマ法学についての豊かな洞察と学識をもとに営まれていたことを立証しようとするものである。彼らが一七世紀初期に展開した「古来の国制」論あるいは古典的コモン・ロー理論とは、一方でブラクトンやフォーテスキュー、スミスといったイングランドの伝統的観念に依拠しながら形成されたものであったが、同時にそれは、当時の大陸ヨーロッパのルネサンス人文主義とローマ法学の影響なしには決して構築しえない内容と性格のものであった。第一章のイングランドの伝統的な統治理念、とりわけフォーテスキューの伝統思想が前期ステュアート朝のコモン・ローヤーに提示したものが、「歴史性」ないし「古来性」の観念であったとすれば、ルネサンス人文主義およびローマ法学が提供したのは、「理性」ないし「合理性」の契機であった。当時のコモン・ローヤーたちは、イングランドの伝統的な統治理念を、大陸の知的パースペクティヴを媒介としながら、新たな様式において読み替えていったのであり、そこにイギリスの近代立憲主義の原型となる「古来の国制」論および古典的コモン・ロー理論が形成されたのである。それは、「古来性」と「理性」の二つの契機を綜合するところに成立していたと言える。このように第二章の考察は、ポコックが定式化した「コモン・ロー・マインド」のなかに大陸の知的パースペクティヴの系譜をたどることを目的としている。しかしながら、ジャコビアン時代のコモン・ローヤーたちの言説がもつ意味内容を正確に同定するためには、当時の大陸ヨーロッパおよびイングランドにおける法学研究の歴史を綿密に再現しておく必要がある。こうした事情から第二章の考察は、どうしても法思想史ないし法学史上の詳細な考察を含まざるをえない。とりわけ、近世ヨーロッパで絶大な影響力をもったローマ法学についての考察と、それがイングランドのローマ法学者、さらにはコモン・ローヤーに与えた影響について議論しておくことは、本書の構成において不可欠な作業となる。

以上のように本書では、第一章で縦の座標軸としてイングランドの伝統的言説を設定し、その連続性を考察するとともに、続く第二章においては横の座標軸として大陸ヨーロッパの知的パースペクティヴを設定し、コモン・ローの言説の非連続性について検討する。そして、これら二つの座標軸が交錯し合う地点において「古来の国制」論が誕生したのだという点を、第三章以降で確認することになる。

第三章では、以上のようなイングランドの伝統思想と大陸ヨーロッパの知的パースペクティヴをもとに展開された一七世紀の「古来の国制」論およびそれを支えた古典的コモン・ロー理論について、当時のコモン・ローヤーが著した数多くの法書やパンフレット[23]、さらには庶民院における彼らの議会演説などをもとに考察を進めていく。そこでは、コモン・ローを「慣習としてのコモン・ロー」の位相と「理性としてのコモン・ロー」の位相という二つのカテゴリーに分けて考察を行う。そしてコモン・ロー理論が、「古来の慣習」という構成要素と、自然法（理性の法）や神法に由来する「理性」という構成要素とが相互補完的に結合した型の思考様式に立脚していた点を明らかにしていく。その際、本来はすぐれて地域的な所産であるはずの「慣習」に由来したコモン・ローが、制定法の形式を採ることなく不文法としての様式を維持したまま、何故に近代国家の「一般法」となりえたのか、が問われることになろう。と同時に、それはまた、イギリス特有の立憲主義の形態、すなわちイギリス特有の「法の支配」の原理が、特定の人的権威ではなく、「時の叡智」によって「検証された理性」に基づく、道徳的規範力を帯びた〈Jus〉としての法を、国家の基本法とするところに成立している点を明らかにするものでもある。このように第三章の考察は、当時のコモン・ローヤーのとくに政治的・法的な思考様式の枠組みを考察することに狙いが向けられている。

第四章では、以上のようなコモン・ローに依拠した「古来の国制」論の具体的な特徴を明らかにしていく。それは、第三章までの考察で確認したようなコモン・ローの思考様式あるいは思考枠組みに立脚して「立憲政治」を構想しようとした時、そこにどのような国制の形態が帰結するのかについて考察しようとするものである。当時のコモン・ローヤーが展開した「古来の国制」とは、「コモン・ロー支配の立憲君主制」という国制モデルを意味していた。とくに第四章では、議会と制定法の権能、裁判官の位置、国王大権、臣民の自由といったイギリス立憲主義の統治構造の中核に位置する問題群が、それぞれどのような位置づけを与えられることになるのかについて考察する。こうした考察を通じて明らかにされるのは、当時のコモン・ローヤーが「古来の国制」論のなかでめざした統治形態とは「絶対的国王大権」に対する〈コモン・ローと議会を通じた二重の制限〉を図る点に集約されるものであったという点と、それゆえにコモン・ローの至上性と議会権力の絶対化という一見矛盾し合う二つの契機が逆に相互補完的に同時進行したという事実であり、さらにそうした一連のプロセスが臣民の自由にとっての基盤とされた「絶対的プロパティ」の観念に基づいていたという点である。

また、コモン・ローヤーのこうした国制論がステュアート朝のジェームズをとくに意識したものであったことから、本章の考察のためにはジェームズの統治理念を改めて考察しておく必要がある。それゆえ第四章では、ジェームズの政治思想についても綿密な考察を試みている。彼の政治思想は、従来一般的に言われてきたような王権神授説に基づく典型的な絶対主義者のそれではない。本書では、スコットランド国王ジェームズ六世としての政治言説とイングランド国王ジェームズ一世としての政治言説を考察することにより、彼の政治思想の全体像を改めて描写するとともに、何故に彼の政治思想が、庶民院のコモン・ローヤーたちをして「古来の国制」論を展開させることになったのかについても明らかにしていく。

第五章では、前期ステュアート朝におけるコモン・ローとローマ法の関係、およびジェームズ一世の政治的態度について考察を試みる。その際、一六一〇年議会で起きたローマ法学者ジョン・カウエルの事件を手掛かりとしながら、議論を進めていく。すなわち、カウエル事件の考察を通じて、当時のコモン・ローとローマ法と王権の関係、コモン・ローヤーにとってローマ法が持つ両義性（ローマ法の学問的有益性と政治的危険性）を明らかにしていくことが同章の課題の一つである。と同時に第五章の考察は、「古来の国制」論の形成において〈一六一〇年議会〉が果たした決定的な歴史的意義を確認することにも狙いが置かれている。本書が強調する重要な論点の一つは、「古来の国制」論の端緒、あるいはその原型が、必ずしもエドワード・クック個人によってのみ生み出されたものではなく、「時の叡智」による「検証された理性」の観念を提起し、コモン・ローの古来性と理性との融合を図ったトマス・ヘドリィや、「コモン・ローの摂理」と「議会の絶対的権力」の議論を展開したウィリアム・ヘイクウィル、ジェームズ・ホワイトロックら、〈一六一〇年議会〉の庶民院に議席を有した一群のコモン・ローヤーたちの言説に負うところが大きかったという事実である。一六一〇年議会におけるカウエル事件の考察は、こうした一六一〇年議会のもつ意義と、これを境に明らかになる、エリザベス治世後期からステュアート朝期へと移行するなかで起きたコモン・ローヤーたちの法的・政治的態度のシフトを浮き彫りにしようとする試みでもある。

もとより、本書は、コモン・ローについての専門的な法学研究を意図したものではない。それゆえ、当時の裁判所で運用されていたコモン・ローの実体や、個別の判例について専門的に評価を行おうとしたものではないことは予め確認しておきたい。本書の考察の狙いとするところは、むしろコモン・ローが当時の現実政治のなかで果たしていたイデオロギー的側面を検討することにある。それは言い換えれば、当時のコモン・ローヤーが駆使した〈レトリックとしての政治〉を歴史的に探求するものである。[24] 前期ステュアート朝のコモン・ローヤーが展開したコモン・ローの説明は、コモン・ロー成立の歴史的事実を必ずしも正確に表現しているわけではない。それは、ある意味で、前期ステュアート朝の〈歴史的現在〉に立ってその政治的要請から構築されたある種のイデオロギーであり、現実政治を導くための〈政治的レトリック〉であったと言うことができる。

以上のように、一七世紀の前期ステュアート時代にコモン・ローに基づく「古来の国制」論が展開され、近代イギリスの立憲政治の原型が形成されるなかで、コモン・ローの歴史的成立の実体を越えて、そこには、どのような政治的思考様式が働き、どのような政治的レトリックが構築されたのかを、当時のコモン・ローヤーの言説のうちにたどること、それが、本書の基本的な構想にほかならない。

（1）カール・シュミット「危機の政治学」長尾龍一他訳（清水幾太郎編『現代思想』第一巻、ダイヤモンド社、一九七三年）、二四七頁。
（2）前期ステュアート朝の政治史については、Gardiner 1883-4; Lockyer 1999; Seel and Smith 2001 を、前期ステュアート朝と後期ステュアート朝の通史として、Stroud 1999 を、さらに前期ステュアート朝および後期ステュアート朝のそれぞれの議会については、Smith 1999 を参照した。
（3）空位期のクロムウェルを中心とした議会と国制をめぐる政治史についてはさしあたって、［土井 一九九九］を参照されたい。
（4）王政復古期の政治史に関しては、Hutton 2001; Miller 1997 を、後期ステュアート朝の政治史と国制論に関しては、Zook 1997 を参照。またチャールズ二世とその統治については、Miller 2000 [1] を、ジェームズ二世とその統治については、Mullett 1994; Miller 2000 [2] を参照した。
（5）チャールズ一世の親政政治については、Sharpe 1992; Reeve 1989; Carlton 1995 を、さらにチャールズ一世の親政政治から一六四〇年代初期の長期議会の時代を対象に君主制の崩壊を考察したものとして、Russell 1995 を参照。
（6）一六四〇年代の内乱期における国制論、とりわけ国王を頂点とする伝統的国制論を擁護して体制決着を図ろうとした言説を考察したものとして、Smith 1994 を参照。
（7）ジェームズ一世については、Wormald 1991; Durston 1993; Burns 1996; Lockyer 1998; Mason 1998; Fischlin and Fortier (eds.) 2002 などを参照した。
（8）ジェームズ治世最初の議会は、一六〇四年に召集され、一六一一年二月九日に解散されるまで、以下の通り、計五回にわたって会期が開かれた。すなわち、第一会期（1604.3.19- 7.7）、第二会期（1605.11.5- 1606.5.27）、第三会期（1606.11.18- 1607.7.4）、第四会期（1610.2.9- 7.23）、第五会期（1610.9.16- 12.6）。なお、ジェームズ治世最初のこの議会の議事録としては以下のものが存在する。第一会期と第三会期の庶民院における議事内容として（第二会期の議事録は存在しない）、Sir Edward Montagu, 'Journal by Sir Edward Montagu in the House of Commons', in *Historical Manuscripts Commission*, Buccleuch MSS, vol.3, pp.78-91; 107-17. 同じく第三会期の庶民院の議事録を編纂したものとして、Robert Bowyer, *The Parliamentary Diary of Robert Bowyer, 1606-1607*, edited by David Harris Wilson, Minneapolis, 1931. 一六一〇年の第四会期における貴族院と庶民院の議事録を編纂したものとして、Elizabeth Read Foster (ed.), *Proceedings in Parliament 1610*, 2vols, vol.1 (House of Lords), vol.2 (House of Commons), New Haven, 1966. 同じく第四会期の庶民院の議事録をまとめたものとして、Samuel Rawson Gardiner (ed.), *Parliamentary Debates in 1610*, New York, 1862. 第五会期の庶民院の議事録として、*A Record of Some Worthy Proceedings; in the Honarable, Wise and Faithful House of Commons in the Late Parliament* [Amsterdam:s.n.], 1611 [STC.7751].

（9）一六一四年議会は、一回の会期（1614.4.5- 7.7）が開かれ、同年七月七日をもって解散。一六一四年議会の庶民院の議事録については以下を参照。Maija Jansson (ed.), *Proceedings in Parliament 1614 (House of Commons)*, Philadelphia, 1988.

（10）一六二一年議会は、一回の会期（1621-1.30- 12.18）が開かれ、翌一六二二年一月六日に解散された。一六二一年議会の庶民院の議事録は以下を参照。Wallace Notestein, Frances H. Relf and Hartley Simpson (eds.), *Commons Debates, 1621*, New Haven, 1935.

（11）一六二四年議会は、一回の会期（1624.2.19-5.29）が開かれた後、一六二五年三月二七日、ジェームズ一世の死去により自動的に解散。一六二四年議会については、以下の議事録が存在する。庶民院の議事内容については、Sir John Holles, *The Holles Account of Proceedings in the House of Commons in 1624*, transcribed by Christopher Thompson, Orset, 1985; Sir Nathaniel Rich, *Sir Nathaniel Rich's Dairy of Proceedings in the House of Commons in 1624*, transcribed by Christopher Thompson, Wivenhoe, 1985. 貴族院の議事内容については、Samuel Rawson Gardiner (ed.), *Notes of the De-*

bates in the Lords; officially taken by Henry Elsing, Clerk of the Parliaments, A.D.1624 and 1626; ed., from the Original MS. in the Possession of E.G.Careu, Esq., Camden Society, New Series, No.24, 1879.

（12） チャールズ治世最初の議会は、一六二五年に召集され、一回の会期（1625.6.18-8.12）が開かれ、同年八月一二日をもって解散。なお、チャールズ治世最初のこの議会については、以下の議事録を参照。Maija Jansson and William B. Bidwell (eds.), *Proceedings in Parliament 1625*, New Haven and London, 1987. また庶民院の議事録として、Samuel Rawson Gardiner (ed.), *Debates in the House of Commons in 1625; ed., from a MS. in the Library of Sir Rainald Knightley, Bart.*, Camden Society, New Series, No.6, 1873.

（13） 一六二六年議会は、一回の会期（1626.2.6-6.15）が開かれ、同年六月一五日をもって解散。一六二六年議会の議事録については以下を参照。William B. Bidwell and Maija Jansson (eds.), *Proceedings in Parliament 1626*, 4vols., New Haven, 1991-6.

（14） 一六二八年議会は、第一会期（1628.3.17-6.26）、第二会期（1629.1.20-3.10）と二度開かれ、一六二九年三月一〇日に解散。一六二八年議会の議事録については以下を参照。R.C.Jonson, M.F.Keeler *et al.*, eds., *Proceedings in Parliament 1628*, 6vols, New Haven, 1977-83 (The first 4 volumes are entitled *Commons Debates 1628*).

（15） 一六〇四年から一六二九年までの庶民院コモン・ローヤーの議会における言説をたどるうえで、右記、注で挙げた各議事録のほか、以下のものを使用した。*A Complete Collection of State Trials and Proceedings for High Treason and Other Crimes and Misdemeamnors*, compiled by T. B. Howell, Esq., 21vols, vol.2 (1 James I. To 3 Charles I. ...1603-1627), Reprinted, New York, 2000; John Rushworth, *Historical Collections of Private Passages of State, Weighty Matters in Law, Remarkable Proceedings in Five Parliaments. Beginning the Sixteenth Year of King James,ANNO 1618. And Ending the Fifth Year of King Charls*, ANNO 1629, London, 1659.

（16） 前期ステュアート時代に焦点を当てた日本における研究として、たとえば税制に関しては以下のような詳細な研究がある。［酒井 一九九八［1］［2］［3］、および二〇〇二］。その他、前期ステュアート朝のイングランドの外交と国際関係をとくに当時の国際プロテスタント同盟の文脈で考察したものとして以下のものがある。［岩井 二〇〇〇］。他方、経済史の観点からジェームズおよびチャールズの治世を研究したものとして［常行 一九九〇、第五章］、また憲法思想の分野においてエドワード・クックについて研究したものとして［安藤 一九八三、第一章］、さらにクックとホッブズの比較考察を行ったものとして［安藤 一九九三、第一章］、などがある。

(17) 修正主義の萌芽とでも言うべき六〇年代、七〇年代の研究としてはたとえば、Kenyon 1965; Elton 1974[1] などが挙げられる。

(18) こうした修正主義研究に道を開いたのがコンラッド・ラッセルである。彼の研究については、Rusell 1979; Rusell 1990[1]; Rusell 1990[2]; Rusell 1995 などを参照されたい。さらに、とくに「古来の国制」論に関わる修正主義的研究としてはたとえば以下のものがある。Christianson 1991; Christianson 1996; Burgess 1992; Burgess 1996; Sharpe 1978; Sharpe 1989.

(19) 大陸ヨーロッパの知的パースペクティヴの影響を論じたものとして、たとえば以下のものがある。Knafla 1979; Rodgers 1985; Terrill 1981[1]; Terrill 1981[2]; Prest 1977; Pawlisch 1980; Pawlisch 1985; Brooks and Sharpe 1976; Burgess 1992; Burgess 1996.

(20) ネオ・ウィッグ的な見地に立った研究、およびそれと共通した観点をもつ研究としては、たとえば以下のものがある。Hirst 1975; Hirst 1986[1]; Sommerville 1986[1] (2nd Edition 1999); Sommerville 1989; Sommerville 1991[1]; Sommerville 1996[1]; Sommerville 1996[2]; Stoner 1992; Sandoz (ed.) 1993; Greenberg 2001.

(21) こうした研究は、一六二六年から二八年の「強制公債」や、『権利請願』をめぐる一六二九年の庶民院議員の投獄など、チャールズの初期の統治政策に着目し、それを親政政治へと至る前期ステュアート時代の政治の転換点と捉える［Reeve 1986: 264-87; Reeve 1989; Cust 1987; Burgess 1992; Christianson 1991: 71-95; Christianson 1993: 89-146］。そしてジェームズ治世については、異なる理念が存在したが、実効的な妥協が成立していたとする。たとえばG・バージェスは、コモン・ロー、ローマ法、神学という三つの政治言語によって「イデオロギー的、理論的、言語的な多様性」［Burgess 1992: 139, cf.chap.5］が存在していたが、それらは異なる「目的」のために、異なる「専門職」によって、異なる「聴衆」に対して使用されていたため、「多様な言語の非論争的な使用」が可能だったとしてジャコビアン時代のコンセンサスを主張する［*Ibid.*,115-9］。また国内の統治についてはジェームズもコモン・ローの政治言語を共有していたとし、その絶対主義的性格を終始否定する［*Ibid.*,chap.6］。他方、P・クリスチャンソンは、ジェームズのスコットランド時代とイングランド時代の政治言説の差異に注目し、前者が絶対主義の言説であったのに対し、後者はコモン・ローの言語を摂取して立憲君主制を承認したものと見なす。そしてジャコビアン時代には、ジェームズの「国王が創出した立憲君主制」と、一般的なコモン・ローヤーの「コモン・ローによって支配された立憲君主制」と、ジョン・セルデンの「混合君主制」という三つの観念が存在したが、少なくも立憲君主制の採用についてはコンセンサスが存在していたとする。したがってこの時代は、「絶対主義・対・立憲主義」の対立ではなく、立憲君主制をめぐる複数の異なる理論の競合として把握される［Christianson 1993: 89-146］。一方、一五九〇年代のジェームズ六世と一六三〇年代のチャールズ一世の時代については、クリスチャンソンは、「国王の専制的支配（arbitrary rule）」と位置づけている［Christianson 1991: 72］。

（22）方法論に関して、本書では主に以下のものを参照している。Skinner 1988; Pocock 1987: Part II; Sommerville 1986[1999]: Introduction; Burgess 1992: chap.5; Pagden (ed.) 1987; Gunnell 1979: chap.III.

（23）当時刊行された著作やパンフレットのうち再刊されていないものについては、以下のマイクロフィルム所収のものを使用した。*Early English Books, 1475-1640; 1641-1700.* なお、各文献を引用した際には、検索用に編纂されたクロスインデックス *Short-Title Catalogue*, 2nd ed. の "STC No." を用いて表記する。その場合、*Early English Books,1475-1640* は "STC" と、*1641-1700* は "STC,II" と付する。

（24）たとえばA・D・ボイアーは、クック以来のコモン・ローの伝統において、キケロ的な古典的レトリックが持つ重要性について指摘している。Boyer 1997(2003): 224-53.

第一章　イングランドの伝統的国制論

一七世紀の前期ステュアート時代に、絶対主義的な諸政策に対する懸念から、庶民院のコモン・ローヤーたちが王権への対抗イデオロギーとして「古来の国制」論を展開していった際に、彼らが最も頻繁に依拠したのは、一三世紀後半のヘンリー・オブ・ブラクトン（Henry of Bracton : ? -1268）、一五世紀のジョン・フォーテスキュー（Sir John Fortescue : 1394 ? -1476 ?）、そして一六世紀のトマス・スミス（Sir Thomas Smith : 1513-1577）の法と統治に関する言説であった。これらイングランドの三人の伝統的な論者が著した作品は、一七世紀当時、コモン・ローヤーにとって権威的な書であり、かつ必携の書ともなっていた。

三人の論者の言説は、それぞれ時代的制約から来る強調点の違いこそ見られるものの、イングランドにおける伝統的な法思想・政治思想のコンテクストを形成していた。一七世紀初期にステュアート王権の絶対主義的なイデオロギーと諸政策に直面した時、当時のコモン・ローヤーたちが抵抗の論理として「古来の国制」論を展開するうえで、これらの伝統思想は彼らに重要な議論の素材を提供することとなった。たとえば、ブラクトンの言説は、イギリス流の「法の支配」の原則を確立するうえで重要な先例として用いられたし、「古来の慣習」に基づく「政治的かつ王権的統治」を説いて、立法と課税における「議会の同意」を定式化したフォーテスキューの言説は、「古来の国制」論の基本的な枠組みを提供した。また、テューダー期に「議会における国王」の理念を説き、議会の権能を擁護したスミスの言説は、コモン・ローの至上性とリンクした議会の絶対性の主張を展開するうえで好個の先例となっていた。前期ステュアート朝のコモン・ローヤーたちは、これら三人の権威的著書に依拠しながら、イングランドの統治に伝統的な国制理念として「古来の国制」論を展開していったのである。

イギリスの政治的伝統は、たとえば基本法としての近代憲法がついに成文法の形式をとることなく、不文法のまま成立したという事実に端的に現れているように、過去との連続性を重視する態度によって特徴づけられている。イギリス近代政治の端緒となった一七世紀前半の「古来の国制」論もまた過去との連続性に立って形成されたものである。それゆえ、一七世紀のコモン・ローヤーが当時の現実政治のなかで展開した「古来の国制」論について考察を進めるにあたって、まずは彼らが過去のイングランドの伝統あるいは権威として参照したブラクトン、フォーテスキュー、スミスの三人の論者を取り上げ、彼らの法と統治形態に関する理念を確認しておく必要があろう。

第一節　ヘンリー・オブ・ブラクトン

(一)「イングランドの法と慣習」

一二世紀後半、ヘンリー二世はイングランド全域に中央集権体制を敷いていくなかで、国王裁判所を導入した。この国王裁判所の導入は、地域ごとの慣習を超えた全王国に及ぶ一般的な裁判権の確立を意味していた。それは、ノルマン人・サクソン人といった属人主義の区別なしに処理できるイングランド王国共通の属地主義的な裁判権であった。この国王裁判所の裁判官の判断は、慣習法に依拠するものと考えられたが、しかしこの点で重要なのは、地域ごとの現実の慣習に由来し、各地域の裁判所で適用される地域慣習法とは異なり、コモン・ロー裁判所の慣習法は、主として裁判官自身が作り出したものであった。それは、旧きアングロ・サクソン時代の「法発見」という建前を取りつつも、実際には多分に裁判官による「法創造」の側面を含んでいた。この国王裁判所で発達した新しい慣習法としてのコモン・ローを、国王裁判所の導入からおよそ半世紀を経た一三世紀前半に「法書」として成文化したのがブラクトンであった。

ブラクトンは、中世ローマ法学を誕生させたボローニャの注釈学派の代表的学者の一人であったアーゾ・ポルティウス（Azo Poritius,1150?-1230）の強い影響のもとに、コモン・ローを体系的に編纂しようと試みた。これが、イングランドのコモン・ローがローマ法と本格的に接触した最初の機会であった。こうしてイングランドのコモン・ローは、「ブラクトン」の名で知られるラテン語の法書『イングランドの法と慣習について』（*De Legibus et Consuetudinibus Angliae*）にまとめられた。その主要部分が執筆されたのは、一二三〇年代とされ、後に改訂された。この法書は、国王裁判所の判決記録に基づきながら編纂されているものの、そこにはアーゾの『勅法彙纂集成』（*Summa Codicis*）から取り出したローマ法概念のイングランド法への適用が随所に確認される。ブラクトンの理解では、国王裁判所が判決で宣言した法を、ある程度一貫した体系的な方法でまとめるためには一般的な概念構造が必要であり、そうした概念構造を提供できるのはローマ法だけであった。この法書のなかには、『学説彙纂』（*Digesta*）や『勅法彙纂』（*Codex*）などのユスティニアヌス法典の法文が随所に引用されているが、正規の引用という形式ではなく、ローマ法文の成句をコモン・ローの解説のなかに編み込むという形でアレンジしながら用いられている。このことからも、著者がローマ法を自身の法的な思考法の一部として身に付け、馴染んでいたことが分かる。ブラクトンの法書は、コモン・ローの系統だった発展のために必要な最小限の理論構造を、ローマ法学を摂取しながら提供しようとするものであった。[1]

このように、コモン・ローはすでにその形成期においてローマ法との接触を持っていたのである。とりわけ、慣習法の素材を系統だった形で整理するという局面において、ローマ法の概念や原則、思考法は、コモン・ローに有益な示唆を与えるものであったし、またそうした概念枠組みなしには、慣習法の系統化も困難であったと言える。同様のことは、第二章で後述するように、イングランド法の合理的体系化が要請されたテューダー期からステュアート朝の法改革の状況にも当てはまる。

ここでは、ブラクトンが中世ローマ法学の枠組みを参照しながら、イングランド法をどのように位置づけようとしていたかを確認しておこう。彼は、自然法、万民法、イングランドの慣習法という連続性のなかでイングランド法を理解しようとする。ブラクトンにとって、自然法とは「生気のある自然から生じた一定の本能的衝動」であり、「これによって個々の生きとし生けるものが、一定の様式で行動するよう導かれる」。それゆえ、自然法とは「自然、すなわち神自身があらゆる生物に教えるところの法である」。あらゆる生物が「生まれながらに、すなわち自然的本能によって」自然法を刻印されているがゆえに、自然法は「合理的および非合理的なすべての被造物」が持つ衝動である。これに対し、合理的被造物たる人間に即して言えば、自然法とは「個々の人間が自然によって認められた自己に正当に帰属すべき一定のもの」を指す。その意味でそれは「正義」に相当する。自然法とはあらゆる法のなかで「最も衡平に適った法」であり、人びとが陥った誤りは自然法に由来する「自然的エクイティ（natural equity）」によって正されるのである［LCA: II,26-7］[2]。

他方、自然法のうち、理性的被造物としての人間にのみ固有のものは「万民法（jus gentium）」と呼ばれる。万民法は、男女の結合や両性相互の同意に基づく婚姻、子どもの生殖と躾、両親および国への服従義務、暴力に抵抗する権利など、「人間にのみ共通する」ものであり、あらゆる民族の人びとが用いる共通の法である。そしてブラクトンは、各国の領土や各人の所有地の「境界」が形成されたのは、この万民法によってであると言う［LCA: II,27］。

すなわち、ブラクトンによれば、そもそも人間が「自由（libertas）」を獲得し、自らの解放を可能とするのは、「自然法」に基づいてである。人間は、自然法によって「自然的な権利」を手にする。それは「制限されたり、削減されたりすることはありえても、廃止したり、完全に取り去ったりすることはできないがゆえに、不変のもの」であり、その意味で万民法によってもその権利を奪うことはできない。万民法が提示するのは、ブラクトンの見解では、各国の分立や王国の設立、所有権の区分など、それぞれの所有権の「境界」の設定である。ただしブラクトンは、所有権の根拠それ自体は、万民法にではなく、「旧約聖書」に求められると言う［LCA: II, 27-8］。

このように、ブラクトンの理解では、自然法が人びとに「自然的な権利」を付与し、旧約聖書が「所有権」成立の根拠を提供し、そして万民法が王国の領有や各人の所有の「境界」を設定するのである。そしてこうした枠組みの延長線上においてイングランドの慣習法が把握されていく。彼は、「人格（persons）」「事柄（things）」「行為（actions）」というローマ法の分類概念を適用しながら、イングランドにおいてこれらの具体的な権利を確立させたのは、「イングランドの法と慣習」であると説明する［LCA: II,27］。このイングランド共通の国法とは、ブラクトンによれば、王国全体で用いられてきた「不文の法と慣習」である。彼はその特殊性を次のように指摘している。すなわち、ほとんどすべての国がそうであるように、国全体を規定するところの「法（lex）」とは通常、「成文法」の形式をとっている。しかしイングランドでは、「不文の法」でありながら、王国全体を規定する、まさしく「イングランド法（lex Anglicanas）」と呼ぶに相応しい慣習法が成立しているのである［LCA: II,19］。本来、慣習というものは「それを用いる人びとの慣行によって是認されてきた地域において」効力を発揮するものであるから、慣習法とは地域的なものであるはずである。しかし、イングランドの場合のように、「長期の使用」から生ずる「慣習の権威」によって、それは時として「法（lex）」としての位置につく」ことがある、とブラクトンは言う［LCA: II,22］。ブラクトンがコモン・ローの本質的な特徴として示したこの論点は、第三章で詳述するように、一七世紀のコモン

・ローヤーが「古来の国制」論においてコモン・ローを一般法・基本法として打ち立てようとする際にも、重要な思考枠組みとして継承されている。ブラクトンはさらに慣習法が王国共通の「法（lex）」としての効力を獲得する形式について、こう説明している。「イングランドの法と慣習は、それらを用いる人びとの同意によって是認され、国王の宣誓によって確証されたものである」[LCA: II,21]。ブラクトンにとって、法とはコモンウェルス全体の「一般的同意」を意味し、そこには「神に由来」する「正義」が包摂されているがゆえに「ユース（jus）」としての性格が存在し、それゆえイングランドのコモン・ローにおいては「jus と lex は同義である」[LCA: II,22]。コモン・ローのなかに「ユース（jus）」としての側面を強調するこうした態度は、不文の慣習法の卓越性を同じく不文の自然法とのアナロジーで主張しようとするものである。同じようなレトリックは、後述するように、スコラ哲学の自然法の体系のなかにイングランドの「古来の慣習」を機能的に位置づけたフォーテスキューにおいてよりいっそう顕著に表現されているし、さらに一七世紀のコモン・ローヤーが「古来の国制」論で展開したコモン・ローの至上性の主張においても明瞭に現れている。

ブラクトンによれば、以上のようにして成立した「イングランドの法と慣習」は、それなしには人びとが「正義を行う」ことができないような、すなわち「人と人との間に公正な判断を与える」ことができないような、コモンウェルスに不可欠の要素である［LCA: II,23］。それゆえ、同じく「正義を行う」ことを目的として創出された「国王」の統治においても、「イングランドの法と慣習」は重要な役割を果たすこととなる。

（二）　制限君主制の理念——法に従う「良き統治」

ローマ法の造詣が深かったブラクトンの言説には、一方で王権の絶対的、権威的な側面に関わる言及が見られると同時に、他方で「国王は神と法の下にある」といった立憲主義的な観念が説かれており、このことが後世においいて彼の言説を絶対主義的に参照したり、立憲主義的に引証したりという両義的な解釈を招く原因となってきた。たとえば前期ステュアート時代に、エドワード・クックは「国王の禁止令状事件」（Prohibitions del Roy, 1607）において、国王が自らの意思に基づいて判決を下すことができるとするカンタベリー大主教リチャード・バンクロフトの訴えと、それに同調したジェームズ一世に対し、「国王は人の下にあるべきではないが、神と法の下にあるべきである」とのブラクトンの格率を引証して法の支配による制限君主制を説いた［12th Rep.: 63-5］。他方、ローマ法学者ジョン・カウエルが『解釈者』（*The Interpreter*,1607）のなかで「絶対君主制」の議論を展開して国王の絶対的権力を説いた際にその典拠としたのもやはりブラクトンであった［Cowell 1607: sig.2Q1a-b］。さらに「ベイト事件」（Bate's Case, 1606）判決において首席裁判官トマス・フレミングが国王の権力を「通常権力」と「絶対的権力」に二重化して議論した時、絶対的権力の論拠として引用したのもブラクトンであった［ST: II,389］。このようにブラクトンの言説は、後世の論者が国王権力の絶対化を図る際の論拠としても、また法の支配による制限君主制を説く際の論拠としても用いることのできた両義的性格を持っている。

ブラクトンによれば、国王が創出されたのは、「すべての人びとに正義を行う」ことを目的としてである。ブラクトンにとって、「正義」とは「各人に彼の権利を与える」ことを意味した［LCA: II,23］。各人を正当に取り扱い正義を維持するということがなければ、「平和」は容易く崩れ去ってしまうからである。こうした目的のために、国王は「地上における神の代理人」として、「正」と「不正」、「衡平」と「不衡平」を区別し、各人が自らに帰属するものを正当に享受することができるように、その権力を与えられているのである。このようにブラクトンにとって「正義」とは、各人が自己に帰属すべきものを正当に享受できることを意味し、国王の権力は、この正義を社会全体において実現するために与えられている。従って、「彼が国王（rex）と呼ばれるのは」、単に「支配すること」によってではなく、「良き統治を行うこと」によってである。彼は「良き統治を行う限りにおいて国王である」のであって、もし彼が「暴力による排他的支配」によって人民を抑圧するならば、彼は単なる「専制君主（tyrannus）」にすぎない。国王は「正義を行う限りにおいて、永遠なる国王［神］の代理人であるから、不正へと逸脱してしまえば、悪魔の僕」と化してしまうのである［LCA: II,305］。

国王がこのように不正へ逸脱した専制君主と化して、人民を抑圧する事態を防ぐには、そして国王の本来の目的たる正義の実行のために「良き統治」を実現させるには、ブラクトンによれば、「国王の権力を法によって抑制する」ことが必要であると言う。ブラクトンにとって法とは「権力の手綱」であって、「法に従って」統治することが「良き統治を行う」ことにつながるのである。すでに見たように、「良き統治を行うこと」が神の代理人としての国王が権力を持つことの条件であるとすれば、法に従って統治すること以上に国王にとって最適な統治はないということになる。ブラクトンは言う。「法に従って統治すること以上に至高の統治権力はない」。国王が「法に従って統治すること」とは、「法が国王に与えてきたもの」に国王が服することにほかならない。このように「法が国王に与えるもの」に国王が従うことによって、彼は正当な国王となりうる。つまり、「法が彼を国王にする」のである［LCA: II,305-6］。従って、確かに国王は「王国内において比類なき存在」であるが、しかし「法が国王を作るがゆえに、国王は人の下にあるべきではないが、神の下に、そして法の下にはあるべきである」と、ブラクトンは言明する［LCA: II,33］。ブラクトンにとって「神の下にある」とは「法の下にある」ことと同義であった。こうして、クック ら前期ステュアート時代のコモン・ローヤーがしばしば引証する「国王は人の下にあるべきではないが、神と法の下にあるべきである」という先述の格率が定式化されるのである。

しかしながら、法に従う統治の理念は、服するところの法の性格、つまり法の制定手続の問題と切り離して考えることはできない。もし国王が立法者として自らの意思を法とするならば、法に従う統治とはせいぜい国王による自己規律でしかありえない。法による権力の制約は、法の制定手続における権力の制約を伴って初めて有効なものとなる[3]。法を「権力の手綱」と表現したブラクトンの権力観からすれば、当然そこには法の制定手続における権力の制限についての洞察が含まれているはずである。彼は言う。法とは「国王自身の意思から無思慮に提議された何ものか」ではない。それは「彼の大諸侯からなる評議会とともに正しく決断されてきたもの」にほかならない。そこには、「熟慮と諮問」が存在しなければならない［LCA: II,305］。すなわち、イングランドにおいて法とは、「大諸侯の助言と同意と、コモンウェルス（res publica）の一般的同意によって正しく決断され、是認されてきたもの」でなければならなかったのである［LCA: II,19］。

イングランド法の成立をこのように把握するブラクトンの認識からすれば、当然、国王は法の成立に関わった当事者たちの同意なく自由に法を改変することはできない。彼は言う。それらは「発布された際に助言と同意を与えたすべての人びととの共通同意なしには変更することができない」［LCA: II,21］。ブラクトンの時代にはいまだ議会が形成されていないことから[4]、「コモンウェルスの一般的同意」は大諸侯からなる国王評議会の「助言と同意」に求められているものの、彼の思考枠組みのなかには、君主が統治において従うところの法を、被治者の参加を伴ったコモンウェルスの一般的同意を通じて制定手続上の制約を図るという形式がすでに確認される。

コモンウェルスないし王国全体の「一般的同意」という観念は、ブラクトンからフォーテスキュー、スミス、そして一七世紀のコモン・ローヤーに至るまで時代を超えて通底する、イングランドの法と統治の最も基本的な要素であった。後の考察でそれぞれ詳述するように、ブラクトン以後、たとえばフォーテスキューにおいては、より端的に「議会」を通じた「人民の同意」として展開され、それはボディ・ポリティークにとっての「血液」と見なされ、またスミスにおいては、王国全体の一般的同意という観点に立って、議会のもつ「絶対的権力」が説かれていく。さらに一七世紀の「古来の国制」論においては、コモン・ローの至上性を議会権力に引きつけながら論じていくがゆえに、議会を通じた王国全体の「一般的同意」はコモン・ローの統治原理として位置づけられていくことになる。いずれにせよ、イングランドの制限君主制の理念は、ブラクトン以降の伝統のなかでつねに、法による制約と法制定手続における制約という、王権に対する二重の制約が考えられていると言ってよい。

(三) 王権の至上性と元首立法権

以上のようにブラクトンの著作のなかには、法による国王権力の制約を説く言説が見られる一方で、こうした制限君主制の理念と一見背反する王権の至上性を説いた議論も併せて確認される。たとえば「国王に対してはいかなる令状も発せられないから、彼が自らの行為を修正し、改めるように求めるには、ただ請願の機会のみがあるであろう。もし彼が修正しないなら、彼は神の復讐を待つことになるのだということが彼にとっては十分な罰である」。従って「何人も国王の行為を問題にしようとしないし、まして反駁しようとはしないであろう」[LCA: II,33]。

こうした王権の至上性を説くブラクトンの見解は、彼が中世ローマ法学の影響を強く受けていたことから、ローマ法の元首立法権に関する彼の解釈の問題と関連して論じられることが多い [Selden 1647: 29; McIlwain 1940: 71 邦訳一〇六―七、矢崎 一九八一、第四章]。ブラクトンは、古代ローマにおける元首立法権と元首法 (lex regia) に関するウルピアヌスの格率について関心を寄せている。このウルピアヌス文は、ビザンツ帝国 (東ローマ帝国) のユスティニアヌス帝によって編纂されたローマ法典である『学説彙纂』および『法学提要』に収録された一節であるが、そこには、こう書かれている。「元首の嘉するところのものは何であれ法としての効力を有する。なぜなら人民は、元首の命令権に関して作られた元首法 (Lex Regia) によって (cum)、元首にその一切の命令権と職権 (imperium et potestas) とを譲渡したからである」[*Digesta*, I.4.1]。このウルピアヌス文のなかの「元首の嘉するところのものは何であれ法としての効力を有する」という部分は、元首ないし君主の絶対的権力を擁護する際にしばしば用いられてきた箇所であり、時にビザンティン主義と呼ばれてきた。このビザンティン主義は、後述するように一六世紀にローマ法的な絶対主義理論が形成される際の重要な根拠の一つとなった［第二章、第五章参照］。
ブラクトンは、このローマ法のウルピアヌス文をめぐってこう述べている。「国王は神の召使いであり、代理人であるから、その支配においては法により権威づけられた以外のいかなる行動をとることもできない。しかし、次のことはこれと矛盾しない。『元首の嘉するところのものは何であれ法としての効力を有する』。なぜならこの法律は続けて、『元首の命令権に関して定式化された元首法に従って……』と言っているからである」［LCA: II,305］。このブラクトンの文章は、その解釈をめぐってしばしば議論の対象となってきた箇所である。国王が神の召使いおよび代理人としてその支配が法による権威づけに基づくとする文章は立憲主義的な解釈を伴うのに対して、後段の元首ないし国王の意思こそが法であるという文章は王権のビザンティン主義的な理解とつながる。
ブラクトンのウルピアヌス文の解釈においては、「元首の嘉するところのものは何であれ法としての効力を有する」というローマ法の格率を引用した後、そこに「元首法に従って（cum）」という箇所が意図的に読み込まれている。これによって彼は、イングランドの統治の伝統に則するような形でウルピアヌス文を解釈し直すのである。すなわち、〈cum〉を接続詞ではなく前置詞として読むことによって、国王の意思は元首法と一致し、反しない限りにおいて法律としての効力を有すると解釈したのである。そしてそれは、イングランドでは大諸侯の助言と熟慮を経たうえで、つまり同意を得たうえで初めて国王の意思は法としての至高性を持つのだと結論づけたわけである。⑤
この点について、一七世紀のコモン・ローヤーであるジョン・セルデンは、ブラクトンがウルピアヌス文を引用する際、原文のある箇所を意図的に省略していると指摘している。すなわち原文では、ブラクトンが引用した理由文の「元首法に従って」の後に、「国王から譲り渡された一切の命令権および職権」という文が続いているにもかかわらず、ブラクトンでは抜け落ちている、と。セルデンによれば、この欠落はブラクトンによる意図的な省略であると言う。「ブラクトンの頃には外国の学者もイングランドの学者も、他の書物と同様、転写された『学説彙纂』の完全なコピーを持っていたのであり、このことは、ブラクトン自身が契約の方式に関する議論のなかで『勅法彙纂』と『学説彙纂』の転写がこの国ではごく当たり前のことになっていると語っていることからも十分に明らかである」。そしてセルデンは、ブラクトンの省略の意図をこう説明する。ブラクトンが「ウルピアヌスやユスティニアヌスと違って、自身の主題、すなわちイングランドの国制を論じる場合、とくに諸身分の会議に関して一貫して価値ある多くのものを引用したのである」[Selden 1647: 29,31]。このようにセルデンは前期ステュアート時代に、ブラクトンのウルピアヌス文解釈を通して、ブラクトンの意図がもっぱら法による制限君主制にあったことを強調している。

以上のように、ローマ法の部分的継受が行われたブラクトンの言説のなかには、君主権力をめぐって論争の余地が存在していた。この点について、C・H・マクワルワインは、ブラクトンのこうした王権の両義的な性格を、「統治（gubernatio）」と「司法（jurisdictio）」という二つのカテゴリーに分けて説明することで理解しようと試みている。すなわち、王権の作用のうち、臣民の自由に関わりを持ち、その限りで法の拘束が妥当する領域を「司法」として捉え、他方、臣民の自由には直接関係せず、叛乱の鎮圧や国土の防衛、平和の維持などのように高度な政治的決断を要する領域については、法的な統制を受けずに国王の自由裁量が認められる「統治」の領域として把握する[McIlwain 1940: 74ff. 邦訳一一一頁以下]。マクワルワインはこの図式を、一三世紀のブラクトン、一五世紀のフォーテスキュー、一六世紀のスミス、そして一七世紀のクックをはじめとするコモン・ローヤーを通底するイングランド国制の共通認識であると主張する。しかしながら安藤高行も指摘するように、ブラクトンがすでに一三世紀において臣民の自由に関わる「司法」という王権の作用と、それ以外の高度な「統治」という王権の作用について明確な認識をそなえていたとは思われないし、実際にブラクトンがその著作のなかで法の制約に関する記述と王権の至上性に関する記述とを右記のような王権の二つのカテゴリーに区分して明確な形で使い分けていたようには見えない[安藤 一九八三、五]。通常権力と区別された国王の人格に固有の絶対的権力が適用されるようになるのは、一六世紀後半の君主に対してであった［Burgess 1996: 81］。その意味で後述するように、スミスの言説のなかでは、マクワルワインが言うような「統治」と「司法」に相当しうる王権の二つの領域が明確に区別して論じられているし、さらに一七世紀前期のコモン・ローヤーは、こうしたテューダー期の枠組みの延長線上で絶対的な国王大権に対してコモン・ローと議会を通じた二重の制約を図ろうと試みることになるのである。

そこで最後に、ブラクトンの言説の要点を筆者なりに簡潔に指摘しておくとすれば、それは次のような三つの論点において把握できるものと思われる。ブラクトンの王権に関する言説の要点として、第一に挙げられるのは、王国内において王権が「人」の支配ないし拘束を受けない性格のものであるという認識である。すなわち、「すべての者は国王の下位にあり、国王は、唯一、神を除いては、何人の下にも服さない」。それゆえ、「国王は王国内において比類すべきものを持たない」と。第二の重要な論点は、唯一拘束を受ける「神の下に」存する王権という形式を、神の正義に由来した「法の下に」存する王権という制約の形式へと現実に移し換えていく点である。「国王は神の代理人である。それゆえ、彼が法の下にあるべきだという点は、地上における神の代理人たるイエス・キリストとのアナロジーにおいて明確に現れている」。従って、「国王は人の下に存在すべきではないが、神の下に、そして法の下にあるべきである。なぜなら、法が国王を作るからである」と。そしてブラクトンが言うこの法とは、イングランドの古来の慣習として形成されたところの法を指しており、その限りで立法者の意思による単なる人為的規定ではない。ブラクトンがイングランドの不文の慣習法を「ユース（Jus）」として言及したゆえんである。最後に第三の要点として、しかしながら国王に対して法を強制的に遵守させるより上位の人ないし機関は王国内に存在しないという、当時のイングランドの統治構造がもつ限界性についての現実的な認識である。「国王に対しては、いかなる令状も発せられないから、彼が自らの行為を修正し、改めるように求めるには、ただ請願の機会のみがあるであろう」と［LCA: II,32-3］。このように理解するならば、ブラクトンの言説が法による制限君主制の原理を展開しようとする点に主たる狙いが置かれていたことは明らかであり、彼の王権の無統制に関する言説は、法による制限君主制に伴っている現実上の限界についての彼の認識として理解したほうが妥当であるように思われる。

以上のように、国王裁判所の裁判を通じて確立された新たな慣習法は、その形成から約半世紀後、ブラクトンの考察によって、聖書や自然法、万民法といった体系のなかでの位置づけが与えられ、「イングランドの法と慣習」を通じた制限君主制の論理として展開されていくことになったと言えよう。そして、それは前期ステュアート朝のコモン・ローヤーが「法の支配」の論理を主張する際に重要な先例としてしばしば参照されていくことになる。しかしながら、ブラクトンにおいては、聖書すなわち神法や自然法との関わりについての考察はいまだ体系的な世界観として展開されているわけではないし、法による制限君主制の理念も、議会形成以前の言説であるという事情も相俟って、必ずしも熟成されたものではない。こうした神法や自然法とイングランド法との関係性、および制限君主的な国制の枠組みについての考察は、続く一五世紀のジョン・フォーテスキューにおいて継承され、発展的に議論されていくことになる。ブラクトンがもっぱらアーゾの著作を通じたローマ法の影響の下にイングランド法を考察したのに対して、フォーテスキューの場合は、むしろローマ法に対抗的な姿勢を示すとともに、トマス・アクィナスのスコラ哲学の体系を受容するなかで、イングランドの法と国制についての考察が進められていく。

第二節　ジョン・フォーテスキュー

（一）　フォーテスキューの歴史的位置

一七世紀の前期ステュアート朝のコモン・ローヤーが「古来の国制」論を展開する際に最も頻繁に引証したのは、ブラクトン、フォーテスキュー、スミスといったイングランドの伝統的な法学者たちの言説であったが、なかでも国制の枠組みに関しては、彼らはフォーテスキューの言説に依拠することが多かった。ステュアート朝の成立とともに課税や独占などジェームズ一世の絶対主義的政策への懸念が高まるなか、庶民院およびコモン・ローヤーがこれに対抗する形で「古来の国制」論を展開する際に、フォーテスキューの思想が持つ意義は改めてクローズ・アップされていくことになる。とりわけ、ローマ法のビザンティン主義的な絶対的権力を批判したフォーテスキューの「政治的かつ王権的な統治」と、それを生み出したイングランドの「古来の慣習」という観念は、ステュアート朝王権への対抗イデオロギーとしてコモン・ローヤーたちが好んで依拠した枠組みであった。ここではこうしたフォーテスキューの法と統治形態の観念を考察し、イングランドの伝統思想の形成をさらに跡づけておきたい。

フォーテスキューは、トマス・リトルトン（Thomas Littleton, 1407?-1481）と並んで、「イングランド固有の法を再興した一五世紀の主要な人物」[Sandoz 1993: 5] だとされる。リトルトンが「土地の法」において大きく貢献したのに対し、フォーテスキューはとくに「国制」に関する考察においてイングランド法に重要な貢献をなした。これら二人の人物の貢献に対して、たとえば一七世紀の代表的な法律家の一人であったエドワード・クックは、次のように賛嘆している。彼は、リトルトンについては、「人文学においてこれまで書かれた作品のなかで最も完全で絶対的なものである」[1st Inst. : the Preface, xxxviii] と評価し、他方、フォーテスキューについては、彼の代表的作品である『イングランド法の礼賛について』（*De Laudibus Legum Angliae*）を、「金の文字で書かれるべきほど重要で価値あるもの」[LLA: General Preface, xlix] と讃えていた。とりわけ一七世紀の政治社会において「国制」の問題が激しく論議された局面においては、イングランドの「古来の慣習」を論じたフォーテスキューの理念は大きな影響力を持つことになった。

フォーテスキューは、一四二〇年までリンカーンズ・インの法曹学院に在籍し、一四二一年からは議会において活動。さらに四二年にはヘンリー六世の下で王座裁判所の主席裁判官となり、一四六一年に大法官に任命された。⑥

ラテン語で書かれた彼の代表作『イングランド法の礼賛について』は一六世紀半ばに英訳され、以来エリザベス治世期から前期ステュアート時代にかけてコモン・ローヤーの必携の書として急速に広まっていった。フォーテスキューの著作は一七世紀前半のコモン・ローヤーに最もよく読まれた作品の一つと言われ、その意味でフォーテスキューの法と統治形態の観念は、彼らにイングランドのコンヴェンショナルな知的教養として広く共有されていたと言ってよい。たとえばジョン・セルデンは、一六一六年に自ら序文を付けて『イングランド法の礼賛について』の英訳版を刊行している。(7) またエドワード・クックは、『判例集』の序文においてフォーテスキューのイングランド法の説明を詳細に引用している [6th Rep.: Preface(To the Reader), iii-v]。このようにフォーテスキューの思想は、変容や修正を受けつつも、後世のコモン・ローヤーたちに大きな思想的影響を与えていたのである。

しかしながら、フォーテスキューをとくに「政治思想」の観点に立って包括的に考察した研究はそれほど多くはない。(8) そこで、イギリス立憲主義が形成された思想的系譜をたどるために、その重要なエポックとなった前期ステュアート時代との関連性を意識しながら、フォーテスキューの思想を再構成し、その特徴を明らかにしておく必要がある。フォーテスキューの法の観念は多くの点でトマス・アクィナスのそれに近かったと言われており、とくにアクィナスの自然法思想をかなり受容していた。たとえば、アクィナスの影響が最も色濃く現れている『自然法の性質について』(*De Natura Legis Naturae*) を確認してみると、自然法の理解をめぐって『神学大全』(*Summa Theologiae*) からの頻繁な参照が見られるほか、統治形態の問題については『君主統治論』(*De Regimine Principum*) からの引用も見られる。もっともこの後に執筆された『イングランド法の礼賛について』のなかでは、アクィナスからの明示的な引用はあまり見られない。その理由は、クライムズの説明によれば、フォーテスキューが、『自然法の性質について』の執筆時には携帯していた蔵書の多くを、王妃とエドワード皇子に随行した一四六三年のフランス出発の際に携帯しえず、『イングランド法の礼賛』執筆時（一四七〇年頃と推定）には他の文献からの正確な参照や引用ができなかったためとされる［邦訳、北野「解説」、一七三―七］。従って『イングランド法の礼賛について』で展開された彼の考察も、アクィナスの自然法思想の影響を受けていることは間違いない。後年執筆された『イングランドの統治』（*The Governance of England*）も含めて、彼の体系的著作であるこれら三つの作品の理論的枠組みは、それぞれ強調点が異なってはいても基本的には同一のものである。

またフォーテスキューの著作にはアリストテレスへの言及も頻繁に見受けられる。彼は著作のなかでさまざまな文献を参照しているが、とくにアリストテレスとアクィナスの影響が顕著である。もとより、フォーテスキューのアリストテレスへの言及はアクィナスの影響によるものである［Jacob 1943: 365］。フォーテスキューの法の説明とは、中世のスコラ哲学者の解釈を通して濾過されたアリストテレス的な観念であったと言える［Brooks 1993: 60-1; Sommerville 1999: 88］。従って広い意味での政治思想家としてフォーテスキューを見るならば、彼は決して独創的な思想家ではない。しかしながら彼の思考は他方で、イングランドの法と制度に関する理念と結びついているという点で独自の光彩を放っている。フォーテスキューの独自性は、まさにトマス的な自然法の理解と、イングランドの慣習法および統治形態に関する考察との結びつきの点にこそある。われわれはそこに、〈歴史〉としての古来の慣習法と、〈存在論〉としての神法・自然法とがある特有の形で結合しあった型の観念を見ることができる。

（二）自然法と神法と人定法

まず最初に、フォーテスキューの自然法理解について確認しておこう。フォーテスキューは、イスラエルの民がモーゼによって統治されるまで、人類は自然法のみによって統治されていたと言う［NLN 193］。彼によれば、自然法とは理性的被造物が創造されたその当初に起源を持ち、以来今日まで変化することなく不変のものとして存在してきたとされる。自然法こそは「時のなかで最初の位置を占める」ものであり、その威厳においてあらゆるものを凌ぐ。それは「正義」に由来する「自然的エクイティ（natural equity）」を表すものであり、「自然法は慣習や制定法よりも優位している」がゆえに、慣習法であれ制定法であれ、自然法に反するものはすべて無効だと見なされる［NLN: 194,233］。フォーテスキューにとって「自然法（Jus Naturae）」とは「正義」あるいは「衡平」を表すものであって、この意味で「正義（justitia）」の名からそう呼ばれるところのまさしく〈jus〉である。それは衡平で善なるものすべての謂いである。従ってあらゆる「法（lex）」は、それが衡平で善なるものであるためには自然法の〈jus〉に適った、「jus の一種」でなければならないとされる［NLN: 222-3］。

他方、自然法は神の法でもあると、フォーテスキューは言う。彼によれば、神法と自然法との関係は母と娘のごときものである。彼はアクィナスの『神学大全』における自然法の説明を踏襲しながら、「自然法とは理性的被造物における永久法の分有にほかならない」［NLN: 194,240］と定義する。すなわち、「神の摂理」に服しているところのものはすべて「永久法」によって規制されており、この永久法の刻印によってそれぞれに固有の働きや目的への傾向性を有している、と。彼はアクィナスを引証する。「理性的被造物は自らも神の摂理の分有者となって自己ならびに他の者のために配慮する限りにおいて、何らかのより卓越した仕方で神の摂理に服している。従って理性的被造物自体においても永遠なる理性が分有され、それによって正しい行為および目的への自然本性的なる傾向性を有するのであって、理性的被造物におけるこのような永久法の分有が自然法と呼ばれるのである」［NLN: 239-40］。前述したように、フォーテスキューにあっては、あらゆる人定法や慣習法は自然法に服すべきものとされた。そして自然法は、このように理性的被造物たる人間における神の理性・摂理の分有として神法に基礎をおくものであった。従って慣習や人定法の持つ権能や徳性は、究極的にはすべて神法に由来すると、彼は言う［NLN: 241］。

このようにフォーテスキューの理解は、基本的にはアクィナスの神法、永久法、自然法、人定法という枠組みを継承している。すなわち、聖書に記された神の直接の啓示である「神法」、全宇宙を創造し支配する神の理性ないし摂理としての「永久法」、理性的被造物たる人間による永久法の分有としての「自然法」、そして自然法からのコロラリーとして導出され、君主の権威によって制定される共同体の掟としての「人定法」である。アクィナスにとって永久法は、宇宙の支配者としての神のなかに存在する諸事物統轄の理性自体であり、この意味で神の本質と同一である。従ってそれは、真の法として絶対的な拘束力を持ち、他のあらゆる法の源泉となる。そして自然法は、神によって賦与された人間の「自然的理性の光」によって、永久法から直接的に導出することが可能だと理解されていた。

さらに、このスコラ的な法理解の摂取において後の章との関連で指摘しておかなければならないのは、フォーテスキューが自然法と人定法（あるいは実定法 jus regis）の関係をめぐって、〈Prima Secundae〉という当時の有名な問題を明らかに念頭において考察していた点である［Jacob 1943: 365］。アクィナスにとってあらゆる法は神的理性の現れであり、理性的被造物としての人間が神から賦与された自然的理性によって神的理性としての永久法に参画・分有するところに「自然法」がある。いかなる人定法もこの自然法から導出されなければならない。その際にアクィナスは「思弁的理性（ratio speculativa）」と「実践的理性（ratio practica）」による二つの導出形式を説く。人定法は一方では、自然法の自明の諸原理から人間の持つ自然的理性による推論を通じて「論証的（demonstrativae）」に導出される。これが「思弁的理性」による人定法の自然法からの導出形式である。これに対し人定法が、それぞれの政治社会の地域的状況に応じて、自然法からの「個別的確定（determinatio paticularis）」によって導出される形式がある。これが「実践的理性」によるものである［Sum.Theo.: vol.28, 102/103-108/109. 邦訳第一三冊、九三―七］。後述するように、フォーテスキューは、自然法と人定法との関係性において、論証によって導出される自然法の準則と同時に、それぞれの政治社会の状況に照らして自然法からの個別確定的な導出を要する「実践的理性」の働く局面にイングランド古来の「慣習法」というリアリズムの世界を機能的に据えることになるのである。自然法と人定法との関係を説明するにあたって、アクィナスの枠組みに基づいて第一次的な自然的理性と第二次的な実践的理性の二つの理性概念を組み合わせ、そこに慣習法を機能的に位置づける思考様式は、一七世紀のコモン・ローヤーにも継承されている。それは、第四章で考察する「技巧的理性（artificial reason）」の観念と関連してくる問題である。

いずれにせよフォーテスキューには、このようにスコラ哲学のつよい影響が確認されるが、こうした特徴は一五世紀後半から一六世紀初期の一般的傾向であった。当時の法学生は、通常の教育課程を経た場合、まずスコラ哲学と教会法の学習から着手した。この点は、一四世紀のブラクトンがローマ法から法の修練を始めたのと対照的である。ローマ法の影響を受け、元首立法権を論じていたブラクトンの言説が、時として国王大権を擁護する言説となりかねなかったのに対し、トマス主義の知的枠組みを採用したフォーテスキューの思想は立憲主義を導き出すのにより適合的であった。前期ステュアート時代に王権神授説とローマ法的絶対主義に直面した時、コモン・ローヤーたちはとくにフォーテスキューの枠組みを再編する形で「古来の国制」論を展開していくことになる。こうしたアクィナスの法概念の枠組みを基本的に踏襲したフォーテスキューにとって、「法（lex）」とは、より深遠な倫理的実体に根差したものとして、本来的に何らか神聖な機能を果たすべきものとして把握される。それゆえそれは、共同体の「掟」にとどまらず、究極的には神の「祝福」に直結する道徳的規範でもあった。[9]

そこで次に、「法（lex）」の問題をめぐるフォーテスキューの理解について確認していくことにしよう。彼は、法を概ね次のように定義している。「法とは、正しきことを命じ、その反対のことを禁じる、神聖な掟のことである（Lex est sanctio sancta iubens honesta et prohibiens contraria）」。またアクィナスがしばしば依拠したローマ法のウルピアヌスの法文に従って、法とは「善と衡平に関する技術（ars boni et aequi）」であると定義する。彼によれば、法がこのような定義において把握される限りにおいて、あらゆる人定法は「神聖な」ものと見なされる。それゆえ究極的には、「人間によって発布されたすべての法は神によって布告された」ものである。「法は人間のものではあるけれども神聖なものであり、神によって命じられたものである」と［LLA: 6/7-8/9. 邦訳（一）四一―二］。このように神の権威に基礎づけられた神聖な人間の「法」は、「神への畏怖」の念を産み出すことができるとされる。彼は言う。「悪から離れること、そしてこのことこそが神を畏れることの悟りなのであるが、法はまさにこれを教えるのである。こうして法はまた神への畏怖をも産み出すのである」［LLA: 6/7.（一）四〇］。

かくして人間は、神聖な掟たる「法」を通じて神を畏怖し、それによって賢明にもなる。それは、人間が「この世において獲得しうる限りの幸福と祝福を手にする」ことにつながる。フォーテスキューは、「幸福」と「祝福」という観念を手掛かりとしながら、神聖な掟たる人定法が人間に果たす機能について議論を展開していく。「幸福についてては哲学者たちが実にさまざまに論争してきたが、しかし彼らはみな、幸福ないし祝福があらゆる人間的欲求の目的であるという点においては意見が一致していた」。それゆえ「哲学者のうちのある者は、幸福ないし祝福を最高善（Summum Bonum）と呼んだ」のである。そして「幸福」を産み出すことを可能にする唯一のもの、それは「徳」であると、フォーテスキューは言う。彼は、この点についてアリストテレスの『政治学』における定義にならって「幸福とは徳の完全なる実現である」と説明する。そして法が果たす役割を次のように考察していく。「人定法（lex humane）とは、完全な正義（perfecta iusticia）がそれによって開示されている準則にほかならない。しかし確かに法が開示するところの正義とは平均的正義ないし配分的正義と呼ばれている特殊なものでも、他の何らかの特殊な徳でもなく、法的正義（justitia legalis）の名で呼ばれる完全な徳（virtus perfecta）なのである」。フォーテスキューによれば、法的正義は、「すべての悪徳を滅し、かつすべての徳を教示する」ものであるがゆえに、まさに完全なものであり、従って「それは正当にも全き徳と呼ばれている」。そして人間世界にあって徳ないし正義を完全に開示し実現することのできる技術はこの法による以外にない。「全き徳（omnis virtus）」としての法的正義によってこそ、人間は最高善たる幸福を獲得することが唯一可能となるのである。「幸福とは徳の完全なる実現であり、しかも法による以外に完全には教示されることのない人間の正義（justitia humana）は徳の効果であるだけでなく全き徳でもある」。それゆえ「正義を享受する者は法によって幸福となる」と。

さらに「つかの間の人生においては祝福と幸福とは同じものである」がゆえに、法によって幸福を実現した者は「祝福」を受けた者でもあり、法の正義を通してこの世の最高善を獲得することになる。彼にとって法の徳の働きは、この世における最高善としての幸福を実現するのみならず、ひいては神の祝福をも可能とするものであるがゆえに、それは、神の「恩寵」なくしてはなしえないものとされる。それは彼の描く人間観と関連している。彼によれば、「人が内奥から望む徳は原罪によって損なわれている」。それゆえ幸福や祝福を可能とする法や徳についても、それらは「神の善の賜物」であって、「人の徳の賜物」ではない［LLA: 10/11-12/13.（一）四三―四］。つまり、フォーテスキューの人間観によれば、人間とは原罪によってこの世の最高善たる「幸福」や神による「祝福」を可能とするだけの徳をもはや喪失してしまった存在である。それゆえ生来、堕落しやすい存在である人間は、「法的正義の名で呼ばれる完全な徳」を通じてこの世の最高善たる幸福を獲得するほかないのだと、彼は強調する。

（三）「古来の慣習」と「政治的かつ王権的統治」

では、こうした完全な徳を人間世界に開示する法は、いかにして形成されうるのであろうか。フォーテスキューの思想において重要なのは、最高善たる幸福を実現し、もって神による祝福をも可能とする至高の人定法の形成が、イングランドの古来より継承された不変の慣習法によって最もよく実現されているとする点であり、そこに彼の重要な思想的特徴がある。つまり、一方で神法・自然法に正統性の根拠を求めつつ、同時にもう一方でイングランドの古来の慣習というリアリズムの世界に法的基礎を求めていくのである。そこでは、政治社会としての共同体の規範的実体は、神法・自然法を前提としつつも、具体的な現れとしてはイングランドの慣習法の世界が媒介することになる。

フォーテスキューによれば、イングランドの慣習法は、古代のブリトン人の時代以来、変化を被らずに永らえてきたのだとされる。すなわち、イングランドを征服したどの民族も、イングランドの古来の法を改変することはできなかったのだと。そしてこの事実こそがまさに、イングランド法の卓越性を証明していると言う。

イングランド王国は、最初、ブリトン人によって居住され、ついでローマ人により支配され、再びブリトン人により支配され、そして次にサクソン人によって領有された。このサクソン人が、この王国の名称をブリタニアからイングランドに変更したのである。その後、この王国はしばらくの間、デーン人に支配され、再びサクソン人に支配された。しかし最後にはノルマン人に支配され、その子孫が現在もこの王国を領有しているのである。そして、これらの諸民族とその国王のあらゆる時代を通じて、この王国は現在それによって支配されているのと同じ慣習法によって間断なく支配されてきたのである。もしこの慣習法が最善のものでなかったならば、これらの国王のうちの誰かが、正当な理由によってあるいは好みに駆られてこの慣習法を変更し、さらには完全に抹消してしまったことであろう［LLA: 38/39.（一）六二］。

イングランドでは五つの民族が支配を繰り返してきたにもかかわらず、彼らは同じ古来の慣習法によって統治を行ってきたのだと、フォーテスキューは主張する。「剣のみによってイングランド王国を領有した」国王たちは、「剣およびそれに類似の権能」をもってイングランドの法を廃絶してしまうこともできた。とりわけ、ローマ法によって世界のほとんどすべてを裁いたローマ人はそうしたはずである。しかし彼らは現実にはそうしなかった。それはイングランドの古来の慣習法がこのキリスト教世界において最も卓越した法であったからにほかならない。それは、イングランド法が「良きかつ有益な」ものであることの歴史的証明であると［LLA: 36/37.（一）六〇］。彼はイングランドの慣習法の起源をブリトン人の時代にまで遡ることによって、ローマ法よりも古き法であることを主張する。かくして「キリスト教世界のいかなる王国の法もイングランド人の慣習法ほどに長期にわたって根づいている」ものはなく、それゆえこのキリスト教世界において最も卓越した人定法であると結論づけられる［LLA: 38/39-40/41.（一）六一―二］。

こうした古来の慣習が持つ意味とは、フォーテスキューにとって「習慣化された徳」を意味した。彼は、アリストテレスの『ニコマコス倫理学』から「慣習は第二の自然である」との言葉を引証しながら、「習慣化された徳は慣習を生み出すのであって、その結果その慣習を身につけた者はそれ以後その徳の名で呼ばれることになる」と述べる。たとえばそれは、「林檎の幹に接ぎ木された梨の枝が、林檎と一体化した後にはそれ以後両者が正当にも梨と呼ばれるように、この林檎を梨の本性へと引きつけ、また梨の実を実らせる」ようなものである［LLA: 16/17.（一）四七］。つまり、古来の慣習法も「徳」が習慣化されることによって生じたものであり、その意味から言えば、より長期の継続性を持つ至高の慣習法は、より完全な徳を実現していることを意味する。すでに見たように、フォーテスキューの捉える人間像とは、原罪により徳を喪失してしまった存在であった。それゆえこの至高の慣習法によって開示された徳によって最もよくこの世の最高善たる幸福を獲得し、ひいては神による祝福をも手にすることができるとされたのである。

このようにフォーテスキューにとっては、「古来の慣習」の契機こそが中心をなしているのであって、自然法や神法の存在はイングランドの慣習の卓越性を説明するための根拠あるいは権威として位置づけられている。こうした思考様式は、第三章で考察するように、一七世紀のコモン・ローヤーにも確認されるものである。

他方、以上のようなフォーテスキューのイングランドの「慣習法」の卓越性をめぐる議論は、イングランドの「統治形態」の卓越性とも密接に関連している。彼によれば、「すべての人定法は自然法か慣習法かあるいは成文法（constituciones）とも呼ばれる制定法（statuta）である」。そして慣習法と自然法の準則は、書きとめられ君主の権威によって布告された時に成文法ないし制定法の形式になる。フォーテスキューが、イングランド法の卓越性を論じる時、それは慣習法にとどまりはしない。「ほとんどすべての法の源泉であるこの三つ［自然法、慣習法、制定法］においてイングランド法の優越性が際立つ」と言う［LLA: 36/37.（一）六〇］。しかし、アリストテレスが『ニコマコス倫理学』のなかで「自然法はすべての人に対して同一の効力を有するものである」と述べているように、「自然法はあらゆる所で同一である」。すなわち自然法は「自然的理性によってあらゆる人びとのなかに確立されたもの」であり、この意味で「自然法はあらゆる民族の国法において維持されている」。フォーテスキューは、アクィナスに倣ってこれを「万民法（jus gentium）」と呼ぶ［NLN: 210］。その限りにおいてイングランド法も、「その裁判において同法が自然法の法理を定めている種々の点では、他の諸国民のすべての法が類似の場合においてそうであるのと比べて優れても劣ってもいない」［LLA: 38/39.（一）六一］。それゆえ問われるべきは、慣習法と制定法の問題となるが、慣習法についてはすでに触れたので、ここでは制定法をめぐる問題を検討することにしよう。

　フォーテスキューによれば、自然法や慣習法を成文化して制定法にするその手続の点でもイングランド法は卓越していると言う。それは成文法の制定に関わるイングランドの統治形態の卓越性を意味する。イングランド法が慣習法においてだけでなく、それを成文化した制定法においても卓越しているとフォーテスキューが言う時、それは彼が理想として描くイングランドの統治形態の卓越性を指している。彼は、『自然法の性質について』のなかで三つの統治形態を挙げている。「王権による統治（dominium regale）」と「政治権力による統治（dominium politicum）」、そして「政治権力と王権の双方に基づいた統治（regimen (dominium) politicum et regale）[10]」である［NLN: part I, chap.xvi]。このうち第二のものは共和制を意味するから、君主制を理想の統治形態と見なすフォーテスキューにとって問題となるのは第一と第三の統治形態であり、後の『イングランド法の礼賛について』では二つのモデルの優劣が論じられる［LLA: 88/89-90/91.（二）一二七―八］。彼にとってイングランドの統治形態とは「政治権力と王権の双方に基づいた統治」であり、そこには君主と人民の契機が混合されているのだと言う。「政治権力と王権の双方に基づいた統治」について彼は『イングランドの統治』のなかで、法が人民の同意によって作られるのが〈politicum〉の意であり、その法が国王によって運用されるのが〈regale〉の意であると説明している［GE: 111-2］。

フォーテスキューにとって統治の目的とは、被治者のプロパティの保障、すなわち人民の身体と財産の保護という点にある。この目的は、国王が臣民の同意なしに立法したり、課税したりすることを禁じたイングランドの法によって最もよく実現されると言う。国王が王権のみによって人民を支配している場合、国王は人民に諮ることなく王国の法を変更したり、人民に課税することができる。彼によれば、ローマ法はまさに「君主の嘉することは何であれ法としての効力を有する」との格率が示すように、このような王権のみに基づいた支配を説いている。これに対しイングランドの国王は、「王権」によってだけでなく、人民の同意に基づいた「政治権力」によって人民を支配しているがゆえに、国王は「臣民の同意なしに法を変更することも、未確立の賦課金をこれに反対する支配下の人民に負担させることもできない」。このような統治の下にある人民は「自らが望んだ法によって規律されて自己の財産を享受」し、国王によっても他のいかなる者によっても財産を剥奪されることがない［LLA: 24/25-26/27.（一）五二―四、cf. GE: chap.I］。フォーテスキューの言うこうした統治形態は、イングランドの議会とりわけ庶民院の機能を念頭に置いたものである。彼は、イングランドの制定法が「君主の意思」だけでなく「全王国の同意」を得て作成されるとし、それは「一人ないし一〇〇人にすぎない通暁者の叡知」ではなく、「三〇〇人を超える選ばれた人びとの叡知」によってなされると説明している。この「選ばれた人びと」とは明らかに庶民院を指している［LLA:

40/41.（一）六二一三]。

アクィナスの場合には、『君主統治論』のなかで君主制が最善の統治形態であると明言しつつも、しかし他方で『神学大全』では一人の人間の暴政による君主制の堕落が起こりうる最悪の統治形態であることも認めていた。ここからアクィナスは、君主制が専制へと転化するのを防止するのに役立つ制限的制度を、君主制それ自体のなかに求め、混合政体を理想の統治形態と見なした。[11] フォーテスキューはアクィナスのこの点に注目しながら、彼の意図が、君主が人民を専制的に支配できないような形で王権を樹立するところにあったと捉える。そしてそれは、イングランドのように国王の権力が政治権力に基づく法によって制約されている場合にのみ可能だとフォーテスキューは言う［LLA: 24/25-26/27.（一）五二一四］。イングランドの統治形態の核心は、フォーテスキューによれば、人民すなわち王国の諸身分の同意なしには立法も課税も行われえないという点、さらに裁判官が、国王の命令に反してもイングランドの法に反した判決は下さないという宣誓に拘束されているという点にある。

フォーテスキューにとって政治的統治とは「より多くの人びとによる規則に基づいた政治」であった。彼の政治的統治の概念においてこの「多数性（pluralitas）」の観念はきわめて重要である［Jacob 1943: 367］。それは、当時の政治社会のコンテクストに照らして言えば、「多元性（plurality）」の意味を伴っていたと言える。「政治的かつ王権的な統治」において意図されていたのは、慣習法に基づく一つの有機的な政体としての「王国」の同意であった。そこには、分節化された多元的な政治社会の有機体的な統合があった。それは、王国のなかの分節化したさまざまな諸部分、すなわち国王・貴族・ジェントリに加え、自治権を獲得しつつある「都市（borough, city）」の「市民（burgess, citizen）」が、「慣習法」によってさながら一つの身体のように相互に節合されて誕生した「ボディ・ポリティーク（政治的身体 corpus politicum）」の理念にほかならない。

(四) ボディ・ポリティークの理念

こうしてフォーテスキューの法と統治形態の理念は、同時に中世の伝統的な政体観の一つである「ボディ・ポリティーク」の理念と密接に関連する。それは通常、「自然的身体」とのアナロジーで、さらには「神秘的身体(corpus misticum)」という神学的アナロジーにおいて把握された有機体的な秩序観であった。フォーテスキューは政治社会の成立を次のように説明する。まずアウグスティヌスの「人民(populus)」の定義を引用しながら、そこに欠落する一つの要素を指摘する。アウグスティヌスは『神の国』において「人民とは法の同意と利益の共通性に基づいて結ばれた人間の結合体(societas)である」と定義したが、フォーテスキューによれば、こうした人民という共同体は「頭部欠損」の状態を意味し、「完全体と呼ばれるに値しない」。自然界において頭部を切り離された残部を指して、それを身体だとは言わず、単なる胴体と呼ぶのと同様、政治の世界においても共同体は頭部なしでは決して完全体とはならない。彼はこうした有機体論的な政治体の観念に立ちつつ、アリストテレスの『政治学』の言葉を引証する。「複数の者によって他の者の間に一人の者が立てられる時はいつでも、その一人の者が支配し、他の者は支配されるようになる」。こうしてフォーテスキューは、人民が自らを「王国」ないし「政治体」へと高めようとするならば、常にその完全体の全体を統治する一人の者を長としなければならないと主張する。「一つの頭によって規律された自然の身体が、胎から(embrione)生成するのと同様に、頭部となる一人の人間によって統治された神秘的身体として存在する王国が人民のなかから生成するのである」[LLA: 30/31-32/33.(二)五六―七]。ここには、自然の身体が「胎から」発生して、さまざまの部位へと分節化し、その一つ一つが有機的に節合されて調和を保った「身体」へと成長を遂げていく姿とのアナロジーで、政治社会の生成をめぐって動的な説明が展開されているのを確認することができよう。「人民のなかから王国が生ずる」とフォーテスキューが言うように、「法の同意と利益の共通性」に基づく人間の結合体としての「人民」という「共同社会(communitas)」が、政治社会を生み出す母胎の状態として理解されている。しかし頭部を欠いたこの「人民」という共同社会はいまだ「政治体」としての共同体ではない。その人民のなかから頭部としての統治者が据えられ、それによって全体が統治された分節的な政治共同体が成長して初めて「王国」という政治体が成立する。このようにフォーテスキューにおいては、法の同意と共通の利益に支えられた共同社会（人民）と、その母胎状態から成立するところの政治体（王国）とは、明確に区別されている。

他方、フォーテスキューは、「人民（populus）」を単なる「人間の群れ（cetus hominum）」とも概念上、区別している。そしてこの「群衆」を「人民」という結合体へと構成するのが「法」である。法が果たす機能を、彼は、自然的身体で言う「神経の作用」に喩える。すなわち、自然的身体が神経によって一つの身体として固められ接合されているのと同様に、人民の政治体も「固めるということから（a ligando）そう呼ばれているところの法」によって結ばれ、一つに統合される、と。こうしてフォーテスキューにおいては、人間社会の状態が三段階の区分で把握されている。すなわち単なる「群衆」の状態から出発し、法に基づいた「人民」の状態へと移行し、最後に王国という「政治体」を形成する。彼は、この王国という政治的身体を人間社会の最終的な完成段階として描いている。ところでこうした政治体を支える本質的実体は、フォーテスキューにおいては何に求められているのであろうか。彼は、有機体論的な政治体の観念を、アリストテレスの言説に依拠しながら、同じく自然的身体とのアナロジーで次のように論じている。「自然的身体」においては、「心臓」が四肢に活力を与えるところの血液をそのうちに持つがゆえに「生の第一要素」であるが、同様に「政治体」においては、「人民の意思（intencio populi）」こそが自らのうちに血液たる「人民自身の利益にとっての政治的必要物」を持つがゆえに「生の第一要素」である。この人民の意思は、政治体の頭部や四肢の全体に血液とも言うべき政治的必要物を送り出すことによって、政治体を育て、また活力を与えるのである。このように政治体を生み出し育成するのは、「人民」ないし「人民の意思」とされている。

ここでもう一度、前述の「政治的権力」と「王権」とによる統治の基礎づけの議論が思い起こされる必要があろう。彼が理想とする統治形態の本質は、人民の同意を核とする政治的統治の存在であった。政治体の第一要素としての「人民の意思」ということでの見解は、この政治的統治と軌を一にするものであると言ってよい。つまり、前述のところで確認した、人民の同意を本質とした〈regimen politicum〉と、国王の統治を意味する〈dominium regale〉の混合である「政治権力と王権の双方に基づいた統治」という統治形態の問題が、ここではさらに有機体的な政治体論として別な角度から展開されていると捉えることができる。たしかに一方では、王権のない共同体はいまだ頭部欠損の不完全体であり、国王なしに政治体は存立しえない。しかし他方で、その完全体としての政治体である王国を生成し育成するのは、人民という共同社会であり、人民の意思なのであった。

フォーテスキューがこの理念によって意図したところは、次の一節のなかに端的に表現されている。

この共同体を維持する真実の堅固さを示すこの神秘的な身体の四肢あるいは骨は、自然の身体がそうするのと同様に、法によってそれぞれ固有の権利を保持する。それゆえ自然の肉体の頭がその神経を取り替えることも、その四肢に固有の力と血液という固有の滋養分を拒否することもできないように、政治体の頭部たる国王は、その人民が不満を述べたり嫌がったりする場合には、その政治体の法を変えることもその人民の固有の財産を奪うこともできない [LLA: 30/31-32/33.（二）五六―七]。

このように彼のボディ・ポリティークの理念は、頭部たる国王の支配を政治体の秩序のなかに機能的に位置づけ、もって王権の専制化への制限を意味するものであった。そこでは国王は、「臣民の法あるいは臣民の身体および財産」を保護するよう命じられており、またこの保護のために「人民に由来する権力」を保持しているのであって、このような国王にはこれ以外の権力によって自らの人民を支配することは許されないのであると、フォーテスキューは言う［LLA: 30/31-32/33.（二）五六―八］。

しかしながらこうした議論の展開の意義を、後の一七世紀以降に見られる立憲主義や議会主義の観点に立って、もっぱら王権に対する制限的側面にのみ引きつけて解釈するのは、当時の歴史的文脈から言えば正確な評価ではない。王国共同体のなかに位置し、もって人民の同意と協働するという、こうした王権の理念は、必ずしも国王の権能の制限的措置としてのみ働くわけではなく、これと表裏一体の逆の意味においても機能しえたからである。共同体のなかに、あるいは法の下に国王を位置させることによって、逆にその権威の高揚さえ可能にする側面が同時に存在しているのである。つまりそこには「限定を通じての高挙」とも言うべき、中世特有のある種の弁証法的な形式が存在しているのである［Kantorowicz 1985: chap. Ⅳ. 邦訳第四章］。ヘンリー八世の次の言葉がこのことを端的に示している。フォーテスキューよりも約半世紀後の国王であるヘンリー八世は、自らの王権的地位の高揚を「一つのボディ・ポリティーク」という理念によって図ろうとしている。一五四二年に彼はこう表現する。「裁判官たちによって余が告げ知らされたところによれば、議会が開かれている時ほど、余が国王としての地位において高みに昇る時はない。議会においては、余は頭として、汝らは四肢として、一つのボディ・ポリティークへと結合し連帯しているのである」［Quoted in Voegelin 1987: 40］。重要なのは、中世イングランドの王国共同体の理念は限定と高挙という二重の逆説的な機能を持ち、国王権力への制限として働くこともあれば、逆にその高挙を可能にする形で働くこともあったという事実である。そしてこうした統治の二元性は、とりわけイングランドの伝統的な思考様式として継承されていくことになる。

ところで、フォーテスキューは、このような政治体の有機体的な調和を現実に担保するものとして、その倫理的・規範的実体を何に求めていたのであろうか。この点についてフォーテスキューは明示的に説明してはいない。もっともこれまでわれわれが確認してきたところをもとに、それを考える手掛かりが全くないわけではない。一つは、彼が有機体的な政治体の理念を説明する際に、身体になぞらえた動的な成長の概念を用いていた点である。母胎状態としての人民という共同体から、王権を頭部にすえた有機体的秩序としての政治体への成長という説明は、時間的生成の概念にほかならない。ここでわれわれは、いま一度、フォーテスキューが礼賛したイングランドの慣習法の意義に立ち戻る必要があろう。臣民の同意なしに立法や課税を行えないとするイングランド法の原則や、「政治的権力と王権の双方に基づく統治」というイングランドの統治形態は、まさにイングランドの「古来の慣習」のなかで歴史的に生成されたものにほかならなかった。仮に、彼のボディ・ポリティークの理念が、こうした統治形態の意義をさらに強調するところに狙いがあったのだとすれば、やはりそれも、イングランドの「古来の慣習」というものの機能と相即させて把握することが必要であろう。この点において、彼の「神秘的身体」というキリスト教的基礎づけの適用は、あくまでもアナロジーとしての適用であると捉えるのが妥当であろう。彼の政治体の説明のなかには、キリストのロゴスにあたるような共同体を支える拘束力としての何らか神秘的な倫理的実体についての言及は見あたらない。あえて挙げるとすれば、それは先述の身体の心臓とのアナロジーで用いられた「生の第一要素」としての「人民の意思」という、アリストテレス的な政治概念だけであろう。

このように考える時、彼のボディ・ポリティークの理念は、やはり慣習という歴史的生成の枠内で獲得された調和であると言わねばならない。それは、いまだ近代的な意味での「立憲主義」とは異なるものの、しかし同時にフォーテスキューの「古来の慣習」という観念の延長線上においてイギリス特有の立憲主義が形成されていった系譜が存在することを、後の考察との関連で確認しておく必要があろう。

第三節　トマス・スミス

（一）制限君主制の理念と人文主義の影響

ブラクトンにおいて定式化されたイングランドの慣習法と制限君主制の理念は、フォーテスキューにおいてスコラ哲学の影響の下でより体系化され、さらに明確な形で王権の制限が展開されるに至った。いまだ議会が存在しなかったブラクトンの時代には、王国全体の一般的同意は、大諸侯からなる国王評議会において考えられていたのが、フォーテスキューの段階になると、ボディ・ポリティークの核となる人民全体の一般的同意は議会制度を通じて実現されるものと見なされるに至った。しかしながら、フォーテスキューにおいては、議会それ自体の権能についてはいまだ明確さを欠いていた。フォーテスキュー以後に、制限君主制の理念において議会が持つ権能をより明確に表現したのが、トマス・スミスであった。スミスは、「政治的かつ王権的な統治」を実現する「人民の同意」を議会とりわけ庶民院の同意において把捉しようとしたフォーテスキューの見解を、「議会の絶対的権力」の言説へと発展させていったのである。それゆえ、スミスの『イングランド国家論』（*De Republica Angrorum*）は、前期ステュアート朝のコモン・ローヤーが「古来の国制」論を展開する際、フォーテスキューと並んでしばしば引証されることになった。とりわけ、スミスの言説は、コモン・ローヤーが「古来の国制」論において議会権力の強化を図る文脈において引証されることが多かったと言える。

彼の著作『イングランド国家論』は、彼がエリザベス一世の駐仏大使に任じられていた一五六二年から六五年頃にその草稿が三巻本の形で執筆された。彼は作品のなかでこう説明している。「フランス宮廷におけるエリザベス女王の大使であった時」に、一五六五年当時の「イングランドの統治の形態と様式」を、ユスティニアヌス法典の

「ローマ市民法に従う当時のフランス、イタリア、スペイン、ドイツその他の諸国で行われていた政治ないし統治」と比較しつつ、両者の差異の「重要点」をまとめ上げようとしたものである、と[RA: 144][12]。このように、スミスの著作は、イングランドの法と統治形態をローマ法との比較において考察した作品であるとともに、「歴史的スタイルと哲学的スタイルの中間」[13]において書かれているというスミス自身の言葉が示す通り、それはまた、ギリシアのポリスに関するアリストテレスの著作を参照しながら「コモンウェルスと統治」について考察した作品でもある [RA: 49-64]。つまり、彼の作品は、当時大陸ヨーロッパで流行していたルネサンス人文主義の知的影響下で構想された学術的な性格の作品であると言えよう。実際、スミスは、ケンブリッジ大学の有名なギリシア古典学者の一人であり、同大学最初のローマ法欽定講座担当教授であった[14]。

しかしながら他方で、彼の考察は、純粋なアカデミズムの産物ではなかった。そこには、彼の議会議員としての中央政治における経験や治安判事としての地方行政の経験、さらには駐仏大使としての異国での外交経験などに裏打ちされた考察でもあった [RA: M.Dewar's introduction, 2]。この点で、第五章で詳述するように、後に同じくケンブリッジ大学ローマ法欽定講座担当教授に就任したジョン・カウエルの場合とは対照的である。どちらもともに、テューダー期のルネサンス人文主義の知的雰囲気のなかでキャリア形成を行ったが、イングランドの政治を実践的に経験したスミスが、ユスティニアヌス法典のローマ法に基づいて国王の絶対的権力を認めるフランスなどの統治形態を拒否しつつ、イングランドの制限君主制を擁護したのに対し、純粋な大学人として政治および実務の経験をほとんど持たなかったカウエルは、ステュアート朝に入ると、ローマ法のビザンティン主義的皇帝権力の見地に立って国王の絶対的権力を擁護する「絶対君主制」の論者となっていった[15]。

テューダー期のルネサンス人文主義の知の様式に立ってイングランドの統治形態を考察したスミスの言説は、イングランドの慣習法の古来性と不変性を強調し、そこにイングランドの法と統治形態の卓越性を主張したフォーテスキューの思考とは明らかに異なる側面を有している。すなわち、ルネサンス人文主義のなかで重視されたのは、「古来性」ではなく、むしろ「理性」そのものであった。それゆえ、エリザベス治世期のスミスのイングランドの統治に関する考察は、第二章で後述するように、エリザベス治世後期のルネサンス人文主義と中世ローマ法学の影響を受けた多くのコモン・ローヤーがそうであったように、イングランドの法と統治の卓越性を、その古来性あるいは連続性において捉える意識は相対的に希薄であった。この点で、フォーテスキューとテューダー期のスミスの理念は性格を異にしている。フォーテスキューの古来性の命題ないし神話が復活し、脚光を浴びるのは、ステュアート朝に入ってジェームズの絶対主義的政策に直面した歴史の局面においてであった。それゆえ、前期ステュアート朝のコモン・ローヤーが「古来の国制」論を定式化する際に、「コモン・ローの至上性」に有益な貢献をなしえたのは、「古来の慣習」を通じた王権の制限においてより徹底していたフォーテスキューのテーゼであったと言えよう。他方、スミスの見解は、フォーテスキュー流の命題に立ったコモン・ローの至上性を裁判官を通じてではなく、議会において実現しようとした前期ステュアート時代のコモン・ローヤーの「議会権力の絶対化」という思考点において重要な先例となりえたのである。

(二)　法とコモンウェルス

スミスにおいても、統治はブラクトン、フォーテスキューと同様、正義の実現を目的としている。彼によれば、あらゆるコモンウェルスにとって正義とは、「法がつねに財産を維持するように作られる」ことにあり、その場合には人びとの服従は正であり、逆に不服従は不正である。このように統治の正当性は、それが正義に適っている限りにおいて、すなわち各人の財産の享受を維持する限りにおいて存在し、臣民の服従はその対価として支払われるべきものと考えられている [RA: 52]。従って、「国王」の名に値するのは、人民の利益を良く保護する君主のことであって、反対にこれを収奪する者は、スミスによれば、単なる「専制君主（tyrant）」にすぎない。彼は「国王」と「専制君主」を次のように定義する。すなわち、「国王」とは、王位の「継承もしくは選挙によって、人民の良き意思を伴いつつ統治に当たる」者のことであり、彼は「法」と「衡平」に基づいてコモンウェルスを統治し、自身の所有物と同じように「人民の利益を追求する」。反対に、「専制君主」とは、「人民の意思に反して、武力によって君主の座に着いた」者のことであり、彼は、「すでに作られた法を自身の好むままに破壊し、人民の助言なしに法を制定し、人民の富を重視しない」。スミスは、こうした専制君主の権力ないし統治を、「絶対的かつ専制的な権力と統治」と呼び、現在のフランスがこうした統治の例であると言う［RA: 53-4］。

さらにスミスは、コモンウェルスはそれぞれの国の「人民の本性（nature）」に従って形成されるというギリシア的な理解の延長線上で、フォーテスキューにおいて見られたような、自然的身体とのアナロジーで「ボディ・ポリティーク（政治的身体）」を説く中世の政体観を展開していく。すなわち、それぞれのコモンウェルスは「人民の本性」に応じて「政治的身体（bodie politique）」を形作り［RA: 62-5］、さまざまな「部位（parts）」へと分節化していく。イングランドの王国では、それは頭となる国王の他、公爵（dukes）、侯爵（marquises）、伯爵（erles）、子爵（viscountes）、男爵（barrons）へと分化し、これら貴族（Lords）が「議会における上院」を構成するとともに、さらにナイト（knightes）、エスクワイア（esquires）などの平ジェントルマン、市民（citizens and burgesses）、ヨーマン（yeomen）へと分化した階層が庶民院を構成する［RA: 64-76］。イングランドではこうしてそれぞれの「部分」からできあがった「議会（Parliament）」という「政治的身体」が、王国における法の作成や補助金の供出、官職の選出などを執り行う、とされている［RA: 77］。

以上のように、スミスは、アリストテレス的な古典的教養から議論を説き起こしてコモンウェルス一般における法と統治の問題を論じつつ、そしてフォーテスキューと同様に中世のボディ・ポリティークの理念に立って社会の分節化という文脈のなかで、イングランドのコモンウェルスの統治形態を説明する。こうして成立したイングランド王国というコモンウェルスの統治構造は、まさに王国全体と等価の「議会」によって表現されることになる。それゆえ、スミスにとって、「議会」というボディ・ポリティークこそは、イングランドのコモンウェルスにおいて至高かつ絶対的な存在であり、イングランドのコモンウェルスは、後述するように、この議会によって、自由な人民の「共通同意」あるいは「共同行為」に基づく「法によって制御された」統治を生み出しているとされたのであった。こうしてフォーテスキューにおいて構想されていたイングランドのボディ・ポリティークの理念は、スミスにおいて、より明確に「議会」という形式において把握され、その絶対的な権能を説く形で継承されていく。

(三)　イングランドにおける議会の権能と統治の両義性

スミスにおいては、「議会」とはそれ自体がイングランドの「王国」と等価のものであり、一個のボディ・ポリティークに相当するものであった。彼は、この議会にイングランドの至高かつ絶対的な権力を担わせていく。スミスは言う。「イングランド王国の至高かつ絶対的な権力は、議会にある」と。そして彼はこの議会の権力を次のように説明する。議会の持つ権力は、貴族、庶民、聖職者が結集してできあがった「頭と身体をそなえた王国全体の権力」であり、「すべてのイングランド人がそこに列席しているものと考えられ」、その意味で「議会の同意」とは王国の「すべての人びとの同意」と見なされる。この議会では、「コモンウェルスにとって良きかつ必要なもの」を勧告し、またあらゆる法案を「賢明な熟慮に基づいて（on mature deliberation）」論議し、同意する場である。このような議会における「同意」は、「確実かつ安定した神聖な」基礎であり、イングランドではこうした議会の同意に基づいて、旧き法の廃止や新しい法の制定のほか、過去および将来の事柄に関する命令、私人の権利や占有の変更、宗教形態の確立、度量衡の変更、王位継承形式の賦与、補助金（subsidies）、租税（taxes）、賦課金（impositions）の決定、

「最高法廷」としての訴訟など、およそ国家のほとんどの重要事項の決定がなされる［RA: 78-9］。とくに、スミスにおいて「賦課金」の決定が、国王に固有の大権ではなく、議会の同意を要する事項として把握されている点は、前期ステュアート時代の国王大権と賦課金の問題をめぐる第四章の考察との関連でとりわけ重要である。後述するように、ジェームズ一世は、宮廷費の財源を補う目的で、未確立の賦課金を議会の同意を得ずに広範囲にわたって徴収し、それが一六一〇年議会以降の庶民院で最大の争点の一つとなっていたからである。しかもこの争点は、コモン・ロー裁判所の財務府裁判所において、賦課金の徴収が国王の絶対的大権に属するものであるがゆえに、議会の同意を得なくてもコモン・ローに反しないという判決が下されてしまったため、庶民院のコモン・ローヤーをして王権に対する反発をいっせいに喚起することになったのである［第四章参照］。

いずれにせよ、スミスは、議会を「君主と貴族ならびに庶民による、全体としての普遍的かつ一般的同意と権威」と見なし、国王が国家の重要な統治機能を行使する際に、共同体の同意という制限を課すことを構想していたのである。しかしながら他方で、スミスにおいては、こうした議会の同意がもつ絶対的な権威の主張と同時に、一見これとは矛盾するような、議会およびその手続に拘束されない無統制の絶対的な国王権力が擁護されている。彼において議会の説明は両義的である。すなわち、スミスは議会について、「イングランド王国の頭と身体からなる全体」としてその至高の権威について語る側面と、他方で、そのなかの「頭となる君主」を「イングランドのコモンウェルスの生命かつ統治者」として捉え、単独の国王が「王国の統治のためにその他の議会の成員に対して権威と権力とを施行する」ような国王の絶対的権力を擁護する側面とを併せ持っている。スミスは、あらゆるコモンウェルスには五つの統治機能が属していると言う。すなわち、「法と条例の制定」「宣戦・講和の決定」「貨幣の供給」「主要な官吏の選出」「司法の運営」である。イングランドではこれらの統治機能のうち、スミスによれば、第一と第三の機能は「議会における国王」の形式で行使されるが、第二と第四の機能については単独の「国王自身」に帰属する。

また第五の司法運営の機能は、「至高かつ絶対的な議会」による場合と、「決闘」による場合と、「大アサイズ」（ここではクーリア・レーギス curia regis から分化した各種裁判所のことを指していると考えられる）による場合の三つの様式に分かれているとされる［RA: 88］。

このように宣戦・講和や官吏任免の事項においてスミスは、国王に固有の絶対的権力の存在を説く。彼は、イングランドの君主（Monarch）が持つこの種の「絶対的権力」について次のように説明する。国王は「彼の権力のなかに宣戦・講和（warre and peace）の権限を絶対的なものとして持っている」。これに関しては、国王は「彼の意のままに」あるいは「枢密院の助言のみ」をもって決定することができる。そして、「戦時においては……国王は絶対的権力を持つ」。すなわち、「彼の言葉」こそが「法」となり、そこでの国王の統治は「法の手続や司法の方式」に拘束されることはない。こうした国王の「絶対的権力は、軍法（marciall lawe）と呼ばれる」。そして戦時には、国王はその絶対的権力によってその戦費を単に「布告」を通じて王国から徴収することができる。また、国王は、「衡平によって節度が求められはするものの、既成の法を無効にする」絶対的権力をもつ。他方、国王は戦時における絶対的権力のほか、平時においては「王国の主要な高位官職」の任免権を独占的に持つとされる。スミスはこうした絶対的権力をもつ国王の存在についてこう結論する。「要するに、国王はイングランド王国で行われるあらゆる事柄の生命であり、頭脳であり、権威なのである」と［RA: 85-8］。

以上のように、スミスにおいては、ブラクトン、フォーテスキューの延長線上で、王権に対する法による制約と議会を通じた手続による制約という伝統的な観念が継承されている一方で、そこには国家の権力作用に関する新たな認識が現れている。それは、国家の権力作用のなかには、議会における同意の手続には馴染まない、高度な政治的決断を要する領域が存在することに対する認識であった。このような王権に固有の絶対的な領域を原理的に承認する見解は、フォーテスキューのなかにはいまだ見られなかった要素であると言えよう。スミスはこうした単独の国王の人格に帰属する一群の絶対的権力を「国王大権（prerogatives royalles,or the prerogative of the king）」という名の下に定義する。この「国王大権」という用語は元来中世においては国王が封建領主として持つプロパティの権利を意味していた。それが、テューダー期のスミスのなかでは、法と議会の拘束を受けない王権に固有の絶対的権力を指す概念として用いられるようになった。こうした絶対的国王大権の概念的な把握とそれが現実政治において現に存在するという認識は、ローマ法学者のスミスのほかにも、テューダー期のコモン・ローヤーたちにも共有されていたと言える。当時一般的には、宣戦・講和、官吏任免、貨幣鋳造、軍事、外交、通商、宗教、王位継承、議会の召集・解散などが国王大権に属する事項とされていた。この国王大権に属する事項が何であるかについては必ずしも一義的な見解が存在したわけではなく、論者によって差異が見られたが、しかし法と議会による通常の統治とは別に大権という国王に固有の絶対的権力が存在するという認識は、コモン・ローヤーも含めて当時一般的に共有されていたと言える。スミス自身、こう語っている。「国王大権」と呼ばれる国王の権力については「イングランドのコモン・ローの法書において個別具体的に言明されている」と［RA: 87］。

このように法と議会に拘束されない国王権力の領域は、一六世紀のイングランドにおいて、国王の「絶対的権力」と「通常権力」、「議会の外の国王」と「議会における国王」、「枢密院における国王」と「議会における国王」といった用語法でしばしば言及されていたが、こうした「国王大権」についての認識が生まれたのは、一方で当時のイングランドおよびヨーロッパの政治状況を背景としている。一般的に宗教改革を経験して以降の近世ヨーロッパは権威の頂点が分裂したことにより、ローマ教皇庁および列強諸国の間の対立という国際状況も加わって、それぞれの国内において程度の差こそあれ複雑な対立の構図を抱え込んでいた。一六世紀のイングランドも、ローマ教皇庁およびカソリック陣営からの国教会体制の独立を維持し、さらにはスペインやフランスなどの列強諸国に対抗しながら軍事・外交・通商上の国益を図るという状況下にあって、過去の時代とは質量ともに比較にならないほどの複雑かつ多様な「国家問題」に直面していた。法と議会の制約に服さない国王の絶対的権力を原理的に承認するという態度は、こうした「国家問題」への現実的対応として生じてきたものであると考えられる［安藤 一九八三、九一一一］。

そしてこのような国王に固有の「絶対的権力」という概念は、ヨーロッパの法思想および政治思想の文脈で見た時、それは後の「主権」概念と同じ系譜に属している。一六世紀末にジャン・ボダンが提示した主権概念は、第二章で詳述するように、当時のフランスの人文主義的ローマ法学の延長線上で形成されたものである。[16]「モス・イタリクス（mos italicus）」と呼ばれたバルトールス派のローマ法学が帝国全体を対象としたユース・コムーネ（jus commune）として成立したのに対し、「モス・ガリクス（mos gallicus）」と称される一六世紀のフランスの人文主義法学者たちがとくに関心を注いだのは、フランスという王国の法体系と政治制度の問題であった。スミスと同時代の一六世紀なかばのフランスの人文主義法学者たちには、ハプスブルク家と対抗するフランス王権を擁護したナショナルな言説がしばしば見られ、フランスの国王にとって適合的な政治と法の諸原理を定式化しようとする傾向があった。彼らは、「国王（roy）」と「皇帝［元首］（princeps）」、「王権（regale）」と「皇帝権（imperium）」、「高等法院（parlement）」と「元老院（senatus）」など、古典古代ローマ帝国とフランス王国とを制度的に比較する研究を行ったが、こうした研究を通じて人文主義法学者たちのなかには、ローマ帝国の元首立法権になぞらえて、フランス国王に排他的な立法権を付与する原理を定式化する流れが生まれた。こうして立法権の専有を中心にさまざまな項目で絶対的権力が原理化されていったのである。たとえば、ジャン・フェロー（Jean Ferrault）は二〇項目の絶対的権力を、シャルル・ドゥ・グラッサーユ（Charles de Grassaille）は四〇項目の絶対的権力を、バルテルミ・ドゥ・シャスヌー（Barthelemy de Chasseneuz）は五六項目もの絶対的権力を定式化している［Kelly 1991: 78-80］。[17] スミスにおいて見られた絶対的国王大権への言及とその定義は、彼がフランス留学で邂逅した人文主義法学の影響と無関係ではない。ピーター・スタインは、スミスの『イングランド国家論』におけるルネサンス人文主義とローマ法の強い影響を指摘する。彼によれば、スミスの作品は彼がローマ法学者でなかったならば、到底書くことのできない作品であり、ローマ法はスミスに「イングランド国制を外部から考察する能力」を与えたのだと言う［Stein 1988[1]: 193］。とりわけ、統治権力の高度な範域において君主の絶対的権力を定義するスミスの特徴は、ローマ法の影響である。スミスがここで、ローマ法において「至高権力（majestas）」の名で呼ばれたこうした君主の絶対的権力の概念をイングランドの統治の伝統に適用する際に「国王大権」という言語を当てている点に注目しておきたい。同様な解釈パターンは、後のアルベリコ・ジェンティーリ（Alberico Gentili, 1551-1608）やジョン・カウエル（John Cowell, 1554-1611）といったイングランドのローマ法学者にも確認することができる［第二章第二節参照］。

とはいえ、こうしたローマ法的な絶対的権力の概念を、スミスのなかで過度に強調することは、彼の思想のなかにあるイングランドの伝統的な統治理念の系譜を過小評価してしまうことになりかねない。たしかに、スミスは当時のローマ法学者に共通した統治の「絶対的権力」を君主の下に定義する性格をそなえているし、法と議会による制約を離れた「絶対的国王大権」の領域を概念化して、それを擁護してもいる。しかし忘れてはならないのは、スミスがこうした国家の至高かつ絶対的権力というローマ法的知識を適用したのは、国王の絶対的大権だけでなく、もう一方で先述したように議会の権力に対しても適用していたという点である。つまり、フランスのローマ法の絶対的権力概念をイングランドに適用する際に、スミスは、フランスのローマ法学者が国王権力の下に一元化して定義していたのに対し、あえて二元的に定義しようとしたのである。この点は、第二章で考察する後のローマ法欽定講座担当教授であったジェンティーリやカウエルと全く対照的である。こうした二元的な適用は、たしかにローマ法学者としてのスミスという点から見るならば、後の主権概念で表現されるような国家の権力作用の明確な定義において不十分な展開であったと考えられるかもしれない［Levack 1988: 227］。実際、一七世紀の初頭にローマ法学者のカウエルは、議会の絶対的権力と国王の絶対的大権という二元的で曖昧な構図を、ローマ法的概念の下に一元的に定義しようと試みている［第五章参照］。しかしながら、スミスの統治理論の特徴はまさしく、このように絶対的権力の概念を、イングランドの伝統に則って二元的に適用するところにこそあったと言えるのである。議会の至高の権威と国王の絶対的な権力という両義的で二元的な構成は、テューダー期のイングランドの統治形態、そしてそれを擁護しようとしたスミスの教説のなかでは必ずしも二分法的な対立概念ではなかったし、この両者の曖昧な関係、あるいは弁証法的な二元主義こそ、すでにフォーテスキューの考察のところでも確認したように、イングランドの伝統でもあったのである。

それゆえ、スミスが絶対的権力としての国王大権に含まれる項目として挙げたものは、宣戦講和と官吏任免の二つだけであった。同時代のフランスの人文主義法学者と比べると極端に少ないことがわかる。後の一七世紀の前期ステュアート朝のコモン・ローヤーたちにおいてさえ一般的に国王大権のなかに含められることの多かった貨幣鋳造や宗教体制などの事項ですら、スミスにおいては「議会における国王」に属するものとして把握されており、スミスの把握する国王大権の範域は当時のコンテクストに即して言えば、きわめて限定的である。そしてそれは、彼の伝統的なイングランドの統治理念から要請される意図的な限定であったと理解することができよう。しかも国王大権そのものは、「君主の権利と卓越性はイングランドのコモン・ローの法書のなかで個別具体的に言明されている」［RA: 87］とスミスが語っているように、イングランドではコモン・ローの一部として法によって制限された、国王の一群の特殊な権利ないし特権であった。そしてコモン・ローの範域外で行使される国王の「絶対的権力」とは、すなわち「国王の言葉が法となる」ような絶対的権力を国王が持つのは、スミスのなかでは唯一、「戦時（war time）」において「軍法」が施行された場合に限定されていた［RA: 85-8］。このように戦時の軍法下においてのみ国王の意思を法とする型の絶対的権力を容認する、スミスに見られたテューダー期の統治理論の伝統は、われわれが第四章で前期ステュアート朝の王権のイデオロギーを考察する際に重要な意味を帯びてくる。「体制の確立した国家」においてコモン・ローに従う統治を表明したジェームズ一世、およびそれを継承したチャールズ一世において、イングランドの伝統的な政治言語・法言語のコンテクストのなかで絶対的権力を行使するためのありうる可能な戦略とは、戦時等の非常時の「必要」に基づく絶対的国王大権の行使という形式であったからである。ここから大陸の「体制としての絶対主義」とは区別された、個別の政策ごとに絶対的権力の行使に道を開く「カズイスティクな絶対主義」とでも言うべき政治状況が、イングランドにおいて生まれる可能性が生じていたのである［第四章第二節参照］。

このような危険性は、スミスにおいてもすでにある程度、意識されていたと思われる。それは、ギリシアの古典教養、とりわけアリストテレスのポリスに関する考察に基づいて執筆した第一巻の考察のなかに現れている。スミスの制限君主制の理念は、他方で人文主義的なギリシアの古典教養によって裏打ちされたものでもあったからである。スミスは、コモンウェルスにおける絶対的権力の性格について、次のように論評している。すなわち、「国王の絶対的権力（absolute power）」というものは、「戦時において（in time of war）」こそ必要とされる「絶対的な施政（absolute administration）」のことであって、それゆえ「平時において（in time of peace）」妥当するのは、「法によって制御された国王権力」である。ローマ人が賢明にも「独裁官（Dictator）」の任期を六ヶ月と限定したように、平時における「絶対的で統制しえない権威」はむしろ「きわめて危険な」性格のものである［RA: 54-5］。平時における絶対的権力による統治は、スミスによれば、奴隷と主人の関係に等しく、自由な人民と国王との間の共同性によって全体の福利を目的として成り立つ政治社会とは異質なものである。彼は言う。「コモンウェルスは、平時においても戦時においても、自らを維持するために、共通の同意と契約によって結集し、結合した多数の自由人からなる社会（society）であり、あるいは彼らの共同行為である」。このようにスミスにとってコモンウェルスとは、平時においてはもとより、戦時においてさえ、その基本的性格は自由人の結合体であるのに対し、主人と奴隷の関係においては、互恵的な共同作業は存在せず、主人が追求するのはもっぱら自己の富だけであって、彼らが奴隷の利益を省みることはない。奴隷とは「主人の道具」にすぎないからである。このように、スミスの定義するコモンウェルスとは字義通り、自由な人びとからなる共同性の上に成立する社会全体の共通利益と等価であり、その連帯は自由人相互の間の同意と契約によって生み出される共同行為として把握されている［RA: 57］。

以上のように、スミスの理想とするコモンウェルスは、何よりも「自由」の享受という点において把握されるものであり、この点においてまさにイングランドの統治形態はフランスその他の統治形態よりも優れているとされていたのである。言うまでもなく、この「自由」とは、コモンウェルスの自由人の同意を軸に考えられており、イングランドでは「議会」がこれを実現していると見なされる。スミスにとって、議会とは国王の権力と人民の自由が結合し、両立し合う場にほかならなかった。こうしたスミスのコモンウェルス観に照らせば、国王大権という絶対的権力は当然、必要欠くべからざるミニマムのものでなければならなかった。絶対的権力はその本性上、自由の実現を図るための議会を中心としたスミスのコモンウェルス観そのものを危うくする性格のものだからである。前述の彼の言葉には、この点が明瞭に現れていると言えよう。

もとより、スミスが宣揚したのは、G・R・エルトンが指摘するように、国王を頭とし、聖俗貴族、庶民が四肢となった全体としての「議会」の持つ権力の至高性についてであって、とくに庶民院の権能を想定したものではない［Elton 1979: 255-79］。従って、ホールズワースが言うように、スミスの「議会における国王」の言説は、「議会と王権との間に論争が存在すること」を前提にしたものではなく、直ちにそれがエリザベスの王権の権威を損なうものではなかった［Holdsworth, Reprint 1982 : vol.IV, 208-9］。この点でスミスの言説が表現されたコンテクストは、議会と王権との間の論争において庶民院コモン・ローヤーがジェームズの統治理念および統治政策への対抗イデオロギーとして「議会における国王」の理念を展開した前期ステュアート朝の政治的コンテクストとは明らかに性格を異にしている。スミスの統治理論は、同じイングランドのローマ法学者であったジェンティーリやカウエルのように、ローマ法の知識に基づいて統治の問題を国王の絶対的権力の下に一元化して語ることもなければ、逆に議会（とりわけ庶民院）の権能の強化や、さらには後世の議会主権の文脈において語るものでもなかった。この意味で、スミスの統治理論は「伝統的かつ中庸な」［Levack 1988: 228］性格のものであったと言えよう。

しかしながら、ローマ法継受の上に王権の絶対化を図る当時のフランスその他の統治と比較しながら、議会における王国全体の同意に基づくイングランドの統治が持つ優越性を説いたスミスの言説は、ステュアート時代の政治的コンテクストにあっては彼が意図した以上の政治的意味合いを発揮することとなる。すなわち、ローマ法を継受したスコットランド出身のジェームズがイングランド国王として即位し、ジェームズおよびバンクロフトら聖職者による王権神授説の展開と、ローマ法学者によるビザンティン主義的な国王の絶対的権力の擁護が政治社会の前景に立ち現れてきた時、スミスの議会の絶対的権力の言説は、庶民院のコモン・ローヤーに、王権に対抗する抵抗イデオロギーとして展開するのにまさに好適な素材を提供することになったのである。

第四節　前期ステュアート朝への継承

以上見てきたブラクトン、フォーテスキュー、スミスの法と統治に関する言説は、一七世紀の前期ステュアート時代のコモン・ローヤーによって頻繁に引証されることになる。それは、ローマ法に共感を抱き、コモン・ローには疎遠であったスコットランド出身のジェームズ一世や、その息子チャールズ一世に対して、イングランドの伝統的統治をアピールし、その遵守を求める文脈で用いられた。コモン・ローヤーたちが絶対主義的な統治政策に対する「懸念」を抱いた時、彼らに抵抗の論理を提供したのは、イングランドの統治の卓越性を説いたかつての権威的著者たちであり、彼らが執筆した法書であった。そこで、前期ステュアート時代のコモン・ローヤーが法書や議会の論戦のなかでブラクトン、フォーテスキュー、スミスを引証していた典型的な例を紹介することによって、彼ら三人の言説が前期ステュアート朝のコモン・ローヤーたちに継承されていた事実を確認し、第一章の考察の締めくくりとしたい。

ジェームズ一世が即位してまもなく、当時コモン・ロー裁判所の人民間訴訟裁判所主席裁判官であったエドワード・クックは、「国王の禁止令状事件」（Prohibitions del Roy, 1607）において国王と衝突した。この事件は、教会事項に関する限り国王は裁判官を介してではなく自身の人格において自らの意思のみに従って判決する権能を持つはずだとの大主教バンクロフトの訴えをめぐって争われた事件であった。そしてバンクロフトの意見に同調する姿勢を見せたジェームズに対し、クックは「国王は人の下にあるべきではないが、神と法の下にあるべきである」とのブラクトンの言葉を引証して、国王と言えども法の支配に服する旨を説いたのであった［12th Rep.：63-5］。

他方、クックは、フォーテスキューについても、その代表的作品である『イングランド法の礼賛について』を、「金の文字で書かれるべきほど重要で価値あるもの」［1st Inst.：the Preface, xxxviii］と讃えていた。クックは『判例集』の「序文」のなかで、コモン・ローの古来性と卓越性を次のように説明している。すなわち、ローマ人、サクソン人、デーン人、ノルマン人といった征服民族の支配者たちはイングランドの「古来の法」を改廃できたのに、そうしなかった。この事実は、イングランドの古来の法がいかなる人定法よりも卓越していた証であると。こうしてクックは、「イングランドのコモン・ローは、大いなる古来性（antiquity）をもつ」がゆえに卓越した法なのだと言明する。その際、彼は、この見解が「自身の着想から生まれたものではなく」、「深遠な法の知識」を持ち「卓越した古事学者」でもあった「最も崇敬すべき高名な裁判官」ジョン・フォーテスキューの示した判断に基づいていると述べ、『イングランド法の礼賛について』のなかからフォーテスキューの言説を引証している［6th Rep.: Preface(To the Reader), iii-v］。

また前期ステュアート時代は、後述するように、一方でイングランド法の合理的改正の必要から、他方で絶対主義的諸政策への抵抗という目的から、数多くの法書が刊行された時代であった。先のクックの作品もその一つであるが、他にもたとえば、当時の代表的なコモン・ローヤーの一人で、とくにローマ法などの概念を参照しながら、イングランド法の合理的改革を試みたことで知られ、また庶民院でも活躍したヘンリー・フィンチの著作が挙げられよう。当時の法改革の試みの一応の集大成とも目される法書のなかでフィンチは、議会権力を説明するにあたって、スミスの言説の延長線上に立ちながら次のように定義している。「議会とは、貴族と庶民が集まる国王の法廷である。それは、あらゆる意味において絶対的権力（absolute power）を持っている」と［Finch 1627: 233］。

ブラクトンやフォーテスキュー、スミスのいわゆる権威的著書を参照するこうした姿勢は、前期ステュアート時代のコモン・ローヤーの「法書」においてだけでなく、ジェームズやチャールズと対峙した当時の各議会で繰り広げられた演説や審議のなかにも繰り返し確認されうる。たとえば、議会の同意を経ない未確立の賦課金を国王大権に基づいて徴収するという問題が大きな争点となり、ジェームズ治世最初の本格的な国制論争となった一六一〇年の議会において、豊かな学識を持つ当時の代表的コモン・ローヤーにして、かつ庶民院を代表する論客の一人であったウィリアム・ヘイクウィルは、イングランドの慣習法の古来性を説いたフォーテスキューの言説に従いながら、イングランド法はノルマン・コンクェストによっても変化を被らなかったし、サクソン以前の「太古の時代」から「現在」に至るまで恒常的であったと主張し、国王と臣民の間の問題を裁定するのは、こうした古来性に基づくコモン・ローの「確実性」なのだと言明している［Hakewill 1641: 6-8,11］。一六一〇年議会では他にも同様に、コモン・ローを公法および基本法としていち早く読み替えようとしたコモン・ロー法学者で、当時庶民院議員でもあったジェームズ・ホワイトロックは、議会の絶対的権力を説いたスミスの見解に従いながら、次のように議論を展開している。すなわち、「国家全体の同意によって補佐」された「議会における国王の権力」こそが、「至高の権力（suprema potestas）」であり、「国王の意思のみによって」導かれる「従属的な権力（subordinata potestas）」としての国王大権をコントロールすると［ST: II,482］。またホワイトロックは、この一六一〇年議会において、立法と課税における議会の同意をイングランド法における「二つの主要な基本的要点」であると説明する際に、フォーテスキューに依拠している。ホワイトロックによれば、「法の改変」は「プロパティの改変」と表裏一体であり、この意味で立法権と課税権は「臣民のプロパティ」を基盤にして一体をなすものである。それは、フォーテスキューが「立法と課税の二つの権力は一つの手のなかで付随し合う」ものであり、「それらのうちの一方はもう一方がなければ存在しない」と述べている通りであると、ホワイトロックは言う［ST: II,486-7］。

さらに一六一四年議会においても、国王の賦課金が改めて問題になった時、前述のホワイトロックやヘイクウィル、さらには一六一〇年議会でカウエルの『解釈者』を糾弾した際に庶民院の急先鋒となったジョン・ホスキンズ（John Hoskins, 1566-1638）[18]らが、議会の同意を得ない国王大権による恣意的な賦課金の徴収の不当性を、フォーテスキューに依拠しながら訴えている。すなわち彼らの議論によれば、フォーテスキューは、議会の同意なしに「国王は賦課金を徴収することはできない」し、「賦課金による課税は、最も高次の次元で言えば、法を作ること」と同義であると明確に言明している、と［PP14: 288］。彼らがここで引証しているのは、フォーテスキューの『イングランド法の礼賛について』のなかの第三六章にある説明、すなわち「イングランドにおける国王は、議会において表明された王国全体の容認ないしは同意がなければ、自らあるいはその官吏によって、特別賦課税（tallages）や補助金（subsidies）その他いかなる課税負担をも臣民に対して課することはできないし、それらに関わる法を変更したり、新たに作成したりすることはできない」という箇所である［LLA: 86/87.（二）一二五］。また、反独占闘争を展開し、とくに経済活動の自由を積極的に擁護したことで知られるエドウィン・サンディーズ（Sir Edwin Sandys, 1561-1629）[19]は、同じく一六一四年議会において、国王による賦課金などの課税は、「われわれ全員の利益の基礎」を掘り崩しかねないものであって、それは「われわれを奴隷と化し、プロパティの享有を妨げる」ものである。そして「議会の同意なしに法を作る」ことも、プロパティに関わるという同じ理由に基づいて無効である、と。サンディーズはこの点について、フォーテスキューとスミスを引証する［PP14: 147］。同様な言及は他にも見られる。たとえば、ヘイクウィルは、「フォーテスキューの見解によれば、イングランドの国王は［議会の同意がなければ］法を作ることはできないがゆえに、課税することもできない。そしてこの見解はトマス・スミスの著作『イングランド国家論』とも一致する」と［PP14: 131］[20]。

以上のように、庶民院のコモン・ローヤーたちはしばしば、ジェームズ一世に対して、イングランドの過去の権威的著者に言及しながら、イングランドの伝統的な統治様式を訴えていったのである。同様な議論の仕方は、その後のチャールズ一世の治世期の議会においても展開されている。たとえば、有名な『権利請願』が最大の焦点となり、一六二〇年代の議会闘争のクライマックスとなった一六二八年議会においても、ブラクトン、フォーテスキュー、スミスの統治理念はしばしば取り上げられている。たとえば、クックは、チャールズが実施しようとした「強制公債（forced loan）」の不当性を主張する際に、フォーテスキューの『イングランド法の礼賛について』を引証しながら議論を展開している。すなわち、フォーテスキューによれば、ローマ法によって統治された他の国では国王は自らの意思に基づいて課税することができるが、しかしながらイングランドの国王は「王国全体の同意なくしては自分自身でもしくはその官吏を通じて臣民に特別賦課税（タリジ tallagia）や補助金（subsidia）ないしは何らかの負担を課すること」はできないとされている[21]。それゆえ、「国王はどのような形のものにせよ公債の方式によって課税することはできない」し、また「王国の防衛のための特別賦課税（タリジ）あるいは補助金」の徴収も議会の同意なしには行えないのだと、クックは結論づけ、そのために「議会は毎年開かれるべきである」と主張した［PP28: II,64-5］。またクックは、「逮捕・拘禁からの自由」についても同じくフォーテスキューに依拠しながら説明している。クックは、王国の裁判におけるあらゆる判決は国王の名においてなされるけれども、しかし判決それ自体は国王自身の口から与えられるのではなく、裁判官によって与えられるというフォーテスキューの説明を引証しながら[22]、自由民の逮捕・拘留には、「その事由が具体的に示されなければならない」と主張した［PP28: II,100-1］。さらにクックは、イングランドでは「過去のあらゆる時代の諸民族と王国において、現在支配しているのと同一の法と慣習によって支配されてきた」［LLA: 38/39.（一）六二］というフォーテスキューの古来性の命題を、『判例集』で引証したのと同様に、この議会の審議の場でも取り上げている。そして、「臣民が自己の財産において真のプロパティを持つ」という点は、この「イングランドの古来のコモン・ロー」の「疑いえない基本的要点（fundamental point）」なのだと言明したのである［PP28: II,334］。

またロバート・フィリップス（Robert Phelips, ?）は、臣民のプロパティの自由について、フォーテスキューとスミスというイングランドの過去の「偉大な人物であった二人の著者」に依拠しながら擁護している。すなわち、イングランドにおいては国王は議会による以外に課税することも立法することもできないとするフォーテスキューの言明［LLA: 24/25-26/27, 86/87-88/89.（一）五二、（二）一二五―六］と、旧き法の廃止や新たな法の制定、補助金、賦課金その他の課税は、議会においてのみ行使されると説いたスミスの言明［RA: 79-85］を引証しながら、フィリップスは、「イングランド臣民の財産は彼ら自身のものであり、彼らの同意、あるいは議会の同意がなければ、取り上げることはできない」とし、それは「イングランドの自由（liberty）」であると宣言している［PP28: II,124,135］。また、シャーフィールド（Mr. Sherfield, ?）は、「法によって自由民は、事由を示されることなく国王により投獄されることはありえない」という点を、「法書と法の権威的著者」の議論に基づいて論証しようとする。彼は、フォーテスキューの「政治的かつ王権的統治」に関する言説［LLA: 88/89-90/91.（二）一二七―八］を引用しながら、それによれば、イングランドの国王は王権による統治だけでなく、政治権力に基づいて統治しており、それゆえ国王は臣民の同意に基づく政治的な法を遵守するという誓約によって拘束されているのであり、そして臣民の逮捕・拘禁からの自由はこの法によって保障されているのである、と主張する［PP28: II,188-9］。

他方、ステュアート朝初期に庶民院で反王権闘争を展開したコモン・ローヤーのダドリィ・ディグズは、ブラクトンとフォーテスキューに依拠しながら、イングランドの法が古来の「不文の慣習」からなっており、それに基づくならば、臣民のプロパティは古来の「疑いえない相続財産（inheritance）」であり、公共善に照らした統治上の「必要（necessities）」によっても侵害されえないものであると主張している［PP28: II,162］。また当時最も優れた法制史家であったジョン・セルデンは、ブラクトンの著作［LCA: II,300］とフォーテスキューの著作［LLA: 20/21-24/25.（二）五〇―二］を引証しながら、自由民は奴隷とは異なり事由を示されることなく投獄されることはありえないと主張し、「投獄は法的には政治的死（civil death）と見なされる」と結論づけている［PP28: II,176-9］。またコモン・ローヤーのアルフォード（Mr. Alford, ?）は、『権利請願』の条項をめぐる審議のなかで、貴族院が提示した草案のなかの「主権者権力（sovereign power）」という言葉が問題のある表現だと彼が非難した際に、「コモンウェルスの絶対的かつ不可分の権力」を説いたボダンの「主権者権力」の観念を退け、ブラクトンに依拠しながら、イングランドの統治では「法が国王に与えるものだけを国王に賦与すること」を強調した［PP28: III,501-2］。

このように前期ステュアート朝のコモン・ローヤーたちは、ステュアート王権の絶対主義的な諸政策に対してその不当性を訴える時、イングランドの統治の伝統を定式化したブラクトン、フォーテスキュー、スミスといった権威的著者の議論をしばしば援用していた。こうしたイングランドの法と国制の伝統に照らしつつ議論するという方法は、異国スコットランドの出身でローマ法に親近感をもち、かつ大陸ヨーロッパで流行していた王権神授説の学識をそなえていたジェームズ一世に対して、戴冠の際に国王自身が行った誓約に基づいてイングランド法を遵守させるという目的を達成するうえで非常に効果的な論法であったと言ってよい。さらに、このような形で国王ジェームズから引き出した妥協的言説もまた、その後のチャールズ一世の治世下において重要な先例となりえたのであった。従って、一六二八年議会において典型的に見られたように、庶民院のコモン・ローヤーがとった論法は、徹底してイングランド固有の古来の伝統に訴えるという方式にあえて限定して議論を進めていったのである。それは、第四章で詳述するように、『権利請願』の草案をめぐる庶民院と貴族院との議論のなかで「主権者権力」という外来の政治言語をめぐって、彼ら庶民院コモン・ローヤーが示した態度においてとくに明瞭に現れている。

しかしながら、表面的かつ明示的にはイングランドの過去の権威的著者たちの統治理念を積極的に参照しつつも、前期ステュアート朝のコモン・ローヤーが展開した「古来の国制」論および古典的コモン・ロー理論は、そうしたイングランド固有の伝統に内在した言説だけで成立しうるものではなかった。彼らの法と国制の観念は、じつは当時の大陸ヨーロッパの知的系譜と交錯し合うなかで形成されたものであった。それゆえ続く第二章では、前期ステュアート朝のコモン・ローヤーたちが共有していた大陸ヨーロッパの知的パースペクティヴについて検討することにしよう。

（1）コモン・ローにおけるローマ法の影響は、国王裁判所の裁判官によってコモン・ローが宣言されるその形成期の段階においてもすでに確認できる。彼ら裁判官が地域慣習法を超えた王国共通の一般的慣習としてのコモン・ローを編み出していく際に、その理論的基礎として参照したのが、ローマ法学者ロンバルド・ヴァカリウス（Lombard Vacarius：1120?-1200?）の『貧者の書』（*Liber pauperum*）であったと言われているからである。なおここでの概説は、主に以下を参照。Stein 1999: chap.3, 4. 邦訳、第二章、第三章。またヴァカリウスのローマ法については、Stein 1988[3]: 167-185 を参照した。

（2）ローマ法を受容してイングランド法を体系化したブラクトンにとってローマ法の「衡平」概念は重要であった。彼によれば、「衡平（aequitas, equity）」とは、あらゆる類似した事柄を等しく扱う「斉一性（uniformity）」を意味した［LCA:II, 25］。

（3）この点については、［安藤 一九八三、第一章］も併せて参照した。

（4）クーリア・レーギス（curia regis）から分枝した大評議会（Great Counicil）が貴族院の原型となり、やがて庶民院が加えられて二院からなる議会が形成され始めたのが一三世紀後半であり、さらに議会が課税に同意する対価として立法に関与する権利を次第に獲得していったのは一四世紀から一五世紀にかけてのことであった［坂東 二〇〇一、第七章］。

（5）この点に関しては、［矢崎 一九八一、一九九一—二〇〇三］を参照した。

（6）フォーテスキューの生涯については、LLA: Chrimes's Introduction, lix-lxvii. 邦訳（三）北野「解説」一六九—八七を参照。

（7）Sir John Fortescue, *De Laudibus Legum Angliae* [ed. J.Selden], London,1616, [STC,11197].

（8）フォーテスキューの思想に関する研究としては以下のものを参照した。McIlwain 1932: 354-63; Jacob 1934; Chrimes 1934: 117-47; Gilbert 1944: 88-97; Hinton 1960: 410-25; Shepard 1967; Gill 1971: 333-47; Gillespie 1979: 47-65; Doe 1989: 257-80; Lurie 1990: 293-306; Taylor 1999: 112-29; Osborne 2000: 161-87.

（9）F・ポロックは、「中世の自然法理論とコモン・ローの諸原理との間には、実質的な関連がある」と指摘している［Pollock 1900: 142. 邦訳九六］。また自然法思想の影響はコモン・ローヤーに限られるわけでなく、絶対主義の言説もまた自然法思想を基盤に展開されていた。J・P・サマヴィルによれば、一七世紀の前期ステュアート時代に一般的かつ支配的な思想であったのは、政治的人文主義や共和主義の伝統ではなく、むしろ自然法思想の伝統であったと言う［Sommerville 1999: chap.1］。

（10）ここでの dominium という用語は元々ローマ法に由来し、一般的に排他的独占的な権利を意味した。従ってこの術語は、フォーテスキューが分類した「王権のみに基づいた支配」の方に適合的な用語と言える。ただし彼がこの点を明確に意識していたかどうかは不明である。なおフォーテスキューの dominium 論については、Chrimes 1934: 117-47; Gilbert 1944: 88-97; Gillespie 1979: 47-65; Osborne 2000: 161-87 を参照。しかし一七世紀のジョン・ロックではこの点が明確に意識されている。「国王権力（Regal Power）」の権原を、アダムのイブと子供たちに対する父権に基づいた絶対的支配に求めるロバート・フィルマーの家父長支配の論理に対して、ロックは、妻や子に対する父の支配は土地や財産に対する所有の権利と同様に「私的な支配（Private Dominion）」と見なし、プロパティの主体としての同質の者から構成された「政治権力（political power）」による「統治（government）」と概念上、また用語上、明確に区別している。Cf. Locke [1988]: 144-51, 156,174, passim.

（11） Aquinas, *De Regimine Principum : ad Regem Cypri et de Regimine Judaerum*, edtio 2 revisa, Trino, 1971, I, c. 6.『神学大全』の所説によれば、アクィナスは、堕落しない君主制こそが理想的な統治形態であるとは認めながらも、君主の専制化への誘惑に抵抗する能力の可能性については懐疑的で、それゆえ君主制、貴族制、および民主制からその諸徳性を混合した政体を最善の統治形態としている［Sum.Tho.: vol.29, 268/269. 邦訳第一三冊、三七七―三七八］。

（12） ただし彼の著作が刊行されたのは、スミスが死去した六年後、最初に執筆されてから一八年後の一五八三年のことであった。

（13） His letter,written in Latin, printed in Haddon's *Lucubrationes*, English translatation from M. Dewar's Introduction to her Edition, p.1.

（14） ルネサンス人文主義者としてのスミスについては、本書第二章第二節を併せて参照されたい。

（15） カウエルの法と国制の観念、および彼の絶対主義的な言説については、本書第五章を参照されたい。

（16） この時代の大陸ヨーロッパにおける人文主義の普及については、Kelley 1970[1] を、ボダンと人文主義との関係については、Skinner 1978: II, 287ff. ; Franklin 1963 を、さらにボダンと絶対主義理論との関係については、Franklin 1973 を参照。

（17） 彼らの著作は以下の通りである。Jean Ferrault, *Tractatus...iura seu privilegia continens*, Paris,1524; Charles de Grassaille, *Regalium Franciae libri duo*, Paris,1545; Barthelemy de Chasseneuz, *Catalogus gloriae Mundi*, Paris, 1529.

（18）ホスキンズは、オックスフォード大学で学士号・修士号を取得した後、法曹学院ミドル・テンプルでコモン・ローを習得。一六〇四年～一一年のジェームズ治世最初の議会、さらに一六一四年と一六二八年の議会で議員として活動。一六一〇年の議会では、ジョン・カウエルの『解釈者』を糾弾し、議会の法廷にかける動議を提出。庶民院の政府批判の急先鋒の一人で、一六一四年議会では国王大権を批判し、ロンドン塔へ投獄された。彼の経歴は、DNB: IX, 1291-3 を参照。

（19）サンディーズは、オックスフォード大学で学士号（B.A）と修士号を取得。その後改めて法学士（B.C.L）を取得し、さらに法曹学院ミドル・テンプルでコモン・ローを習得。一五八六年に庶民院議員に選出され、エリザベス治世後期の議会で活動。一六〇四年のジェームズ治世最初の議会に選出され、庶民院のリーダー的存在の一人となり、一六一〇年の議会では大契約を審議する委員会で活躍。一六一四年、二一年の議会でも議員として活動。彼の経歴は DNB, XVII, 775-9 を参照。

（20）ここでの引証はすべて以下の箇所である。LLA: chap.36, 86/87-88/89. 邦訳（二）一二五―六。RA: chap.1, 78-9 and chap.4, 88.

（21）クックが言及したのは以下の箇所である。LLA: chap.34, 78/79, chap.36, 86/87-88/89. 邦訳（二）一二一―二、一二五―六。

（22）クックが引証したのは以下の箇所である。LLA: chap.8, 20/21-24/25. 邦訳（一）五〇―二。

第二章　ルネサンス人文主義の知的影響

　イングランドでは、すでに一三世紀半ばに王国全体に管轄権をもつ国王裁判所が導入されたことから、フランスなどの他の諸国と異なり、早くから王国全体に権威をもつ国家の裁判機能が形成された。しかもそれは、慣習を法源として認め、裁判所を通じた判例法という形式において発達したものであった。こうした過程で成立したコモン・ローは、イングランド特有の土着性あるいは島国性をもち、ローマ法の発展的継受を経験したフランスや包括的継受を行ったドイツなどの大陸諸国のようにローマ法の継受を経ることはついになく、ローマ法とは全く異質の法体系として発展してきたと一般的に理解されている［Cf. Pocock 1957,1987; Kelly 1974］。

　しかしながら、コモン・ローは形成当初からイングランドへ招聘されたローマ法学者ロンバルド・ヴァカリウス（Lombard Vacarius, 1120?-1200?）の『貧者の書』（*Liber pauperum*）を参照していたし、最初の体系的な法書を著したヘンリー・オブ・ブラクトンも、ボローニャの注釈学派を代表するローマ法学者の一人であったアーゾの強い影響の下に「イングランドの法と慣習」を体系化していた。このようにコモン・ローは、一定の体系的な整序を試みる局面においてローマ法の部分的継受を経験しているのみならず、一七世紀に古典的コモン・ロー理論が形成される過程においてもローマ法は重要な役割を果たしていた。そこには、当時ヨーロッパで流行したルネサンス人文主義の知的影響が存在した。「一六世紀から一七世紀前期は知的態度における根本的な変化の時代であった」［Rodgers 1985: 129］と言われるが、そうした知的変化は法の観念においてもはっきりと現れていた。それは、旧き伝統に立脚していたとされるイングランドのコモン・ローにおいてさえ例外ではない。イングランドの古来の法を擁護する形で登場した「古来の国制」論は、表面的には伝統の再生をアピールした言説であるが、しかしその思考様式は明らかに当時の新たな知的枠組みに依拠して初めて展開可能なものであった。たしかに前期ステュアート時代にコモン・ローヤーが「古来の国制」論を展開した時、彼らが最も参照したのはジョン・フォーテスキューの著作であったし、彼が説いたイングランド法の古来性の命題は重要な役割を果たしていた。とくにコモン・ローの至上性を擁護する「神話」的な歴史理解は、絶対主義的マインドをもつと懸念されたステュアート王権への対抗イデオロギーとして強大な力を発揮しえたからである。それゆえ「古来の国制」論を展開した前期ステュアート朝のコモン・ローヤーの思考は、フォーテスキューやその命題を継承したエドワード・クックに典型的に見られた「コモン・ロー・マインド」によって営まれ、大陸ヨーロッパで普及していたルネサンス人文主義やローマ法の提起した知的パースペクティヴには疎かったと考えられてきた。たとえばJ・G・A・ポコックは、その先駆的業績のなかでこう述べている。「日常の職業的必要性以外のところで生じ働くような知的好奇心を除けば、コモン・ローヤーが自らの法をヨーロッパの法と比較しなければならない理由は存在しなかった」［Pocock 1987: 90］。さらにD・R・ケリーによれば、一五世紀後半のフォーテスキューの時代から一七世紀前半のクックの時代に至るまで、イングランドの法律家たちが好んだのはコモン・ローが超記憶的な古来より完全なものであったという神話であり、このコモン・ローに対する確信のゆえにイングランドの法律家たちは大陸の新たなルネサンス人文主義のパースペクティヴに眼を閉ざしたままであったとされる［Kelly 1974: 23］。

しかし前期ステュアート朝に「古来の国制」論を展開したコモン・ローヤーの思考は、特殊イングランド的な慣習的世界に閉ざされていたわけではないし、フォーテスキュー流の神話的理解に立った「コモン・ロー・マインド」にのみ支配されていたわけでもなかった。それは、「古来の国制」論を展開したコモン・ローヤーの思考の重要な構成要素ではあったが、一方の側面にすぎなかった。彼らが展開した「コモン・ローの議論のなかには大陸法のパースペクティヴが組み入れられていた」とP・クリスチャンソンが指摘しているように、当時のコモン・ローヤーの思考には、もう一つの別のマインド、すなわちルネサンス人文主義やローマ法の知的伝統が作用した「シヴィル・ロー・マインド」が明らかに確認されるからである［Christianson 1987: 962］。イングランドの法と統治の伝統を再生しようとした「古来の国制」論は、実はこうした二つのマインドが綜合されてはじめて成立しうるものであった。ブラクトンやフォーテスキューらの伝統的な言説において強調されたのがコモン・ローの「古来性」であったとすれば、ルネサンス人文主義やローマ法の影響を受けたコモン・ローヤーの法的思考において重視されたのは「理性」であった。この古来の「歴史」と法の根拠としての「理性」が結合したところに一七世紀の「古来の国制」論が誕生したのである。

本章では、このようなテューダー後期から前期ステュアート時代に見られたルネサンス人文主義とローマ法の知的影響について考察を進めていく。すなわち、当時のコモン・ローヤーが人文主義やローマ法に接近した動機と、彼らがそこから摂取した要素を明らかにしていく。その際注意したいのは、こうしたコモン・ローヤーがもつ大陸ヨーロッパの知的パースペクティヴを指摘した従来の研究が必ずしもルネサンス人文主義とローマ法の思想的内容について綿密な整理を施すことなく、しばしばそれらを一つのマインドとして処理しがちな傾向があるという点である。権威的なテクストに開示された真理の解読を目的とする中世ローマ法学と、法や制度の起源と変化を歴史的に考証することに狙いを置いたルネサンス人文主義とは、歴史的理解という点において全く対照的な性格をもつ。

このことは、注釈学派、注解学派としてイタリアで一四、五世紀に集大成された中世ローマ法学が、後の一六世紀にフランスを中心に興った人文主義法学によって批判的に省察されている点において明らかである。そしてイングランドにおけるテューダー朝後期からステュアート朝初期のローマ法の受容に即して言うならば、それは主として注解学派と呼ばれるバルトールス派のローマ法学と、さらにルネサンス人文主義の延長線上において登場した発展的人文主義法学（あるいは別の表現をすればネオ・バルトールス派）のローマ法学であった。ともあれ、この時代のコモン・ローヤーの思考様式には、バルトールス派、ルネサンス人文主義、発展的人文主義法学（ネオ・バルトールス派）といった大陸ヨーロッパの知の様式が色濃く反映している事実を本章では明らかにしていきたい。

第一節　中世ローマ法学とルネサンス人文主義

ここではまず、本章を理解する前提として、中世ローマ法学の形成と変容、そしてそのなかで提起された方法論や思考法などの知的枠組みの特徴を、四つの段階、すなわち注釈学派、注解学派、人文主義法学、発展的人文主義法学（ネオ・バルトールス派）に分けて確認しておくことにしたい。本章の後の考察でイングランドのローマ法学者やコモン・ローヤーの思考様式の特徴を正確に同定するうえで、それは不可欠な作業と思われるからである。

ケリーが指摘しているように、一三世紀以降、中世ローマ法学が生み出したさまざまな知の転換は、政治思想の展開に重要な知的環境を提供し続けたと言ってよい。たとえば、法の本源を神あるいは「神法」に由来させる観念や、慣習法や万民法の基礎とされる「自然法」や「理性の法」の観念、国際法の基礎を提供した「万民法」の観念、さらには公法と私法の区別とそれに関連した私的な個人と公的な統治の区別、所有の基礎となるプロパティの観念、成文法と区別される不文の慣習法（consuetudo）の観念、これらはみな、ユスティニアヌス法典によって概念的に提示された重要な法言語であり、同時に政治言語でもあった。また「解釈」という行為を概念的に提示したのも、やはりローマ法学であった。解釈学の観念は、法思想の分野において解釈行為を通じて獲得される個別具体的な規定を超えた一般的原理としての「格率（maxim）」という観念をもたらしたし、さらにはこうした解釈学的立場は、法の立法上の起源がもつ権威よりも、司法的・慣習的な権威を強調する立場を生み出すことにもなった。またとくに近代の重要な政治言語として、君主の意思に法としての効力を認め、君主の立法権の専有を説く「絶対主義」の観念や、至高かつ不可分の権力としての「主権」の概念、またローマの「元首法（lex regia）」に関連して君主を法の拘束の下におく立憲主義の端緒となる観念、さらには「人民（populus）」に権力の本源を認め、人民から君主への権力の委任を説く人民主権の観念や抵抗権の論理も、ローマ法のなかにその発想の起源をもっている。このようにローマ法は一三世紀以降のヨーロッパの政治概念の形成において重要な宝庫であったと言うことができる［Kelley 1991: 66-94］。

（1）注釈学派

中世前半期に西ヨーロッパで普及したのは、支配者であるゲルマン人の慣習法であった。この時期には、ゲルマン法へのローマ法の影響は不正確な理解に基づく断片的な浸透に過ぎなかったと言える。その後一一世紀末になってようやく「ユスティニアヌス法典」への関心が高まるとともに、一二世紀を通じて『ローマ法大全』（*Corpus Juris Civilis*）の全体が次第に復元されていった。最終的には、『学説彙纂』（*Digesta*）、『法学提要』（*Institutiones*）、『勅法彙纂』（*Codex*）、『新勅法』（*Novellae*）といった主要な法典の集大成が果たされた。これが、ヨーロッパの大陸法の開始となる「ローマ法の復活」であった。このユスティニアヌス法典の最初の本格的な解説を生み出したのはイタリアのボローニャであった。大学が設立され、ローマ帝国没落以来はじめて西ヨーロッパにおいて法学が自立した学科として研究されることになった。イルネリウスからアックルシウスまでの数世代が生み出した新しいローマ法学の方法は「注釈学派（glossators）」と呼ばれる。その祖となったイルネリウス（Irnerius, 1060?-1125?）は法学を法実務から引き離し、法律文書に含まれる難解な用語の説明と一個ごとの法文の解説に取りかかった。彼は、それらを法文の行間や欄外に「注釈（glosses）」として施していった。イルネリウスはこうして、独特の法文解説の方法を確立し、注釈学派のローマ法学に道を開いたのであった。イルネリウスの後を引き継いだのは、ブルガールス・デ・ブルガリニス（Bulgarus de Bulgarinis, 1100?-1166）、マルティーヌス・ゴシア（Martinus Gosia, ？-1158/66）など「法の百合」と称された四博士であった。さらにブルガールスの後を継いでボローニャの注釈学派の指導者となったのが彼の弟子ヨハンネス・バッシアーヌス（Johannes Bassianus, 12c.）であり、その弟子アーゾ・ポルティウス（Azo Portius, 1150?-1230?）はそれまでの注釈学派が行ってきた詳細な事例の検討を総合する仕事に取りかかり、とくに彼が著した『勅法彙纂集成』は絶大な影響を誇り、「アーゾを持たざるものは法廷に赴くべからず」という格言に見られるように、法律家の必携の書となった。そして、イルネリウスの創始から一世紀を経た一二二〇年から四〇年頃の間に、アーゾの弟子アックルシウス（Accursius, 1182-1260）は、注釈学派全体の見解をユスティニアヌス法典の法文への権威ある注釈書として最終的にまとめあげた。①

注釈学派の主要な特徴の一つは、論理学との結びつきにあった。従来、法は人間の行動に関するものであるがゆえに、倫理学に分類されるものと考えられていたが、注釈学派によれば、それは規則の内容に関する限り妥当するものであって、文言の解釈に関する限り、法は論理学の一部であった。当時の論理学は、伝統的な自由学芸のうち三科（trivium）と呼ばれる分野、すなわち文法学（grammatica）、修辞学（rhetorica）、弁証法（dialectica）のすべてを包括した。これら三科を基礎とした論理的形式主義の思考様式において発展した「スコラ学」の技法を活用しながら、注釈学派の人びとはローマ法の研究を、ユスティニアヌス法典への膨大な注釈という形で繰り広げていったのである。その意味で中世ローマ法学は、「スコラ的方法（methodus scholatica）」の特殊「法学」的な表現としての側面を持っている。法学を論理学の延長線上において把握し、スコラ的方法で注釈する注釈学派のこうした態度は、一方でユスティニアヌスの『ローマ法大全』の法文を、聖書に匹敵する神聖な権威を持つものとして捉え、神意の発現としての法真理そのものの開示、すなわち「書かれた理性（ratio scripta）」の観念を生み出した。スコラ的な論理的形式主義において発達した注釈学派の法学研究には、後の人文主義法学とは違って、歴史認識の方法が欠如しているため、テクストは相対化されることなしに真理そのものの開示として読まれ、その意味で絶対的な権威と見なされたのであった。このように注釈学派において発達した中世ローマ法学はそのあり方において「権威非拘束的思考」と「論理的形式主義」との結合によって規定されていたと言えよう［佐々木一九七六］。

他方、注釈学派の学問的目的の一つは、『ローマ法大全』に内在する「一般的原則」を発見することに置かれていた。彼らは、個々の事例に適用される一般的な命題を広くローマ法大全のなかに探求し、それを「ブロカルディカ」と呼ばれる法の一般的原則として集成していった。先述したように、一三世紀のブラクトンの時代に見られたイングランドにおけるローマ法の最初の（部分的）継受は、アーゾの著作を通じてボローニャの注釈学派の影響を受けたものであった。

（二）注解学派——バルトールス派

一方、アックルシウスにおいてすでに一応の集大成をみた注釈学派では、ローマ法研究における新たな展開が乏しくなっていた。むしろ新たな発展はオルレアンにおいて起こった。オルレアン学派と呼ばれる一群の法学者たちの研究を特徴づけたのは、法文の精緻な引用に代えて、法文の背後にある「法理」の推論を重視する態度であった。オルレアン学派の人びとは、すでにボローニャの注釈学派に見られたスコラ的方法を継承し、とくにその「弁証法」

的な諸概念や諸方式を従来よりもさらに大々的に適用することによって、法文の厳密な引用に拘束されない、より自由な論理的アプローチを展開したのであった。彼らの法学研究の方法は、アリストテレスの論理学の推論をユスティニアヌス法典のテクストに適用するところにその特徴を持っている。オルレアンで起こったこうした新たな学風は、ダンテの友人でもあったキーヌス・デ・ピストイア（Cinus de Pistoia, 1270? -1336）によってイタリアに伝えられ、彼の偉大な弟子バルトールス・デ・サクソフェルラート（Bartolus de Saxoferrato, 1314-57）によって再びボローニャにおいて新たに「注解学派（Commentators）」が築かれ、一四世紀から一五世紀のローマ法研究を支配していくこととなる。この学派はバルトールスの名前を取って「バルトールス派」と呼ばれた。

バルトールスは、ローマ法大全の全体について包括的な注解を著した。この「註解（commentaries）」は、初期の版では実にフォリオ版九巻にも及ぶものであった。たしかにその素材の多くは先人たちからの引用であるが、バルトールスは必ずそこに独創性を発揮して従来の錯綜した議論に系統だった道筋を施し、実践的な問題の解決により対応可能なものとしたのである。彼の影響の下でローマ法研究は純粋学問的な性格を弱め、当時の法的問題の解決を志向した実学的性格を併せ持つようになった。バルトールスとその学派の法学者たちは、後の人文主義法学とは異なり、依然としてユスティニアヌス法典として伝えられたままの形で法文を解釈したが、彼らの目的はもはや注釈学派のように法文の意味をそのまま説明することに置かれてはいない。すなわち、法源テクストとその「註釈」に以前ほど厳格な解釈にとらわれてはおらず、より柔軟な解釈と論証の方法によって法文全体の背後にある一般的原理を導出することに重きが置かれていた。彼らは、ローマ法典のなかから、中世後期の社会に相応しい形で帝国法の権威をそなえた諸規則を抽出しようとしたのである。バルトールスは、ローマ法大全に記された特定の事例を取り出して、その規則を一般化していくことによって、一連の簡便な原則を作り上げていった。これらの推論を通じて獲得された諸原則それ自体は、ローマ法大全のどこにも明記されていないが、ローマ法大全の権威を持つものと見なされ、場合によっては元の法文テクストよりも重視されることとなった。ローマ法文の背後にあると思われた法理を明らかにすることで、バルトールスは、帝国法の権威を有すると主張しうるような一群の新たな諸規則を作り出すことができたのであった。彼の方法はその学派全体に受け継がれ、以後、「バルトールスの徒にあらざるものは法律家にあらず」と言われるほど、一四世紀から一五世紀のローマ法研究において支配的な流れを形成した。すでに一四世紀までにローマ法は、教会法とともに「両法」という表現の下、ヨーロッパ共通のキリスト教文化を構成するに至っていたが、一五世紀末にバルトールス派によってさらに発展を見たローマ法学は、全ヨーロッパの「ユース・コムーネ」(jus commune) としての地位を築き、ヨーロッパ全体への影響力をさらに増大させていったのである[2]。

　このようにローマ法の普遍的妥当性を定式化しようとしたバルトールス派によって、ローマ法はユース・コムーネとしての地位を確立したが、そこではもはや元々の立法者の意思よりも、バルトールス派が「解釈的拡張 (extensio interpretativa)」と称した注解によって導かれた一般的原理の方が重きをなすようになった。すなわち、「解釈的拡張」を通じてローマ法文の基礎にある「法の意味 (mens legum)」あるいは「法の理性 (ratio legum)」を同時代に適用可能な普遍的原理として導出しようとしたからである。これに対し、ユスティニアヌス法典の法文をそのまま訓古註釈することを本義とした註釈学派の場合には、ローマ法典に記された法文の立法の意思を厳格に構成しようとする姿勢であったし、後述するように、ローマ法が古代ローマ社会において持っていた本来の意味を探求する人文主義法学の場合には、古代ローマ社会の元々の立法の意思を歴史的に再構成することに主眼が置かれていた。中世ローマ法学の註釈学派、バルトールス派、人文主義法学のこうした方法論上の差異には、法を作成する立法者の権威を重視する立場と、法をその適用において解釈する司法上の権威を重視する立場との間の論争が萌芽的に現れていると言えよう [Kelley 1991: 75-6]。このように考える時、後ほど詳述するように、エリザベス治世期からステュアート朝にかけてイングランドのコモン・ローヤーが摂取したローマ法学が、まずはバルトール派のそれであったというのは重要である。というのも、元々の立法者の意思よりも、所与の法の理性を解釈的拡張によって導く司法的権威に重きを置いたバルトール派の方法は、司法の判例を通じて形成されたイングランドのコモン・ローにとってより適合的であったし、さらにコモン・ローヤーが判例法の背後にある法の理性を導き出そうとした時、バルトール派の解釈的拡張の方法は、彼らに法の概念と思考法という点で実に示唆的であったのである。そしてさらに一六世紀末には、イングランドのローマ法学者およびコモン・ローヤーは、フランスを中心に興った人文主義法学の系譜で登場した発展的人文主義法学（あるいはネオ・バルトール派）への関心も深めていくのである。

（三）人文主義法学とネオ・バルトール派

バルトール派のローマ法学は、同時代の現実的問題を解決するために、推論によって導かれた一連の法原則を積極的に適用したことでヨーロッパのユース・コムーネの地位を獲得したが、それは同時に権威の源泉であった本来のユスティニアヌス法典からは遠ざかることを意味した。また同派は、法の説明に中世ラテン語を用いており、文体の典雅さや洗練には全く配慮を示さなかった。こうしてバルトール派は、新しい学問を唱える人文主義者による批判の格好の標的となっていくのである。イタリアの人文主義者たちは、古典古代があらゆる面で豊饒であると認識し、そのテクスト研究に旺盛な探求心を示した。こうした人文主義の歴史研究によって、ローマ法大全には歴史的正確さを欠いた抜粋や改訂、さらには後世の贋作や記述上の時代錯誤が存在することが明らかになった。

一六世紀に入ると、当時の文化を支配したこうした人文主義の知的影響を受けて、ローマ法を実用性にはとらわれず純粋歴史的に研究しようとする態度が一つの学風となって現れた。人文主義の古典研究に魅了された最も初期のローマ法学者の一人は、フランスのギョーム・ビュデ（Guillaume Bude, 1468-1540）であった。彼は法律家であったが、一五〇八年の著書『学説彙纂註解』(*Annotationes in Pandectas*)では、法そのものよりも『学説彙纂』が伝える古代ローマ社会の生活により大きな関心を示した。彼にとって、古代ローマ社会の状況に全く無関心なまま施された註解は、ローマ法典にとって切除されるべき有害な腫瘍のごときものと考えられた。他方、人文主義法学の初期の段階で最も影響力のあった法律家は、イタリア人のアンドレア・アルチャート(Andrea Alciato, 1492-1550)であった。元々はバルトールス派の学徒であった彼は、当時の人文主義研究の熱狂に魅了され、人文主義研究を法学研究に結合させるという課題を設定し、古代ローマの政治制度そのものを再構築することに着手した。一五一八年に出世作となる三つの短編を発表したが、そのうち人文主義研究の方法に基づいて法学研究の技術的問題を論じた『ローマ市民法のパラドクス』(*Paradoxa*)は、その後のローマ法研究に大きな影響を与えた。アルチャートは一五一八年から二二年までアヴィニョンで講壇に立ち、フランスに新しい人文主義的な法学研究の方法を紹介した。この人文主義的なアプローチはフランスで熱狂的に受け容れられ、「イタリア学風(mos italicus)」と称されたバルトールス派のアプローチと対比して、「フランス学風(mos gallicus)」と呼ばれることになる。アルチャートが一五二九年から講義したブールジュ大学は、その後四〇年間にわたって人文主義法学の中心地となった。そして、ジャック・キュジャス(Jacques Cujas, 1522-90)やユーグ・ドノー(Hugues Doneau, 1527-91)ら人文主義法学を代表する論者の登場により、フランス学派はローマ法研究の主導的な地位を獲得するに至った[3]。

彼らの関心は、「古典テクストの歴史的な意味を再構成し、『古典古代』の文化についての綿密な理解を獲得すること」にあった。人文主義法学者にとってローマ法は「古典人文学(studia humanitatis)」の一部であり、彼らはローマ法のもつ「哲学的豊饒さ」、とりわけ「政治的賢慮(civilis sapientia)」を汲み取ることを重視した[Kelley 1991: 75,77]。それゆえローマ法典研究の目的も、同時代の問題に適用できる諸規則をローマ法典のなかに見出すことではなく、ユスティニアヌス法典に収められた元々の意味を解明することにあった。ローマ法と古代ローマ社会とのつながりを強調する人文主義法学者たちは、一六世紀のヨーロッパ社会と古代ローマ社会との隔絶した相違を認識するとともに、ローマ法が普遍的効力を有するとした従来のバルトールス派の主張に異議を唱えることになったのである［Stein 1999: 78-9. 邦訳一〇一―二］。

人文主義法学の出現によって一六世紀に起こった法学研究のルネサンスは、いくつかの点で法学研究に方法論上の革命をもたらした。フランスの人文主義法学が強調したのは、一つには法における歴史研究の重要性であった。人文主義法学は、それまでの中世ローマ法学が採用していた、「良き学問（good letters）」と称される文法学と修辞学と弁証法というスコラ的方法を、「良き芸術（good arts）」である歴史や詩学、哲学といった学科と結合させようと試みた。そのために採用された歴史研究の方法が「語源学（philology）」であった。法学研究に語源学的アプローチを最初に適用したのが先述のビュデである。彼によれば、「言葉」とは現実の反映であり、それゆえ「歴史」は「言語」の研究とテクスト著者の「文体」の研究を通じてのみ明らかにすることができる。この語源学という新たな歴史研究の方法を適用することによって、人文主義法学者たちは、ユスティニアヌス法典を考証し直し、ローマ法の歴史と起源をたどろうと試みたのである。こうした歴史的パースペクティヴが人文主義法学の方法論上の重要な特徴の一つであった［Kelley 1970[1]: chaps.III,IV,V; Kelley 1966: 184-99; Kelley 1970[2]: 174; Kisch 1961: 71-87］。

しかしこうした語源学的な歴史研究は人文主義法学の方法論上の特徴ではあったが、それ自体は人文主義法学者にのみ見られた方法ではなく、人文主義一般の知の様式でもあった。人文主義法学にいっそう固有の新たな問題関心は、「比較」を通じて一般的な「体系」を導き出すという点にあった[4]。一六世紀後半になると、人文主義法学は、語源学的な歴史研究の考察対象を、ローマ法研究からフランスの封建法の研究へと、さらには封建主義一般の研究へとシフトさせていった。こうして人文主義法学は、古典法を封建法や慣習法と比較することによって、比較研究のスタイルを発展させていく。人文主義法学が法の比較研究を通じて目指したのは、法の体系的な説明、すなわち単一の概念枠組みをもとに組み立てられた一群の法体系の確立であり、それは「分類（partitio）」の原理によって「一般的なもの」から「個別的なもの」へと演繹して、一個の連続した法体系を確立することであった。ブールジュの人文主義法学者たちは、法学を他の科学分野と同一の方法、とりわけ普遍的なものから個別的なものへの論理的展開によって提示できるはずだと考えた。人文主義者たちの崇拝の対象となったキケロは、すでに古典古代において「市民法を科学として再構成すること」を説いたが、人文主義者たちはこのキケロの構想を実現しようと試みたのである。ユスティニアヌス法典、そしてそれを注釈・注解した従来の中世ローマ法学は、個々の断片の集積であり、テクスト全体が一箇の体系として整序されたものではなかった。ローマ法大全において唯一合理的な秩序に整理されていたのは、『法学提要』であった。従来のイタリア学派は『法学提要』をあまり重視しなかったが、人文主義法学以後、『法学提要』はローマ法をより体系的に再編する試みにおいて際立った役割を果たすことになった。

こうしたブールジュ派のマニフェストとなったのは、フランソワ・デュアラン（François Duaren, 1509-59）の『法の教授および学習について』（*Epistula de ratione docendi discendique iuris*）であった。デュアランの構想によれば、法学もまた他の諸科学と同様に普遍的でよく知られた事柄から個別的な事柄へと展開しながら解説されなければならないとされた。このマニフェストに沿ってローマ法を再編し、全二八巻に及ぶ大著『市民法註解』（*Commentarii de jure civili*）を執筆したのが、ユーグ・ドノーであった。ドノーによれば、ユスティニアヌス法典は表面的には体系的秩序を欠いているものの、法典の基礎には合理的構造が存在するはずだと考え、『法学提要』の構成を参照しながら、テクストの枠組み全体を体系的に整序し直すことを研究の主眼とした。その際彼が活用した方法が、全体から部分への「分類（partitio）」という論理学の方法であった。

このように一六世紀末の法学者たちが、ローマ法を「法科学（lagal science）」として捉え、かつてないほど論理的な法体系を構築しようとする際に、方法論として採用していたのは、一六世紀のフランスの論理学者ペトルス・

ラムス（Petrus Ramus, 1515-72）が提唱した新たな弁証法的な論理学の方法であった。それは、スコラ主義のアリストテレス的な中世の論理学が、ルネサンス人文主義の新たな知的状況のなかで、より形式的かつ科学的なものとして再編されたものであり、あらゆる学問に適用可能な単一の論理を構築して、それを「メソッド」として確立しようとするものであった。このラムスの論理学における論証方法の特徴とは、一般的な概念をより個別の部分へと二分法的にカテゴリー分類し、それを順次繰り返し、広げていくことによって、最も一般的なものから最も個別的なものに至るまで一個の弁証法的な連続性において体系化し、しかもそうした体系全体を、近代印刷術によって可能になった詳細な「図表」を用いて図式的に示そうとするところにあった。⑤ ラムスの新たな論理学は、その高度な形式性のゆえに、ラムス主義的メソッドとしてルネサンス期のさまざまな学問分野に影響を与え、一六世紀の方法論革命をもたらした。そしてそれは、一般的規定の下に個別具体的な事項を秩序立てて説明する必要のある法学の分野においてはとくに好んで参照されることになった。とりわけ、キケロの影響をつよく受けて「法を体系へと還元する」ことをモットーとした一六世紀フランスの法学者たちにとって、ラムス主義的な方法論は、ユスティニアヌス法典を一定の論理的な体系へと還元しながら再編成するうえで極めて有効なものと考えられたのであった［Franklin 1963: 28-9, and n. 24］。またラムスの作品は、一五七四年には英語に翻訳され、イングランドにおけるルネサンス人文主義の知的潮流の一翼を担うようになった［Prest 1977: 331］。後述するように、カテゴリーによる分類を図表化して論証するというラムス主義的な方法論は、発展的人文主義法学の影響を受けたイングランドのローマ法学者たちに影響を与えたし、さらにはヘンリー・フィンチにおいて典型的に見られたように、ジャコビアン時代のコモン・ローヤーたちにも影響を与えることになるのである。

以上のような語源学的な歴史研究の方法と、比較を通じた体系化のアプローチによって、人文主義法学は、普遍的妥当性をもつ一連の準則を提示することに研究目的を発展させていくことになる。「ネオ・バルトールス派」ないし「普遍主義派」とも呼ばれるこうした研究潮流は、一六世紀後期のフランソワ・オトマン（François Hotman, 1524-90）やジャン・ボダン（Jean Bodin, 1530-1596）らへと継承されていく。彼らは、あらゆる法体系に妥当しうる「法の一般的原理」を構築し、より体系的な基礎に基づいて法律文献を組織化し直そうとした。[6] オトマンやボダンの歴史研究を重視する人文主義的姿勢は、従来の中世ローマ法学が前提としたローマ法典の普遍的妥当性に対する純粋ロマニスト的な崇拝を拒否するものであった。とりわけオトマンは、ローマ法典そのものを普遍的に適用可能な法典として研究すべきだとする従来の観念を厳しく攻撃した。彼によれば、ローマ法はローマ社会とのつながりにおいてこそ妥当したのであって、政体や社会状況の変化に伴ってローマ法は廃れていったのである。一五七三年の『フランコガリア』（*Franco-Gallia*）のなかでオトマンは、当時のフランスがローマの制度ではなくフランク族の制度の所産であり、フランスの土地所有は本質的に封建法の下にあり、ローマ法とは極めて異質なものであると指摘し、法の判断をローマ法に還元することから脱却するよう訴えている。[7] 彼のローマ法に対する結論は、それが一つのモデルとしてなら役立ちうるというものであった。このようにローマ法典の普遍的妥当性を否定し去ったオトマンにとって最終的な問題は、さまざまな法体系の比較考察と理性の働きに基づいて新たな一つの法典を生み出すことであった。このためにオトマンは、すでに知られた活用可能なローマ法を含むさまざまな法体系を比較研究することによって、あらゆる人びとに共通するであろう、法的理性の本質的な諸原理を抽出することを企てたのであった。[8]

このようなオトマンの企図は、ボダンによって、より理論的かつ普遍主義的な形で実現をみることになる。ボダンの目的は、最良と思われる過去のあらゆる国家の法を収集し、それらを比較・綜合しながら、彼の枠組みの基本的な構成要素を導き出し、もって国家と法に関する体系的な理論を提示することであった［Franklin 1963: 63］。それは普遍史的なパースペクティヴに立って法の一般的理論を導き出す最初の試みであったと言うことができよう。

その際ボダンは、過去の歴史的素材から抽出された素材を体系的に整序するためにラムス論理学の方法を参照していた［McRae 1955 : 306-25］。こうしてボダンは『国家に関する六篇』（*Les six livres de la Repblique*, 1576）[9]において種々の統治形態の本質的な差異を指摘しながら、包括的な公法の体系を論じることとなる。そしてあらゆる法体系および統治形態が基づく国家の新しい普遍的基礎として、至高かつ不可分にして絶対的な「主権（sovereign power）」という概念を提起したのであった[10]。フランスの人文主義法学の発展段階において提起された「主権」概念は、同じく発展的人文主義法学が提起した一般的原理に基づく法の体系化という構想と連続性を持つものであった。しかしそれがイングランドに受容された時、後者の一般的原理に基づく法の体系化はコモン・ローヤーによって積極的に参照されたが、前者の主権概念は国王の絶対的権力を原理的に承認する絶対主義の論理としてコモン・ローヤーに警戒され、批判されることになる[11]。ローマ法、とりわけ発展的人文主義法学の提起した言説は、一七世紀初期のイングランドのコモン・ローヤーにとって両義的な意味をもち、諸刃の剣となっていくのである。

いずれにせよ、フランスの人文主義法学が提示した方法論上の革新は、これまで確認してきたように、三つの範疇を含んでいる。第一に語源学的な歴史研究、第二に比較考察の技法、そして第三にあらゆる法体系に普遍的に妥当しうる一般的原理の導出である。しかしながら、第三の研究関心にまで至った一六世紀後期の法学研究は、別の側面から言えば、古典それ自体への歴史的アプローチを何よりも重視した当初の人文主義法学とは、その研究の目標において明らかに異なった側面を示しているし、実際、発展的人文主義法学の登場は、法学研究を歴史研究と結びつける方法論のゆえにローマ法を歴史的に相対化し、法実務から遊離して過度のアカデミズムに傾斜していった人文主義法学に対する反動でもあった。オトマンやボダンらが強調したのは、ローマ法学における実学重視への回帰であり、あらゆる法体系に妥当しうる一般的原理の新たな構築であったからである。従って、法実務を重視する態度や、法の一般的原理を追求する問題関心という側面から言えば、それは先に見たバルトールス派の特徴と重なり合う側面をもち、その限りで「ネオ・バルトールス派」として定義することも可能である。⑫しかしながら他方で、彼らが構築しようと試みた法の一般的原理の構築は、バルトールス派のようにユスティニアヌス法典そのものをもって同定するわけではなく、むしろ異なる法体系を比較し、そこから共通の類似点を摘出することによって達成される。こうした比較考察は、方法論的には人文主義の歴史研究による成果をもとにして初めて可能となるものであり、その限りで彼らは広い意味で人文主義法学の系譜に属しており、こうした側面から見るならば、彼らの法学研究は「発展的」人文主義法学と見なすこともできる。⑬しかし後者の視点をとる場合に指摘しておくべきは、人文主義法学の語源学的な歴史研究の狙いが、法の理性と意味を元々の立法ないし形成の段階において正確に把握することであったのに対し、ネオ・バルトールス派とも称される「発展的」人文主義法学の場合には、歴史研究は法体系の比較考察の前提として重視されたのであり、その目的とするところは、現代のあらゆる法体系が共有可能な一般的原理の構築であった。このように、「発展的」人文主義あるいはネオ・バルトールス派は、採用する方法論に即して言えば人文主義の系譜に、研究目的に即していえばバルトールス派の系譜に連なるものと言えよう。以上のように、人文主義法学には二つの段階が存在しているという点を確認しておくことは重要である。イングランドのローマ法学者が、そして一定のコモン・ローヤーたちが一六世紀後期に受容したローマ法学とはまずはバルトールス派のローマ法学であったが、さらにその上に立ってこうしたネオ・バルトールス派としての特徴と人文主義の発展型としての特徴を併せ持ったフランスのローマ法学の影響をつよく受けていたのである。とりわけ、オトマンは、エリザベス治世後期からステュアート朝初期にかけて、イングランドのローマ法学者によって盛んに引証されることになる。

第二節　イングランドのローマ法継受とローマ法学者

（一）ローマ法の部分的継受

ルネサンス人文主義が提起したような過去の正確な認識をめざした歴史研究は、コモン・ローヤーにおいては元来あまり見られないものであった。それにはいくつかの要因が考えられる。第一に、大陸における法学研究が「大学」において進められたのとは異なり、コモン・ローの研究教育が「法曹学院」によって担われ、主として実務的な性格のものであったという事情がある。第二に、コモン・ローがノルマン・コンクェスト以前のイングランド法を発見し、宣言したものであるという建前から、そこにはコモン・ローの「超記憶的時代（time immemorial, time out of mind)」に由来する古来の同一性が想定されていたという理由がある。こうした古来性の神話は、物事の起源と変化をたどろうとするルネサンス人文主義のような歴史研究とは相容れないものである。第三に、コモン・ローは、他の法体系との比較を可能にする基礎を欠いていたという事実である。すなわち、慣習法として過去の判例を通じて構築されてきたコモン・ローには、ローマ法その他の法体系に対する認識が相対的に欠如しており、それゆえ他の法体系との比較において自国の法を考察し直すという比較意識も相対的に希薄であったと言える。

このような性格を帯びたコモン・ローに、法の合理性と体系性の契機を与え、「自然法」ないしは「理性の法」に対する意識を強化させたのが、ネオ・バルトールス派の影響を受けた一六世紀後期からステュアート朝初期のイングランドのローマ法学者であった。そして重要なことは、同時代の多くの代表的なコモン・ローヤーが、こうしたイングランドのローマ法学者の影響を受けつつ、同様な問題関心と法的思考を共有していた事実である。この点を考証するうえで必要不可欠なのは、大陸のローマ法学からイングランドのローマ法学者への受容の道筋と、コモン・

ローヤーがイングランドで受容したローマ法学の影響の道筋とをたどるという作業である。というのも、後述するように、ウィリアム・フルベックのように、法曹学院に所属したコモン・ローヤーでありながら、大陸ヨーロッパに留学して自らローマ法学の学位を取得する例は極めて稀であり、たいていのコモン・ローヤーは、イングランドの大学か法曹学院において法学教育を修得していたからである。それゆえ、当時のコモン・ローヤーのローマ法理解についてわれわれが考察する際に必要な研究手続としては、イングランドにおける当時のローマ法学者の研究上の特徴を明らかにしておくことであり、それは彼らイングランドのローマ法学者が大陸のローマ法学からどのような研究動向を受容し、それをイングランドの政治社会の状況に適合させるためにどのように変容させたのかを明らかにしておくことである。そしてそこに帰結する特徴こそは、まさに同時代のコモン・ローヤーが必要とする知的枠組みでもあったのである。従来の研究では、コモン・ローヤーのなかのローマ法的要素が指摘される場合にも、エリザベス治世後期になぜイングランドのコモン・ローヤーとローマ法学者との間に法学研究における一定の共通した傾向が生まれていたのか、その経緯は明らかにされているとは言い難い[14]。以下では、こうした中世ローマ法学からイングランドのローマ法学者への影響とその変容を明らかにし、そして当時のコモン・ローヤーが広く共有していた「シヴィリアン・マインド」なるものの特徴を正確に読み解いていくことにしたい。

イングランドにおけるローマ法継受は、ブラクトン以降、コモン・ローの専門的な訓練を受けた法曹集団が形成されるに伴い、顕著な動向は見られなくなった。この内向きの専門的な法曹集団の形成に与ったのが、周知のようにロンドンの「法曹学院（Inns of Court）」であり、コモン・ローヤーは法実務をここで学んだ。法曹学院とは、コモン・ローヤーの職能集団によって運営された四つの法律家養成学校であった。コモン・ローは、こうした職能集団の専門的な営為によって、高度に洗練された固有の領域を形成していくとともに、特殊イングランド的な法的思考のなかで内向きの発展を遂げていくことになる［Baker 1981: 16-41］。

このようにコモン・ローヤーは、イングランド最大の職能集団として多大な影響力を誇ってはいたものの、しかしイングランドにおける法実務を独占しえていたわけではない。まず、一四、五世紀にかけて、コモン・ロー裁判所では得られない救済を申し立てる大法官裁判所（Court of Chancery）の裁判管轄権が拡大していった。「衡平法（Equity）」と総称される諸規則を掌る大法官裁判所は、硬直化したコモン・ローの緩和を図る意味で「衡平（aequitas, equity）」の理念に立って運営されたが、このような衡平法は、伝統的なコモン・ローよりもローマ法の影響を強く受けやすい構造にあった。そもそも宗教改革以前の大法官はほとんどが聖職者であり、彼らは教会法とローマ法のいわゆる「両法」に精通していたので、衡平法を発展させる際にこれらを自由に活用したのであった。こうした大法官裁判所における衡平法の発達において、イングランドでも再びローマ法継受の動きが見られることとなった。

他方、教会法とその手続きを適用する教会裁判所では、教会法のほか、ローマ＝カノン法訴訟を用いてヨーロッパ共通のユース・コムーネが直接適用されることがあった。とくに宗教改革に伴って、ヘンリー八世が大学における教会法の講座を廃止して以降は、教会裁判所の法実務に携わる者はすべてローマ法の講座において法学教育を受けることになったから、教会裁判所ではローマ法の適用がいっそう進んだ。また、イングランドにおけるローマ法の継受で最も重要なのは、海事裁判所（Court of Admiralty）であった。この裁判所が取り扱う海事紛争や国際的・対外的な諸問題は、当然のことながら「国土の法」（law of the land）と呼ばれる国内法のコモン・ローの範域外であり、万民法を持つローマ法が適用されていた。その他にも、騎士裁判所（court of chivalry）や、出征した軍隊の法務官たちもローマ法を適用していたし、オックスフォード、ケンブリッジ両大学に設置された副総長裁判所もローマ法の適用によって問題が処理されていた。そしてコモン・ローヤーはこうしたローマ法系の裁判所に出廷する権利を持たなかった。これらの裁判所の法実務は、ローマ法学者（civilian;civil lawyer）と呼ばれる法曹が担っていたのである。またローマ法系の裁判所に加えて、星室庁裁判所（Star Chamber）や請願裁判所（Court of Requests）

などローマ法の影響を受けた裁判所でも、ローマ法学者はコモン・ローヤーとともに法実務に関わっていた。他方、ローマ法学者は裁判所の実務以外に、宮廷や教会の官吏としても重要な機能を果たしていた。彼らは外交問題の処理に適した能力をそなえていると考えられていたことから、宮廷の役人として外交問題に従事したし、時には外交使節として派遣されることもあった。また主教の宗教法顧問（chancellor）として教会運営にも携わっていた[15]。

彼らローマ法学者の大部分は、オックスフォード大学の「ローマ法博士（Doctor of Civil Law）」の学位か、ケンブリッジ大学の「法学博士（Doctor of Law）」の学位を取得しており、あるいは外国で同等の学位を取得していた専門的エリートであった。大学における法学教育はローマ法と教会法であったから、法学の学位取得はローマ法の学位を意味していた[Levack 1973: 2-3]。とりわけテューダー期になると、大学におけるローマ法教育は強化された。ヘンリー八世はローマ教皇庁と絶縁するとすぐに正規の教会法教育を廃止したが、他方でオックスフォードとケンブリッジに創設した欽定講座（Regius Chairs）の科目に、ギリシア語・ヘブライ語・プロテスタント神学などのルネサンス科目とならんで、ローマ法を選んだのである。言うまでもなく、この講座の教授任免権は国王にあった[Stein 1999: 88. 邦訳一一四—五]。そしてテューダー期のルネサンス人文主義の影響下で、ケンブリッジ大学のローマ法欽定講座の初代担任教授となったのが、先に述べたトマス・スミスであった。

こうしてテューダー朝期には、イングランドにおいても、大学を中心にローマ法学が盛んになっていき、政治社会的にも一定規模のローマ法学者の集団が形成されていった。一六世紀初頭には、ロンドンに「ローマ法博士会館（Doctors' Commons）」が結成され、ほとんどのローマ法学者がこれに所属していた。ローマ法博士会館は、大学において『ローマ法大全』に関する理論的知識を習得したローマ法学者に対して、海事裁判所や教会裁判所などの法実務を教えるローマ法学者のギルド組織であり、コモン・ローヤーの法曹学院に相当する[16]。とはいえ、ローマ法学者の勢力は、前期ステュアート時代の段階で、海事裁判所および教会裁判所の法実務に従事していた者はおよそ二〇〇人を超える程度であり、同時期のコモン・ローヤーが、およそ二〇〇〇人程度のバリスタ（barrister）を擁する一大職能集団であったのに比べると、その勢力はかなり小規模なものであった［Levack 1973: 3］。しかしながら彼らは、テューダー期からステュアート朝にかけてイングランド法の発展に重要な役割を果たしていたし、政治的にもステュアート朝の下で一定の影響力を持つようになっていたのである。

（二）イングランドのローマ法学者

コモン・ローヤーが法曹学院において法学教育を受けていたがゆえに、国内の慣習的様式に基づいて法的思考を営む島嶼性を帯びていたのに対し、ローマ法学者は大学のアカデミズムの知的雰囲気のなかで法学研究に従事したことから、ローマ法典や古典のテクストにより通じていたし、かつ宮廷の外交問題への従事や外国への使節派遣などの経験をもつことの多かったローマ法学者は、イングランドを超えたヨーロッパ的なパースペクティヴを獲得していたと言える。彼らは、大陸ヨーロッパの法思想やルネサンス人文主義の知の様式に接触し、それらを吸収していたのである。一六世紀後期から一七世紀初期のイングランドのローマ法学者たちが大陸から受けた知的影響は、広義の文脈ではギリシア・ローマの古典に関する歴史研究と百科全書的な教養に代表された人文主義一般の思想であり、このルネサンス人文主義の思潮のなかでイングランドの法学者たちは、一四、五世紀のバルトールス派のローマ法学と、一六世紀にフランスで興隆した人文主義法学という相互に対立的な要素を孕んだ二つのローマ法学の系譜の双方を受容したのであった。とりわけ彼らは、フランスの人文主義法学が一六世紀後半にたどり着いた「発展的」人文主義法学、あるいは別の表現をすれば「ネオ・バルトールス派」のローマ法学の影響をつよく受けていた。

イングランドのローマ法学者に対する人文主義の知的潮流が与えた影響を最もよく表現しているのが、トマス・

スミスである。彼は「典型的なルネサンス人文主義者」あるいは「ルネサンス・シヴィリアン」と称されているように［Stein 1988[1]: 186-196; Rodgers 1984: 119］、論理学、修辞学、哲学、神学のほか、古典古代や近世の歴史など百科全書的な知識と関心を備えた一級の古典学者であった。スミスは一五四〇年に創設されたケンブリッジのローマ法欽定講座の初代教授に任命されると、ローマ法の知識を習得するためにパドヴァ、パリ、オルレアンと二年間にわたって大陸へ留学した。その際、彼はフランスで興隆していた初期の人文主義法学を代表するギョーム・ビユデやアンドレア・アルチャートらの新しいアプローチに魅了され、人文主義法学者としてケンブリッジへ戻ったのである。スミスにとって註釈学派からバルトールス派に至る中世ローマ法学は、古典的教養の欠如のゆえにローマ法を非歴史的に解釈し、誤読してしまっていると思われた。後年執筆された彼の『イングランド国家論』は、人文主義流のギリシア古典の豊かな教養と、歴史研究および比較考察という人文主義的方法を駆使したケース・スタディでもあった［Stein 1988[4]: 98-9; Rodgers 1984: 119-20］。このように人文主義の影響の下にイングランドとフランスの法と統治形態を比較考察したスミスであったが、しかし彼の比較研究には、フランスの人文主義法学者たちが行き着いた帰結、すなわち比較を通じた法の一般的原理の抽出という特徴は見られない。スミスの比較は、単に個々の事例を通じて両者の差異を断片的に例証していくものであった。たしかに彼の考察は、人文主義の思想的雰囲気を背景に「歴史」への関心と「比較」の方法に裏打ちされたものではあったけれども、人文主義法学の帰結であった法の一般的原理の導出とそれに基づく法の体系化という特徴は併せ持っていない。スミスがローマ法学者であるにもかかわらず、その「方法において非法学的」［Levack 1988: 227］であったと指摘されるゆえんである。

　スミス以降に、一六世紀後期のイングランドの大学においてローマ法学の学風を支配したのは、オックスフォード大学ローマ法欽定講座担当教授のアルベリコ・ジェンティーリ（Alberico Gentili, 1551-1608 ; Regius Professor of Civil Law, 1587-？）であった。彼は、プロテスタントのイタリア人で、ペルージャにおいてバルトールス派のローマ法の伝統のなかで法学を習得した。宗教的理由からイタリアを去ることを余儀なくされた彼は、一五八〇年にイングランドにたどり着いた。その二年後、彼は『法解釈をめぐる対話六篇』(*De Juris Interpretibus Dialogi Sex*, 1582)を公刊した。それは、彼が「新たなセクト」と称したアンドレア・アルチャートらの「フランス学風(モス・ガリクス)」と呼ばれた人文主義法学を、バルトールス派や法実務家が人文主義に反撃した論拠をもとに批判したものであった。彼がとくに批判したのは、人文主義法学に見られた法実務から遊離したアカデミズム的性格であった。いずれにせよ、第一級のバルトールス派のローマ法学者であったジェンティーリの存在は、さしあたってイングランドのローマ法学者による生粋の人文主義のさらなる受容に対する一定の防波堤となっていた。しかしながら、たしかにジェンティーリは人文主義法学を批判したけれども、それはもっぱら、ローマ法の意義を法実務との密接な関係において捉える彼の実践的な考慮に基づくものであった[17]。しかも彼の法学研究は、ネオ・バルトールス派ないし発展的人文主義法学において見られた特徴に類似した側面を有しており、そこには法体系を比較考察する視点と国際的に妥当しうる法規則を導出しようとする企図が見られ、当然それは豊富な歴史知識を前提としている。彼のこうした研究方法は、彼が最も大きな貢献をなした国際法(the Law of Nations)の研究において結晶化していると言えよう。周知のように、ジェンティーリは、宗派的な差異から独立した基礎に基づいて国際法を論じた最初の人物であり、彼の最も有名な作品『戦争の法』(*De Jure Belli Commentationes Tres*, 1589)は、ユスティニアヌスの『ローマ法大全』を論じる際に、「ローマ市民法」と「自然法および万民法」を注意深く区別し、国際法を後者の自然法・万民法に基づくものとして議論したが、それは、国際法を体系化させた一世代後のグロティウスに重要な議論の枠組みを提供することになった。このような非宗派的な基礎に立って国際法を最初に論じたジェンティーリのこの作品は、明らかに発展的人文主義法学あるいはネオ・バルトールス派の特徴と重なり合う[18]。さらに、ジェンティーリの発展的人文主義法学との類似性は、後述するように、ジェームズ一世の即位後に刊行された『国王の絶対的権力について』(*De Potestate Regis Absoluta*, 1605)における絶対的主権論においても確認される。

こうしてイングランドのローマ法学は、ジェンティーリの影響によって、ネオ・バルトールス派(発展的人文主義法学)を受容する素地を間接的に提供されたと言ってよい。そして一六世紀末頃には、イングランドのローマ法学者たちは、フランスのオトマンやボダンの作品を通してネオ・バルトールス派の影響を直接受けることになる。しかしながらイングランドのネオ・バルトールス派は、大陸のそれとは企図した構想において重要な違いを見せている。そもそもオトマンらフランスのネオ・バルトールス派は、古典期ローマ法の歴史研究によって過度にアカデミズムに傾斜し、ローマ法学の実用性を軽視した人文主義法学への反動として興った側面を持つが、しかしネオ・バルトールス派のめざす普遍的な考察は人文主義の歴史研究の前提があって初めて成り立つものであった。ところが、イングランドの場合のネオ・バルトールス派においては、スミスのような限られた人文主義研究の先例はあったものの、前提となる人文主義的な歴史研究や比較考察の基礎は十分に積み上げられてはいなかった。それゆえ一六世紀末のイングランドのローマ法学者は、フランスのオトマン、ボダンその他の作品から直接輸入した観念に依拠せざるをえなかったのである。しかしそこには当然、古典期ローマ法とフランスの封建法に関する歴史研究は見出せても、当のイングランドにおける法の歴史研究は存在していないがゆえに、改めて人文主義的な歴史研究の方法に立って、イングランド法の歴史研究を進める必要があった。後述するように、ウィリアム・カムデン(William Camden, 1551-1623)らによって一五八八年に創設された「考古家協会(the Society of Antiquaries)」はこうした要請に応えるものであった。ルネサンス人文主義の語源学の方法に基づいてイングランドの法と制度に関する歴史研究を精力的に推進していたこのカムデン・ソサイエティには、人文主義の歴史家たちとともに、人文主義とネオ・バルトールス派の知的影響を受けたローマ法学者やコモン・ローヤーたちが参加していた。

こうした学問的コンテクストの相違に加えて、慣習法としてのコモン・ローが国土全体の法として早くから確立していたイングランドにおいてローマ法の占める意義は、大陸諸国のそれと比べてきわめて限定的なものにすぎなかった。従ってイングランドのネオ・バルトールス派は、フランスのローマ法学者とは異なった独自の路線を歩まざるをえなかったのである。フランスの場合には、古典期ローマ法とフランスの慣習法に関するそれぞれの歴史研究の成果を踏まえつつ、旧来の慣習法に代わる新たな法体系の形成を企図していたのに対して、一六世紀後期のイングランドのローマ法学者が追求した課題とは、ローマ法とコモン・ローの比較考察を通じて、その類似点を摘出し、両者に共通する一般的原理を確立することであった。それは言い換えれば、ローマ法の構成と概念を通じて、コモン・ローそれ自体の体系的な法典化を図るというものであった。この点で、ローマ法の果たす役割は、フランスなどの大陸諸国とイングランドでは全く異なっていたし、また同時にこの点で、後述するように、コモン・ローの合理的体系化の必要性を感じる同時代のコモン・ローヤーの問題関心との符合点が生まれてくるのである。それゆえこの段階でのイングランドのローマ法学者には一般的にコモン・ローへの敵意は見られず、むしろコモン・ローとの和解を求める傾向が強く見られたと言ってよい[Levack 1973: 134-7]。それは一面で、イングランドの法曹におけるマイノリティとしてのローマ法学者の自己防衛としての試みであったと言うこともできる。(19) いずれにせよイングランドのローマ法学者は、ローマ法とコモン・ローがともに依拠できる一般的な基本原理を、より高次の共通法である自然法から導出していくという形式で研究を進めていくのである。(20)

こうした試みの最初の典型的な事例を、われわれは、ウィリアム・フルベック（William Fulbecke, 1560-1603?）の作品のなかに確認することができる。(21) フルベックは、オックスフォードでローマ法の修士号を取得後、法曹学院の一つであるグレイズ・イン（Gray's Inn）のメンバーとなり、その後、大陸の大学に一年間留学し、そこでローマ法の博士号の学位を請求した。イングランドの大学はフルベックのローマ法博士としての地位を認めなかったけれども、彼はこうした経歴から、コモン・ローとローマ法の比較考察を行うだけの十分な研究と知識を積んでいた[Levack 1973: 136]。そもそも先述したようなローマ法を通じたコモン・ローの法典化という作業のためには、ローマ法学だけでなくコモン・ローの専門知識にも十分に通じていることが必要不可欠な条件であった。

キケロに造詣の深かったフルベックは、『法学研究のための心得あるいは準備』（*A Direction or Preparative to the Study of the Lawe*, 1600）のなかで、法の「価値と卓越性」をキケロに依拠しながら説明している。「法とは、魂ない し精神が身体の維持のために必要であるように、国家の統治のために必要なものである」。「身体が魂なしには何事も行えないように」、国家は「法なしには、いかなる行為、権力、権威も行使することはできない」。この国家の統治のために必要な法とは「自然によってわれわれに植え込まれた一次的な理性（a principal reason）」であり、「なすべきことを命じ、その反対のことを禁じる」ものである。「さまざまな民族の個別の法はすべて、この法の分枝にほかならない」のである。こうしてフルベックは、国家の統治を支える各民族の法は自然法の理性に由来し、それゆえそこには共通の根拠が存在していると主張する［Fulbecke 1600: 8^{l}-8^{r}］。さらに彼は、コモン・ローとローマ法の相似性を明らかにするために、「この王国のコモン・ローとローマ法が解釈において一致すると思われる一定の用語」を事典形式でアルファベット順に解説した「一覧表（table）」を作成している［Fulbecke 1600: chap.8, 62^{l}-81^{r}］。

またフルベックは、その翌年に刊行された『ローマ法と教会法とイングランド王国のコモン・ローの相似と比較』（*A Parallele or Conference of the Civil Law and the Common Law of this Realm of England*, 1601）のなかでも、コモン・ローとローマ法と教会法の三つの法について比較考察を行い、それぞれの法の古来性とその起源および成り立ちを説明しながら、一致点を探り出そうと試みている。そして彼は、「これら三つの卓越した法」から「一定の共通した言説」を抽出することによって、そこには共通の「根拠と理性（grounds and reasons）」が存在していると主張する。フルベックによれば、これら三つの法、とくにコモン・ローとローマ法の双方が、イングランドにおいては「国家の筋骨であり、統治の科学であり、コモンウェルスの技術である」とされる［Fulbecke 1601: preface］。フルベックの作品は、ネオ・バルトールス派の方法をイングランド法に適用した最初のケース・スタディであったと言うことができよう。しかしながら、フルベックが法曹学院の一員であり、ローマ法博士会館に所属していないローマ法学者であったという事情から、フルベックの研究の意義は直接ローマ法学者全体に対する影響として及ぶものではなかったし［Levack 1973: 137］、また彼の作品においては、無秩序な性格をもつコモン・ローの法源を整序するための体系的な研究方法が提示されているわけでもなかった［Rodgers 1984: 126,n.36］。

こうしたフルベックのアプローチ法を継承し、さらにローマ法の思考法と概念に基づいてコモン・ロー自体の体系的な整序を図る方法を提示したのが、ケンブリッジのローマ法欽定講座を担当したジョン・カウエル（John Cowell, 1554-1611; Regius Professor of Civil Law, 1598-1611）であった。彼が著した『イングランド法提要』（*Institutiones Juris Anglicani*,1605; *Institutes of the Laws of England*, 1651）は、ローマ法学者に対して多大な影響力を及ぼすことになったし、またコモン・ローの合理化・体系化を志向するコモン・ローヤーにも参照されることになる［Levack 1973: 131-40; Levack 1981: 123-4; Knafla 1977: 221］[22]。彼のこの作品は、エリザベス後期からステュアート初期のイングランドのローマ法学者の研究態度を示す典型的な作品であると言ってよい。その執筆目的は、「表紙」に記されているように、コモン・ローを習得しようとする学生が「イングランドの慣習」をより良く理解できるよう、「ローマ法制に従って」コモン・ローを編纂することにあった［Cowell 1605: its title-page］。このように大学でローマ法教育を受ける学生にコモン・ローの専門的な知識を習得させるという行為は、イングランドのネオ・バルトールス派のローマ法学者が企図した独自の路線にとって必要不可欠なものであった。コモン・ロー裁判所の攻勢から自己防衛を図るうえでの彼らの戦略は、コモン・ローとローマ法の相似性を指摘し、それら二つの法が共有可能な一般的原理を構築しようとするところにあり、さらに言えばローマ法の思考法と概念に従ってコモン・ローの法典化を試みるという点にあったからである。それゆえ、カウエルは執筆の目的をさらに次のように明確に表現している。

「コモン・ローとローマ法は、同じ一つの基礎に基づいて打ち立てられており、それらが異なっているのは、実体においてというよりは言語や術語においてなのである」。カウエルの『イングランド法提要』は、ユスティニアヌス法典の『法学提要』の枠組みに従ってコモン・ローを編纂し直すことにより、コモン・ローとローマ法がともに「自然法」および「理性」の普遍的な命令であることを反映している諸事例を指摘し、裁判実務の帰結においてこれら二つの法が一致しうるものであることを示そうとした作品であった［Cowell 1605: preface］。

そしてこうした研究傾向は、カウエルの次なる作品『解釈者』（*The Interpreter*,1607）においても同様に確認することができる。この作品は、アルファベット順に整序された大部の法律用語辞典であったが、そこではイングランド法の種々の法律用語が、逐一ローマ法の術語との対応関係に立って解説されている。それは、先述のフルベックが『法学研究のための心得あるいは準備』のなかで試みた、「この王国のコモン・ローとローマ法とが解釈において一致すると思われる一定の用語」の集成［Fulbecke 1600: chap.8］という構想を継承し、それをより実り豊かな内容へと発展させたものであると言えよう。このように法律用語辞典として編纂されたカウエルの『解釈者』もその企図するところはやはり先の『イングランド法提要』と同様、コモン・ローとローマ法の相似性を指摘し、両者に共通する一般的原理を構築することに置かれていた［Cowell 1607: preface］。ここには、ネオ・バルトールス派（発展的人文主義法学）の成果をイングランドの政治社会に適合的な形で読み替えようとしたイングランドのローマ法学者の志向性がはっきりと現れている。

しかしながら、カウエルの二作目の著書『解釈者』は、後述するように、コモン・ローとローマ法の比較を通じて、ローマ法に従ったコモン・ローの法典化を図るという目的とは別に、「絶対君主制」にまつわるいくつかの政治的な定義を含んでいた点で、『イングランド法提要』とは異なる性格を持っている。『解釈者』において見られる国王の人格に固有の至高かつ不可分の絶対的権力の論理それ自体もまた、ボダンをはじめとする当時のフランスの発展的人文主義のローマ法学者が提起した観念の一つであった。しかしこれに対しては、コモン・ローの体系化という企図とは違って、ローマ法的見地に基づいて国王権力の全能化を原理的に正当化する政治言説と見なされ、カウエルの『解釈者』は一六一〇年議会でコモン・ローヤーから糾弾されることになる［第五章参照］。

フルベックやカウエルに見られたように、エリザベス治世後期からジェームズ治世初期のイングランドのローマ法学者の研究関心は、フランスのネオ・バルトールス派（あるいは発展的人文主義法学）が生み出した研究方法に基づいて、コモン・ローとローマ法との対話の道を図ろうとするものであった。この時代のイングランドのローマ法学者たちのなかに、「イングランド法の真に体系的なアプローチの始まり」［Rodgers 1984: 132］を見ることができるし、その発展は、大陸で形成された法的人文主義の思想とネオ・バルトールス派の観念に多くを負っていたのである。(23) 彼らイングランドのローマ法学者が大陸ヨーロッパの知的遺産を通じてイングランドの法学研究にもたらしたものは、法の「合理性」と「体系性」に対する意識であり、あらゆる法の基礎となる「自然法」と「理性」に対する認識であった。これらは、特殊イングランド的状況のなかで判例法として形成され、法曹学院での実務教育を通じて発展してきたコモン・ローには相対的に欠けていた点であった。それゆえ、この時期のイングランドのローマ法学者による試みは、一面から言えば、ポコックが指摘したコモン・ローの島嶼的性格に対する挑戦であったと見ることもできよう。いずれにせよ、「たとえ完全には成功しなかったにしても、イングランド法を真に合理的で体系的かつ科学的な方法で整序しようと試みた最初のイングランドの著者たち」はローマ法学者だったのである［Rodgers 1984: 136］。カウエルの著作は、そうした試みの最初の本格的な成果であった［Seipp 1991: 67 and n. 30］。

そして重要なのは、一六世紀末から前期ステュアート時代にかけて活躍した多くのコモン・ローヤーたちが、当時のこうしたローマ法学の知的影響を受けつつ、法の根拠として自然法と理性の契機を重視し、コモン・ローの合理性と体系性を追求しながら、自ら島嶼的性格を打破して、大陸ヨーロッパの知の系譜に連なる思考を行っていた点である。

以上のように、イングランドのローマ法学者が企図したのは、大陸のローマ法学者のように旧来の慣習法とローマ法の比較を通じて、より普遍的な法体系を新たに確立することではなかった。コモン・ローが長い伝統を持ち、政治社会の広範囲に浸透し、それゆえにコモン・ローヤーが圧倒的な勢力を誇っていたイングランドにおいて、ローマ法学者たちがめざしたものは、イングランド法とローマ法の比較を通じてコモン・ローを合理的に体系化することであり、コモン・ローそれ自体のなかに一般的原理を定立することであった。イングランドのローマ法学者のこうした志向性は、他方でコモン・ローの合理的体系化を志向するコモン・ローヤーたちに対して有益な成果を提供することにつながりえたのである。とくにエリザベス治世後期からジェームズ治世初期の時代には、ローマ法の積極的な参照を図るコモン・ローヤーと、ローマ法を通じてコモン・ローの体系化を図ろうとするイングランドのローマ法学者との間には、一定の共通した言説空間が形成されていたと言ってよい。

実際、カウエルの『イングランド法提要』が刊行された八年後には、コモン・ローヤー自身の手によってコモン・ローの全体を一個の合理的体系の下に記述した大部の作品が著されている。ヘンリー・フィンチの『法の意味』(*Nomotexnia*, 1613)[24]がそれである。この作品は四書構成で、第一書ではキケロ等を引証しながら、自然法ないし理性の法の普遍的な諸原理と実定法の関係について考察し、第二書でイングランドのコモン・ロー、慣習、国王大権、制定法などについて、第三書で刑罰等の法手続について、第四書で教会法その他の特殊な法律について論じている。フィンチのこの作品は、全体的な構成がpersons, things, obligations, actionsというローマ法の基本構成に近似しており、ユスティニアヌスの「『法学提要』の一般的秩序をコモン・ローのなかに採用した」作品であると推測される[Seipp 1991: 73,64]。「自然法」ないし「理性の法」の普遍的原理をあらゆる法体系の根拠としつつ、コモン・ローをローマ法との比較ないし相似において体系化しようとするフィンチの考察は、先に見たフルベックやカウエルのようなイングランドのローマ法学者の考察と軌を一にするものである。

さらに方法論的に言えば、フィンチの作品は、コモン・ローを順次二分法的なカテゴリーに「分類」することによって、コモン・ローの全体を弁証法的な連続性において体系化し、かつその体系を「図表」を用いて示した作品であり、当時のコモン・ローヤーにラムス主義の「メソッド」が与えていた影響を示唆する典型的な作品でもある。彼は作品のなかでラムスに言及してはいないものの、「序文」のなかの次の言葉はラムス主義の受容をはっきりと示唆している。本書の課題は「わが国の法の損傷し断片化した諸部分を、一つの全体性のなかに、調和的な秩序のなかに組織する」ことにあり、そのためには「主題を正確な定義によって分類すること、主題を諸々のカテゴリーないし部分へと分割すること、……個々の項目を適切な場所に位置づけること」が必要であると［Finch 1613: sig. ¶iv］。こうした思考法は明らかにラムス主義のそれであるし、ここに示された分類ないし分割、カテゴリーないし部分といった語用それ自体がラムス主義のメソッドに特徴的なものである［Prest 1977: 330-1,344; Seipp 1991: 76-7］。フィンチのこの著作は、「一七世紀の最初の一〇年」にフランシス・ベーコンをはじめとする一連のコモン・ローヤーたちが積極的に推進した、イングランド法を合理的・体系的に編纂し直すという企図の一応の集大成とも言える作品であった［Brooks and Sharpe 1976: 135］。

エリザベス治世後期からジェームズ治世初期の時代においては、コモン・ローヤーとイングランドのローマ法学者との間には、それぞれの動機は異なっていたけれども、ローマ法という法言語を通じた共通の解釈傾向が存在したのである。ネオ・バルトールス派の影響を受けたローマ法学者は、職能的な自己防衛から、コモン・ローとローマ法の共通性を指摘することによって、ローマ法に従ってコモン・ローの体系化・法典化を図ろうと追求したし、他方、彼らの示した研究方法と研究成果は、ローマ法系の各種裁判所と対抗しつつ、イングランド法の合理的改革を進めようとするコモン・ローヤーたちに有益な示唆を与えうるものでもあったのである。

（三）ローマ法と絶対的権力論

エリザベス治世後期からジェームズ治世初期にかけてイングランドのローマ法学者が示したコモン・ロー改革の構想は、同時代のコモン・ローヤーたちに有益な成果を提供することにつながりえたし、少なくとも両者の研究態度の間には一定の共通した傾向が生まれていた。こうしたローマ法の系譜は、近代の古典的コモン・ロー理論を成立させるうえで重要な要素として働いた。コモン・ローヤーとローマ法学者の法学研究におけるこうした相似的な関係が破綻していくのは、ジェームズ治世期に入ってコモン・ローヤーの意識のなかに絶対主義の台頭に対する懸念が高まり始めた時である。ローマ法を継受したスコットランドの王であったジェームズは、コモン・ローよりもローマ法に共感していると思われていたし、他方、前期ステュアート朝のローマ法学者は共通して宮廷や高位聖職者に接近する姿勢を見せていた［Levack 1973: preface and 2-3］。そしてローマ法学者は、国王の絶対的権力をローマ法的見地から擁護した言説を展開するようになった。こうしてコモン・ローヤーにとってローマ法はコモン・ローの体系化と合理化を図るうえで参照すべき有益な法言語であるとともに、国王の絶対的権力を擁護する危険な政治言語ともなっていったのである。もちろんローマ法の学説そのものは、それが立憲主義や人民主権、抵抗権といった政治理論を生み出したことからも明らかなように、必ずしも絶対主義理論を導き出すわけではない。しかしそこには君主の絶対的権力の根拠として活用可能な二つの典型的な言説が存在した。一つは、『法学提要』のなかにある「君主［元首］の嘉するところのものは何であれ法としての効力を有する（quod principi placuit legis habet vigorem）」［*Institutiones*,1.1.6］という格率であり、もう一つは、『学説彙纂』に登場する「君主［元首］は法によって拘束されない（princeps legibus solutus est）」という格率である［*Digesta*,1.3.31］。これら二つのローマ法の格率を、人民が自らの持つあらゆる権威を君主に対して撤回不能な形で譲渡したという、元首法（lex regia）の注釈と結びつけることによって、君主が自らの意思を法として人民に課し、自らは法の上に立ち、法に制約されることはなく、かつ人民からのいかなる問責も受けないという、立法権を中心とした君主の絶対的権力論が導き出されるのである。(25) とりわけそれは、一六世紀フランスのローマ法学者たちによって展開され、ボダンによって絶対的な「主権」の理論として一般化されたのであった。

こうしたローマ法的な絶対主義の言説は、イングランドにおいてもジェームズ一世の即位後に登場してくる。その最初の典型的な例がジェンティーリの『国王の絶対的権力について』(*De Potestate Regis Absoluta*)であった。ラテン語で書かれたこの作品はジェームズ即位後の一六〇五年に刊行された。このなかでジェンティーリは、ローマ法に基づいたボダン流の絶対主義を展開している。彼は、絶対主義的なローマ法学者に共通する「元首法」の注釈、すなわち人民はあらゆる権威を撤回不能な形で皇帝に譲渡したとの解釈に立ちながら、「君主の嘉するところのものは何であれ法としての効力を有する」という、元首立法権を定式化したローマ法の格率から議論を説き起こし [Gentili 1605: 5]、そしてボダンが提唱したのと同様な主権概念を展開する。ジェンティーリは、ボダンを引用しながら、主権とは「絶対的かつ恒久的な権力(Potestas absoluta,& perpetua)」であると定義する。そしてそれは「ラテン語で至高の権力(majestas)と呼ばれている」ものであると。彼によれば、この「君主の支配権(principatus)」は至高のものであり、人と法の上に立ち、いかなる制限も受けない。この「絶対的権力」は、「完全な権力(plenitudo potestatis)」であり、完全な「自由裁量権(arbitrium)」を持ち、「必要(necessitas)」にも「公法(iura publica)」にも拘束されない [Gentili 1605: 9-10]。

さらにジェンティーリは、「君主(princeps)」は「国法(jus civile)の上には立つが、自然法と万民法(jus naturale, & gentium)の下にある」と言う。絶対主義の理論に特有のこの定式化で重要なのは、自然法に拘束されるという論点ではなく、むしろ国法の上に立つという結論の方であったと言ってよい。つまり、自然法と神法には服するという言説は、実際には国法には拘束されないという結論を正当に導くためのレトリックとしての側面を持っているからである。たしかに君主の権力が自然法に従うという前提から言えば、君主は自身の「完全な権力」をあくまで「正当」に行使しなければならない。しかし、何が正当であるかの判断は、結局のところ「君主の絶対的な自由裁量（arbitrium principis absolutum）」に委ねられる［Gentili 1605: 27］。それゆえ、仮に君主が自然法に適った正当な権力行使を目指したとしても、それはせいぜいのところ自己規律的な意味しか持ちえないし、その限りで君主の権力はやはり絶対的である。ジェンティーリは、通常は君主も国法に従うことがあると述べているが、これも君主の「自由意思」で行われるものであって、国法の遵守を君主に強制させる手段は臣民には存在しない［Gentili 1605: 30］。このようにジェンティーリの絶対的権力論においては、人的にも法的にも君主の権力を制限するものはこの地上には存在しない。ジェンティーリにとって、君主は「法によって拘束されない（legibus solutus）」存在として、「制限なしに（absque limitibus）」行動できる絶対的な主権者なのである［Gentili 1605: 7,9］。

そして重要なのは、ジェンティーリが以上のようなローマ法的な主権者の絶対的権力論を、イングランドの政治言語ないし法言語の文脈のなかに適用していく点である。すなわち彼によれば、このラテン語で言う主権ないし至高の権力（majestas）とは、イングランドでは「国王大権（Regiae Praerogativae）」と呼ばれている。この国王大権は法的に制限された通常権力と対置される「超法規的な権力（potestas extraordinaria）」を意味し、「法的原因（caussa）」なしに他の人びとの「権利（ius）」を剥奪できる「絶対的権力（absolutum）」として定義されるものである［Gentili 1605: 10］。このようにジェンティーリの言説は、「君主の嘉するところのものは何であれ法としての効力を有する」および「君主は法によって拘束されない」という先の二つのローマ法の格率と、人民のあらゆる権威の君主への撤回不能な譲渡という元首法の注釈を根拠とした、典型的なローマ法的絶対主義の言説であり、「一七世紀前半のイングランドにおいて現れた著作のなかで最も絶対主義的な作品」［Levack 1988: 229］であった。そしてそこにはボダンの主権論の影響が最も直截的に表現されている。それは、ジェンティーリが元々外国人であり、また生粋のアカデミストであったことから、イングランドのコモン・ローや統治形態の伝統についての知識も公職における実践的経験も持ち合わせていなかったことにもよる。それゆえ、彼の作品の政治社会的な影響力はおそらく限定的なものであったと言えるかもしれない。㉖

しかし以上のような、フランスの人文主義法学の系譜のなかでボダンが展開したような絶対的主権論がイングランドの「国王大権」の論拠として展開されていく議論は、ケンブリッジ大学ローマ法欽定講座担当教授であったジョン・カウエルによって継承されることになる。ジェンティーリの作品の二年後に刊行されたカウエルの『解釈者』は、発展的人文主義法学が生み出した主権の概念を、イングランドにおける「絶対君主制」の政治言説へと適用した典型的な例であった。カウエルはこのなかで、ジェンティーリと同様に、大陸の主権概念をイングランドの「国王大権（Prerogativa Regis）」に適用して、イングランドを「絶対君主制（absolute monarchy）」の国家として説明する。カウエルによれば、国制の様式は民族ごとの慣習によって多様であるとしても、「国王大権の射程に含まれる」ような「高次の性格の国王権力」について言えば、イングランドの国王に属していない権限は「世界で最も絶対的な君主」にも属していない。国王大権は「神聖かつ至高の政策」であり、「絶対的」なものである。そしてそこには「立法」や「課税」の領域も含まれる［Cowell 1607: sig.3D4a］。このような国王大権は、「他の人びとの上に立ち、コモン・ローの通常手続を超えた」ところにある。それは、ローマ法学者が「至高の権力（majestas）」と呼ぶ「権力の絶対的な高み」である［Cowell 1607: sig.3D3a-b］。国王は、この「絶対的権力（absolute power）」によって法の上に」立ち、イングランドの「国土全体」に対して「絶対的支配」を行う存在であると［Cowell 1607: sig.2Q1a］。さらにカウエルは、議会の権威に対しても挑戦する。国王は議会において「王国全体の同意によって法を作る」けれども、それは国王による「慈悲的政策」あるいは「政治的慈悲」にすぎないのであって、議会や法が国王を拘束してしまうことは「絶対君主制の性質と基本構造（constitution）」に矛盾すると［Cowell 1607: sig.3A3b］。このように、ローマ法学者としてのカウエルの狙いは、イングランドの二元的な統治構造を、ローマ法的な国王の絶対的権力の下に一元化することにあった。

こうしたカウエルの絶対主義的な言説は、ジェンティーリのそれよりもはるかにイングランドの法と統治形態の伝統に通じていたと言えるし、その意味でフランスの絶対主義的なローマ法学の成果をイングランドの伝統的言説のなかに組み入れようとする意識がいっそうはっきりと現れている。加えて、カウエルはイングランド生まれのローマ法学者であったし、『解釈者』も英語で書かれていたために広く普及した。それゆえコモン・ローヤーたちは、絶対的権力論を擁護したローマ法学の典型として、カウエルの『解釈者』を一六一〇年議会で厳しく糾弾することになるのである。

他方、カウエルとフルベックとの比較で言えば、ローマ法とコモン・ローに共通する一般的原理を打ち立てようとする研究態度の点で、ローマ法学に通じたフルベックは同時代のカウエルと共通の問題関心を示していたが、しかし法曹学院に所属するコモン・ローヤーでもあったフルベックは、ボダンの主権論とローマ法の知識をもとに「一般的かつ絶対的な権力」を擁護することについては明確に拒否している。フルベックもカウエルと同様、ローマ法的見地に立ちながら「絶対的君主（absolute monarchs）」の観念を論じているが、しかしそれは「万民法（law of nations）」によって認められた「国王大権（prerogative）」として定義され、臣民からのプロパティの収用も法の枠内で合法的に行われるべきものでなければならないとされていた［Fulbecke 1602: fol.11-3］。このように、フランスのネオ・バルトールス派（発展的人文主義法学）がイングランドの法学者に与えた普遍主義法学と絶対的主権論という二つの影響は必ずしもリンクするものではない。フルベックに見られた絶対的君主の国王大権論は、ベイト事件判決において議会の同意のない賦課金（imposition）の徴収を国王の絶対的権力に属するものと認めた裁判官トマス・フレミングのような、ローマ法の影響を受けたコモン・ローヤーの見解と同質の議論であると言えよう［第四章第三節参照］。

ともあれ、ローマ法欽定講座を務めた二人のローマ法学者ジェンティーリとカウエルは、一七世紀初頭になって、フランスのローマ法学の影響の下に国王の絶対的権力論を展開した。この点で、同じくイングランドのローマ法学者の一人でオックスフォード大学の初代ローマ法欽定講座担当教授であったトマス・スミスとは対照的である。スミスの作品においては、ジェンティーリやカウエルに見られたような、ローマ法の知識から引き出された原理をイングランドの国制に適用しようとする積極的姿勢は見られなかった。それは、「議会」を「王国の至高かつ絶対的な権力」として定義した箇所や、国王の自由裁量権をいくつかの「国王大権」として定義した箇所において確認されるのみである。ローマ法に特有な国家の一般的権力を定義する傾向はスミスにおいては希薄であったし、あるいは「議会における国王」の観念に見られるように、あえて一義的な定義を避けて、イングランドの統治形態の二元性にこだわったとも考えられる［第一章第三節参照］。

ともにローマ法欽定講座担当教授であった三人のローマ法学者のこのような差異について、イングランド国制の卓越性に寄せるスミスの個人的選好とは別に、彼らが置かれたそれぞれの知的・政治的な環境の違いを指摘しておくことは重要である。それは端的に言えば、ボダンとジェームズのインパクトである。スミスが大陸留学で影響を受けたローマ法学は、古典研究と歴史研究を重視した初期の人文主義法学であったのに対し、その約四〇年後に位置したジェンティーリやカウエルは――彼らが元々バルトールス派の系譜に属していたこともあって――、フランスのネオ・バルトールス派（発展的人文主義法学）のつよい影響を受けていた。とりわけ、ジェンティーリやカウエルの時代はすでにイングランドでもボダンの絶対的主権論の洗礼を受けた時代であった。と同時に彼らの時代は、王権神授説に基づく絶対主義理論で知られたスコットランドのジェームズ六世がイングランドの国王として即位した直後でもあった。ジェームズ六世が執筆した二つの著作、『自由なる君主制の真の法』（*The Trew Law of Free Monarchies*, 1598）と『バシリコン・ドロン』（*Basilicon Doron*, 1599）は、彼がイングランド国王に即位した一六〇三年にイングランドにおいても刊行されており、彼の政治言説は、その強いローマ法贔屓とともにイングランドでも広く知られていたのである〔第四章第二節参照〕。

以上のような政治状況の変化とそれに伴う新たな絶対主義理論の登場を目の当たりにして、一六一〇年頃までに、コモン・ローヤーたちのローマ法に対する敵意がはっきりと現れてくるのである。こうしてコモン・ローヤーにとってローマ法のもつ意義は両義的なものとならざるをえなくなる。コモン・ローヤーにとってローマ法はコモン・ローの体系化を図るうえで有益な法言語であったと同時に、君主の絶対的権力を擁護する危険な政治言語でもあった。こうした両義性は、第五章で検証するように、カウエルの二つの作品に対するコモン・ローヤーの態度においてもはっきりと表れているし、また第四章で取り上げるように、発展的人文主義法学あるいはネオ・バルトールス派のローマ法学者たちのアプローチ方法を積極的に参照したコモン・ローヤーたちが、ボダンの提示した「主権」概念をめぐっては、それを峻拒する強硬な姿勢を見せていたなかにも象徴的に表れている㉗。

主権がどのような性格を持ち、国家のどこに位置するのか、さらには主権者と法がどのような関係にあるのかといった問題は、イングランドにおいてもローマ法によって初めて自覚されたと言ってよい。テューダー期以降、「諸身分の調和」に立って国王と貴族院と庶民院が機能的に権力を分有する議会の制度が重要な意味を持ち始め、さらに「議会における国王」という定式化によって権力が二元的な性格を持ちながら、かつ議会の権威と国王の権力が分割されなかった（その意味でどちらも専制的ではなかった）イングランドでは、ボダンの固有かつ不可分の絶対的主権論は大きな衝撃であった。たしかにイングランドでも、国王が独立した君主であり、王国内における至高の人格であるという意味で、国王の「人格」に対して sovereign という語が用いられることはあった。しかしながらボダンが提唱したように国王の「権力」が不可分かつ絶対的であるという観念の下にsovereignという語を国王の「権力」に対して適用した「主権者権力」（sovereign power）の概念は、一七世紀前期のイングランドにおいては政治の実態という点でも思考様式の点でもきわめて異質なものと考えられたのである。一六二八年議会の『権利請願』の起草をめぐる審議のなかでジョン・ピムはこう語っている。「私は主権が何であるかを知らない。われわれの請願はすべてイングランド法に適しているものである。この主権者権力なるものは、法に属する権力（the Power of the Law）とは異なった別様の権力であるように思われる。私は国王の人格（Person）にSovereignという言葉をつけることは知っているが、国王の権力につけることは知らない」と［RHC: 562］。

もとより、イングランドでも伝統的に国王は種々の特殊な政治的な権力（あるいは封建的な特権）を持つものと考えられてきた。それが「国王大権」（prerogative）と呼ばれるものである。しかしこれらの多くは、元々は封建社会における国王の私的プロパティとしての特権から派生してきたものであって、その限りで「国土の法」の一部として法によって制約されるものと考えられていた［Levack 1988: 226; Elton1974[2]: 277］。他方、一六世紀のフランスのローマ法学者たちは、この封建社会の国王の特権を、高度な決断を要する国家問題に関する絶対的な自由裁量権、すなわち法によって定義されない君主の「秘儀的」（mysterious）な絶対的権力として拡大させていったのである。イングランドでもすでにテューダー後期には、こうした権力の範域が「絶対的国王大権」（absolute prelogative）の名の下に認識されてはいた。それゆえ国王の絶対的権力と通常権力、絶対的国王大権と私的国王大権などといった国王権力を二分法的に捉える言説がさまざまな形で用いられるようになっていたのである。しかしこうした絶対的国王大権の性格や範域については、共通了解となるような明確な規定はいまだ存在していなかった。それゆえ、絶対的国王大権をめぐる解釈上の論争は、一方における絶対的権力論と、他方における立憲主義的な法の支配という両極端な政治原理を導き出しうるような根本的な対立を孕んでいたのである［第四章参照］。

しかも、ボダンの不可分かつ絶対的な主権の概念へと結実したフランスのローマ法学は、国王の絶対的権力の核心を「立法」に求め、国王権力の法への優位と法による非制限を中心に組み立てられていた。ジェンティーリやカウエルの絶対主義の言説は、まさしくこうした文脈において形成されたものと理解することができる。しかしながら法に優位する絶対的かつ不可分の主権に立法権を担わせる言説は、「議会の同意」をもって国王が法を制定するという伝統的観念が広く承認され、そしてその限りでフォーテスキューが説明したようにイングランドの国王が制限君主であると伝統的に見られてきたイングランドの政治的コンテクストにおいては、大きな波紋と対立を生み出すものであった。いずれにせよ、こうしたローマ法の影響、とりわけボダンの政治理論の影響によって、イングランドでは、主権の捉え方をめぐって新たな政治論争が誕生するのである。その意味でローマ法の言説は、絶対主義的な言説を展開する側にも、あるいはそれに対するアンチ・テーゼとして「古来の国制」論を展開したコモン・ローヤーの側にも、論争のための新たな共通の政治言語を提供することになったのである。

第三節　カムデン・ソサイエティとルネサンス人文主義

(一)　ウィリアム・カムデンと人文主義の歴史研究

イングランドのコモン・ローヤーにおける大陸の知的パースペクティヴの影響を考えるうえで、以上のようなイングランドのローマ法学者の存在とともに触れておかなければならないのが、歴史家ウィリアム・カムデン（William Camden, 1551-1623）を中心に一五八八年に創設されたイングランドの「考古家協会（the Society of Antiquaries）」の存在である。これは、フランスの知識人との知的交流を通じてルネサンス人文主義の「語源学」的な歴史研究の方法を獲得していたカムデンが、同じくルネサンス人文主義に基づいて考古的な歴史研究を進めていたロバート・

コットン（Sir Robert Cotton, 1571-1631）らとともに設立した研究サークルであった。一般的にイングランドのコモン・ローヤーは、大陸のルネサンス人文主義が提起した歴史研究とは無縁であったと考えられてきた。しかし実は、前期ステュアート朝、とりわけジェームズ一世の即位から一六二〇年代までの時代に活躍したコモン・ローヤーの多くが、エリザベス治世後期の時代に、人文主義の歴史家・古事学者であったカムデンやコットンらとの知的交流を持っていたのである。なかには、ジョン・ドッドリッジのように、考古家協会の設立そのものに関わったコモン・ローヤーさえ存在したのである［DNB: V, 1062-3; BJ: 223-4］。

ルネサンス人文主義の歴史研究の方法は、すでにフランスの人文主義法学のところでも確認したように、「語源学（philology）」と呼ばれるアプローチにあった。それは、カムデンの言葉を借りて言えば、「事物の名称（name）と、名づけられた事物（thing）との間の一致」を前提としながら、過去をありのままの姿それ自体において生き生きと再現することを目的としたものであった［Brooks and Sharpe 1976: 138］。すなわち、言語とは現実の反映であり、それゆえ真の歴史研究とは、過去の事象が刻印された言語を当時の歴史的コンテクストのなかで研究することによってのみ可能になるとされ、その言語が指し示す過去の事象の起源と変化をたどることが、歴史研究の課題であると考えられたのである。ギリシア・ローマの古典古代の時代に適用されたこうした語源学的な歴史研究の方法は、その後、フランスの人文主義法学者たちによって、フランスの慣習法をフランク族に起源を持つ封建法として考察する歴史研究を生み出すことになった。フランソワ・オトマンらに見られたこうしたフランスの人文主義的な歴史研究は、オトマンら大陸の人文主義者と直接、知的交流を結んでいたカムデンらによって、一六世紀後半のイングランドにも伝えられることになったのである。

カムデンは、公職につくことはほとんどなく、オックスフォード大学を一五七〇年に学位未取得のまま去った後、ロンドンに定住しながら、全国をくり返し旅行して精力的に故事研究に従事した。その研究成果は、一五八六年に

『ブリタニア』（*Britannia*）として発刊され、それは、その後改訂を繰り返しながら、彼の存命中に六版を重ねた［McGurk 1988: 47-53; Piggott 2000, 12-29］。カムデンの『ブリタニア』は、語源学の歴史研究の方法を古代のブリテン史に適用したものであったが、この作品におけるカムデンの主要な目的は、古代のブリテンを歴史的に再現し、イングランド人のネーションの形成を明らかにすることにあった。彼はこの作品のなかで、主にカエサルの侵入の時代からノルマン人の征服に至る歴史を時系列的に記述することによって、イングランド人の起源と変化をたどろうとした。ブリトン人やローマ人のほか、ピクトやスコット、アングル、サクソン、ジュート、デーン、ノルマンといったブリテン島に継続的に入植してきたさまざまな民族の足跡を古事学的に研究しながら、イングランド人のネーションの形成が最終的に、ノルマン人の征服者ウイリアムが持ち込んだ封建主義によって確立したと、カムデンは結論づけたのである。カムデンにとって、現在のイングランドは、大部分がノルマン・コンクェストによる政治社会の変革によって作りだされたものであった［Rockett 1995: 830-41］。

　このようなカムデンを中心に設立された考古家協会は、カムデン・ソサイエティとも呼ばれ、ルネサンス人文主義に立った歴史研究のイングランドにおける拠点とも言うべき存在であった。そこではイングランドの法や制度に関わる古文書の研究が進められ、数多くの成果が発表されていた[28]。それは、大陸の人文主義者が古典期ローマ法とフランスの封建法を対象に歴史的アプローチを行った際に用いた語源学の方法を、イングランドの法と制度の研究に適用しようと試みたものであった。ちょうど一六世紀後期は古文書記録の整備状況において大きな改善が見られた時期にあたっており、ウィリアム・バウヤーなど当時の多くの古文書係官がカムデン・ソサイエティに参加し、古文書記録の活用を可能にしていた［Brooks and Sharpe 1976: 140］。こうしてカムデン・ソサイエティに参加した歴史家たちは、「司法運営の開廷期」「紋章官の職位と特権」「英貨」「法曹学院」「州」など、イングランドの種々の制度や官職に関する考古的な歴史研究を活発に進め、そのなかで、イングランドの慣習の多くが実は古来の基礎を持つものではなく、歴史の過程でさまざまな民族によって改変されてきたのだという歴史認識を示していた[29]。とりわけ、彼らの歴史研究においては、ノルマン・コンクェストがイングランド法制に与えた影響が重視され、ノルマン人が持ち込んだ封建法の研究を通じて、イングランドの法制度の起源と変化をたどろうとする傾向が見られた［Houts 1997: 238-52］。カムデン・ソサイエティに見られたより正確でアカデミックな考察をもとにした歴史認識は、ブラクトンやフォーテスキューがかつて主張したような、イングランドの法と制度が「古来の慣習」の基礎を持つという、なかば神話的な歴史とは対照的なものであった。否むしろ、フォーテスキューらが説いたイングランド法の古来の不変性や同一性の観念を真っ向から覆すものであったと言える。

(二) コモン・ローヤーの人文主義的な法学研究

そして重要なのは、このカムデン・サークルにはジョン・ドッドリッジ、ウィリアム・ヘイクウィル、ジェームズ・ホワイトロック、ジョン・デイヴィス、ジョン・セルデン、ジョセフ・ホーランドといったエリザベス治世から前期ステュアート朝にかけて活躍した代表的なコモン・ローヤーたちが、先述のローマ法学者カウエルらとともに、メンバーとして所属していたという点である。彼らコモン・ローヤーたちは、カムデンら歴史家の研究を通じて大陸のルネサンス人文主義の知的影響を受け、イングランド法の研究を歴史の研究と結びつけて考察しようとしていたのである。カムデンの考古家協会に属していたコモン・ローヤーたちは、イングランドのコモン・ローのブリトン人の時代以来の古来性を主張したフォーテスキューやエドワード・クックとは異なって、イングランド法の歴史的変化、とりわけ征服民族による改変を積極的に認識しようとしていた。

たとえば、ヘイクウィルは、考古家協会の研究例会で発表した「この王国の法の古来性について」と題した論文のなかで、フォーテスキューの見解に対して真っ向から異論を唱え、ブリトン人の法との連続性をはっきりと否定した。ヘイクウィルの見解によれば、「法の古来性（Antiquity）」という命題が成り立つためには、法の由来となった「古き根拠（ancient grounds）」が現実に立証できるか、あるいはそうでなければ「同一の国家ないし王国内部で運用され続けてきたその長期にわたる時間」、すなわち法の継続性を事実のうえで証明できなければならない。しかしながら、ヘイクウィルによれば、イングランド法の歴史を考察すると、そこには代々の征服民族が旧来の法をそのつど改廃してきた事実が明らかになる。「ブリトン人の法はローマ人によって完全に廃止された。そしてローマ人の法はサクソン人によって廃止された。最後に、サクソン人の法はデーン人およびノルマン人によってかなり改変されたのである」[CCD: 3]。彼はこの過程を次のように説明している。「ブリトン人の古代の法（ancient law）は、まずローマ人の征服によって廃止された。ローマからは偉大な法律家が派遣され、公平な裁判を行うためにローマの裁判官が任命され、そうしてブリテン島にはローマ帝国の法が確立されたのだと。その後、ブリテン島を侵略したサクソン人は、ローマ人の旧来の法を改変し、サクソン人の法を施行したのである。すなわち、「旧きブリトン人の法がサクソン人によって実施された」のではなく、実際には、サクソン人は他ならぬサクソン人の法を実施したのである。サクソン人はブリトン人の旧き法を復活させるどころか、両者は継続的に不仲な関係にあり、そのためイングランドとウェールズの統治が分割されたのだと、ヘイクウィルは言う。こうしてブリトン人の法は、少なくともイングランドでは「完全に消滅」したと結論づけられる。さらにその後、ブリテン島に侵入したデーン人は、ウィリアム征服王によるノルマン・コンクェストが行われる以前に、すでにサクソン人の法のなかにノルマンの法と慣習とを持ち込み、イングランド法を改変させていた[CCD: 6-9]。ヘイクウィルによれば、サクソン人の法がノルマン人の法によって改変されながら、両者が混合され、そうしてできあがったのが、「現在用いられているコモン・ロー」である[CCD: 11]。

征服民族によるイングランド法の改廃を積極的に論じる同様な見解は、カムデン・サークルに参加していた他のコモン・ローヤーにも確認することができる。たとえばホーランドは「イングランドの司法運営の開廷期の古来性について」と題した論文のなかで、ノルマン・コンクェストがイングランド法に与えた影響性について論じている。「征服者ウイリアムは、われわれのコモン・ローの訴訟の方式を改変した」。ノルマン人の征服によって、イングランドの法制度のなかに「コモン・ローよりも上位に大法官裁判所が設置」されたし、司法制度についても「法律紛争を処理するための開廷期が年四回に分けられた」のだと［CCD: 52］。また同様にセルデンは、フォーテスキューの『イングランド法の礼賛について』を再刊した際に編者として施した解説において、イングランド法をこう説明している。「新たな民族が……、つねに何らかの改変をもたらす」ように、イングランド法においても征服民族であるノルマンの慣習によって多くの変化がもたらされたのだと指摘し、当のフォーテスキューが主張したブリトン人の時代以来不変のものとして継承された古来の法という見解を否定している。「間違いなくサクソン人は、ブリトン人の慣習に彼ら自身の慣習を混合させたのであって、デーン人もまた、古きブリトン人の慣習とサクソン人の慣習に自らの慣習を混合させたし、ノルマン人もまた同様であった」と［Selden 1616: 6-9,14-20］。

このように、カムデン・ソサイエティに参加していたコモン・ローヤーたちは、彼らが発表したイングランドの法と制度に関する論考のなかで、コモン・ローの歴史的変化、とりわけ「征服」による改変という事実を明確に認識し、かつ積極的にそれを肯定していたのである。それは、イングランド法制をノルマン人が持ち込んだ封建主義の延長線上で理解しようとするものであったと言える。イングランドのコモン・ローをブリトン人あるいはサクソン人の古来の法としてではなく、ノルマン人の封建法の産物として捉えようとする歴史研究は、現在のフランス法をローマ帝国の法ではなくフランク族の封建主義の産物として捉えたフランスの人文主義法学者たちの研究と全くパラレルな関係にある。

ポコックの研究では、フランスの人文主義法学者たちが行ったのと同様に、こうした人文主義的な歴史研究によって自国法の起源を「封建法」において考察したイングランドの最初の法学者は、ヘンリー・スペルマン（Sir Henry Spelman, 1564?-1641）であったとされた［Pocock 1987: chap.V］。スペルマンもまたカムデン・ソサイエティに参加していた人文主義法学者であり、ローマ法や教会法、さらには封建法など大陸法の豊かな知識をそなえていた。彼は大陸の人文主義法学者たちとの知的交流によって「封建主義」を発見し、イングランドの法や慣習や制度をこの封建主義の観点に立って考察していた［Brooks and Sharpe 1976: 134］。しかしながら、彼の場合には、ヘイクウィルら他のコモン・ローヤーたちとは異なって、エリザベス治世後期に従事した人文主義的な法学研究の立場を、その後のステュアート朝の政治対立のなかでも一貫して維持し続けていた。一六二〇年代に彼は『考古学』（*Archaeologus*, 1626）を刊行したが、この作品は、イングランドの教会と法におけるさまざまな言葉をルネサンス人文主義の語源学の方法に基づいて考察した語彙辞典であった［Pocock 1987: 92-5］。それゆえ彼は、現在の目を通して過去を見るステュアート期の庶民院コモン・ローヤーたちの歴史観を批判していた。スペルマンの作品の多くが未公刊のままであったこともあり、彼の研究は生前中には脚光を浴びることはなかったものの、その人文主義的な法学研究は後に、フランスのオトマンら人文主義法学者の影響を受けたイングランドの法学者による人文主義的な歴史研究の先駆けと見なされることになった［Brooks and Sharpe 1976: 142］。

しかしながら、本節で考察してきたように、ステュアート朝のスペルマンの作品に先立って、エリザベス治世後期の時代にすでに多くのコモン・ローヤーが人文主義的な歴史研究の方法に基づいて、イングランドの過去の法制を本格的に研究していたのであり、彼らの研究は、カムデンやコットンらの研究と同様、ノルマン・コンクェストの影響を重視し、ノルマン人の封建主義の延長線上でイングランドの法や制度を捉えようとするものであった。

こうした人文主義的な歴史研究は、明らかにブラクトンやフォーテスキューが想定してきた「古来の慣習」の継続性を否定するものであった。このことは、当時の彼らにとっては、フォーテスキューのコモン・ローの古来性や不変性の命題はさほど重要な意味を持ちえなかったことを示唆している。それは、エリザベス治世後期の時代のコモン・ローヤーがコモン・ローの重要な契機と考えていたのが、法の古来性ではなく、むしろ法の理性であったという問題と関係している。古来性よりも、むしろ理性そのものにおいて法を捉えようとするこの時代のコモン・ローヤーの態度は、イングランド法の合理的改革が喫緊の課題であるという彼らの認識に沿ったものであった。彼らは、ルネサンス人文主義の知的影響のなかで、語源学的な歴史研究に立った人文主義法学だけでなく、同時にバルトールス派のローマ法学や、人文主義法学の発展型としてのネオ・バルトールス派の法学を積極的に参照しようとしていたが、それはまさにこうしたイングランド法の合理的改革という課題に応えるためであった。

第四節　イングランド法の改革と法の一般的原理

(一)　イングランドの法改革

一六世紀後半から一七世紀初期にかけて見られたコモン・ローヤーによるローマ法への接近という現象は、当時のイングランド法の煩雑な実態とそれを改善しようとする法改革の動きと連動したものであった。当時の政治社会にあって緊要な課題の一つは、判例法として構築されてきたイングランド法の合理的・体系的な再編という問題であった。とくに、一五八〇年代に入って、中央法廷での訴訟が著しく増加したこともあって、イングランド法は、実体においても訴訟手続においても多くの変化を被るようになっていた。その結果、ますますイングランド法において不確実性が増大し、それはとりも直さず裁判の不確実さとなって現れていた。

こうしたイングランド法の不確実さに対する懸念は、当時の法制度に不満をもつ一般の人びとだけでなく、コモン・ローヤー自身によっても明確に共有されていた。たとえば、エドワード・クックは一五九二年に議会で、イングランド法は「すでにあまりに巨大であまりに多い」がゆえに「象のごとき法（Elephantinae leges）」と呼べるくらいだと指摘し、改善の必要性を説いている［THC: 37］。トマス・エジャートン（エルズミア卿 Sir Thomas Egerton, Lord Ellesmere, 1540?-1617）も一五九七年に議会でエリザベス一世にこう進言している。イングランドには「すでに数多くの法」が存在し、しかもそれらのなかには今では「廃れて」しまったり「運用されていない」ものもあるし、「無駄で無益な」ものもあれば、「あまりに曖昧で不明確な」ものもある。それゆえ、イングランド法は「理解するのが非常に困難で、そのために臣民の間で多くの論争を引き起こし、多大な問題を発生させている」と［THC: 80］。またフランシス・ベーコン（Francis Bacon, 1561-1626）も、「法の曖昧さこそ、この時代のわが国の法に対して申し立てられている、重要かつ最も正しい非難である」と指摘している。彼によれば、こうした事態を改めるには、イングランド法を明確な論拠に基づいて合理化・体系化することが必要である。それは、「理性の結論」としての「格率」や「準則」を「法のなかの法」として確立し、「個別の実定法」の知識を統御していくことであった［Bacon 1596: Preface, B2］。

ベーコンが指摘したように法の合理化のために格率や準則を定式化しようとする態度は、一六世紀後半から一七世紀にかけてコモン・ローヤーの間に広く共有されていた。ジョン・デイヴィスは、「あらゆる人間の行為や事件に対して固定した確実性のある法の根拠と準則を適用する」ためには、類似のあるいは同一の事例に関しては「単一無二の判決」でなければならないことを主張している。そしてそのためには「法律の知識」だけでは不十分で、「論証と論理的思考に従った他のすべての合理的な学問」を取り入れることが必要であると［Davies 1615: preface, sig*4a-4b］。トマス・ヘドリィも「同じ条理の下にある個別事例」はすべて同じ一つの法として扱われることを主張する。そのためには「衡平（equity）」の原理を適用する必要があり、この原理によって幾世代にもわたって集積された個別の事例から一般的な法が生み出されると［PP10: II,175-6］。以上のようなコモン・ローヤーの思考は、先述した同時代のイングランドのローマ法学者たちの思考と相似したものであったし、彼らがローマ法を通じてコモン・ローにおいて目指したところの目的と重なり合うものであったと言えよう。

以上のように、イングランド法に一定の合理的な体系化の必要性があるとの認識は、当時のコモン・ローヤーたちにとって共通の問題関心であった。そして、コモン・ロー裁判所において判例法として確立されてきたイングランドのコモン・ローを、より合理的かつ体系的に整備しようとするこうした法的再編において重要な位置を占めていたのが、法の「格率（maxim）」とか「準則（rule）」等と呼ばれる法の一般的原理であった。これらの格率や準則は、慣習法としてのコモン・ローにおける理性の結晶化とでも言うべき性格のものとして考えられていた。以下では、当時のコモン・ローヤーが志向したコモン・ローの「格率」「準則」について検討しておこう。

(二) コモン・ローの一般的原理——格率あるいは準則

周知のように、前期ステュアート時代にはさまざまな「自由（liberty）」の発達が見られたが、それらはすべてコモン・ローに根拠を求める形で獲得されたものであった。たとえば「コモン・ライトとしての選挙権の自由」も、「討論の自由」や「逮捕・拘禁からの自由」も、また「自由貿易」という「経済活動の自由」も、これらはみなコモン・ローの「準則」あるいは「格率」という形式において基礎づけられていたのである。

たとえば、「自由貿易」の原則については、一六二一年の庶民院において、クックがそれを「法の格率」として説明している［CD21: III, 304］[30]。一六二八年には、庶民院の特権委員会（Committee on Privilege）の委員長であったウィリアム・ヘイクウィルが、コモン・ライトとして平民一般に属すべき選挙権が「超記憶的な、古来の不変の慣習」による以外に平民から奪うことのできない権利であると宣言し、それを法の「確実な準則（certain rule）」の一つであると言明している［PP28: III,329］。また、一六二八年には庶民院において、臣民は正当な事由を示されることなしに投獄されえないという原則が、法の基本的要点として主張されていた［PP28: IV,227］。さらに、一六一〇年の議会では、「国王は議会の同意なしに課税することはできないし、同様に議会の同意なしに法を変更することもできない」という点が「コモン・ローにおける準則（rule）あるいは原理（principle）」であると宣言されている［PP10: II,188-90］。

このように、当時主張されていた種々の政治的自由はすべて、「格率（maxim）」「準則（rule）」「原理（principle）」「公理（axiom）」等と呼ばれるコモン・ローの一般的原理として定式化されていた。こうした術語の使用と、さらに一般的原理という思考法それ自体が、もともと判例法・慣習法としてのコモン・ローに固有の特徴ではなく、むしろ論理学や哲学に依拠したローマ法の影響を示す端的な現れである。[31] 以下は、コモン・ローにおけるこうした格率や準則といった一般的原理の重視という点を通して、ジャコビアン時代のイングランドのコンスティチューショナリズムが持つ思考様式の特徴を浮かび上がらせることにしたい。

慣習法として個別の先例と同時に、法の確実な「根拠（ground）」となる格率・準則などの法の一般的原理をつよく志向する傾向は、コモン・ローの合理化・体系化を企図したこの時期のコモン・ローヤーの解釈態度の特徴の一つであったが、ここで重要なのは、こうした法の一般的原理の定式化が他の諸学問の成果を積極的に受容しつつ行われていたということである。種々の人文学に対する関心それ自体は、当時のルネサンス人文主義の潮流を反映したものであったが、しかしそこにはとりわけ論理学の影響を受けた一定の方法論的な態度が存在していた。当時のコモン・ローヤーは一般的に、判例法としてカズイスティクに形成されたイングランド法のカオスは単に表面的な現象であって、そこにはあらゆる学問（arts and sciences）を定義し、支配している基本的な「根拠」や「格率」、あるいは「原理」が存在しているはずだと考えていた。コモン・ローヤーのこうした思考法は、方法論的に言えば、元々はアリストテレス哲学に依拠したスコラ主義の論理学や弁証法の影響であったと言えるし、さらにはこのスコラ的方法に基づいて『ローマ法大全』の個々の法文の背後にある法理を一般的原理の形で構築しようとしたバルトールス派の影響であったとも言える。そして個別具体的な事柄を一般的原理の下に体系化しようとするコモン・ローヤーの思考法は、一六世紀末から一七世紀初期の時代に、フランスの発展的人文主義法学（ネオ・バルトールス派）やその影響を受けたイングランドのローマ法学者たちの法学研究と、また彼らが採用したラムス主義の新しい論理学のメソッドと邂逅することによって、いっそう強められていったのである。

こうして個別の判決が膨大に集積された判例法としてのコモン・ローのなかに、その背後に内在すると考えられた一般的原理を定式化していくうえで、彼らは他の学問において導かれた原理を積極的に応用していったのである。当時のコモン・ローヤーたちは、過去のどの時代のイングランドの法律家たちよりも、格率や準則といった法の一般的原理を重視し、また実際にそれぞれが法書のなかで数多くの具体的な格率を体系的に列挙しようと試みていた。たとえば、ウィリアム・ノイは法書のなかで、「法の格率」として計四八を例示している。その際、それらの格率はそれぞれ神学、文法学、論理学、哲学、政治学、道徳規則、法学、慣習のカテゴリーに分けて定立されている［Noy 1641: 1-53］。つまり、それは、これらの他の諸学問において獲得された合理的な結論を法の「根拠」として援用しながら、コモン・ローの一般的原理が形成されていたことを示している。同様な例は、ヘンリー・フィンチの法書のなかにも確認することができる。彼はまず、「理性の諸規則には二つの種類がある」とする。一つは純粋に「法自体に固有の準則」であり、もう一つは「他の学問から採り入れられた規則」であると言う。他の学問から採り入れられた規則とは、それぞれの学問において導出された「原理」「結論」にあたる。これらの学問は、神学、文法学、論理学、自然哲学、政治哲学、経済学、道徳哲学に及んでいる。こうして「世界のあらゆる学問の叡知」がコモン・ローのなかに集大成されているのだと、フィンチは言う［Finch 1627: 6］。このようにフィンチの法書のなかでも、コモン・ローの一般的原理の定式化において他の学問的成果が積極的に活用されているのをはっきりと確認することができる。デイヴィスの次の言葉は、コモン・ローの法学研究にこうしたアプローチを採用していた当時のコモン・ローヤーたちの問題意識を非常によく物語っていると思われる。彼は言う。法の「合理性」を構築する場合に、単に個別具体的な「法律の知識」だけでは不十分で、「論証と論理的思考に従った他のすべての合理的な学問」を取り入れることが必要であり、この両方がそろって初めて法は誤りに陥ることなく合理的に展開されるのだと[Davies 1615: sig*4a]。

このように当時のヨーロッパで流行したルネサンス人文主義の系譜に連なるさまざまな学問の「結論」をコモン・ローのなかに積極的に摂取していこうとする態度は、後述するように、法の具体的内実における「個別性」と、法の根拠が持つ「一般性」をいかに体系的に整序していくかという法的課題に沿ったものであった。それは、判例法としての個別具体的な事例を、格率や準則などの法の一般的原理の下に体系的に整序することであった。つまり、ローマ法も含めた人文学や神学その他の学問的成果を積極的に摂取しようとする試みは、コモン・ローのなかにこのような「個別的事例」と「一般的原理」を体系的に整序することによって、コモン・ローを一個の合理的な法体系として構築し直そうとする作業のなかで意味を持っていたのである。

こうした当時のコモン・ローヤーの思考様式を、個別的事例と一般的原理との綜合という観点から確認してみると、たとえば、ヘドリィは「法の理性（reason）」が引き出される道を二つに分けて説明している。一つは「いかなる者も否定したり、論争したりすることのできない法の諸根拠と諸格率から」引き出される形式であり、もう一つは、「諸格率と同様に明晰な法である、明白かつよく知られた諸判例から」引き出される形式である[PP10: II,186-7]。またドッドリッジによれば、「イングランド法の準則あるいは原理」というのは、一方においては「自然法の結論」であり、他方では「王国のなかで通用している一般的慣習（general custome）から引き出された結論」でもあるとされ、その一般的慣習には「多くの個別で特殊な事例の理性と命令」が包摂されていると言う[Dodderidge

1631: 153]。このように、法の理性は、ローマ法をはじめとする他への諸学問からの意識的受容の下に定立された法の「諸根拠」「諸格率」から得られるのと同時に、他方では、判例法としての個々の事例からも引き出されるとされていたのである。そして、判例法という「個別的事例」から、法の理性という「一般的形式」が引き出されうるというこの前提あるいは思考様式それ自体のなかにもまさに論理学など他の学問的成果の影響が確認される。ヘドリィはこの点について次のように説明している。「一つの個別的事例（a particular case）から一般的形式（a general form）を結論づけることはできないのと同様に、一つの個別の判例（a particular case）から一般的準則（a general rule）を証明することはできない」。「しかし論理学者が帰納法と呼んでいるように、多くの個別的事例から一般的準則という堅固で確かな証明と知識を生み出すことは」できるのであると［PP10: II,187］。このようにヘドリィの言説のなかには、判例という個別具体的な範疇と、法の格率や準則という一般的な範疇とを体系的に連続させながら、コモン・ローの法体系を作り上げようとする思考様式が、はっきりと現れている。ヘドリィやドッドリッジに見られるこうした個別的事例と一般的原理を論理的に体系づける思考様式は、先のヘンリー・フィンチの研究方法の場合と同様、ルネサンス人文主義の影響を受けたネオ・バルトールス派の知的枠組み、さらにはラムス主義的な論理学のメソッドととくに符合するものである［本章第二節（二）参照］。それは、この時代のコモン・ローヤーの思考様式が、イングランドの島国的性格として把握される類のものではなく、本章で検証してきたように、明らかに大陸ヨーロッパの知的パースペクティヴとのつながりを持っていた事実を示唆している。大学で論理学などの古典学を習得してから法曹学院に入ってきたコモン・ローヤーたちにとって、コモン・ローの包括的な体系化を図る際に重要な「メソッド」であったのは、法の「複雑な全体を最も単純な諸要素へと還元すること」［Seipp 1991: 62］にほかならなかったのである［第三章の第一節（五）、第二節（二）を併せて参照］。

そもそも法規範とか道徳規範というものは、具体的に何が理に適った内実となりうるのか、容易には規定しがたい側面を抱えていることにわれわれは注意しなければならないであろう。そこには当該の構成員が相互に論証的に納得しうるだけの確たる「根拠」あるいは「合理性」が一方で求められる。しかし同時に、それが広く社会生活の規範として現実に機能しうるためには、所与の具体的内実に支えられたリアリティを獲得していなければならない。とりわけ、立法者の意思を重視する法実証主義の場合と違って、慣習法でありながら神法や自然法の理性にさえ適った「ユース（jus）」として捉えられるコモン・ローにおいては、こうした問題はいっそう重要な課題とならざるをえない。これまでわれわれが確認してきたようなコモン・ローの思考様式は、イングランドの慣習的世界が持つリアリティに根ざしながら、それを理性に適った規範的かつ合理的な法体系として発展させようとするものであったと考えることもできよう。

第五節　コモン・ローヤーによるローマ法の受容

（一）法曹学院とローマ法研究

コモン・ローの合理化と体系化を進めるうえでコモン・ローヤーたちは他の学問の成果を積極的に参照したが、なかでも「ローマ法」の与えた影響はとりわけ大きかったと言える。通常、バルトールス派やネオ・バルトールス派（発展的人文主義法学）において典型的に見られたように、一組の厳格な法原則から論理的に体系化されたローマ法は、慣習を法源として認め、土着の判例法として発展したイングランドのコモン・ローとは対照的な法であると言われている。「主要な法源は書かれたテクストではなく不文の先例」であったし、「法言語はラテン語ではなくロー・フレンチ」であった。イングランド法は「実体」においても「手続」においてもローマ法とは異質なものであった［Helgerson 1992: 26］。実際、当時のコモン・ローヤーもローマ法が異質な「外国の思想体系」であると考えていた［Stoner 1992: 8］。しかしそのコモン・ローヤーたちにあっても実は程度の差こそあれ、判例法としてのコモン・ローに合理性と体系性を追求した時、その過程において最も影響を受けていたのは、やはりローマ法だったのである。

こうしたローマ法の受容をもたらした重要な背景的要因の一つとして、イングランドの「大学」と「法曹学院」における当時の教育状況が指摘されよう。ハンス・S・パウリッシュによれば、一六世紀の頃には、大学は次第に聖職者教育としての役割を失っていき、オックスフォードとケンブリッジへの入学者は一五四〇年から一六四〇年の間にかけて急速に増加した。このため将来コモン・ローヤーの専門家となることを志望する学生の多くも、オックスフォードかケンブリッジでリベラル・アーツの大学教育を受けることが一般化していたのである。それは後述するように、当時の法曹学院における教育形態の変化と関係するものでもあったが、いずれにせよコモン・ローヤーをめざすジェントリやヨーマン、富裕な商人等の子弟が、法曹学院に入る以前に、修辞学や論理学、文法学、哲学などのギリシア・ローマの古典学を、大学で習得する機会を持つことになった［Pawlisch 1980: 689-91］。そしてそれは、コモン・ローのなかに「大学で教育を受けた学者のパースペクティヴ」を持ち込むことを意味していた［Seipp 1991: 76］。もっとも、ローマ法それ自体を大学の教育課程を通じて直接習得したコモン・ローヤーはごくわずかであった。リベラル・アーツの学位のためのカリキュラムのなかにはローマ法は含まれていなかったし、大学で法学士（B.C.L）を取得してから法曹学院へと入る者は極めて稀であったからである。一五七一年から一六〇三年の間にオックスフォードで法学士を取得した一〇七名のうち、法曹学院へ進んだ者は八名にすぎなかった［Levack 1988: 223］。

また「法曹学院」について言えば、エリザベス治世期からステュアート朝期の法曹学院は単なる法曹ギルドの教育機関としての元来の性格を超えて「イングランドの第三の大学」としての機能を果たしていたと言われる。実際、法曹学院で授与される「上級法廷弁護士（serjeant-at-law）」の資格（degree）は、オックスフォードの「ローマ法博士（Doctor of Civil Law）」、ケンブリッジの「法学博士（Doctor of Law）」の学位に相当するものと考えられていた［Baker 1990: 17-8; Terrill 1981: 36］。そして当時の法曹学院は、コモン・ローを習得する法学研究のなかで、学生がギリシア・ローマの古典学や大陸のローマ法に接触することを積極的に推奨していたのである。たとえば、トマス・エジャートンは、法曹学院の一つであるリンカーンズ・イン（Lincoln's Inn）での研究を通してローマ法の基礎を習得していたし、コモン・ローを学ぶ学生にローマ法の学習を促すためのテクストを執筆したウィリアム・フルベックも、コモン・ロー教育にローマ法を取り入れていたグレイズ・イン（Gray's Inn）のメンバーであった。当時の多くのコモン・ローヤーたちが、このようにコモン・ローの専門教育を施す法曹学院の教育課程を通じて大陸の法学者たちの研究に接する機会も持っていたのである［Knafla 1972: 241; Knafla 1977: Part I; Pawlisch 1980: 689-91］。

こうしたコモン・ローヤーのローマ法への接触を考えるうえで重要なのは、一六世紀末から一七世紀初期にかけて起こった法曹学院における法の学習方法の変化である。当時、印刷技術の発展に伴い、法の体系的学習のためのマニュアルを説いた法書が数多く刊行され、広く普及するようになっていた。コモン・ローを習得する学生は、法曹学院におけるコモン・ロー習得の典型的な方法であった模擬裁判での弁論による法実務の研修（mooting exercise）を通してだけでなく、刊行されたテクストを用いた自習によって法の知識を獲得するようになっていた。しかも法学の体系的学習法のために執筆されたテクストは、人文主義の影響の下に古典古代ギリシア・ローマの論理学や修辞学とのアナロジーを強調しつつ組み立てられ、より直接的にはローマ法学の概念や思考法を参照しながら執筆されていた。こうして法曹学院では従来の実務研修に加えて、マニュアル化された法書を用いた法の体系的学習法を積極的に取り入れるようになっていたのである。そうした法の学習法を可能とするためには、法曹学院に入学した学生たちが論理学、文法学、修辞学、哲学などのいわゆるリベラル・アーツを一定程度習得していることが前提条件となる。それゆえ、コモン・ローヤーをめざす当時のジェントリ層の子弟らは、法曹学院に入る前にオックスフォードかケンブリッジの学位を取得しようとしていたのである。実際たとえば、本書が取り上げた当時の主要なコモン・ローヤーの経歴を確認してみると、そのほとんどが大学でリベラル・アーツの学位を取得したか、あるいは中途退学した後に法曹学院に入っている。なかには大学でのリベラル・アーツ教育と法曹学院における法学教育とをほぼ同時進行させている例もいくつか見られる［巻末の付録を参照］。いずれにせよ、こうしたコモン・ローの学習法における変化は、法曹学院でコモン・ローを習得しようとした当時の学生が、コモン・ローの学習を通じてローマ法の概念や思考法に触れる機会を持ち、それらに馴染んでいたことを意味するものである。(32)

このようにコモン・ローの研究のなかにローマ法を取り入れる傾向は当時一般化しており、多くのコモン・ローヤーがローマ法に対する知識を習得していた。第四章で後述するように「主権者権力」の問題を「議会における国王」において展開したジェームズ・ホワイトロックは、コモン・ロー裁判所の裁判官も務めたが、彼はオックスフォード大学でジェンティーリからローマ法の教授を受けていた［Powell 2000: 24］。またドッドリッジもローマ法と教会法の両法について該博な知識を習得していたことで知られている［Terrill 1981[1]: 30-44］。彼によれば、コモン・ローは「ローマ法からも非常に多くの公理と準則を得ている。それらは我々の法に借用されており、通常頻繁に用いられている」と［Dodderidge 1631: 156-61］。一七世紀初期の作者不詳のトラクトは、当時の一般的なコモン・ローヤーの法学研究を次のように伝えている。「ローマ法の法典は……われわれイングランドの法学者によっても読み親しまれている。私はコモン・ローによって考えるとともに、教会法によって考えもする。われわれはヘンリー三世の時代にブラクトンによってローマ法がコモン・ローヤーの研究の一部となったのを見る」と。(33)

(二)　コモン・ローヤーとローマ法

ローマ法とコモン・ローの関係をめぐる当時のコモン・ローヤーの標準的理解としては、次のドッドリッジの説明がその好例となろう。彼も前述の論者たちと同様、コモン・ローの他の学問への依拠性を指摘し、むしろそこにこそコモン・ローの独自性と卓越性があるとする。そして論理学、道徳哲学、教会法、ローマ法、慣習などからそれぞれ引き出された「諸根拠（Grounds）」を具体的に列挙し［Dodderidge 1631: 156-61］、「コモン・ローにはこれらほとんどすべての他の学科の学問的知識が包み隠されて」おり、コモン・ローは「他のほとんどすべての学問により助けられ、補助されている」と言う。こうしてコモン・ローには、まさに「学問のなかの学問」として「マスター・サイエンス」の位置づけが与えられるのである［Dodderidge 1631: 35］。しかしこのような他の諸学問の摂取においても実際にドッドリッジの議論のなかでは「ローマ法から得られた諸根拠」についての部分が圧倒的な割合を占めている。彼はコモン・ローとローマ法との関係を次のように説明する。「あらゆる法が自然法から引き出されたものであって、自然と理性の諸原理に一致し符合している」。ローマ法も「偉大な知恵」によってもたらされたものであり、また「この国の法も同様に、人間の知恵の一種であるところの最上の且つ最も是認されてきた理性に常に従ってきたのである」。それゆえ「両者の間には大きな一致があるに違いない」と［Dodderidge 1631: 158-9］。ドッドリッジのこうした言明の背景には、明らかに当時の発展的人文主義法学あるいはネオ・バルトールス派の知的影響が存在していた。すなわち、法体系の「比較」という視点、種々の法体系に妥当しうる法の一般的原理の存在とそれが依拠する「自然法」ないし「理性の法」に対する関心などがそれである。こうしたドッドリッジの思考は、われわれが先に確認したように、コモン・ローとローマ法の相似性を抽出し、両法の相似点を自然法の根拠に基づく一般的原理として構築しようとしたフルベックやカウエルら、当時のイングランドのローマ法学者の企図した路線とまさに軌を一にしている。

このようなローマ法その他の学問の積極的摂取は、ジョン・セルデンやフランシス・ベーコンはもとより、本章で頻繁に取り上げるヘンリー・フィンチやジョン・ドッドリッジ、トマス・ヘドリィ、ジョン・デイヴィス、ウィリアム・ノイ、ウィリアム・ヘイクウィル、ジェームズ・ホワイトロックらをはじめとして、当時のコモン・ローヤーに程度の差こそあれ広く見られる傾向であった。こうした傾向は、ローマ法と疎遠でイングランドの島嶼性を最も強く帯びていたと指摘されている［Burgess 1992: Part I］エドワード・クックにおいてさえ例外ではない。すなわち、彼は、コモン・ローの「知識と理解にとって必要」となるような「技術（art）」「学問（science）」、あるいは「他の人定法(human law)」が存在することを認めつつ、「それらの知識が必要かつ有益な(necessary and profitable)ものである」ならば、コモン・ローのなかからそうした「知識を私は排除することはできない」と言明している。そしてコモン・ローヤーは「難解な事柄において、その技術や学問の解答が当該の係争の正当な判決にとって必要であるならば、その教養を参照すべく活用する」ことができるのだと述べ、コモン・ロー上の法的判断に他の諸学問を積極的に参照することを肯定している［3rd Rep.：Preface(To the Reader),xxxviii］。実際にクックは、『イングランド法提要』においてコモン・ローをより体系的に編纂するにあたって、しばしばラテン語の「格率」を引証しながら法の定義を試みている。P・スタインは、『判例集』におけるクックのローマ法への言及を検討しながら、クックの格率のうちのいくつかが、ユスティニアヌス法典から導かれたものであると指摘している［Stein 1974: 101］(34)。

このように、フォーテスキューとの連続性が指摘され、ローマ法とは疎遠であったとされるクックにおいてさえ、黙示的かつ限定的にせよ、ローマ法的な一般的原理の発想に立ってコモン・ローの編纂を行っている側面があることは否定できない。ポコックがかつて指摘したようなクックの「島嶼性」は、決してローマ法に対する「無知」によってではなく、「イデオロギー上の必要性」あるいは「戦略」によるものであったと見るべきである［Helgerson 1992: 33］。そもそも『判例集』と並んでクックの代表作とされている『イングランド法提要』(*Institutes of the Laws of England*）について言えば、その「提要（Institute）」という言葉自体が、ローマ法の体系的な再構成を試みたネオ・バルトールス派（発展的人文主義法学）がとくに重視したローマ法大全の『法学提要』（*Institutiones*）に由来する言葉であり、実際クックのそのタイトルは、『法学提要』の構成を参照しながらコモン・ローの知識全体を一個の体系化された構造的枠組みにおいて編纂し直そうと試みたローマ法学者カウエルの『イングランド法提要』（*Institutes of the Lawes of England*）とまさしく同タイトルとなっている。すなわち、カウエルの『イングランド法提要』が、ネオ・バルトールス派の影響を受けたイングランドのローマ法学者による、ローマ法の概念と思考法を通してコモン・ローの法典化を図る試みであったのに対し、クックのそれは、イングランド法の合理的体系化の必要を自覚するコモン・ローヤー自身が、ローマ法を場合によっては黙示的に摂取しつつ、同時にローマ法学者カウエルによって示された構想に意識的に対抗する形で執筆されたものであったと理解することができるのである。[35]

たしかにクックの『イングランド法提要』は、カウエルの場合と違って、ユスティニアヌスの『法学提要』とは内容構成のうえで全く別様に組み立てられている。[36]しかしそれでもなお、彼の作品には、従来よりもコモン・ローに一定の「構造的枠組み」を付与しようとしている点で、同時代のローマ法学者カウエルや、フィンチのようなコモン・ローヤーたちと同様な志向性を見て取ることができる。実際に、たとえば第一部のリトルトンに関する注釈は、元の作品（*Tenures*）よりもはるかに包括的な内容と合理的な構造をそなえている［Seipp 1991: 64,80］。いずれにせよ、コモン・ローを構造化し、合理的かつ体系的な秩序を確立しようとするこうした企図は、ジャコビアン時代の他の多くのコモン・ローヤーに共有されたものであった。クックが著した『イングランド法提要』も、この世代のコモン・ローヤーが共通して目指した「プロジェクト」の一つの表現であったと考えられる［Helgerson 1992: 33］[37]。

ただし、クックがコモン・ローの構造化を追求し、暗黙裡にせよ必要に応じてローマ法や人文諸学を参照していたとしても、コモン・ローを体系化するためのラムス主義的な「メソッド」という点について言えば、クックの態度は明らかに否定的であった[38]。当時のネオ・バルトールス派の影響を受けたローマ法学者やヘンリー・フィンチら同時代の他のコモン・ローヤーがしばしば依拠していたと考えられるラムス主義的なカテゴリー分類による体系化には、あえて距離を置く姿勢を見せているからである。クックは、カウエルの『イングランド法提要』が出版される前年の一六〇四年に刊行された『判例集』第四巻の序文で、当時流行したラムス主義的な二分法的カテゴリー分類の「メソッド」に対してこう言及している。「コモン・ローを一つのより良いメソッドのなかに埋め込むことについては、「そうした労力がどれほど実り豊かなものであるのか、私は疑念を持っている」と［4th Rep.：preface,x］。この点で、クックはジャコビアン時代の他の多くのコモン・ローヤーたちとは明確に一線を画していると言ってよい。あえて言えば、クックが採用した方法とは、彼の『イングランド法提要』の議論の進め方に現れているように、当時流行したラムス主義的な「メソッド」のまさにアンチ・テーゼとして、個々別々に注釈を加えていく手法にこだわるものであったと言えよう。もとよりこのことは、クックがコモン・ローの合理的な構造化のためのメソッドとその思考法と全く無縁であったことを意味するものではない。現にたとえば、リトルトンを注釈した『提要』の第一部の「序文」のなかで、彼は限定的ではあるにせよ、不動産権（estate）の区分の説明に寄せて、それを二分法的なカテゴリー分類で体系的に図式化した「図表」をあえて提示している箇所もあるからである［1st Inst.：preface,xliii］。つまり、形式的な表現において全体を抽象的にカテゴリー分類することには否定的であっても、コモン・ローを構造化するうえでの彼自身の思考の内にあってそうした方法を必要に応じて働かせていた可能性はあるのである。

結果的に見れば、同時代の他のコモン・ローヤーたちよりも伝統的な形式で表現されたクックの『イングランド法提要』が、『判例集』の具体的事例に関する豊かな博識に裏打ちされていたこともあって、最も権威あるコモン・

ローの解説書として後世に受け継がれていくことになる。しかしその作品が生まれる背景には、コモン・ローの構造を合理的に体系化しようとしたジャコビアン時代のコモン・ローヤーや、カウエルらローマ法学者の知的雰囲気が存在していたのであり、こうしたジャコビアン時代の知的態度は「一七世紀の一般的な知的革命」の一翼を担うと同時に、「コモン・ローの伝統それ自体を作り上げた」構成的な一部でもあったのである［Prest 1977: 347-8］。

他方、ローマ法の影響をもたらしたもう一つの要因として、政治公法上の要請があったことも指摘しておく必要があろう。すなわちコモン・ローにおける公法上の原理の相対的な希薄さの問題である。もともと、コモン・ローは、現実の政治社会のプロパティに対する権利と義務の確立を主たる目的として発達してきたがゆえに、それは、公法上の諸原理を系統立った形で説明するには不十分な側面を持っていた［Pawlisch 1980: 690-1］。ローマ法は、前期ステュアート朝のイングランドにおいて国制問題にアプローチするうえで不可欠な政治原理を与え、それを議論するための政治言語・法言語を準備し、この時代の「政治的議論の枠組み」を提供したのである［Levack 1988: 224］。従って前期ステュアート時代のローマ法の影響は、法の合理性の追求というコモン・ローの法学上の意義に即して確認されると同時に、ジェームズ治世期に惹起された公法上の政治論争のなかでローマ法的な絶対的権力論に対抗すべく立憲主義的な国制論を展開する際にも逆説的にではあるが、公法、基本法、絶対的権力、主権などの政治概念において確認されるのである［第四章第三節を併せて参照］。

いずれにせよ、この前期ステュアート朝のコモン・ローヤーの知的状況のなかには、まず縦軸としては、ポコックが「コモン・ロー・マインド」あるいは「クック的心性」［Pocock 1987: 277］として概念化したような、フォーテスキューとの連続性に立ちつつ、イングランドの慣習の「超記憶的」な古来性を強調したパースペクティヴの存在を指摘することができるであろうし、同時に横軸としては、ローマ法も含めた人文主義の影響の下で法の「合理性」を追求したパースペクティヴの存在を確認することができるであろう。こうした異なる二つの思想的な系譜の狭間に当時のコモン・ローヤーの共通した思考活動があったと考えられる。もちろんそこには、それぞれの論者の個性に由来したさまざまなヴァリエーションが存在することも事実である。しかし当時のコモン・ローヤーたちの多くが、「古来性」という縦軸の歴史的思考と「理性」という横軸の存在論的思考の二つのアンビヴァレントな思惟が交錯する地点においてコモン・ローの新たな基礎づけを探求していたことは確かである。本書が第三章でコモン・ローの思惟構造を検討する際に、「慣習」としてのコモン・ローと「理性」としてコモン・ローという、一見、相反する二つの視座から問題構成を立て、その綜合を試みようとしているのも、以上のような理由からである。

第六節　一七世紀の「古来の国制」論の形成へ

第二章の考察の締め括りとして最後に、イングランドの国制論の伝統に関する第一章の考察と、大陸ヨーロッパの知的パースペクティヴの影響に関する第二章の考察をもとに、それらの二つの知の系譜が交錯し合って、一七世紀に「古来の国制」論および古典的コモン・ロー理論が形成された道筋についてその要点を簡潔に記し、続く第三章および第四章の考察へとつなげておきたい。

第一章では、ブラクトン、フォーテスキュー、スミスという、前期ステュアート朝のコモン・ローヤーが頻繁に引証した三人の思想家について考察したが、このうちブラクトンは「イングランドの古来の法と慣習」による「法の支配」という点で、またフォーテスキューは「古来の慣習」の不変的継続性と「政治的かつ王権的統治」という統治形態において、さらにスミスはとりわけ「議会の絶対的権力」という論点において、それぞれ一七世紀のコモン・ローヤーたちに思考の原型を提供することとなった。第二章では、当時のイングランドのコモン・ローヤーたちに影響を与えたと思われる大陸ヨーロッパの知的パースペクティヴを考察したが、そのなかでとくに重要な要素は、ルネサンス人文主義の語源学的な歴史研究の方法であり、同時にバルトールス派およびネオ・バルトールス派(発展的人文主義法学)を中心としたローマ法学の概念と思考法であった。ルネサンス人文主義の知的潮流のなかでイングランドのコモン・ローヤーに受容されたこれら二つの要素は、先ほどの三人の権威的著者たちのなかでもとくにフォーテスキューの思想内容の変更を迫るものであった。それゆえ、以下では、これら二つの知の様式とフォーテスキューの思想との関連について重要な論点を指摘しておくことにしよう。

(一)　コモン・ローの「古来性」とローマ法的「理性」

第二章でこれまで考察してきたように、一六世紀末から一七世紀初期にかけて活躍した代表的なコモン・ローヤーには、ルネサンス人文主義とバルトールス派およびネオ・バルトールス派のローマ法学の知的影響が見られた。当時のコモン・ローヤーたちの思考作業は、こうした大陸ヨーロッパの知的パースペクティヴを共有するなかで営まれたものであった。そこには、イングランド法のブリトン人以来の古来性と不変性を想定し、「歴史」という通時的な契機を強調することによってイングランド法の卓越性を論じたフォーテスキューの思考とは異なり、コモン・ローの卓越性をあくまで「理性」という共時的な契機において把握しようとする態度が見られた。クックをはじめ、一七世紀のコモン・ローヤーの思考様式においては、改めてコモン・ローの「歴史性」が重要な役割を果たすことになるけれども、一六世紀後期から一七世紀初期のコモン・ローヤーにとって思考の導きの糸であったのは、「歴史性」(古来性)よりはむしろ「理性」であった。このようにコモン・ローの理解は、従来言われているように一五世紀のフォーテスキューから一七世紀のエドワード・クックへと直線的に進んだわけではない[39]。たしかにクックは、フォーテスキューのイングランド法の古来性と不変性の命題をつよく継承し、それに依拠しながらコモン・ローの卓越性と確実性を主張していった[40]。しかし両者の間には、ルネサンス人文主義の知的影響下でコモン・ローの「理性」を追求するとともに、その歴史的改変を積極的に認識していたエリザベス治世後期の解釈態度が介在していたのである。それは、政治社会の現実との絡みで言えば、当時のイングランド法の複雑さと不確実さという問題から発していた合理的・体系的な法改正の要請とつながっていた。そしてローマ法学は、当時のこうしたコモン・ローの合理的改正の必要性から、コモン・ローヤーによって積極的に参照され、受容されていくことになる。

しかしながら、コモン・ローヤーにとってローマ法が持つこうした法学上の有益性は、前期ステュアート朝に入って絶対主義の言説が台頭するにつれて、むしろローマ法の政治的な危険性に対する認識へと取って代わられていく。すなわち、国王権力の全能化を孕んだ絶対主義の論拠をローマ法学者が提示するに至って、コモン・ローヤーはローマ法に対する敵意を示し始めると同時に、対抗イデオロギーとしてコモン・ローを確固不動の権威ある法として改めて定義し直す必要性に迫られたのである。こうしてコモン・ロー解釈は、再びフォーテスキューの古来性の命題へと回帰していくことになる。当時のコモン・ローヤーのこうした意識変化を示す象徴的な例が、ヘイクウィルであった。かつてヘイクウィルは、カムデン・ソサイエティにおいてルネサンス人文主義の語源学的な歴史研究に基づいて征服民族によるイングランド法の歴史的改変という事実を指摘し、フォーテスキューの古来の不変的継続性の見解を真っ向から否定していた［本章第三節参照］。しかしながら、ジェームズの絶対主義的政策に対する懸念が噴出した一六一〇年議会の段階では、彼は以前の自らの見解を一八〇度転換させている。すなわち、コモン・ローが確実な法であるのは、それが変化を被らなかった不変の法だからである。イングランド法はサクソンの時代以降ノルマン・コンクェストによっても変化を被らなかったし、サクソン以前の時代から今日に至るまで恒常的なものであった。それゆえにコモン・ローは、国王と臣民の双方がともに依拠すべき権威ある「裁定者」なのであると［ST: II,414ff.］。またコモン・ローが持つとされた理性をめぐっても彼はこう言う。コモン・ローは単なる「慣習」ではなく「古来の慣習（Antique Consuetudo）」であって、従ってそこには「古来性（antiquity）」ゆえの「合理性（reasonableness）」が存在すると［Hakewill 1641: 6-8］。こうした見解は明らかに、かつて自らが人文主義的な歴史研究のなかで否定したフォーテスキューの命題と符合する。エリザベス治世末期に示されたヘイクウィルの見解が、アカデミックな法学研究の要請から生まれた言説であったとすれば、一六一〇年議会での彼の言説は、ステュアート朝下の絶対主義的なイデオロギーに対抗する政治的要請に沿った言説であったと考えることができる。このように、王権を制限する確固とした抵抗イデオロギーの必要性に迫られた時、前期ステュアート朝のコモン・ローヤーにとってフォーテスキューの命題は改めて重要な意義を持ち始めたのである。人文主義的な歴史研究のなかで歴史的に相対化されたコモン・ロー解釈は、いま現在の王権による法の改変をも論理的には許容しうるものであった。反対に、フォーテスキューの超記憶的な古来の法という神話的な観念は、絶対主義に対抗するうえでこのうえなく強力な武器となりえたのであった。

とはいえ、前期ステュアート朝のフォーテスキューへの回帰は、単純にフォーテスキューの枠組みを踏襲したものではなかった。フォーテスキューの「古来性」の主張は、一六一〇年議会を境として、エリザベス治世後期にコモン・ローヤーが追求した「理性」の契機と媒介される形で、新たなより洗練された解釈様式へと展開されていくのである。本章で考察する「古来の国制」論の言説とは、こうした歴史の局面で形成されたものであった。この国制論は、後述するように、「歴史」と「理性」の二つの側面が機能的に結合し合ったものであり、フォーテスキューのイングランドの「古来の慣習」という観念と、ローマ法を含むルネサンス人文主義の知的枠組みという二つの系譜が交差し合う地点において形成された。とりわけそれは、トマス・ヘドリィによって主張された「時の叡智」に基づく「検証された理性」という新たなロジックを生み出すことによって一七世紀型の国制論として展開されていくのである。

(二) コモン・ローの「古来性」と人文主義的歴史研究

すでに第一章で確認したように、フォーテスキューにあっては、イングランド法の卓越性は歴史的な流れのなかにおける法の「起源」の「古さ」という点にあった。それが彼における「古来性」の意味であった。それゆえ彼にとっては、最も古来性を持ち、その威厳においてあらゆるものを凌ぐ法とは、「創造」の当初にその起源を持つ「自然法」にほかならなかった。自然法とは理性的被造物が創造されたその当初に起源を持ち、「時のなかで最初の位置を占め」、以来今日まで変化することなく不変のものとして存在してきた法である [NLN: 194,233]。そしてイングランドの慣習法は、キリスト教世界において自然法に次ぐ古来性を持ち、自然法と同じく不変のまま継承されてきたとし、その卓越性を主張する。このフォーテスキューの思考様式には、「創造」以来の時間的・歴史的な流れのなかでより〈古き〉のものほど、より〈自然〉のものであり、より威厳を持つとの思考が働いていると言えよう。

しかしながら、「人文主義」の知的影響と相俟ってより正確な歴史研究の成果を手にするに至った一七世紀初期には、もはやイングランド法の古来の不変性と同一性を想定するフォーテスキューの見解は、そのまま受容されるには無理が生じていたと言わねばならない。すなわち、フォーテスキューにとって「古来性」とは、「不変性」「同一性」「継続性」を意味していたと言ってよいが、もはやそれを個々の「素材」のレベルで確認することは不可能であった。とりわけ問題であったのは、その「不変性」の解釈であった。従ってそこには、フォーテスキューの思想的枠組みを継承しつつも、「不変性」の命題を読み替えた新たな様式において、コモン・ローの古来の「同一性」「継続性」を説明し直す必要があった。そうした思考作業を、法の歴史的改変という問題を踏まえながら行ったコモン・ローヤーの典型的な一人として、われわれは、ジョン・セルデンを挙げることができるであろう。

前期ステュアート朝の代表的な法制史家でもあったセルデンは、当時、最も正確な歴史知識を有していた一人と言われる。それゆえ、現在のイングランドの法が、過去の時代のそれとは明らかに異なったものであるとの認識に達していた。セルデンは、法と国制の問題を考えるうえで、イングランド史における「征服」という問題を重視する。彼によれば、イングランドはさまざまな民族によって繰り返し征服されてきたが、それらの民族は、ローマ人を除いてみな、イングランドの法に何らかの貢献をなしてきたのだとされる。彼の次の言葉が、こうした「征服」という契機を根拠としたイングランド法の「混合性」について端的に言及している。「しかし間違いなく、サクソン人は、ブリトン人の慣習に彼ら自身の慣習を混合させたのであって、デーン人もまた、古きブリトン人の慣習とサクソン人の慣習に彼ら自身の慣習を混合させたし、ノルマン人もまた同様であった」[Selden 1616: 6]。このようにイングランドの法を、個別の「素材」という点においては一旦、歴史的変遷のなかに相対化させてしまう。そして、イングランドの法あるいは国制を、複数の征服民族によって「混合されたもの」と見なすのである。

しかし他方で、イングランド法がこのように歴史的改変を経てきたにもかかわらず、なおそこにある種の継続性と同一性が存在することを、彼は主張している。「コモン・ローとは船のようなものである。というのも船は、頻繁に修理されることによって、最初の素材を一片たりとも残してはいない。あるいはまた、コモン・ローとは、家のようなものである。家は、しばしば修繕されるので、元々の素材は全く残っていない。しかしそれにもかかわらず、それらはまだ同じものと見なされうるのである」[Selden 1616: 18]。これと全く同様の見解は、後の一七世紀中期にクックを弁護しつつホッブズ批判を行ったことで有名なコモン・ローヤー、マシュー・ヘイル[41]の言説のなかにも確認することができる。「たとえば［ギリシア神話の］アルゴー号という船は、長い航海のなかで繰り返し修理を受けてほとんど以前の素材を伴わずに戻ったけれども、それでもその船は、帰港した時にも出航した時と同じ船なのである。同様に医者が言うには、七年の期間が経てば、身体は素材としての実体で言えば以前と同じものをほとんど残していないが、しかしティティウス（Titius）はやはり四〇年前のティティウスと同一の人間なのである」[Hale 1971: 40]。このようにヘイルには、セルデンと同様、もはや現在のイングランド法の「古来性（Antiquity）」とその

「起源（Original）」をたどることは不可能であるとの認識が現れている。セルデンやヘイルにとっては、法の同一性の問題は、引用箇所に明らかなように、もはや「素材」という次元において行われるべきものではないと考えられていたのである。すなわち、法とは本来的に、変化、修正、影響、発展、衰退、再生といった絶えざる過程のなかに置かれているがゆえに、個別の法の一つ一つがブリトン人あるいはサクソン人の法と同一であると主張することにもっともな根拠は存在しなかったのである。しかしそれにもかかわらず、総体としてみればそれは、そうした歴史的変遷にもかかわらずやはり同じ法なのだと見なされうるのである。つまり、ここで重要とされているのは、構成要素としての素材の実体的な同一性ではなく、過去との堅固な「継続性」という意味での同一性なのである。従って、たとえ数世紀の間にわたってさまざまな変種が存在してきたとしても、「それらは、六〇〇年前と同一のイングランドの法である」[Hale 1971: 40] と見なすことができたのである。

ここに明らかなように、もはやイングランド法のオーソリティの問題は、ブリトン人とかサクソン人といった特定の時代に、慣習の「起源」を持つという点に求められるのではなく、それらが古より現在に至るまで変化を伴いつつも継承されてきた、その「継続性」のなかにこそ存在するのだと解釈されていくことになる。ヘイルはこの点を次のように説明する。「法の効力、義務、形式性」は、たとえばデーン人とかサクソン人とかノルマン人がそれらを生み出したという説明に依拠するものなのではなく、「それらが受容され、是認されたその卓越性（Virtue）」によってこの王国において法となり拘束力を持つに至ったその事実に基づくものなのである、と [Hale 1971: 43]。

もっとも、セルデンやヘイルのような突き抜けた見解は、前期ステュアート朝当時のコモン・ローヤーのなかにあっては、いまだ標準的な理解には至っていなかったと思われる。コモン・ローについてのこうした見解が主流になるのは、むしろ一七世紀中庸のヘイル以降であった。実際、当時のコモン・ローヤーは、コモン・ローの起源についてそれぞれ一応は想定する見解を示していた。たとえば、ジョン・ポッパム (John Popham)、ジョージ・サルターン（George Saltern）といったコモン・ローヤーは、クックと同様にイングランドのコモン・ローの起源をブリトン人の時代に求めていた。サルターンは、クックと同様にフォーテスキューの見解を引証しながら、コモン・ローを「われわれの古来のブリトンの法」と呼ぶ。すなわち「われわれの古来のコモン・ローは、原初のブリトン人の時代に始まった」。それは、この王国のために「神の言葉から」作られた法であり、「自然と聖書に記された神の法に根拠を持つ」。そしてそれは、「サクソン人によって裁判記録のなかで継承され、聖エドワード王と征服者ウィリアムによって普及され」てきたと［Saltern 1605: sig.B3a-b,L3b］。またポッパムも一六一〇年議会でフォーテスキューの見解に従いながら、ブリトン人以来イングランドを領有したさまざまな民族において「イングランドの法は変更されることなく不動のものとして継続してきた」と主張している［ST: II, 569］。

他方、ウィリアム・ランバード（William Lambarde）、ダドリィ・ディグズ、ロジャー・オーウェン（Rodger Owen）らは、コモン・ローの起源をサクソン人にあると考えていた。ランバードによれば、イングランドに最初に裁判機能を確立したのはローマ人であったが、そこに侵入したサクソン人は「古きゲルマンの慣習的様式」を持ち込み、保持し続けた。その後、イングランドを征服したノルマン人は、サクソン人の法の「実態をさほど改変しなかった」と［Lambarde 1635: 11-2］(42)。またディグズは、イングランド法の根拠は不文の慣習のなかに構成された古来の理性にあり、その古来性は「サクソン人の時代」に由来するとしている［PP28: II,333］。さらにオーウェンは一六一〇年議会でこう言明している。「サクソン人はローマ人を征服した。彼らは法を変更し、言語を変更し、宗教を改変した」がゆえに、イングランドの古来の慣習法は「サクソン人から継続している」と［PD10: 115］。また、サクソン人の法とノルマン人の法の混合において、イングランドのコモン・ローの起源を捉える見解も広く存在した。たとえば、ヘイクウィルらカムデン・ソサイエティに参加していたコモン・ローヤーの多くは、すでに確認したように、イングランド法の起源をサクソン人とノルマン人の混合において把握していた。発展的人文主義法学の影響を受けていたフルベックも、コモン・ローが「征服によって変化を被ってきた」事実を重視し、「この王国全体を服従させた征服者ウイリアム王」が「政治的考慮」からサクソン人の法と「ノルマン人の慣習」を結合させ、それらのうち「理性に適ったもの（reasonableness）」が「今日まで継続してきた」のだと理解し、コモン・ローの起源をノルマン・コンクェストの産物として捉えていた［Fulbecke 1601: preface］。しかし重要なのは、いずれの立場をとるにせよ、コモン・ローの全体が古より不変のまま継承され、何らの変化も被っていないという見解は、戦略的思考に基づくレトリックとしてはともかく、法の認識としてはもはや単純に肯定できるものではなかったという点である。そこには多かれ少なかれ、法の絶えざる変遷と、法の同一性・継続性という二つの問題の狭間で思考する、当時のコモン・ローヤーに共通した意識の様態が見られたのである。

いずれにせよ、一七世紀のこうしたコモン・ロー解釈をめぐる変容のなかにあって言えるのは、法が効力を持つことの根拠なりオーソリティなりについての説明が、フォーテスキューに比べてはるかに精緻かつ複雑に行われざるをえなくなったという点である。もはや単純に、慣習法の古来における「起源」（そしてそれ以来の不変性・同一性）の問題に、議論の正当性を求めるわけにはいかなくなった。むしろそこでは、仮に法の起源をブリトン人と捉えるにせよ、サクソン人と捉えるにせよ、「起源」の問題自体は、コモン・ローが規範的効力を持つためのオーソリティにとってもはや本質的な事柄ではなくなっていたと言ってよい。法が、慣習という形で、すなわち共通感覚として広く相互主観的に受容され準拠されることによって法的効力を獲得する、そのこと自体についての内的な説明が求められるようになったのである。ここに初めて、コモン・ロー特有の法理論が成立することになる。たしかに、イギリスのコモン・ローの伝統は、一七世紀よりもずっと以前にまで遡ることのできるものではあるが、しかしコモン・ロー特有の法学理論が発達したのは、本章でわれわれが確認するところの一六世紀後期から一七世紀初期においてであったと言わなければならない。それは、近代のコモン・ローの前駆としての「古典的コモン・ロー理論」

[Postema 1986: 3,n.1]の形成を意味した。そこでは、先述したヘイクウィルが、「古来の慣習(Antique Consuetudo)」がコモン・ローとなるゆえんを、「古来性（antiquity）」と「合理性（reasonableness）」との表裏一体の構成で論じていたように、コモン・ローの正統性は、もはや単純に古き起源そのものを重視する議論ではなく、それが歴史的通用性（古来性）を持つ「合理的なもの」であるという点によって導かれることになるのである。

　このように、人文主義の影響もあって一七世紀には、イングランドの慣習法の「歴史的改変性」の問題が自覚されねばならなくなっていた。もはやイングランドの慣習法を、個々の「素材」という次元において、その不変性と同一性を楽観的に論じることは不可能であった。そこではフォーテスキューの枠組みに立脚しつつも、イングランド法の古来の「継続性」とその「卓越性」をめぐって、新たな基礎づけの様式が展開されねばならなかった。第三章で詳述するように、コモン・ローを「時の検証」による「理性の精髄」として捉えるトマス・ヘドリィの見解も、以上のようなコンテクストのなかで登場した観念の一つと理解されねばならない。続く第三章以下の考察では、こうしたコンテクストのなかで生じていたあらたな解釈様式のいくつかの変種のうち、このヘドリィの言説を当時のコモン・ローヤーの標準的理解と見なし、そこに、クック、ドッドリッジ、デイヴィス等といった当時の主たるコモン・ローヤーの立場が含まれるという問題構成を立てて考察を進める。そして先述のセルデンの理解は、たしかに当時の法の改変性という問題意識を最も鋭角的に表現してはいるものの、それは、当時のコモン・ローヤーたちの一般的・標準的理解とは一線を画したものと見なす[43]。前者の国制論が「コモン・ローによって支配された立憲君主制」を構想したものであるとすれば、後者のセルデンの国制論は、「征服」による歴史的改変から生じたコモン・ローの「混合性」を前提とした「混合君主制（Mixed Monarchy）」として把握することができるであろう[44]。

　こうした一七世紀の初期ステュアート朝のコモン・ロー解釈の成立は、フォーテスキューに見られた中世的なイングランド法の理解から脱却し、自然法・神法への基礎づけにおいても新たな説明様式を展開しながら、より世俗化されたコモン・ロー理論へと移し替えられていくことを意味した。それは、後の近代のコモン・ローにも継承されるが、しかし同時に近代のそれとも区別されねばならない古典的コモン・ロー理論の形成であった。この古典的コモン・ロー理論は、一七世紀のイングランドの政治社会にあって、最も重要かつ典型的な政治言語として機能することになる。そして現実の政治と密接に絡み合ったその思想的営為のなかから、英国特有の立憲主義と議会主義と古典的自由主義の形成が展開されていくことになるのである。

（1）ここでの註釈学派に関する叙述は主に、Stein 1999: 45-67（邦訳、五九―八八）を参照。

（2）バルトールス派に関する以上の説明は主に、Stein 1999: 67-74（邦訳、八八―九六）; Stein 1988[2]: 83-90 を参照。また、[佐々木 一九七六、Ⅲ、一〇一―一一五] も併せて参照した。

（3）人文主義法学については以下を参照した。Stein 1999: 76-86（邦訳、九八―一一二）; Stein 1988[4]: 93-7; Kelley 1970[1]: 94ff.; Kelley 1966: 184-99; Stevens 1954: 92. また、[佐々木 一九七六、Ⅲ、一八五―七] も併せて参照した。

（4）人文主義法学の「比較」と「体系」という方法論的特徴の記述については以下を参照した。Franklin 1963: chap.2; Stein 1999: 79-82（邦訳、一〇三―七）; Rodgers 1984: 120-1; Rodgers 1985: 130-3.

（5）発展的人文主義法学が影響を受けたラムスの方法論については、Ong 1974 を参照されたい。またルネサンス期イングランドにおけるラムス主義の影響については、Knafla 1976 を、前期ステュアート朝のコモン・ローヤーに見られたラムス主義の影響については、Prest 1977: 326-52; Seipp 1991: 61-83 を参照した。

（6）オトマン、ボダンその他の「普遍主義」法学については、Franklin 1963: chaps.3 and 4.

（7）Hotman 1573: chap.IV ('*De Ortu Francorum*; The Origins of the Franks').

（8）オトマンについては以下を参照。Stein 1999: 78-9（邦訳、一〇一―二頁）; Rodgers 1984: 120-1; Kelley 1966: 195.

（9）Jean Bodin, *Les six livres de la Repblique*, Lyon, 1576. なお英訳版はロンドンで一六〇六年に出版されている。本書では、以下の英語版を参照した。Jean Bodin, *The Six Books of a Commonweale*, edited by K. D. McRae, New York, 1979.

(10) ボダンをこのように人文主義法学の延長線上で捉える点については、Franklin 1963; Franklin 1973; Kelley 1970[1] のほか、Skinner 1978: II, 287ff.; Burgess 1992: 123; Rodgers 1984: 121 を参照した。また、ボダンの作品におけるラムス方法論の影響については、McRae 1955: 306-25 を参照。

(11) ボダンと絶対主義との関係については、Franklin 1973 を、また大陸のボダンの主権概念に対するイングランドのコモン・ローヤーの態度については、第四章を参照されたい。

(12) たとえば、ポコックはローマ法の実用性を重視するオトマンを、人文主義の歴史的アプローチに対する反動として起こった「ネオ・バルトールス派（neo-Bartolism）」として捉え、その中心命題はあらゆる法体系に共通する基本的概念を発見することにあったと見ている［Pocock 1987: chap.1 at 23-5］。B・P・レーヴァックは、フランスの慣習法とローマ法を結合させることによってフランス法の一般的原理を構築しようとしたオトマンを、普遍的な帝国法を新たに構築しようとした二世紀前のバルトールスらとの類似性から、バルトールス派と位置づけている［Levack 1973: 135-6］。ケリーは、ボダンの法学におけるイタリアン・スタイルを強調し、そのスタイルは一四世紀から一五世紀のバルトールス派の時代と一六世紀後期のボダンとの間でほとんど変化していないとし、ボダンをバルトールス派として捉えている［Kelley 1991: 73-4］。

(13) C・P・ロジャースは、オトマン、ボダンら一六世紀末のフランスの法学研究の潮流を「発展的」人文主義法学として捉える。彼らが古典的ローマ法の歴史研究の非実用性を批判し、比較を通じて普遍的な法学を構築することの重要性を説いたにもかかわらず、方法論的には人文主義の歴史研究の延長線上にあったと捉え、人文主義の発展型においてオトマン、ボダンらを把握する［Rodgers 1984: 120-2 and n.18］。P・スタインは、ジャック・キュジャス、ユーグ・ドノー、フランソワ・オトマンの三人を、人文主義法学の第二段階を代表する論者と見なし、彼らのモス・ガリクスとしての人文主義的特徴を強調している［Stein 1988[4]: 95］。

(14) たとえば、Burgess 1992: Part I, II; Knafla 1979: 60-71; Brooks and Sharpe 1976: 133-42; Pawlisch 1980: 689-91.

(15) イングランドにおけるローマ法学者の実務に関する概説については、以下を参照した。Rodgers 1984: 115-36; Levack 1981: 108-128; Levack 1973: chap.1; Burgess 1992: chap.5; Stein 1999: 87-8（邦訳、一一三―五頁）.

（16）「ローマ法博士会館」に関する研究としては、Squibb 1977を参照。

（17）ジェンティーリは、『法解釈をめぐる対話六篇』のなかの第四篇において、次のように問いかけることで、人文主義法学を批判している。「人文主義の法学教授たちは、学生が卒業後どこに行くと思っているのか。プラトンの国家か、それともユートピアか」と[Stein 1999: p. 86. 邦訳、一一二]。

（18）ジェンティーリについては以下を参照。Stein 1999: 86, 96-7（邦訳、一一一—一二、一二五—六頁）; Rodgers, 1984: 123-4 and n.31.

（19）一六世紀後期には、コモン・ロー裁判所によるローマ法系の海事裁判所や教会裁判所への管轄権をめぐる攻勢が広く繰り広げられていた。その際コモン・ロー裁判所にとって最大の武器となったのが、コモン・ロー裁判所の管轄権に相当すると見なされる事件を他裁判所で審理することを禁ずる「禁止令状（Prohibition）」であった。Levack 1973: 72ff. を参照。

（20）こうしたイングランドにおけるローマ法の展開については、Levack 1973: 136ff.; Stein, 1988[5]: 209-30を参照。

（21）フランスの発展的人文主義法学の「比較の方法」をイングランド法に適用した最初の本格的な事例として、フルベックを取り上げる研究としては、Terrill 1981[2]: 169-85を参照した。またフルベックの経歴については、DNB: VII, 743-4を参照。

（22）カウエルの『イングランド法提要』は一六〇五年にラテン語版でケンブリッジから出版され、その後一六三〇年と一六六四年にオックスフォードから再刊されている。英訳版は共和政期の一六五一年に刊行され、一六七六年に再刊されている。カウエルの『提要』はこの世紀を通じて、同時代のフランシス・ベーコンの『コモン・ローの構成要素』（*Elements of the Common Law*, 1630 [STC,1134]）よりも多く再刊されており、その影響力は相当のものであったと考えられる[Seipp 1991: 70]。しかしその作品の成否については研究者のなかで評価が分かれている。一定の成功を収めたと見ている研究として、Watson 1983: 184; Levack 1973: 138. 反対に失敗例と見なしている研究として、Coquillette 1988: 80-1; Simon 1968: 263.

（23）ただし、カウエルは『イングランド法提要』を執筆する際、大陸の発展的人文主義法学者のようにユスティニアヌスの『法学提要』を批判的に再解釈する手法は取らずに、伝統的な枠組みを踏襲している。彼は、人文主義の歴史研究を比較考察のうえで有益なものと見ており、その成果をしばしば引証しているけれども、法体系としてはバルトールス派と同様にユスティニアヌス法典の法秩序に従っている。彼がバルトールス派を自認していたとされるゆえんである［Seipp 1991: 68; Levack 1973: 134,138］。

(24)　Sir Henry Finch, *Nomotexnia: cestascavoir, Un Description del Common Leys Dangleterre solonque les Rules del Art*, 1613 [STC.10870]. フィンチ死去の二年後に英語版が刊行された。Finch, *Law, or, a Discourse Thereof; in Foure Bookes* (1627) [STC.10871]. 英語版はその後一六三六年、七八年、七九年にも再刊された。コモン・ローを学問的に体系化したことで有名なブラックストーンが『イングランド法の分析』（*An Analysis of the Laws of England*, 1758）のなかでコモン・ロー全体の構造を説明する際にとくに参照したのがフィンチのメソッドと枠組みであった。またブラックストーンがカウエルの『イングランド法提要』にも一定の意義を認めている点は本章の考察との関連で興味深い［Blackstone 1758: preface, v-vi］。

(25)　この点については Levack 1988: 225 を参照。またB・ティアニーは、これら二つのローマ法の格率もそこに施された注釈や註解の解釈を見るならば、必ずしも君主の絶対的権力論を導くものではなかったと指摘している［Tierney 1963: 378-400］。

(26)　ジェンティーリのこの作品は、内乱期の一六四四年に作者不詳の議会派のトラクト（*Englands Monarch*）のなかで王党派の政治見解の核心として批判的に取り上げられるまではとくに注目を浴びた形跡がないことから、その影響力については限定的なものであったと言えるかもしれない［Levack 1988: 229; Burgess 1996: 77-8］。

(27)　コモン・ローヤーの主権概念に対する極度の警戒は、とくに一六二八年議会での『権利請願』の草案をめぐる貴族院と庶民院の両院協議会の場で、庶民院コモン・ローヤーが「主権者権力（sovereign power）」の言葉をめぐって示した態度において如実に現れている［RHC: 561-72］。なお、この点については第四章第三節を参照されたい。

(28)　考古家協会の研究成果は、多くはマニュスクリプトのまま残されているが、その一部は以下の作品に収録され、刊行されている。Thomas Hearne, *A Collection of Curious Discourse, Written by Eminent Antiquaries Upon Several Heads in Our English Antiquities*, Oxford,1720.

(29) 'Terms for the Administration of Justice in England' in CCD: 52-61; 'Office and Previlege of Heralds' in CCD: 81-104; 'Sterling Money' in CCD: 15-28; 'Inns of Court' in CCD: 105-134; 'Shires' in CCD: 29-46, etc.

(30) クックの経済的自由に関しては併せて、Malament 1967: 186-223も参照されたい。

(31) もっともコモン・ローにおける「格率」の使用そのものは、アーゾのローマ法学を受容したブラクトンにおいても、スコラ学の影響を受けたフォーテスキューにおいても確認される。たとえばフォーテスキューはアリストテレスを参照しながら、「イングランド法を習得した者と数学者とが同じく格率（maximas）と呼び、修辞学者が逆説と、またローマ法学者が法の準則（regulas juris）と呼んでいる、ある普遍的なもの」が存在し、学問的理解のためにはこうした原理を知ることが不可欠であり、コモン・ローを習得するうえでも格率が重要であることを述べている[LLA: 20-23.（一）五〇―一]。

(32) 法曹学院における法学教育の変化と、法の体系的学習法を著したテクストの刊行、法を論理学や修辞学とのアナロジーにおいて再考する態度などについては以下を参照。Terrill 1981[1]: 30-44; Prest 1967: 20-39; Prest 1966-7: 301-13; Prest 1972: chap.VII (Lagal and Liberal Education), 137-173; Seipp 1991: 61-83, at 62-3,72; Knafla 1972: 232-64.

(33) British Library, MS.Stowe 423, fo.37V, quoted in Brooks and Sharpe 1976: 137.

(34) クックのローマ法摂取に関する同様な指摘として、Pawlisch 1980:694を参照した。またクックにおいて人文主義のキケロ主義的な古典的レトリックが持つ重要性を指摘した研究として、Boyer 1997: 224-53も併せて参照されたい。

(35) カウエルの作品に対するクックの対抗心は次の言葉にも現れている。クックは『判例集』第一〇巻（一六一四年）の序文でこう批判している。「ローマ法学者や教会法学者が、専門的知識もないのにイングランドのコモン・ローについて書いたり、知りもしないコモン・ローを批判したりすることは向こう見ずで危険なこと」であると[10th Rep. : preface, xxix-xxx]。

(36) クックの『イングランド法提要』の構成は、第一部（*Commentary upon Littleton*）がリトルトンの作品（*Tenures*）

の注釈（ただしリトルトンが論じたのは不動産権（estate）や土地保有態様（tenure）の問題であったが、クックは注釈という形式を通じて、債務（debt）や契約（contract）、不法侵害（trespass）、反逆罪（treason）、謀殺（murder）、強姦（rape）、さらには異端（heresy）、破門（excommunication）といった事項まで広範囲に論じている）、第二部（*Containing the Exposition of Many Ancient and Other Statutes*）が重要法令の注釈、第三部（*Concerning High Treason, and Other Pleas of the Crown*）が国王の裁判権の問題、第四部（*Concerning the Jurisprudence of Courts*）が裁判所の管轄権となっている。

(37)　たとえば、ヘルジャーソンは、コモン・ローをローマ法化した主要な法学者の一人としてクックを捉えている [Helgerson 1992: 33]。またサイプは、コモン・ローを「一個の組織化された全体」へと体系化した主要な法学者としてとくに、ローマ法学者のジョン・カウエル、コモン・ローヤーのヘンリー・フィンチ、エドワード・クックの三人を挙げている [Seipp 1991: 64]。

(38)　なお、クックの方法については、Seipp 1991: 79-83; Prest 1977: 347-8 も併せて参照した。

(39)　フォーテスキューからクックへの直線的な連続性に立って「古来の国制」論を捉えているものとしては、たとえば、Pocock 1987: chap.III, IV; Sommerville 1999: chap.III; Kelly 1974: 24-51; Sandoz 1993: 1-21.

(40)　典型的なのは、『判例集』第六巻の「序文」におけるフォーテスキューの「古来の慣習」への言及である [6th Rep.：Preface (To the Reader), pp.iii-v]。

(41)　マシュー・ヘイルに関する研究としては、Cromartie 1995; Berman 1994: 1651-738 を参照。

(42)　ランバードのこの著作（*Archeion*）が刊行されたのは一六三五年のことであるが、彼はすでにその草稿を一五九一年にロバート・セシル（Sir Robert Cecil）に送っている [Lambarde 1635: Editor's Introduction by C.H.McIlwain,vii]。

(43)　セルデンの立場をどう見なすかについては考えが異なる。R・タックは、コモン・ローを一般的・普遍的なものではなく、特定の時代の産物と見なすセルデンのコモン・ロー理解は、同時代の一般的なコモン・ローの説明とは対立するものであったと指摘する（Tuck 1982: 137-161, at p.140）。他方、バージェスは、セルデンをローマ法の影響を受けた一六世紀の法学者セイント・ジャーマンの理解を継承する立場と見なし、これこそが前期ステュアート時代の標準的理解であったと主張する。そして他の同時代の代表的コモン・ローヤーをこのカテゴリーに含め、クックのみをフォーテスキューの不変性の理念を継承した特異で非典型的なコモン・ローヤーと見なしている（Burgess 1992: chap.2）。

（44） ここでの国制論の類型については、Christianson 1993: 89-146を参照した。P・クリスチャンソンは、前期ステュアート時代には競合する三つの国制論が存在したと指摘している。すなわち、ジェームズ一世の〈Constitutional Monarchy Created by King〉、ヘドリィ、クック、ドッドリッジ、デイヴィスら当時の代表的コモン・ローヤーによって一般的に主張されていた〈Constitutional Monarchy Governed by the Common Law〉、そしてセルデンによる〈Mixed Monarchy〉である。なおここで言う「混合（mixed）」君主制とは、「混合政体（Mixed Government）」とは区別すべき概念であり、イングランドの法と国制が「征服」を通じて諸民族の慣習が混合されて出来上がったものであるとの意味である。

第三章　「古来の国制」論とコモン・ロー理論

前期ステュアート時代に展開された「古来の国制」論は、第一章でわれわれが確認したブラクトンやフォーテスキュー、スミスといったイングランドの伝統的な統治理念の系譜において展開された政治言説であったが、しかし同時にそれは、第二章で論じたように、ローマ法やルネサンス人文主義の知的影響に触媒されることによって、近代的な新たな国制モデルへと展開した観念にほかならなかった。「古来の国制」論とは、何よりもイングランドの古来の法としてのコモン・ローによる「法の支配」を意味した。一七世紀初期に、コモン・ローはそれまでの伝統的な実体を超えて新たな基礎づけが与えられ、古典的コモン・ロー理論が形成されていった。この時代にはそれまでに見られなかったコモン・ロー全体の「包括的かつ体系的な考察」が、当時の多くのコモン・ローヤーによって進められた。そこでは、「コモン・ローの定義」や「コモン・ローの正統な源泉の記述」「コモン・ローの権威の基礎づけの説明」「種々の一般的原理の分節化」といった一連の根本的な問題が考察されていた [Seipp 1991: 61]。

こうしてコモン・ローは単なる慣習法ではなく、「慣習」と「理性」とが密接に連関しあい、相互に補完しあう法体系として捉えられることとなった。そして古来の一般的慣習のなかに存するとされた理性は、究極的には自然法や神法との一致を主張するものであった。ドッドリッジによれば、「一般的に言われているイングランド法の事柄は……、自然法（the Law of Nature）、神法（the Law of God）、王国の一般的慣習（the general Customes）、自然法から引き出された理性の原理（the Principles of reason）としての格率（Maximes）、議会の成文法と制定法である」[Dodderidge 1631: 124-5]。このうちコモン・ローの内容に含まれるのは、自然法、神法、一般的慣習、そして格率である。すなわち、コモン・ローを構成する主要なエレメントは、「自然法」と「神法」、そしてイングランドの「一般的慣習」であり、そこに定立された理性の原理としての「格率」こそが、コモン・ローと呼ばれるのである。本書で取り上げる当時の主要なコモン・ローヤーたちは、コモン・ローの定義において基本的にこうした共通の枠組みに立っている。

本章では、コモン・ローの持つ思考様式の特徴を、「慣習」としての位相と「理性」としての位相とに分け[1]、それぞれ「古来の慣習」「自然法」「神法」といったコモン・ローのエレメントを検討していくことにする。そして「理性の諸原理」としての「格率」が持つ意味を検証していく。そこでは、「時の検証」という観念こそが、一方における古来の一般的慣習と、他方における神法・自然法とを媒介し、理性の原理としての格率を生み出す重要な契機となっていたことが明らかになるであろう。

この「時」の観念は、フォーテスキューの古来の慣習という中世的な観念がルネサンス人文主義やローマ法の「理性」の観念によって触媒されながら、より洗練された一七世紀型の新たな思考様式へと展開されたものであった。「古来の国制」論のなかでイギリス流の立憲君主制のモデルが展開されるのは、この「時の観念」に基づいたコモン・ロー理論によってである。それゆえ、一七世紀のコモン・ローがどのような思想的基盤に立っていたのか、この点を確認していくことが、本章の考察の主たる課題である。

第一節　慣習としてのコモン・ロー

コモン・ローは、しばしば「慣習法」と呼ばれているように、まず何よりも「慣習」としての特性をその内に含んでいる。そして「慣習」は、それが「超記憶的時代（time out of mind; time immemorial）」から存在してきたとされる場合に初めて「コモン・ロー」と呼ぶに相応しいものになる。またコモン・ローの慣習は、地域ごとの「個別」の慣習であってはならず、「ネーション」に共通する「一般的」な慣習でなければならないとされていた。

このように「慣習」でありながら、なおかつ同時に個別の地域を越えた国家の「一般法」として成立しているという、こうした特殊コモン・ロー的な説明は、第一章で確認したように古くはすでにブラクトンの言説のなかにおいても確認されたが、しかしながらそれは、近代以降の国家が通常とる一般法の形態ではない。この点をより明瞭に浮かび上がらせるために、「法（lex）」と「慣習（consuetudo）」という概念が、それぞれ成立の経緯から言って、本来どのような特性を持つものなのか、をまず確認しておくことが有効な作業となろう。第一に、「法」とは、ローマ法においてそうであったように、通常、それは制定手続を経て権威ある者によって布告された「成文」のものを意味していた。これに対し「慣習」とは、その地域的な実体に即して慣例的に運用されてきたという意味で、元々、「不文」のものである。慣習法たるコモン・ローも当然、「不文法（lex non scripta）」の形式をとる。第二に、「法」とは本来は「地域的」なものではなく、「一般的」なものを意味する。これに対し「慣習」とは、その成立の経緯から言って、本来は「地域的」なものとして形成される。ところが、慣習法であるはずのコモン・ローは、「地域的」なものではなく、国家の「一般的」な「法」であるとされている。

以上のような点から考えるに、コモン・ローとは「成文」ではなく「不文」の形式であるがゆえに、完全な「法

（lex）」とは言えない。他方、それはまた「地域的」なものではなく「一般的」なものであるとされているがゆえに、完全な「慣習（consuetudo）」とも言えない。つまりコモン・ローとは、ローマ法のカテゴリーに即して言えば、〈lex〉としての特徴を一方において持ち、同時に〈consuetudo〉としての特徴を他方において持っているのだということになる。このようにコモン・ローが、「慣習」として不文法のままでありながら、イングランドという「ネーション」全体に効力を有する一般的な「法」として近代以降も継承されるためには、そこにどのような思考様式が働いていたのであろうか。いずれにせよ、成文法（制定法）の形式ではなく「不文法」（慣習法）の形式で、個別の地域を越えたネーション共通の「一般法」が成立するというのは、通常の近代国家に見られる形態ではない。しかし実はこうした形式のなかにこそ、特殊コモン・ロー的な法的特徴と思考様式が現れているのである。

以上のような問題関心を念頭に置きながら、以下では、「慣習としてのコモン・ロー」および「理性としてのコモン・ロー」という二つの視点から、前期ステュアート朝のコモン・ローヤーの言説を通して、コモン・ローの思考様式の特徴を読み解いていくことにしたい。

（一）　超記憶的慣習と一般的慣習

コモン・ローとは通常、「慣習法」「不文法」「一般法」「共通法」等と訳されるが、これらの訳語にはそれぞれコモン・ローの持つ特徴の一端が表れている。まず当時コモン・ローの説明として展開されていた典型的な言説を、主なコモン・ローヤーの言説の中からいくつか取り上げてみよう。たとえばヘンリー・フィンチによれば、「イングランドのコモン・ローとは、超記憶的時代（time out of mind）から運用されてきた法であり、取得時効（prescription）によって王国全体に用いられている法である」［Finch 1627: 77］。他方、ジョン・デイヴィスも「イングランドのコモン・ローとは、王国の共通慣習（Common Custom）にほかならない」と定義する。それは「国王の勅許によっても議会によっても作られたり、生み出されたりすることのできないものである。それは慣用（use）や慣行（practice）のなかに存するものなのである」[Davies 1615: preface,sig.*2 a]。

ここにはコモン・ローの持つ基本的特徴がはっきりと表現されている。すなわちそれは、何よりも慣習として形成されたものであり、その慣習がコモン・ローと呼ばれるためには、次の二つの要件を満たしていることが求められている。第一に、「超記憶的」な慣習という条件、そして第二に「王国共通」の慣習という条件である。これら二つの要件は、「慣習としてのコモン・ロー」の基本的特徴をなしている。

このように、コモン・ローの特徴として第一に指摘されるべきは、コモン・ローの性質がまさに慣習という次元にあり、そしてその慣習が、古来より継承された「超記憶的」なものであるという点である。この「超記憶的時代（time out of mind; time immemorial）」という観念は、もともと「法的記憶の及ばぬ時代」を意味し、具体的には一一八九年以前を指す。すなわち、一二七五年のウェストミンスター第一法律によって、リチャード一世の治世第一年の初日となる一一八九年九月三日以降が「法的記憶」（legal memory）の及ぶ時代と定められたことに由来する。②この法的記憶の及ばぬ慣習という要件こそが、コモン・ローの主たる根拠の一つとなっている。この点について、前期ステュアート時代のコモン・ローヤーたちが展開していた思考プロセスをたどってみよう。

たとえば、ウィリアム・ノイは、「慣習」の成立の仕方と、それがまさに「法」としての効力を持つに至る過程を次のように説明している。すなわち「ある合理的な行為がひとたび行われ、それが人民にとって有益（profitable）で同意可能なものであることがわかると、彼らはそれを頻繁に用い（use）、実践（practice）するようになる。そうして同じ行為を反復することによって、それが慣習となったのである」。さらにこの慣習は、有益かつ同意可能なものとして「超記憶的時代（time out of minde）から間断なく行われてきて」いるという事実によって「人民の是認」を得たことを意味し、これによって「法としての効力を獲得した」のであると[Noy 1641: 52]。つまり、超記憶的な過去より継承されているという「歴史的通用性（historical appropriateness）」のなかに人民の是認が求められていくという思考様式が、ここでは採られていると言ってよい［Postema 1986: 4-7］。

この点に関係して興味深いのが、このノイの説明とほぼ同じ内容の説明を、デイヴィスも行っている点である。この時期のコモン・ローの言説がある一定の集団によって共有されていたことを示す事例はかなり多く見受けられるが、その典型的事例の一つとして引証しておこう。デイヴィスは言う。「ある合理的な行為がかつて行われ、それが人民にとって善きかつ有益なもの（good and profitable）であり、そしてそれらの性質と性向が同意可能なものであることがわかると、彼らは何度もくり返しそれを慣例的に用い実践する（use & practice）ようになる。そうしてその行為が頻繁に反復され、増幅されていくことによって、それは慣習となり、そして古来より間断なく継承されていることによって、それは法としての効力を獲得するのである」［Davies 1615: preface,sig. *2a］。明らかにここにはかなりの程度一致した言説の共有性が確認されよう。いずれにせよ、コモン・ローという法の正当性の根拠についての説明が、「超記憶的な古来の継続性」という歴史的通用性のなかに求められているという点は、後の考察との関連で注意しておきたい。と同時にその継続性をもたらしたとされる「合理性」というのが、〈use〉とか〈practice〉といった次元において「良きかつ有益な（good and profitable）」ものであるという「効用」の観点に照らして導き出されていることもうかがわれよう。この点については、すぐ後に論じる「時の検証」という観念とも密接に関連してくる問題であり、さらには、本章の第五節で、いわゆる近代の啓蒙的理性とは異なった、英国のコンスティチューショナリズムに特有の「合理性」の観念を論じる際にも、改めて取り上げられるべき問題である。

コモン・ローの特徴として第二に挙げられるべきは、「王国共通」の「一般的」慣習という点である。「王国の一般的慣習（general custom of the realm）」という観念は、コモン・ロー成立の一般的な説明様式の一つであり、あるいはその術語は、ほぼ「コモン・ロー」と同義で用いられている。「王国共通の一般的慣習」という表現の由来は、一二世紀の国王裁判所で用いられ出した論拠による。ノルマン・コンクェストによってイングランドを統治するようになったノルマン朝の国王は、アングロ・サクソン期の慣習に従って統治する旨を宣言していたが、国王裁判所の裁判官の判断は「法発見」という建前を超えて、かなり自由に「法創造」を行うようになった。その国王裁判所による自由な法創造を、ノルマン・コンクェスト以前のアングロ・サクソン期の慣習に従うという建前との間に整合性を保つために用いられた論拠が、国王の裁判は「地方的慣習」にすぎないものに拘束されているのではなく、「王国の一般的慣習」にこそ依拠しているのである、というものであった。歴史的に見れば、コモン・ローはこうした国王裁判権の拠り所という形で成立していったのである③。

前期ステュアート朝のコモン・ローヤーたちの説明においても、「慣習」がコモン・ローとなるためには、「超記憶的慣習」であると同時に、それは王国全体にわたる「一般的慣習」でなければならないとされていた。コモン・ローの至高性を説明する際に当時のコモン・ローヤーたちが採っていた典型的な思考様式を確認しておこう。ノイはこの慣習の一般性ないし共通性について次のように説明する。まず「慣習には二つの種類がある」。一つは「全王国にわたって通用する一般的慣習（General customs）」であり、もう一つは「ある特定の州、都市、町、領地で通用している個別的慣習（Particular customs）」である。そして前者の王国共通の一般的慣習こそが、「時には格率と呼ばれる」のである。すなわち「全イングランドにわたって通用している一般的慣習がコモン・ローなのである」［Noy 1641: 52］。ここではコモン・ローと一般的慣習と格率が同義のものとして説明されている点に注意しておきたい。他方、「個別的慣習」すなわち「マナごと、地域ごとに異なった諸慣習は、この王国を統治してきたいくつかの民族（nations）によって主にもたらされてきたもの」［Noy 1641: 53］とされる。つまり、個別的慣習とは、イングランドの古来の法の再興たる一般的慣習としてのコモン・ローとは異なって、イングランドを支配した幾多の民族が征服の際に持ち込んだその時々の征服民族の慣習が地域ごとに残ったものだとされるのである。

さらにノイは、この「一般的慣習」という点を説明するにあたって、他のコモン・ローヤーたちの言葉をいくつか引証している。「クックは、コモン・ローを一般的に(generally)受容された共通意見(common opinion)だと言い、プラウデンは、それを一般的慣用(common use)であると言う。またフィンチは、コモン・ローとは王国中にわたる取得時効(prescription)によって運用されている法のことだと言う」[Noy 1641: 52-3]。ここに明らかなように、コモン・ローのもつ政治思想的な意義の一つは、政治共同体の「共通感覚(common sense)」、あるいは「共有意識(a shared sense)」という点にあると言ってよい。すなわちそれは、政治共同体において歴史的に生成された、一般的(general)で共通の(common)、慣用(use)とか慣例的な実践(practice)とか、あるいは意見(opinion)といった一連の要素の総体としての共通感覚的なものを、共同体の政治的・法的な基礎として重視する態度である。ノイは、上記の引証の後、さらに言葉を続けて、「法の最高の解釈者とは慣習である」[Noy 1641: 53]と主張しているが、それはまさに、コモン・ローの解釈が、いま述べたような政治共同体の伝統のなかに集積された共通感覚的なものに支えられていることを示唆したものと解されよう。後に触れるように、コモン・ローを支えているところの「歴史的通用性」という通時的な概念と、「合理性」という共時的な概念の連結も、実はこの政治共同体の「共通感覚」という次元において果たされているのである。

以上のように、コモン・ローとは「王国共通」の「超記憶的」な慣習として位置づけられるわけであるが、こうした特徴はさらにコモン・ローの卓越性の根拠ともなっている。すなわち、コモン・ローの卓越性は、法の作成者の「人的権威」ではなく、慣習が人民の必要性に「事実の上で(ipso facto)」適っていたという「歴史的検証」の上に設定されるのである。デイヴィスは次のように言う。「慣習は、それが古来より検証され——その間ずっと何の不便も生じずに——、是認されて初めて法となる」。これに対して君主の命令は、「それが人民の本性と気質に適っていて、同意可能であるかどうか、また何らかの不便が引き起こされはしないかどうかについて、試練と検証を受ける前に臣民に対して課される」ものである［Davies 1615: preface, sig. *2a］。デイヴィスが指摘するように、コモン・ローが他の実定法や主権者の命令と比べて有しているとされる「卓越性」というのは、時の検証を経てきたという事実のなかに求められていくのである。この「時の検証」という観念を、コモン・ローの卓越性を正当化するレトリックとして見事に定式化したのが、一六一〇年議会におけるトマス・ヘドリィの長大な議会演説であった。

(二) 「時の検証」と「時の作品」

コモン・ローとは、その歴史的成立の経緯から言えば、先ほど述べたように、各地方ごとの個別の領主裁判所や古来の共同体裁判所に対置され、各マナの慣習を越えた王国共通の裁判、すなわちコモン・ロー裁判所における裁判の判例の集積に由来するものであり、それはヘンリー二世のころから一三世紀初期にかけて進行し、その後エドワード一世期の一三世紀いっぱいをかけて確立したものと言われる。それは、コモン・ロー裁判所によるアングロ・サクソン時代の法の宣言を建前としていたが、しかしそこでは国王裁判の権威に由来した積極的な法創造の側面も見られた。しかしながら、一七世紀初期の絶対君主制へと傾斜していく政治状況のなかにあって、王権と議会との対立、国王大権と臣民の自由との対立緊張といった課題に、議会側が有効に対処するには、元来は国王の「クーリア・レーギス（curia regis）」の裁判権に由来したコモン・ロー裁判所の「裁判官の判決」にコモン・ローの正当性を単純に委ねるのではなく、国王や議会、裁判官等の個別の行為主体を超えたより普遍的な地平においてコモン・ローの規範を権威づけていく必要があったのである。

こうした要請に応える形で導き出されてきたのが、コモン・ローの権威（authority）を「時（time）」あるいは「時の叡智」に由来させる観念であった。管見の限り、この解釈的立場を洗練された形でかつ体系的に最初に表現したのは、おそらくトマス・ヘドリィであったと思われる。ヘドリィの「時の叡智による検証」と「理性の精髄」

という観念のなかには、われわれが第一章ですでに取り上げたフォーテスキュー的な「歴史」の観念と、同じく第二章で確認したルネサンス人文主義の影響、とりわけローマ法の受容から生じた「理性」の観念の両方の性格が融合しているのを確認することができる。ヘドリィの展開した「時の検証」という観念は、一方で、エリザベス治世後期に見られたルネサンス人文主義の知的影響を受けたコモン・ロー理解、すなわち法の合理性を追求し、コモン・ローの不変性の観念を放棄してその歴史的改変を議論していた態度が、ステュアート期の絶対主義に対する懸念から、フォーテスキューの命題、すなわちコモン・ローの古来性とそれゆえの卓越性を強調した命題に再び立ち返るものであったと言える。しかし他方で、ルネサンス人文主義およびローマ法の知的洗礼を受けていたヘドリィの思考は、かつてのフォーテスキューの神話的な歴史理解に収まりきるものではなかった。ヘドリィは、フォーテスキューの伝統に立ち返りつつも、同時にそれを超えたより洗練された形式においてコモン・ローの古来性を定式化しようとしたのである。彼の思考に見られるのは、フォーテスキュー的な歴史の観念と人文主義的な理性の観念を整合的に説明しようとする態度である。そして、ヘドリィに見られるこうした思考様式の特徴は、本章でもしばしば引証する、一六一〇年議会で活躍した同時代の一群のコモン・ローヤーたちによっても共有されていた[4]。

そこでまず、前期ステュアート朝の「古来の国制」論の端緒となった一六一〇年議会でのヘドリィの言説について確認しておこう。この一六一〇年議会は、ステュアート朝に入って最初に本格的な国制論争が展開された場であった。庶民院の審議において最大の争点となったのは、議会の同意を得ない国王大権による新たな賦課金（imposition）の徴収という問題であり、それは国王大権の性格そのものをめぐる議論へと発展していった。コモン・ローの定義に関する議論が改めて展開されたのは、こうした文脈においてであった。ヘドリィは、議会の同意を得ずに国王大権により行使された新たな賦課金の是非を判断するには、最初に「コモン・ローが何であるかを定義すること」が必要であるとした。コモン・ローの定義をめぐってヘドリィがここで展開した議論には、従来の種々のコモン・ローに関する見解を選り分けながら、それらを超えた新たなコモン・ローの定式化を試みようとする彼の思考プロセスがはっきりと現れているので、その議論の展開をいくぶん詳細に追ってみたい。

ヘドリィによれば、コモン・ローの定義をめぐって、ある者は「コモン・ローとは裁判官の意思である」と言い、また他の者は「コモン・ローとは共通の理性（common reason）」であると言う。しかしこれらの定義では、それなしにはコモン・ローの「正しい定義」が決してなしえないような、コモン・ローの「種差（difference）」ないし「本質的形式（essential form）」を言い当てたことにはならない。すなわち、「あらゆる法が理性である」ということは真実だけれども、しかしそれは「あらゆる理性が法である」と言い換え可能な命題ではない。従って、ある者はこう定義するであろう。「コモン・ローとは、コモンウェルスにとって善きかつ有益な（good and profitable）ものとして裁判官によって是認された理性である」と。しかしヘドリィは、これでもまだ「真の定義」にはなりえないと言う。というのも、「この王国の制定法もまた、理性に適い（reasonable）、善きかつ有益なもの」だからである。しかもこの場合には、裁判官自身は（さらには国王自身と言えども）、議会なしにはそれを制定することができないのである。従って、またある者はこう定義するであろう。「国王と人民の相互の同意にほかならない議会こそが、コモン・ローに実体（matter）と形式（form）を付与し、あらゆる補足を与えるものである」と。ヘドリィは、この議会における国王と人民の相互同意にコモン・ローの基礎を求める見解も否定する。この見解は、突き詰めるところ、コモン・ローを制定法と同一視し、コモン・ローに対する議会の優位へとつながるものである。それは、ルネサンス人文主義の影響下でもっぱらコモン・ローの「理性」の契機を追求し、考古的な歴史研究の成果に基づいて法の歴史的な改変を認めたエリザベス期のコモン・ローヤーの解釈態度のなかに示された見解であった［第二章第三節参照］。しかし、ヘドリィによれば、「議会はその権力と権威を、コモン・ローから得ている」のであって、その逆ではない。それゆえ「コモン・ローは議会よりも大きな権力と効力をもっている」と。たとえば、国王大権は、議会の制定法を無効にすることはできるが、「王位の権利と継承」を拘束し、導くところのコモン・ローを無効にしてしまうことはできない。このようにヘドリィによれば、コモン・ローとは、議会や王権さえも支配するところの「コモンウェルスというボディ・ポリティークの生命であり、魂である」べき法でなければならなかった。

こうしてヘドリィは、「裁判官の判決」に単純にコモン・ローの由来を求める伝統的に示された見解も、ローマ法の影響を受けたこの時期のコモン・ローヤーが好んで用いたコモン・ローを単なる「理性」と等価のものとみなす見解も、さらには人文主義の考古的な歴史研究に依拠してコモン・ローを「議会制定法」と同一視する見解も、いずれもコモン・ローの真の定義にはなりえないとして退ける。こうして、彼はコモン・ローについて、新たな定義を試みる。「このように人びとのコモン・ローに関する誤解を示してきたところで、いまや私は、コモン・ローを、理性に依拠した制定法その他すべての法令や、理性に基づく種々の専門学と区別するコモン・ローの本質的形式あるいは種差を定義しようと思う」。ヘドリィによれば、コモン・ローとは「検証された理性（tried reason）」であり、その意味で「理性の精髄（quintessence of reason）」であると言う。制定法は「議会の理性と叡智」に基づいているが、コモン・ローは「単なる理性（bare reason）」以上のものである。[5] 議会こそは、「国王、貴族、聖職者、庶民」が結集した「王国全体の全叡智（wisdom）」に相当するが、この「議会よりも理性をより良く検証することができるもの」、それこそがコモン・ローの本質をなすものである。もとよりそれは、法の裁判官ではありえない。なぜなら、裁判官たちはみな、議会を構成する一部として参加している者にすぎないからである。ヘドリィによれば、「時（time）」こそが「真実の検証者」にほかならなかった。彼は言う。

国王、貴族、聖職者、庶民らがみな結合した議会の叡智も、コモン・ローの本質的形式であるとわれわれが見なさなければならないものほどには、真の理性の検証者たりえない。唯一、理性を検証することができるもの、

> それこそがコモン・ローの本質的形式をなすものである。要するに、それは時（time）である。時は、真実の検証者であり、あらゆる人間の叡智と教養と知識の本源（author）をなすものである。そして、時から、あらゆる人定法はその最も重要な力、名誉、評価を受け取るのである。時は、裁判官よりも賢明であり、議会よりも賢明である。否、時は人間の持ついかなる分別よりも賢明なのである［PP10: II,173-5］。

ヘドリィにとってコモン・ローの「本質的形式」をなすものは「時」であり、コモン・ローは「時の作品」［PP10: II,180］だと見なされる。およそあらゆる人定法の理性と権威の形成は、ヘドリィにとって「時の検証」によるものであった。たとえば議会の制定法の場合、議会は法案を長い時間をかけて討議し、ついにはそれを通過させる。そうして作成された制定法は、一定の「時」をかけて継続されていく。そのなかでわれわれは、それが「コモンウェルスにとって善きかつ有益なものであるか否か」を、「時と経験の叡智」によって検証する。しかし議会制定法を検証する場合の「時」とは、「七年間、もしくは次の議会まで」の限定されたものにすぎない。これに対し、コモン・ローで言う「時」とは「慣習を生み出すような時」であり、「人間の記憶」の範疇を超えた「超記憶的時代」から継続した「時」を意味しているのである。こうしてヘドリィは、コモン・ローを次のように定義する。

> コモン・ローとは、王国全体に裁判権を持つ国王裁判所の正式裁判記録（record）の法的記憶が及ばぬ時代（time out of mind）より、コモンウェルスにとって善きかつ有益なものであると是認されてきた、王国全体にわたる合理的な慣習（reasonable usage）である［PP10: II,175］。

このようにヘドリィの言説は、国王裁判所の裁判記録が及ばない「超記憶的時代」からの「時の検証」というロジックを用いることで、イングランド法の古来性を主張したフォーテスキューの命題へと回帰するとともに、しかし同時にそれを、エリザベス期に見られたコモン・ローにおける理性請求との整合性を図りながら、継承しようとしたものであった。そして両者を媒介する概念装置の働きが、ヘドリィにあっては、「時の検証」というレトリックなのであった。彼はこう定式化する。「コモン・ローの実体と形式（matter and form）」をなしているのは、「理性と時（reason and time）」である、と。それは、フォーテスキュー的な「歴史」の観念と、ルネサンス人文主義的な「理性」の観念との綜合を企図した表現であったと理解することができよう。

われわれが第二章で考察したような、エリザベス期に見られた人文主義的なコモン・ロー解釈は、その卓越性の根拠をもっぱら「理性」に求め、それゆえ法の「合理的」再編を積極的に企図すると同時に、人文主義の考古的な歴史研究に基づきながらイングランド法の歴史的な「改変」を論じるものであった。しかしながらこうした純粋法学的な解釈態度は、ステュアート期に入って「絶対君主制」の現実的懸念に直面した一六一〇年議会の段階では、絶対主義に対抗するための政治言語としては不十分であることが明らかとなった。こうした認識は、ヘドリィの次の言葉のなかにも表れている。コモン・ローが歴史的に変化を繰り返してきた「移り気」な法であるとの批判に対して、ヘドリィは、「良き根拠に基づく意見の変化は、移り気なものではなく、むしろ善性と理性の恒常性である」。コモン・ローは「二次的な熟慮に従って（ad secundas deliberationes）」、時のなかで絶えず検証し改善されることによって、むしろ「最も是認された理性」になったのだと反論している［PP10: II,178］。このようにヘドリィの「時の検証」という観念は、フォーテスキューの主張とは別の様式でコモン・ローの古来性を説き、そこにコモン・ローの卓越した「確実性」を主張しようとした言説であったと言ってよい。ステュアート期に国王の絶対的権力に対抗するうえでコモン・ローに求められたのは、正確な歴史研究や法学研究ではなく、むしろある種の神話を伴った「確実性」であった。それは、コモン・ローを国家の確実な基本法とすることによって、王権と臣民との間の究極の「裁定者」を生み出すことを意図したものである。

こうした意識変化は、ヘドリィだけでなく、第四章で確認するように、同時代の多くのコモン・ローヤーたちに見られた特徴である。たとえば、デイヴィスはこう述べている。「国王が自分自身の大権を作り出したわけではなく、裁判官が法の準則や格率を作ったのでもない。また一般臣民が法によって行使しているところの自由を、彼らが規定したり、制限したりするものではない」[Davies 1615: preface,sig.*3a]。すなわち、国王が行使する大権（prerogative）も、臣民が享受する自由（liberty）も、また裁判官が運用する法の格率（maxim）・準則（rule）も、すべて古来の「時」の効力によって生み出されたものとされ、そこに正当性の根拠が求められるのである。コモン・ローとは、こうした国制上の諸問題を規定した「時の作品」であり、ここからいかなる人の支配でもなく、「時の作品」としてのコモン・ローによる「法の支配」の原則が導かれていく。そしてそれは、イングランド特有の「法の支配」の観念が形成されることを意味していたのである。

もとより、ここで言う「時」とは、そこにおいて出来事が生成する空虚な形式的存在として把握される時間概念でも、あるいは何らか不可視の超越的な推進力でも決してない。それは、「歴史的通用性」を含意した概念である。従って「時」という概念には、当然、すでに慣習についての説明のところでも触れたように、共同体の社会的実践に関わる行為や態度、言語、思考、感情といった多種多様な生の様式が絡み合った文化的諸要素の総体（政治的・法的に言えば「共通感覚」の基盤となるもの）が伴っている[Postema 1986: 4-7]。こうした時の概念を前提とするところの「歴史」とは、決して「客観的なもの」として把握される歴史ではなく、「伝統」という名で呼ばれるに相応しいものである。共同体の成員は、こうした行為や態度、言語、思考、感情といった文化的諸要素が絡み合った一個の束としての伝統を通じて、自己と他者の関係を確認する。言い換えれば、成員間相互の「協同（partnership）」を生み出すものとして、「時」あるいは伝統としての歴史が捉えられているのだと言えよう。

このことは、コモン・ローの成立の説明とも密接に関わっている。コモン・ローにとって法とは、共同体の「実践(practice)」のなかに存在するものである。従って、ある規定が法的効力を発揮するためには、それが共同体の「慣行（practice）」や「慣用（use）」のなかに浸透し、受容されていてはじめて可能となる。この点は、先のデイヴィスやノイによるコモン・ローの慣習法としての成立に関する説明のなかに〈use & practice〉への言及があったことからも明らかである。しかしそれは、コモン・ローの基礎づけにおける一方の側面である。他方で慣習としてのコモン・ローは、「合理性（reasonableness）」の観念と表裏一体をなしているからである。すなわち、歴史的通用性と結びついた合理性の概念がそこには働いているのである。幾多の時代を超えて、共同体の成員間に〈use & practice〉として定着し、受容され、行為規範として機能しているのは、それが「理に適ったもの」であるからにほかならない。たとえば、ウィリアム・ヘイクウィルは、コモン・ローが、単なる「慣習（Consuetudo）」ではなく、「古来の慣習（Antique Consuetudo）」であって、それゆえそこには「古来性（antiquity）」ゆえの「合理性（reasonableness）」が存在しているのだと説明する。彼の理解によれば、この「古来性」と「合理性」とは、コモン・ローにとって表裏一体の構成をなす二つの要件であった［Hakewill 1641: 6-8］。いずれにせよ差し当たってここでは、コモン・ロー理論において「時」あるいは「伝統」のもつオーソリティは、その基底においてある特有の「合理性」に支えられているという点を指摘しておきたい。

以上のような一六一〇年議会で定式化されたコモン・ローの理解は、一六二〇年代の議会においても繰り返し表明されている。たとえば一六二五年議会で、当時の庶民院の議長を務めたコモン・ローヤーのトマス・カルー（Thomas Crew, 1565-1634）(6)は国王に対して、コモン・ローをこう定義している。「コモン・ローは長期にわたる時の連続性（a long continuance of time）によって、このネーションの性格に適合した」法であり、それは「単に人の創意工夫によるだけでなく」、「神に由来する理性に基礎づけられた古来の法の根拠（the ancient grounds of the laws）」

あるいは「古来の格率（the ancient maxims）」であって、「国王と臣民の双方にとって最も確実なる統治原理」なのであると［PP25: 197］。こうして、前期ステュアート時代に、「慣習」と「理性」を構成要件とした近世の古典的コモン・ロー理論の原型が形成され、それは、第四章で考察する「コモン・ロー支配の立憲君主制」という新たな国制論の展開をもたらすものであった。

（三）　時の叡智と自然的エクイティ

ところで、このように「時の叡智（wisdom of time）」［PP10: II,176］にオーソリティを求めるヘドリィの観念あるいはレトリックは、その発想を何に負っているのであろうか。おそらく「時」による法的効力の発生という問題は、より一般的には、一定の期間継続した事実状態によって権利の取得を認める「取得時効（prescription）」の観念に由来しているように思われる。とりわけ、コモン・ローの古い原則には、超記憶的時代（time immemorial）、すなわち法的記憶の及ばぬ一一八九年以前からの長期かつ中断のない権利行使の継続という事実状態によって、権利の付与があったものとみなす授権証書喪失（lost grant）の法理（すなわち過去に権利譲与（grant）がありその証書が紛失したとする法的擬制）が存在した。(7) ヘドリィの「時の検証」という政治的レトリックは、一面においてこうしたコモン・ローに見られた取得時効の法理に由来しているものと考えられる。この点については、ウィリアム・フルベックの次の説明が参考となるであろう。グレイズ・イン法曹学院に所属するコモン・ローヤーで、かつ大陸の大学でローマ法学の博士号を取得して、コモン・ローとローマ法の双方の学識に通じていたフルベックは、一六〇一年の著作のなかで、「取得時効（prescription）」による権原（title）の取得についてこう説明している。すなわち、あらゆる法体系において「時（time）」は、動産や不動産に対する正当な権原を生み出す効力として考えられている。「時」はそれ自身のなかに、あたかも人間のさまざまな事象を生成、変化、消滅させる、固有の「自然的エクイティ（natural equity）」を備えているかのようである［Fulbecke 1601: 20ff.］。ここで示唆的なのは、フルベックが、「取得時効」の説明に寄せて、「時」の効力によって権原の正当性を論じている点であり、それとともに「時」の働きを、人間のあらゆる合理的事象の生成・変化をもたらす「自然的エクイティ」と関連づけて語っている点である。ここで自然的エクイティとは「理性の法」とほぼ同義で用いられており、その意味で「時」は人間世界の事象に「理性の法」に適った自然的なるものを導くエクイティ（衡平）の作用として考えられているのである。

さらに興味深いのは、彼のこの説明が、「万民法」の規定に基づきながら、ローマ法とコモン・ローの相似性を抽出し、両者に共通する一般的原理の構築を論じている文脈で語られているという点である。第二章で論じたように、フルベックは、当時のルネサンス人文主義の系譜に登場した一六世紀末のフランスのネオ・バルトールス派のローマ法学の影響をつよく受けている。他方、コモン・ローを「時の検証」に由来する「理性の精髄」というレトリックで語ったヘドリィもまた、フランシス・ベーコンやジョン・ドッドリッジらとともに、ローマ法の影響をとりわけつよく受けていたコモン・ローヤーの一人と推測され[8]、実際、本書でもたびたび指摘するように、彼の言説のなかにはバルトールス派やネオ・バルトールス派の特徴が随所に確認されうる。一七世紀前期に「古来の国制」論が展開される際に重要なプロットとなった「時」の観念は、「超記憶的時代」に由来する「取得時効」というイングランドのコモン・ローの伝統的観念の延長線上に立ちつつ、「時の叡智」をローマ法的な「自然的エクイティ」の観念に引きつけて解釈することによって、コモン・ローを「理性の精髄」として定義しようとするものであったと理解することができるであろう。

こうした「自然的エクイティ」の観念は、当時の他のコモン・ローヤーたちの言説のなかでもしばしば用いられている。一般的にイングランドにおけるエクイティ（衡平）の概念は、周知のように、伝統的なコモン・ロー裁判所とは別個に設置され、ローマ法を継受した大法官裁判所の「衡平法」の代名詞ともなっている。しかしながら、たとえばアクィナスの影響を受けていたフォーテスキューがすでに、自然法を説明する際に「正義」に由来する「自然的エクイティ」について語っているし［NLN: 194,233］、フォーテスキューの思考枠組みを継承し、コモン・ローの古来性と不変性の神話的な命題を最もつよく強調した一七世紀のエドワード・クックでさえも、コモン・ローを説明する際に「自然的エクイティ」に言及し、それを「コモン・ライトと共通理性（common right and reason）」というコモン・ローの究極の判断基準として語っているのである。

クックの場合も、これらの概念を先のフルベックと同様に「理性の法」と等価のものとして理解している。たとえば、彼は「ボナム事件」において〈common right and reason〉の概念を次のように用いている。⑨「コモン・ローは議会の制定法をコントロールし、時には議会制定法を全く無効なものとして宣言する。というのは、議会の制定法が、コモン・ライトと共通理性（common right and reason）に反していたり、矛盾していた時、あるいはその執行が不可能となる時、コモン・ローは議会制定法をコントロールし、そのような制定法を無効であると宣言するからである」［8th Rep.：118a］。さらにクックは、「カルヴァン事件」においては同様な概念を今度は「自然的エクイティ」の術語で語っている。「そして司法的法ないし国内法が作られる以前は、国王が自然的エクイティに従って事件を決定し、いかなる法の準則ないし形式性にも縛られずに権利授与（dare jura）を行ったことは確かである」。そしてこの点をフォーテスキューを引用しながら理性の法としての自然法に関連づける。「自然法は創造者の永久法が創造の時に被造物の心に汲み入れられたものにほかならないが、それはいかなる法律が書かれるよりも、そしていかなる司法的法ないし国内法が成り立つよりも二〇〇〇年も先立っていたのである」［7th Rep.：13a］。つまり、ここで言う〈common right and reason〉あるいは〈natural equity〉とは、神の永久法を理性的被造物としての人間が分有した「理性の法」とほぼ同義で語られていると言ってよい。クックにおいて、コモン・ローはこうした〈common right and reason〉あるいは〈natural equity〉に則って形成されてきたものとして理解されている。『イングランド法提要』のなかで彼は、コモン・ローを「イングランドの法と慣習の準則（rule）」として捉え、加えてそれを「コモン・ライト（common right）」に基づいた「正義（justice）」に関わるものとして説明している［2nd Inst.：56］。こうした理解は、当時のコモン・ローヤーによってある程度共有された解釈様式であったと思われる。

このようにエクイティ（衡平）の観念は、コモン・ローヤーによっても法的思考を司る根拠としてしばしば言及されていたのである。古くはすでにトマス・アクィナスのスコラ哲学の影響の下で中世自然法思想を通じてアリストテレスの「エピエイケイア（epieikeia）」の観念を、イングランドの法学者は手にしていた。さらに、前期ステュアート朝のコモン・ローヤーたちは、こうしたスコラ的な自然法理解に加えて、ルネサンス人文主義の知的影響下で人文主義法学が展開した「衡平（aequitas）」の観念にもおそらく通じていたと考えられる。ローマ法の「衡平」は、ルネサンス人文主義の古典研究のなかで改めてギリシア哲学との結びつきを取り戻すことによって、「正義」に関連する「政治的賢慮（civilis sapientia; civil wisdom）」として議論されるようになっていた。古典期におけるローマ法の「衡平」理念の形成はアリストテレスの「エピエイケイア（衡平・宜）」の観念の影響を受けていたと言われるが、[⑩] しかし一三世紀以降の中世後期におけるローマ法の復活のなかで、ローマ法の「衡平」の概念とアリストテレスの「エピエイケイア」の観念との結びつきを改めて認識し指摘したのは、ルネサンス人文主義の知的流行のなかでギリシア古典への豊かな教養を背景にして登場した人文主義法学者たちであった。彼らは、ローマ法の「衡平」概念をアリストテレスの「エピエイケイア」と結びつけることによって、それをより広範囲な哲学的かつ政治思想的な文脈で展開した［Kisch 1961: 79-81］。人文主義法学者たちは、法とは「善きかつ衡平の技術（ars boni et aequi）」である、というウルピアヌスの有名な定義を、アリストテレス哲学の「エピエイケイア」の観念と結びつけ、それを「政治的賢慮」の発露として論じたのであった［Kelley 1991: 77］。

こうして「エクイティ」という観念は、単に伝統的なローマ法の衡平の概念に限定されることなく、より広範囲に「正義」を実現する人間の「理性」あるいは「賢慮（叡智）」そのものの働きとして展開されていく。こうした観念は、単に法技術的な次元を超えて、より政治思想的な射程を含んでいると言ってよい。前期ステュアート朝のコモン・ローヤーがしばしば法の究極の判断基準として言及した「コモン・ライトと共通理性（common right and reason）」も、こうした理性や賢慮の意味合いを含む「自然的エクイティ」の文脈で語られていたのである。そこには当時のコモン・ローヤーたちのルネサンス人文主義やローマ法学の知の様式に対する認識が確認される。従って、ヘドリィが提示した「時の叡智」の観念も、当時のこうしたローマ法学の思考や、さらにはルネサンス人文主義が取り上げたアリストテレス哲学などの系譜において初めて十分に理解することができるのである。

このように「時の叡智」によって「検証」された「理性の精髄」というヘドリィの思考様式を、当時の知的コンテクストのなかに位置づけてつぶさに分析する時、イングランドの「古来の国制」論あるいは古典的コモン・ロー理論の形成が、ローマ法や人文主義の知的影響を受けていたことが十分にうかがわれるのである。

（四）コモン・ローの不変性と歴史的改変

コモン・ローの卓越性を超記憶的時代より継続する古来性において捉える見方には、元々、ある困難な問題がつきまとっている。すでに見てきたように、コモン・ローの形成、あるいはそのなかにおける理性の発現は歴史的生成の枠組みにおいて把握されており、それゆえ必然的に変化ないし改変という問題に直面せざるをえないからである。すなわち、法の不変性とその歴史的改変性という一見、相反するコモン・ローの解釈上のディレンマが、そこには伏在しているのである。それは、第二章において、フォーテスキューの古来性のテーゼと、エリザベス治世期のコモン・ローヤーに見られたルネサンス人文主義の歴史相対的な態度との対比において確認してきた問題でもある。

そしてこの問題は、「時の検証」という観念を立てる前期ステュアート朝のコモン・ローヤーたちの言説のなかにもやはり刻印されているように見える。実際、前期ステュアート朝のコモン・ローヤーの見解のなかには、一方で、コモン・ローは古えより不変のものとして継承されてきたと考える見解が存在し、他方で、コモン・ローが時の経過のなかでさまざまな変化を被ってきたのだと捉える見解が存在しているからである。たとえば、エドワード・クックは、イングランドの慣習の起源をブリトン人の時代に求め、それ以来ほとんど変化を被らずに不変のものとして永らえてきたと捉える傾向があった。こうしたイングランド法の歴史的認識に関して、クックは先にも触れたように、フォーテスキューの見解を踏襲していたと言われる。すでに第一章で確認したように、フォーテスキューは、ブリトン人、ローマ人、サクソン人、デーン人、ノルマン人という五つの民族が、同じ慣習の下でイングランドを支配してきたのだと捉え、それゆえイングランドの法はブリトン人の時代以来の古来性をもつ世界で最も古き法であると考えていた［LLA 38/39.（一）六二］。とくにクックには他の同時代のコモン・ローヤーたちのなかでも、とくにこのフォーテスキューの古来性と不変性の命題をつよく継承しようとする姿勢が見られた。クックは、彼の執筆した『判例集』の「序文」でコモン・ローの古来性と卓越性をこう強調する。すなわち、イングランドの「古来の法」が他のあらゆる人定法よりも優れたものでなかったとしたら、ローマ人、サクソン人、デーン人、ノルマン人といったイングランドを征服した幾多の支配者たちはイングランドの「古来の法を改変ないし変更」したであろう。とりわけローマ法をもつローマ人たちはそうしたに違いない。しかし、彼ら征服民族はイングランドの古来の法を改変しなかった。それは、古来の法がいかなる人定法よりも卓越していたからであると。従って「イングランドのコモン・ローは大いなる古来性（antiquity）をもつ」のだとクックは言明する。そしてその際に彼は、この見解が「自身の着想から生まれたものではなく」、「深遠な法の知識」をもち「卓越した古事学者」でもあった「最も崇敬すべき高名な裁判官」であるジョン・フォーテスキューの示した判断に基づいていると述べ、『イングランド法の礼賛について』のなかから彼の言説をそのまま引証している［6th Rep.：Preface(To the Reader), iii-v］。

フォーテスキューの命題をこのように継承し、コモン・ローの古来性と不変性、そしてそれゆえの卓越性を強調するクックのコモン・ロー理解からすれば、コモン・ローの歴史的改変に対してはきわめて否定的な態度がとられることになるのは当然である。たとえばそれは、「コモン・ローは理性という岩盤の上に築かれているので、制定法のようには変わらない」し、また変わるべきではないとの指摘や［CD21: III,319］、コモン・ローを確証した「マグナ・カルタの変更を決して認めはしないであろう。……基本法が動揺させられた時には必ず困難な問題が生じた」からである［PP28: III,95］という発言などにおいて端的に現れている。そこには、コモン・ローのなかに革新を持ち込む法の改変という問題に対して極めて慎重な姿勢が示されていると言えよう。[11]

他方、コモン・ローが不文法であるがゆえに、それは歴史のなかで絶えず適合的に変化していくものであると捉え、まさにその柔軟な適応性の点にこそコモン・ローの卓越性があると考える論者も存在した。たとえば、ヘドリィの次の言葉が、このコモン・ローの持つ融通性を端的に表現していよう。「コモン・ローというのは時の作品なのである。身体にぴったりと合った衣服や、手にぴったりと合った手袋のように、あるいはむしろ手とともに成長し手にぴったりと合っている皮膚のように、この法をこの王国に適合させ融通性を持たせてきたのは、まさに時なのである」［PP10: II,180］。つまり、コモン・ローは、コモンウェルスや人民自体とともに変化してきた柔軟な法体系であり、それゆえコモン・ローは、絶えざる発展と修正の状態にあったと捉えられているのである。しかし実は、先述のクック自身も、コモン・ローの不変性を強調しつつも、他方で次のようにも述べている。「地上におけるわれわれの時代は、旧き古えの時代、過ぎ去った過去の時代に対して影のようなものにすぎない。そこにおいて法は、最も卓越した人びとの知恵によって洗練され、幾多の時代にわたって継承されるなかで、長期の継続した経験によって何度も洗練されてきたのである」［7th Rep.：3b］。このようにクックは、コモン・ローが古代より継承されていると捉えつつ、同時に、過去の幾多の経験と叡智によって繰り返し洗練されてきたのだと説明している。

この一見相反する二つの契機を読み解く鍵になると思われるのが、「慣習」と並んでコモン・ローのもう一方の特性とされる先の「合理性」の問題であり、さらにわれわれが第二章ですでに確認した法の「格率」「準則」という形式である。ここで再びわれわれは、先の「歴史的通用性」という通時的な概念と、「合理性」という共時的な概念との関係に立ち戻ることにしよう。それは、法の不変性と歴史的改変という、先のコモン・ロー解釈にまつわるディレンマの問題に一定の交差地点を与える可能性を持つと思われるからである。

クックによれば、「慣習」はたとえそれが「いかに長く継続してきたものであったとしても、理性に反しているならば法としての効力を持たない」と言う。すなわち、法となるべき「慣習」はすべて「理性をそなえていなければならない」のであって、「理性に一致している」ことが法の条件なのである［1st Inst. : Sect.80,62a］。さらに、次のトマス・エジャートンの言葉はコモン・ローにおける慣習と理性の関係について非常に示唆的である。「慣習と理性が、法の解釈と針路にとっての唯一の疑う余地なき基礎」である。そして、そもそもコモン・ローと呼ばれているような「慣習はそれ自体、不合理なものを許容することはできない」と［Knafla 1977 : 200-1］。このように慣習のなかの「理性」をコモン・ローと同一視する見方は、先のヘドリィの「時の検証」によって獲得された「理性の精髄」というレトリックとも重なり合う。ヘドリィ自身、「コモン・ローは国王の裁判所で是認を受けてきた王国の慣習」に由来するが、しかし「先例や慣行、判決」と言えども、「時と経験の叡智」によって、「不合理な（unreasonable）ものであると、すなわち「コモンウェルスの一般的善（the general good）に反している」と見なされるものは、コモン・ローとして「法の効力」を持ちえない、と指摘している［PP10: II,182-3］。このようにコモン・ローは、その歴史的生成からみれば「慣習」を素材としているが、しかしその法規範としての効力は、慣習のなかに発現した「理性」によるものとされていたのである。先述の「時の検証」という観念も、慣習に「理性」の契機を与えるレトリックとして働いていたのだと言えよう。本章第二節の「理性としてのコモン・ロー」における考察では、コモン・ローが古来より継承された慣習であると同時に、さらには自然法や神法に適った「理性の法」でもあるという主張を検討していくが、こうした高度の合理性を想定するゆえんは、この「時の検証」という観念あるいはレトリックを媒介として成り立っているのである。

以上のような慣習と理性の関係に基づくコモン・ロー理解を前提に考えるならば、先に指摘した法の「不変性」と「歴史的改変」の矛盾という問題も、次のような形で整合的な解釈が成り立ちうる。すなわち、コモン・ローは個々の「素材(material)」という次元では、時代的変遷のなかでその時々の叡智と経験によって繰り返し修正され、改変されてはいても、少なくとも「理性」が結晶化した法の基本的・原則的な要点は継承されているのだと捉えることが可能であったのである。たとえば、この点は、議会制定法とコモン・ローとの関係に言及した次のジョン・デイヴィスの言説にも看取されよう。「われわれの議会がコモン・ローの何らか基本的要点（fundamentall points）を変更する」ならば、そのことによって必ず「コモンウェルスにとって不便が生じ」、結局、コモン・ローは、「時の継続のなかで他の議会制定法によって当該の基本的要点を再び回復してきた」のだということを、われわれは「経験によって」知っているのだと［Davies 1615: preface,sig. *2a］。さらに同様な言説は、フォーテスキュー・テーゼに従いコモン・ローの不変性を最も強調したクック自身にも見受けられる。「王国の古来のコモン・ローと慣習の基本的要点（fundamental points）」は、「施政における格率」であり、「経験によって検証された」ものである。それらは、「過去の時代の連続のなかで、最も賢明な人びとによって、洗練され、完成されてきた」ものであり、「コモンウェルスにとって善きかつ有益な（good and profitable）ものであることが、継続的な経験によって証明され」てきたのである。それゆえそれらを変更することは多大な危険を冒すことになると［4th Rep.: preface(To the Reader),v-vi］。つまり、ルネサンス人文主義の考古的歴史研究の成果を認識していた前期ステュアート朝の多くのコモン・ローヤーにとって、個々の「素材」という点においてコモン・ローの不変性あるいは同一性を論じることはもはや困難であったとしても、過去の幾多の時代の叡知によって経験的に確証されるなかで「理性の法」として結実した「格率」という法の「基本的要点」において、法の継続性と同一性を語ることは可能であったのである。

このように、当時のコモン・ローヤーたちは、長期の継続的な時の流れのなかで「善きかつ有益な」ものとして「時と経験」によって確証された「理性」を、コモン・ローにおける「基本的要点（fundamental points）」として把握していたのだと理解することができよう。それゆえ、当時のコモン・ローヤーたちは、慣習を法源としたイングランドのコモン・ローを論じるにあたって、その理性的側面を大いに強調しているのである。ドッドリッジは、「理性は法の直接の原因であり、法は理性から流れ出たところの結果である」と言い［Dodderidge 1631: 154］、またクックも、「理性は法の生命である、否、コモン・ロー自体が理性に他ならないのである」と言う［1st Inst.: sect.138, 97b］。そしてこの慣習のなかに発現した「理性」の結晶化が、法の「基本的要点」と呼ばれ、それこそが、われわれがすでに第二章で確認したところの「格率」「準則」「公理」といった法原則にほかならなかったのである。

（五）「時の検証」と合理性の獲得

「時の検証」という議論を展開したヘドリィも、コモン・ローと単なる慣習とを区別する際に、「理性」の必然的帰結としての「格率」という観点から説明している。すなわち、コモン・ローは「理性」と「慣習」とで構成される「不文法」であるが、確実性の点で他の「成文法ないし人定法」に劣るものではない。それは、コモン・ローが「理性と慣習に完全に依拠している」からである［PP10: II,180］。従って「コモン・ローを慣習と混同すること」は誤解であり、慣習がそのままコモン・ローとなるのではない。ヘドリィは、「コモン・ローを単なる慣習と区別」する、コモン・ローの「真の根拠と原因」を明確にしようと試みる。彼によれば、慣習とは「ある特定の場所に限定されたもの」であり、その「合理性もしくは非合理性」は、「公式書状（letter）や先例に厳格に従って」、「裁判官によって」判断されるものである。それゆえ、「技能（art）とか知能（wit）からなる言説」はそこではあまり許容されない。これに対し、コモン・ローは、「同じ理性の下にある事例はすべて同一の法と見なされる」という「衡平（equity）」の観念によって、解釈を通じて「適用範囲を拡張されたもの」である。慣習は「直接の原因（cause）」に基づくが、コモン・ローは「他の多くの二次的理性」（secondary reason）に由来するものである。すなわち、コモン・ローとは、「他の諸々の法の準則や原因から「徐々に還元された」ところの「原初的な格率」（primitive maxim）のことにほかならない。この「二次的理性」ないし「必然的帰結」としての「原初的格率」は、「技能や学識、叡智や理性」が法の形をとって現れるのと同様に、「取得時効」や「慣習」のなかに現れているのである、と。

このようにコモン・ローとは、慣習を素材としつつも、「二次的理性」によって、推論と論証の結果、導き出された「必然的帰結」である。言い換えれば、「原初的ないし根源的（primitive or radical）」な「格率」として定式化されたものこそが、コモン・ローの実体とされたのである。従ってヘドリィによれば、コモン・ローとは、すぐれて「技能的ないし叡智的な言説（discourse of art or wit）」だとされる。しかもそうした技能と叡智の言説は、「単なる理性（bare reason）」に基づく共時的な作業によって得られるものではなく、「時の叡智（wisdom of time）」によって検証され、認められた「最善の理性ないし理性の精髄」として獲得されるべきものとされ、その意味で「時」こそがコモン・ローの「真の根拠」、「本質的な原因」とされたのであった［PP10: II, 175-6］。こうしてヘドリィにとって、コモン・ローとは「時によって確証された（confirmed by time）」法であり、いわば「時の作品（the work of time）」とも言うべき存在として理解されたのであった［PP10: II,180］。ここでヘドリィが示した二次的理性の働きによって諸々の個別の規定から導き出された「原初的ないし根源的」な格率という論点は、第二節で検討するコモン・ローヤーの「技巧的理性」の観念と関係している［本章第二節（二）参照］。

このヘドリィのコモン・ローの定義をめぐる説明には、第二章で確認したローマ法の影響がはっきりと現れている。たとえば、理性ないし衡平による推論を通じた個別の諸規定からの適用範囲の「解釈的拡張」や、あるいはほぼこれと同義であるが、諸々の規定から「必然的帰結」として導かれた「原初的」な原理といった思考は、バルトールス派の法的思考の影響を多分にうかがわせるものである。バルトールス派がユスティニアヌス法典のローマ法文をもとに（しかし元の法文そのものからは離れて）当時の帝国に妥当する法の一般的原理を構築しようとしたのとまさに類似の地平で、ヘドリィはイングランドのコモン・ローを思考しているように思われる。実際、ヘドリィは、ジョン・ドッドリッジ、ウィリアム・ヘイクウィル、ジョン・デイヴィス、ジェームズ・ホワイトロックらこの時期のコモン・ローヤーと同様、エリザベス期にルネサンス人文主義の知的洗礼によって、ローマ法の影響を強く受けたコモン・ローヤーの一人であった。と同時に、ヘドリィのコモン・ローの定義は、こうしたローマ法、とりわけバルトールス派の法的「理性」に関する説明に、「時の叡智」という観念を組み合わせることによって、コモン・ローの古来性を強調したかつてのフォーテスキュー・テーゼの修正を図ったものと言える。これが、コモン・ローを「時の作品」と捉えるヘドリィの観念であった。

以上の考察のなかで、慣習法としてのコモン・ローにおける合理性という問題を考えながら、慣習と理性の綜合というコモン・ローの思考様式のなかで法の「基本的要点」としての「格率」が果たしていた重要な位置を指摘してきた。それは、従来の研究においては、両立しえない二つの対立した（あるいは矛盾した）観念として捉えられてきた[12]、コモン・ローの「不変性」と「歴史的改変」というディレンマに整合性ある回答を与えようとするためであった。一七世紀のコモン・ローヤーたちがその法体系の構築にあたって迫られていた課題の一つは、不変の理性と変化する歴史（慣習）との真っ向からの衝突を和解するレトリックを構想することにあったと言ってよい。本章ではこれまで、こうした確かに一見、両立し難く思われる二つの重要な観念の間の思考様式としての和解点あるいは整合性を、慣習における理性の結実としての「格率」という観念のなかに見出し、説明を試みてきた。コモン・ローの根拠は、単に旧き慣習それ自体のなかにあるのではなく、むしろ「時と経験の叡智」により検証され、繰り返し洗練されてきたことによる法の「合理性」に由来するのであって、その「理性」の具体的表現が法の「基本的要点」としての「格率」なのであった。その合理性のゆえにこそ、コモン・ローは、「慣習（consuetudo）」に由来する不文法でありながら、同時に王国共通の一般的な「法（lex）」として成立するための要件を満たすことができたのであった。ヘドリィは、先例や判決といった形式で「いかに法の準則ないし格率と称したとしても」、「理性の試金石」、すなわち「時の検証」に耐えうるものでなければ、それは「偽りの素材」であって、「コモン・ローの一部」とはなりえないと主張する［PP10: II,178］。それゆえ、このような法における理性の「必然的帰結」としての「原初的ないし根源的（primitive or radical）」な「格率」のもつ「恒常性ないし不変性」と、その原理を状況の変化にあわせて「効用」ある形で修正していくための「改変」という二つの観念は、当時のコモン・ローヤーたちの思考様式のなかにおいて必ずしも両立し難い二項対立として済まされていたわけではなく、むしろそこに一つの整合性ある回答を見出そうとしていたのだと捉えることができるのではないかと思われる。

以上のように、「慣習としてのコモン・ロー」を論じることは、法の基本的要点としての「格率」という形式で慣習のなかに発現した「理性」を媒介として「理性としてのコモン・ロー」を論じることと表裏一体とならざるをえないのである。そしてこのコモン・ローの「理性」は、究極的には「自然法」および「神法」との一致にまでその基礎を求めようとするものでもあった。そこで以下の考察では、「理性としてのコモン・ロー」という問題構成で、「自然法」「神法」との規範的な近似性を説いていくコモン・ローの言説を確認していくことにしたい。

第二節　理性としてのコモン・ロー

前節では、前期ステュアート時代のコモン・ロー理論について、とくに「慣習」という側面から光を当てて慣習のなかにおける「理性」の追求という問題構制で考察を進めてきた。本節では、その思考様式の特徴をさらに明確にするために今度は、自然法・神法を基礎とした「理性」という側面から光を当てて検討を加えていくことにする。そのなかで、イングランドのコンスティチューショナリズムにおける「慣習」と「理性」の関係、すなわち慣習と理性が二分法的に対立項として把握されるのではなく、両者が相互補完的に機能し合う、その特殊な結合形態がさらに明らかになろう。そしてそうした「慣習」という「歴史」の観念と結びついて把握された場合の「理性」概念が、大陸系のいわゆる「啓蒙的理性」と比べてどのような特徴を持っているのか、についても検討しておきたい。

また、慣習という「歴史」の領域と、神法・自然法という「存在論」の領域の特殊な結びつきを検討することによって、本章の冒頭で提起した問題、すなわち、なにゆえに「慣習（consuetudo）」（本来、地域的なものである）が、近代国家の一般「法（lex）」として成立しえたのか、さらにそれがなにゆえに「道徳的規範」の効力を持つものとして、個別の慣習を超えた極めて一般的・普遍的な性質を持つものと考えられたのか、その根拠が一層、明らかになろう。われわれはそこに、「時」の産物としての「慣習」を媒介としながら、共同体の共通規則としての「掟（lex）」と普遍的な規範としての「法（jus）」の一致を志向した法意識の様態を確認するであろう。

他方、こうした理性と慣習の結びつきを検討することによって、政治社会の「権威」を究極的には神法・自然法の理性におきつつも、その具体的な「様式」と「執行」にあたっては、歴史的所産としての慣習を持ち出すことによって、「政治的なもの」の合理性とその多様性を導きだし、もって政治的なものの自律性ないし固有の論理がそこに成立していた点が明らかになるであろう。

（一）　自然法・神法との一致

コモン・ローヤーは、コモン・ローを論じるにあたってしばしば「理性」をその根拠として提示する。たとえば、ウィリアム・ノイは、前述した法の「格率」を考察するなかでこう論じている。「コモン・ローは、理性の諸規則に基づいている。それゆえ通常、われわれは議論をする際に、理性があれこれのことをなすとか、なさないとか言うのである」[Noy 1641: 1]。さらに「自然法および理性の法」は、「自らの上に形成され、集められた諸規則」をもって、まさに「太陽や月や七星のごとく、世界のあらゆる実定法（positive law）に光を与えている」。それゆえあらゆる「実定法」は、「自然法と理性の法の光によって形成された法」のことなのである。そして「コモン・ローの根拠と格率もすべて、自然法と理性の法の光に由来しているのである」。このように、あるゆる実定法が「自然法あるいは理性の法」に根拠を持つのと同様に、コモン・ローもまた法の根拠を自然法ないし理性の法に置いているのだと説明される。彼はこう論ずることによって「黄金の神聖な理性の規則、これをわれわれはコモン・ローと呼ぶのである」と結論づける。ノイの言説のなかでは、コモン・ローは、ほとんど「理性の法」と同義の形で表現されているとさえ言ってよい。すべての理性の法がコモン・ローではなくとも、少なくともコモン・ローそれ自体はまさに理性の法にほかならなかった。それゆえノイは、時には、イングランドの法が、「理性の法」、慣習、制定法の三つに分けられると言い、時にはそれが、「コモン・ロー」、慣習、制定法の三つに分けられると述べて、両者（つまり「理性の法」と「コモン・ロー」）が、言い換え可能なものとして表現していたのである[Noy 1641: sig.A3, 1]。

ここで言及されている「理性の法」とは、ほぼ「自然法」と同義で理解されていると言ってよい。古代のローマ法的自然法概念においては、自然法の内容は、両性の性交や子の育成などのような、人間も禽獣も含めたすべての動物に共通する自然主義的な法と、あくまで理性をそなえた人類にのみ固有の「理性の法」とに分けて把握されていた。これに対して、中世スコラ哲学の時代には、自然法は人間にのみ適用される「理性の法」に限定して理解されるようになっていた。さらに人間に固有の「理性の法」としてのスコラ的な自然法概念は、後述するように、法を導出する際の理性の働かせ方の違いによって、第一次的な理性の法と第二次的な理性の法に分類される。そしてそれは、スコラ的方法に立った中世ローマ法学にも共有されている。⑬ ルネサンス人文主義の知的影響下で、中世ローマ法学、とりわけバルトールス派とネオ・バルトールス派の学識を受容していたこの時代のコモン・ローヤーの言説においても「自然法」は「理性の法」とほぼ同義で用いられ、両者がしばしば併記されているのを確認することができる。

これと同様な表現は、クックにも確認することができる。彼によれば、「イングランドの法は三つの部分から成り立っている」とされる。すなわち、「コモン・ロー、慣習、議会制定法」である [4th Rep.: Preface(To the Reader), v]。このうちのコモン・ローについて彼は、「理性が法の生命である。否、コモン・ローそれ自体が、理性にほかならない」[1st Inst.: Sect.138, 97b] と説明している。このクックの言説も、先のノイの表現と全く同様に「コモン・ロー」を「理性の法」と等価のものと見なしている。さらにヘンリー・フィンチも、「自然法」と「理性の法」こそが「コモン・ローの起源となる最初の始まりを開く」のだとし、コモン・ローは「自然法」あるいは「理性の法」から派生したものであり、そこに法としての基礎を置いているのだと主張している [Finch 1627: 74-5]。ドッドリッジもまた、コモン・ローと理性の関係をめぐって次のように説明している。「格率は法の基礎であり、理性の結論である。というのは、理性というものは法の動因（efficient cause）であり、法は理性から流れ出たところの効果（effect）である」[Dodderidge 1631: 154]。このドッドリッジの説明に示唆されているように、当時のコモン・ローヤーがコモン・ローを理性と等置させる際、それは、コモン・ローの「格率」を念頭に置いている。つまり、前述したように、コモン・ローとは、「慣習」を素材として具体的内実を伴って生み出されたところの合理的な「格率」のことであって、この格率を自然法あるいは理性の法に一致するものと理解しているのである[14]。

またジョン・デイヴィスは、イングランドのコモン・ローを定義するにあたって、慣習法と自然法とを次のような形でパラレルに論じることによって説明している。

> 自然法は、ユース・コムーネ（Jus commune）と呼ばれるが、またそれは不文法（Jus non Scriptum）でもある。それは人間の心(heart)のなかにのみ記されている。それゆえ人びとがその自然法の規則を遵守するならば、自然法は、世界のどの成文法よりも、人びとを廉直にし幸福にするものなのである。同様にイングランドの慣習法もユース・コムーネと呼ばれている。そのゆえは、イングランドの法は、あらゆる良き法の源であり基礎であるところの自然法に最も近づいているからであり、またそれも不文法であって人間の記憶（memory）のなかにのみ記されているからである――確かにそれは生きている個人の人間の記憶を越えたものではあるが、しかし生きている人間の人びとの記憶のなかに連続し維持されているのである――[Davies 1615: preface,sig.*2a]。

デイヴィスは、ポコックの研究では、コモン・ローの慣習としての側面を強調していたクックと同じような事例として取り上げられているが［Pocock 1987: chap.II］、引証部分が示しているように、デイヴィスはもう一方でローマ法の影響をとりわけ強く受けたコモン・ローヤーの一人でもあった［Pawlisch 1980: 689-702］。それゆえ、イングランドの慣習法としてのコモン・ローを、「理性」あるいは「自然法」との関係において把握しようとする思考がつよく働いていたことは当然であった。慣習法としてのコモン・ローを自然法とパラレルに論じるデイヴィスの思考は、旧き慣習それ自体ではなく、むしろ旧き慣習に発現した理性の契機を強調することによって、コモン・ローと自然法との近似を説き、そこにコモン・ローの卓越性を見出そうとするものであったと言えよう。「イングランドの法は、法書よりも古来のものたる理性に根拠をもっている。その多くは、不文の慣習のなかに存している」［PP28: II,333］との、一六二八年議会でのダドリィ・ディグズの発言もまたデイヴィスの場合と同様な意味において理解することができるであろう。すなわち、コモン・ローの根拠が、いかなる法書の理性よりも古い「古来の理性」にあるとし、それが古来の慣習という「不文」の形式において現れているとのディグズの主張は、最も古来かつ本来的な不文の「自然法の理性」とのパラレルな関係を説明しようとするプロットにほかならないからである。

以上、引用してきた諸言説から明らかなように、前期ステュアート朝のコモン・ローヤーの思考様式を見る限り、コモン・ローにとって重要だと見なされているのは、古来の慣習であるがゆえの承認ではなく、むしろ比類なき理性であるがゆえの肯定であった。こうした思考様式は、フォーテスキューに依拠して慣習の古来性と不変性を強調したエドワード・クックも含めて、当時のほとんどのコモン・ローヤーによって共有されていたと考えて間違いない。エリザベス治世期から前期ステュアート時代のコモン・ローヤー一般に与えたルネサンス人文主義およびローマ法学の知的影響の大きさがここでも改めて理解することができるであろう。コモン・ローの比類なき理性を強調するこうした思考がコモン・ローの「自然法」あるいは「理性の法」との一致ないし近似を主張していくのは、ある意味で当然の流れであったと言えよう。このように慣習法としてのコモン・ローを自然法ないし理性の法と一致ないし近似しうるものと見なすために、両者を媒介しているのが、前述した「時の検証」というレトリックであり、時の検証によって獲得された「格率」なのであった。こうして彼らコモン・ローヤーの思考のなかにあっては、コモン・ローを「慣習」と見なすことと、その「理性」を強調することとは、決して矛盾するものではなかったのである。それゆえ、慣習法としてのコモン・ローを自然法ないし理性の法とパラレルに語ることを、当時のコモン・ローヤーたちはむしろ好んだのであった。

また慣習法としてのコモン・ローは、「自然法」ないし「理性の法」に一致すべきだという議論とともに、同じように神法に適うものでなければならないという表現もしばしば確認される。たとえば、先述のウィリアム・ノイは、「一般的慣習が神法に全く反している場合、また制定法が神法に全く反して定立された場合、……そのような慣習、そのような制定法は、無効である」と指摘する［Noy 1641: 1-2］。慣習もたとえそれが「一般的慣習」であったとしても、「神法」に反したものは無効であり、コモン・ローとはなりえないのである。ここには、あらゆる人定法の基礎として、あるいはそれらを制限するものとして、神法の存在が前提とされている。イングランドの諸慣習のうち、王国共通の一般的慣習であるとされたとしても、それが、コモン・ローと見なされるためには、「神法」に適っていることが条件とされていたのである。

また、ニコラス・フラー（Nicholas Fuller, 1557?-1626）[15]は、一六一〇年議会の演説のなかで、コモン・ローと神法との一致を次のように強調している。「コモン・ローはその基礎を、検証された理性からと同様に、神法からも得ているのであり、それはこの島における最初の福音の説教にはじまるものである」。フラーによれば、コモン・ローは「神法（the law of God）」と「理性の法（the law of reason）」によって基礎づけられている。「神法」と「自然法（the law of nature）」に基づいた人定法こそが「地上のすべての国家にとっての魂であり、腱である」。そして、コモン・ローは、この点で地上のあらゆる人定法に優っている、と。フラーの言説のなかには、コモン・ローの卓越性の説明において、理性的被造物としての人間による永久法の分有としての「自然法」、すなわち「理性の法」とともに、「神法」が繰り返し言及されている。「神の家族たるわれわれは、この王国の法で神法に反している法はすべて、たとえ議会の制定によるものではあっても、無効な法なのだと捉える。そしてわれわれの法は、あらゆる事柄において神法の衡平（equity）と一致しているし、また一致すべきである」［PP10: II,152-153,155］。イングランドの人びとを「神の家族」として捉えるフラーは、コモン・ローや議会制定法、国王の布告と言えども、神法に反するものはすべて無効だと言明する。ここでの「神法」とは、具体的には「聖書」の規定を指している。たとえば、フラーはこう説明している。「神の法は、『汝、六日、労働すべし』と定めている」がゆえに、「いかなるキリスト教の君主の認可、布告、法も、臣民に労働を禁じるようなものは、神の法に直接的に反しているがゆえに、違法であり、不条理な命令である」。そしてこれに従えば、国王が与える「特許（patent）」は、人びとの自由な労働を禁ずるものであり、違法なものと判断される、と［PP10: II,160］。

また他方、クックも、「議論の余地なく、法とは神の御心から生じている」ものであり、神こそが「あらゆる善き法と国制の源泉であり、創設者である」と訴えている［3rd Rep.: sig. c. 2］。クックは一六二八年議会においても、「古来のコモン・ローの諸々の根拠は、神法に基づいている」と宣言している［PP28: II,205,209］。ジョージ・サルターンもまた、クックと同様にコモン・ローのブリトン人以来の古来性を神法と結びつけて論じている。「われわれの古来のコモン・ローは原初のブリトン人の時代に始まった」。それは、この王国のために「神の言葉から」作られた法であり、「自然と聖書に記された神法」に根拠をもつ。それゆえ「われわれのコモン・ローは、多くの点で神法に基づいている」と［Saltern 1605: sig.L3b,B3a］。このように、コモン・ローの法としての根拠は、つねに自然法と神法に求められ、あるいはそれらに適うものとして想定されていたのである。イングランドの慣習が「古来のコモン・ロー」として成立するためには、こうした前提を満たしていることが必要と考えられていたのであった。

このようにコモン・ローとは、古来より継承されてきた王国共通の「一般的慣習」であると同時に、自然法や神法にも適い、一致ないし近似したものでなければならなかった。そしてこの「慣習」と「自然法・神法」との結合を果たすためのレトリックとして用いられているのが、慣習のなかに理性を開示させる「時の検証」という観念であったと考えられる。古来の継続性をもつ慣習は、「時と経験の叡智」による検証を受けて洗練されることによって、自然法ないし理性の法やさらには神法に一致ないし近似した「理性の精髄」を獲得するに至って、コモン・ローになりうると考えられたのであった。そしてこの点において、コモン・ローの「卓越性」が主張されていくのである。フラーはこう宣言する。「人定法に関して、非常に多くの経験を積んだ尊敬すべき賢者によりなされた、学識のある理にかなった記述は、世界のどの人定法よりもわれわれのイングランドの法に適切に当てはまる」。このゆえに、それは「神法と自然法に基づいた人定法」にほかならないのだと［PP10: II,155］。

コモン・ローが自然法、神法に一致ないし近似した合理的存在だという考えは、当時のコモン・ローヤーによって一般的に共有された観念であり、フォーテスキューの古来の慣習という命題を強調していたエドワード・クックも含めて、おそらくは前期ステュアート朝のあらゆるコモン・ローヤーがコモン・ローの要件として受け容れていた観念であったと思われる。そしてこの点で重要なのが、自然法および神法との一致ないし近似も、すでに指摘したように、慣習が「時の検証」を受けるなかで定立された「格率」という点において把握されているという点である。つまり、「慣習」と「自然法・神法」との連結点に、理性の結晶化としてのコモン・ローの「格率」が存在しているのである。コモン・ローにおいて「格率」が持つ意義については、先に「時の検証」と合理性の獲得について論じた際にすでに確認しておいたが、それは「自然法・神法」との一致という文脈においても繰り返し言及されている。たとえば、サー・ウィリアム・フリートウッドの次の言葉はその典型的な例である。一六二一年議会で「王室会計院」の金額をめぐって、彼はこう述べている。「この金額に対しては、国王大権は存在しない」。ではそれには何が示されるべきかと言えば、それは法の「格率」である。「格率は、神法と自然法に一致している。そしてこの神法と自然法に反した法を作成することは無効な法を作成することである」［CD21: III,306］。

このように、「慣習」が幾多の時代の叡智により解釈され、そこから法の「格率」が定立されていくなかで、自然法や神法と一致ないし近似したコモン・ローの理性が形成されてきた、というのが、前期ステュアート時代のコモン・ローヤーの好んで用いたレトリックであった。つまり、当時のコモン・ローヤーが頻繁に言及する「理性の法」

としてのコモン・ローとは、まさしく「格率」のことにほかならなかった。いずれにせよ、慣習法としてのコモン・ローを「理性の法」と呼ぶその思考様式において、両者を媒介する重要なレトリックとなっているのが、「時の検証」という観念と、「格率」という概念であった。

以上のように、コモン・ローには「慣習」としての側面と「理性」としての側面が併存している。コモン・ローの本質とは、「時の検証」を経た慣習によって与えられる法の「形式（form）」と、神法や自然法（ないし理性の法）に合致した「理性」という法の「根拠（ground）」との密接な結びつきにこそあった。ヘドリィが、「コモン・ローの根拠と形式、それはすなわち理性と時である」と端的に述べているとおりである［PP10: II,175］。つまり、コモン・ローの正当性の「根拠」となるのはあくまで「理性」であり、そして法の具体的内実として諸々の「形式」を与えるのが「時」であり、時の検証を経た合理的な「慣習」なのである。このようにコモン・ローの思考様式をつぶさに検証していくとき、コモン・ローは、それが「旧きもの」であるがゆえに良き法とされたのではなく、それが「合理的なもの」であるがゆえに良き法と考えられていたことは間違いない。イングランドの法と国制における「古来性（antiquity）」の主張とは、「合理性（reasonableness）」の主張にほかならなかったのである。つまり、「古来の国制」論で言及される〈Ancient〉とは、単に時間的な過去を意味するというよりは、むしろ現在の法と国制の究極的な根拠としての〈Natural〉を意味する、あるいはそれを導き出すためのロジックであったと言ってもよい［Cf. Burgess 1992: chap. 1, 2］。その意味でコモン・ローヤーが言う「古来のもの」という観念は、まさに「本来のもの」、すなわち「根源的なるもの」「自然的なるもの」を意味し、そうした根源的な価値を歴史を通じて導き出そうとするレトリックなのであった。この点は、たとえば一六一〇年議会でのジェームズ・ホワイトロック（Sir James Whitelocke）の言葉のなかにも明確に読み取ることができよう。すなわち、「王国の基本法」となる古来の国制とは、彼にとってはまさに、この王国の政体の「自然本来の枠組みと基本構造（the natural frame and Constitution）」［強調は筆者」であるとの理解に立って説明されていた［ST: II,481-2］。このように「古来の国制」論は、「過去」の特定の時代の国制を正当化する議論というよりは、むしろ過去との連続性に立ちながら「現在」の本来あるべき国制を擁護しようとした政治言説であった。コモン・ローの政治的思考様式の核心は、まさにこうした「古来のもの」を通じて「自然本来のもの」を導き出そうとする「時」の観念の巧みな活用にこそあると言ってよいだろう。

（二） 技巧的理性と自然的理性

具体的内実を持つ「古来の慣習」と、理性の究極的な根拠としての「自然法・神法」との、こうした特殊な結びつきは、人間の能力としての「理性」においても、コモン・ロー特有の「理性」概念が展開されることにつながる。それは論証・推論の能力としての「自然的理性（natural reason）」ではなく、個別具体的な「状況」というコンテクストを前提としながら「理性」の内実を法的かつ政治的に判断する能力であった。その意味で、それは後に詳細に検討するように、単なる論証としての理性ではなく、熟慮と判断、技能と機知をも兼ね備えた理性にほかならなかった。そもそもわれわれがこれまで見てきたところからも明らかなように、「法規範」としての効力を発生させるためには、合理的な「根拠」とともに、具体的内実を伴った法の「形式」が求められるのは当然である。その法の内容として、何が理に適っているかという問題は、ある程度まで当該の状況との関連で判断・確定されざるをえない。この具体的状況のなかで、どのような法の形式が合理的なのかを判断し、確定する能力こそが「技巧的理性（artificial reason）」と呼ばれるものであった。

コモン・ロー理論のなかに確認される「技巧的理性」は、コモン・ローヤーの思考様式の特徴を読み解くうえで非常に示唆的な概念であると言える。そこで以下では、この技巧的理性の概念をめぐって、当時のコモン・ローヤーたちの言説を詳細にたどり、さらにはより広い思想的伝統のコンテクストにそれを位置づけ直すことによって、その特徴を明らかにしていきたい。過去の先例に基づく判例法たるコモン・ローは、より高次の法の一般的原理、つまり「格率」を形成するうえで「理性」と結びついていたわけであるが、この理性とは、コモン・ローヤーたちにとって単なる理性を意味するものではなかった。判例法を包括的に理解し解釈することによって、法の一般的原理としての格率を導き出し、それに基づいてコモン・ローの合理的な法体系を構築しようとする際に必要とされたのは、すべての人びとが持つ「自然的理性」ではなく、「技巧的理性」であった。

この「技巧的理性」について、当時のコモン・ローヤーたちが示した典型的な説明をまずいくつか追ってみることにしよう。たとえばフィンチは、「コモン・ローとは共通理性（common reason）のことにほかならない」と定義したうえで、しかし問題となるのは、そもそも「理性とは何であるか」だと言う。彼によれば、コモン・ローの共通理性とは「あらゆる人が自らの上に形成している」理性、すなわち自然的理性のことではなく、「洗練された理性（refined reason）」のことである［Finch 1627: 75］。また、ヘドリィはこの点を次のように表現している。「コモン・ローは単なる理性（bare reason）以上のものである。それは、……検証された理性（tried reason）であり、理性の精髄」である。すなわち、「コモンウェルスにとって善きかつ有益な（good and profitable）ものとなるために、幾多の時代にわたる時の叡智によって検証され、是認されてきた理性」なのであると［PP10: II,175-6］。ドッドリッジは、この「技巧的理性」を、法の「格率」という観点から説明している。「準則、根拠、公理の動因となるものは、論証に基づいて検証され、そして繰り返し洗練を受けたところの自然的理性の力である」。単なる自然的理性ではなく、こうした洗練された理性、すなわち技巧的理性こそが、ドッドリッジによれば、「法の準則や公理、根拠、命題を生み出す第一の原初的な動因」となりうるものであった［Dodderidge 1631: 242-3］。ここでは、「格率」という法の一般的原理を形成する能力として技巧的理性が捉えられている。

さらに、このような技巧的理性は、これまでわれわれが確認してきた「慣習」と「理性」との結合というレトリックにおいて、どのような働きを担うものとされているのであろうか。その問いは同時に、法的営為を担う能力が、なにゆえ論証的能力としての自然的理性では不十分とされるのかという問いでもある。この点を読み解くうえで非常に示唆的なのは、次のヘドリィの説明であろう。彼は、コモン・ローが合理的な体系をなすものと考え、人びとが持つ自然的理性によっても、その法の論理は理解できるはずであると、一旦は述べる。さもなければ、人びとが法を周知することが不可能であって、法としての効力を持ちえなくなるからである。しかし彼は、コモン・ローを単なる「理性」として捉えるだけでは不十分であると言う。ヘドリィによれば、たしかに「理性」は法の「属性あるいは実体」であるけれども、「理性」は法の「本質的な形式」を与えはしないのであって、法に具体的な「形式」を与えるのはまさに「時」なのだとされる［PP10: II,173-5］。これまでわれわれが確認してきたなかでも、しばしば指摘してきたが、「慣習」の果たす重要な役割の一つは、法の「形式」に具体的内実を与えることであった。この「慣習」をいわば素材として、何が「合理的」な法の具体的「形式」となりうるのかを決定するのが、「技巧的理性」であると言ってよい。すなわち、先ほど引用したヘドリィの言葉で言えば、「コモンウェルスにとって善きかつ有益な（good and profitable）もの」であるかどうか、「幾多の時代にわたる時の叡智によって検証され、是認されてきた」技巧的理性こそが、こうした法の具体的内実を合理性ある形で提供することができるとされたのであった。このように、慣習と理性からなるコモン・ローにおいて、「技巧的理性」は、「格率」や「時の検証」という観念と同様に、「古来の慣習」と「理性の法」とを媒介する同じ機能的位置を占めていると考えられる。

前期ステュアート朝のコモン・ローヤーが重視したこうした「技巧的理性」という観念の意味するところ、あるいはその由来するところをより明瞭に把握するには、先行する伝統的な思想のコンテクストのなかに彼らの理性概念を位置づけ直して検討することが有益な作業となろう。ジョン・フォーテスキューの国制論を扱った第一章において、そこにはトマス・アクィナスの思想体系の受容があったことはすでに指摘した。すなわち、前期ステュアート朝のコモン・ローヤーたちが依拠していたフォーテスキューの思考枠組みは、アクィナスの神法・自然法・人定法のスコラ哲学の体系を前提としつつ、そのなかでイングランドの慣習法の意義を論じることによって成立したものであった。他方、こうしたフォーテスキューの思想を通じたスコラ学の受容という側面だけでなく、ルネサンス人文主義の知的教養を備えていた前期ステュアート朝のコモン・ローヤーの多くは、より直接的にアリストテレスやトマス・アクィナスの思想に通じていた。さらに、彼らは、大陸のルネサンス人文主義がイングランドに普及する文脈のなかで、併せてバルトールス派のローマ法学の学識を受容していたが、この中世ローマ法学の思考法は、スコラ的方法に基づくものであり、論理形式主義と権威被拘束性を特徴としたスコラ学の特殊「法学」的な表現であった。またアクィナス自身、『神学大全』における彼の弁証法的考察の随所に確認されるように、ローマ法とアリストテレス的方法の結合を体系的に試みている。アクィナスの哲学的原理は、彼が「真の哲学者」と見なしたアリストテレスに依拠したものであるが、他方、具体的な人間行動の例や定義については、アクィナスはしばしばローマ法を、とりわけ彼が「真の法学者」と呼んだウルピアヌスを参照していた。たとえば、「各人に各人のものを与えようとする不変不断の意思」というアクィナスの正義の定義は、『学説彙纂』のなかのウルピアヌスの定義［*Digesta*,1.1.10pr］に基づいている［Stein 1999: 67, 95. 邦訳八七、一二四］。以上のような知的コンテクストを考慮するならば、一七世紀のコモン・ローヤーの言説を、アクィナスが集大成したスコラ学のより体系的な言説を手掛かりとしながら考察することは、決して的外れな試みではないし、そこには一定のレリバンシーが存在すると言えよう。

そこで以下では、このアクィナスの言説にまで立ち戻りつつ、彼のより体系的なスコラ学における法と理性に関する説明を参照することによって、コモン・ローヤーたちの「技巧的理性」の意味するところを再考してみることにしよう。そうすることで、われわれは、前期ステュアート時代のコモン・ローヤーの学識が、ポコック等が指摘したようなイングランドの特殊「島国的」な慣習的理解を超えて、より広範囲な大陸の知的パースペクティヴに支えられたものであったことを改めて確認することができるであろう。

アクィナスは、アリストテレスに従って、あらゆる人定法は自然法に由来するものだとしたうえで、しかし自然の理性は普遍的であるのに対し、他方、人定法の規定は地域によって多様であるというディレンマについて、二つの異なる理性の働き方を説明することによって回答を与えようとする。彼は、「人定法（lex humanitus posita）はすべて自然法から導出されたものであるか」という問いを立てたうえで、これに対して、「ある事柄が自然法から導出されるには二つの仕方がありうる」と指摘する。その一つはまず、「原理（principium）からいわば結論が導出されるような仕方」であり、それは、諸々の学問においてある「原理」から「論証的（demonstrativae）」に結論が引き出される仕方と同じものである。もう一つは、「ある共通的・一般的なことが、いわば個別的に確定（determinatio）されるような仕方」である。その仕方は、「技術（ars）」のようなものであって、「一般的な構想［形式］（formae communes）が、ある個別の形へと特殊化され確定されていく（determinantur ad aliquid speciale）」仕方である。たとえば「建築家が家の一般的な構想を、あれこれの特定の形を持つ家へと個別具体化し、確定してゆかなくてはならない」ようなものであると。こうしてアクィナスによれば、法の定立にあたって、自然法の一般的原理からの「論証的」な導出という形式と、個別具体的な事例に合わせた自然法からの「確定的」な導出という、二つの形式が提示される。アクィナスはこの点をさらに次のように説明する。

> それゆえ、ある事柄は、自然法の一般的原理から結論へという仕方で導出されるのであって、たとえば「殺すなかれ」ということが、「何人に対しても悪をなしてはならぬ」ということから結論ともいうべきものとして導出されるのがそれにあたる。これに対して、何らかの事柄は、個別具体的な確定という仕方で導出されるの

であり、たとえば、罪ある者は罰せられるべきである、というのは自然法に基づくのであるが、しかじかの刑罰をもって罰せられるべきであるとするのは、自然法の個別具体的な確定（quaedam determinatio legis naturae）である。

彼はこう論ずることによって、これら両方の形式が、人定法においてともに見出されると結論する。

こうした自然法からの「論証的」な導出と「個別・確定的」な導出という二つの形式の区別は、他方で、法がそれぞれの地域で多様であるという事実に対応するものである。アクィナスは言う。「自然法の一般的原理は、人間の事柄に見られる大いなる多様性のゆえに、万人に対して同一の仕方で適用されることはできない。従って、さまざまに異なった人びとのもとにおいて、実定的な法の多様性が生ずるのである」。つまり「法の多様性（diversitas legis）」という現実に照らした時、自然法の一般的原理からの「論証的」導出だけでは明らかに不十分であった。アリストテレスが『ニコマコス倫理学』のなかで指摘するように、「自然の理性による正しさは、いずこにおいても同じ効力を持つ」がゆえに、もし人定法がすべて自然法から論証的に導出可能であったならば、人定法もまた万人にとって同一のものでなければならなかった。しかし人定法は現実にはそれぞれ個別の地域において多様である。それゆえ、アクィナスによれば、自然法を多様な個別の状況に適した形で法として定立していくためには、もう一つの「個別具体的な確定（determinatio paticularis）」による導出の形式が必要であった。それは、「経験と賢慮をそなえた人びとが下す判断（udicium expertorum et prudentum）」の原理となるものであった。すなわち、これらの人びとが、「個別具体的な確定」という原理に則って、「個々の場合についてどのように規定するのが適切であるのか」を判断するのである。このアクィナスの見解は、『ニコマコス倫理学』におけるアリストテレスの指摘に対応したものである。アクィナスは、アリストテレスの次の言葉を引証する。「これらの事柄に関しては、経験あり、年功を積み、思慮ある人びとの判断を、論証的な事柄におとらず、論証しえない主張や見解においても、尊重しなければならない」[Sum.Theo.: vol.28,102/103-106/107. 邦訳第一三冊、九三―六]。そしてここから、アクィナスにおいては、自然法の諸原理からの結論としての「万民法（jus gentium）」と、それぞれの国がみずからに適当とするところを個別具体的な確定によって自然法から導き出した規則としての「国法（jus civile）」という、人定法の二つのカテゴリーが説かれることになるのである［Sum.Theo.: vol.28,110/111-116/117. 邦訳第一三冊、九九―一〇三］。

他方、イングランドのコモン・ローヤーたちにとっても、「法が理性である」ということは共通した前提であったが、しかし問題なのは、具体的に何が法として理性的なものたりうるか、をどのようにして決定するかであった。たとえば、一六世紀のコモン・ロー法学者でルネサンス人文主義とローマ法の影響をつよく受けていたセイント・ジャーマン[16]も、「法」の内容が具体的に導出される仕方を二つに分けて考えている。彼によれば、「理性の法」と呼ばれるものには、自然法からの論証による「第一次的な理性の法（lex rationis primarie）」と、慣習のなかから得られる「第二次的な理性の法（lex rationes secundarie）」とがあるのだと言う［German 1974: 33-9］。同様にこの点に関して、一七世紀初期のコモン・ローヤーで、ローマ法と教会法の両法についての高い学識をそなえていたことで知られるドッドリッジも次のように説明している。法の根拠あるいは命題の「真実性（Verity）」には、「反駁することのできない必然的（necessary）ないしは既知の真理（truth）」を意味するものと、「偶因的な真実性（Contingent Verity）」として「蓋然性（Probability）」を意味するものとがある。ドッドリッジは、これを先のセイント・ジャーマンの区別にならって、前者のものを「理性の一次的結論（Primarie Conclusions of Reason）」と呼び、後者のものを「理性の二次的原理（Secondarie Principles）」と呼ぶ。このうち必然性に立つ「理性の一次的結論」の方は、「まさに自然それ自体の光によって」、「あらゆる人間の精神に刻み込まれて」おり、その意味ですべての人びとが自然的理性によって理解可能な「一般的」なものであるが、蓋然性に立つ「理性の二次的原理」は、自然的理性によっては認識することのできない「大変な困難さ」を抱えており、「イングランド法における論証の流儀と様式に依存している」のであると、ドッドリッジは言う［Dodderidge 1631: 191-4; cf.195-212］。

以上のようなイングランドのコモン・ローヤーに見られた法における理性概念の区別は、自然法からの「論証的」な導出と、自然法からの「確定的」な導出という、アクィナスの立てた先の区別に対応するものであったと言ってよい。このように、必然的で論証可能な「第一次的な理性の法」とは区別された、蓋然的で確定的導出を要する「第二次的な理性の法」は、それぞれの地域的状況との関数で決まるものである以上、そこには本来的に「偶因的」性格が存在し、自然法からの一義的導出の様式だけでは、法の理性をすべて説明することはできない。この点は、当時のたいていのコモン・ローヤーによって明確に認識されていた。自然法からの導出は、それが論証的なものによる場合は、時と場所を越えて普遍的なものでありえた（この部分は「万民法」とされる）。しかし、確定的導出による場合、それぞれの「状況」との関連で多様な結論が可能であった（この部分は「国法」とされる）。具体的にどのような形式の法が、個別の国において施行されることになるのかは、論証によって一義的に決定することのできるものではなかった。イングランドのコモン・ローは、この課題を、まさに慣習の古来性によって担わせたのである。コモン・ローのなかで、理性から論証的に厳密な形で導出しえない、個別・確定的導出にあたる部分が、「古来の慣習」によって準備されるものと考えられたのである。[17] すでに第一章で確認したように、アクィナスの法思想の枠組みのなかにイングランドの「古来の慣習」を機能的に組み入れたフォーテスキューの言説も、以上のような文脈で理解することができるものであった。

このように、論証的理性だけでは、実定法の自然法からの導出を十分に説明することはできないがゆえに、もし多様な現れをとる実定法を自然法と一致させようとするならば、論証的理性（すなわち自然的理性）を補足する何らかの別の手段を定式化する必要があるという点については、アクィナスもフォーテスキューも、また一六世紀のセイント・ジャーマンや一七世紀のドッドリッジもみな了解していたものと考えられる。それは、経験に基づく叡智や種々の学識を駆使しながら行われるより実践的な判断、賢慮、熟慮などを意味する理性概念であった。イングランドのコモン・ローヤーは、こうした理性概念を「技巧的理性」と呼んだのであった。それゆえ、この技巧的理性によって、イングランドの所与の歴史と文化の諸条件に適合するよう「確定的」導出によって具体的な諸形式を伴って定立されたコモン・ローが、まさに自然法から「論証的」に導出される万民法と同様に、自然法に適った合理的な法であると見なされることが可能なのであった。前期ステュアート朝のコモン・ローヤーが「技巧的理性」という名称で呼んだ理性とは、単なる論証・推論では導き出すことのできない法の具体的内実を、慣習のなかから「個別・確定的」に導き出す能力のことであったと理解することができよう。

こうした理解に立つがゆえに、ヘドリィは、コモン・ローを「理性と慣習」の二つに依拠させ、一方の「理性や悟性（reason and understanding）」はより普遍的であるのに対して、他方の「言語や言説（language and speech）」はより「多様で差異に富んでいる」とし、そして両者の綜合においてコモン・ローの「確実性」を説明したのであった［PP10: II,180］。彼によれば、コモン・ローが「是認された格率や準則」に依拠した理性の「必然的帰結」でなければならないとしても、それは「理性のみによって証明することはできない」のであって、「慣習と理性の結合」によって証明可能なものであった［PP10: II,182］。さらに、ヘドリィは次のようにも説明している。「法の理性」には、「技巧的な論拠（artificial argument）」に基づく側面と、「肯定的な論拠（affirmative argument）」（肯定命題）に基づく側面とがある。すなわち、法の理性は、「何びとも否定ないし論争することのできない諸々の法の根拠および格率から」理性の必然的帰結として技巧的に導き出される側面と、「格率と同様に明確な法となりうる、明白かつ周知の事例（plain and familiar cases）」から直接に導かれる側面とがあると。たとえば、〈妻は亡夫の遺産の三分の一を相続する〉というケースは、「理性のみによって証明することはできない」。理性が証明できるのは、妻には夫の死後、生活を維持するために「相当の比率（reasonable portion）」で遺産相続が認められるべきである、という点だけである。「相当な比率」がどの程度のものであるかについて、理性によって一義的な結論を導き出すことはできない。それゆえ、この「不確実性」を一定の「確実性」へと還元する――すなわちこの場合では「三分の一」――唯一のものこそ、王国の古来の慣習なのであり、両者がそろってはじめてそのケースが法となる。しかし、その法の「効力」それ自体は、慣習ではなく、理性から生まれているのである［PP10: II,187-8］。

この意味で、「技巧的理性」とは、コモン・ローの「慣習」と、自然法の「理性」との一致を可能にするレトリックとして働いているのだとも言えよう。言い換えれば、それは、「不変の理性」と「変化する慣習」との間を架橋するものでもあった。前述のところですでに、「技巧的理性」とは、法における合理性の結晶化としての「格率」を理解する能力であると指摘しておいたが、まさにこの「格率」自体が、本章でわれわれが確認してきたように、「不変の理性」と「変化する慣習」との間を架橋するものであった。この意味で、「技巧的理性」と「格率」は、慣習と理性とを媒介するための同じ機能的な構成要素であったと見なすことができるであろう。それゆえ、「技巧的理性」（あるいはまた「格率」）とは、「善きかつ有益なもの」となりうるよう、幾世代にもわたって繰り返し洗練されてきた、「理性の技巧的な完成」なのであった。たとえば、クックはこう言う。

というのも、理性は法の生命である。否、コモン・ローそれ自体が、理性にほかならないのである。それは、長い研究と観察と経験によって達せられたところの、理性の技巧的な完成として理解することができる。それは、あらゆる人間が持つところの自然的理性ではない。なぜなら、「誰も技能をそなえた者として生まれはしない（Nemo nascitur artifex）」からである。この法の理性は、理性の集積（summa ratio）である。そしてそれゆえ、もし多数の頭脳に分散する理性をすべて一つに統合したとしても、それでもなおイングランド法のような法を創ることはできない。なぜなら、何世代にもわたる時代の継続のなかで、威厳と教養のある無数の人びとによって、また古きそのような完成に至るまでの長い経験によって繰り返し洗練されてきたものなのである。……Neminem oporlet esse sapientiorem legibus とあるごとく、何人も法よりも賢明であるべきではない。法とは、理性の完成なのである［1st Inst.：Sect.138, 97b］[18]。

こうした技巧的な完成としての理性であって初めて、コモン・ローの法的営為を担うことができるとされたのであった。それゆえ先のドッドリッジは、確定的導出を必要とする「理性の二次的原理」の担い手について、こう説明したのであった。「それらは、自然の光によって十分に知ることのできるものではなく、他の手段によって知ることのできるものである。たしかにそれらは、高度の蓋然性を包摂しているがゆえに確証するのにそれほど多大な論証を必要とするわけではないけれども、しかしながら……適正な熟慮なしに初見で理解されるものではない。その大部分は、法の研究と考察を職業とするような人びとにのみとくに知悉されるものである」［Dodderidge 1631: 194］。あるいはまた、「その場合の理性とは技巧的理性なのである。それは、知恵と教養と長い経験によって人間の営為に熟練したところの理性なのである」と［Dodderidge 1631: 242］。このような理性は、先の「個別確定的な導出」を可能とするために、法についての十分な知識を獲得し、それと同時に他の合理的な諸学問に関する教養にも深く通じていることを前提としたものである。すなわちそれは、慣習としての個別具体的な判例と、他の諸学問の合理的な諸根拠とを勘案しながら、法における理性の結晶化としての「格率」が具体的に何であるかを「判断」するところの、高度な熟練を要する「技術（art）」とも呼びうる能力であったと言えよう。

ここでわれわれが第二章においてすでに考察した個別具体的な事例と一般的な原理とを整合させようとするコモン・ローの思考様式をもう一度思い起こす必要があろう。すなわち、法における「理性」の追求にあたって（すなわち法の「格率」の形成にあたって)、一方に、合理的な諸根拠、諸規則をおき、他方に、判例法としての個別具体的な判例をおいて、この両者を協働的に機能させようとする思考様式は、まさにこの「技巧的理性」によって担われるべきものとして、あるいは「技巧的理性」の働き方それ自体として捉えられることになるわけである。

そして最後に改めて指摘しておくべきは、このように理性ないしは自然を、自然的理性に相当する一次的なものと、人民の集合的行為の集積から派生する二次的なものとに区別する見方そのものは、スコラ学に立脚した中世ローマ法学の伝統的な知の枠組みであり、それはバルトールス派において特に顕著であったし、さらには国際法を原理的に基礎づけた近世のグロチウスに至るまで広く共有されたヨーロッパ共通の政治言語であったという点である[Kelley 1991: 89]。従って、たとえばクックがジェームズ一世に対して、国王の自然的理性によるコモン・ロー理解を否定する際に用いたように、特殊イングランド的なコモン・ローの知の様式を擁護する目的でしばしば用いられている「技巧的理性」の観念も、その思考枠組みそのものは当時の大陸ヨーロッパの政治言語ないし法言語の伝統のなかで展開されていたという点は重要である。前期ステュアート朝のコモン・ローヤーが「古来の国制」論を展開するなかで用いた技巧的理性という一見、特殊コモン・ロー的な観念も、彼らが展開したその思考を綿密に分析する時、そこにはやはり、われわれが第二章で確認したように、スコラ学的理解とローマ法学の知的伝統の受容が確認されるのである。

(三) 共通善と必要の概念

こうした「技巧的理性」の観念は、政治思想の文脈に位置づけて言うならば、明らかに「実践的理性(ratio practica)」の系譜に属するものである。そこでは、「合理性(reasonableness)」の問題は、「共通善(common good)」および「必要(necessity)」の観念と密接な関わりを持つこととなる。

すでに示したように、コモン・ローにおいて何が合理的であるかは、ある程度まで「状況」に依存するものであった。たとえばクックは、「合理的（Rationabile）」であることの説明として、それは法が「一定のものではなく、状況（circumstance）に鑑みて理性によって適格化される」ことを意味するものであると指摘している［13th Rep.: 26］。つまり、コモン・ローのなかで追求される合理性は、変化する「状況」のなかで「何が合理的であるのか」、その合理性の内実自体が変化するという特徴を本来的に帯びているのである。それは、第五章で考察するように、選挙権の自由をめぐって典型的に確認されるところである。こうしたコモン・ローの合理性の観念は、一方でコモン・ローが、時の検証を経るなかで、不便（inconvienience）を引き起こさず、善きかつ有益なもの（good and profitable）として繰り返し洗練されてきたものなのだという前述のコモン・ローヤーの主張とも関係してくる。たとえば、クックはこう述べている。「法とは理性の完成である。それは、有益で必要なものを命じ、その逆のものを禁止するものである（Lex est ratio summa, quae jubet quae sunt utilia et necessaria, et contria prohibet）」［1st Inst.: Sect.578,319b］。彼によれば、法とはまさに「理性」を意味するものであったが、それは「有益で必要なもの（utilia et necessaria）」という観念を基準に判断されるものであった。このような合理性の観念は、当然、そこに一定の「共通善」の存在を前提として初めて成立するものであることは言うまでもない。デイヴィスの次の言葉はこの点を明確に説明している。「共通善（common good）にとって何が最善であるかについての長期にわたる経験と数多くの検証こそが、コモン・ローを作ったのである」［Davies 1615: preface,sig.*3a］。またヘドリィも、コモン・ローに理性を賦与する「時と経験の叡智」による「検証」とは、「コモンウェルスの一般的善（general good）」の観点からなされるものだと指摘し［PP10: II,183］、さらにコモン・ローの「目的とはコモンウェルスの善」［PP10: II,176］であり、コモン・ローの「原因とは必要（necessity）」［PP10: II,182］であると主張した。つまり、コモン・ローにおける理性ないし合理性とは、コモンウェルスあるいは人民の「共通善」から生じる「必要」に適っているか否かにあったと言えるのである。従ってそこでは、「合理的なもの」の決定は、「共通善」の存在を前提とし、共通善という目的との関連で「有益なもの」「必要なもの」を判断するところに存在するのであった［PP10: II,183］。

このように、コモン・ローヤーにとって法とは、J・R・ストナーが指摘するように、紛れもなくアリストテレス以来の伝統的な「実践学（practical science）」の系譜に立って思考されていた［Stoner 1992: 19］。ここにも、明らかにこの時代のコモン・ローヤーが大陸ヨーロッパの知的パースペクティヴを獲得しながら、コモン・ローの法的思考を営んでいたことが読み取れるであろう。

伝統的な実践学の系譜に位置するコモン・ローヤーたちの「合理性（reasonableness）」と「必要性（necessity）」の関係をめぐる思考様式をより明瞭に浮かび上がらせるために、ここでわれわれは、再度便宜的に、トマス・アクィナスのスコラ学の体系を参照しておくことにしよう。アクィナスの哲学のなかでも「法」は、きわめて本質的な役割を担うものとされているが、それは、法が「人間生活の究極の目的」である「『至福』に関する事柄を考慮するもの」だからである。その意味で法はすべて「共通善」に秩序づけられたものと考えられていた。それゆえ法の事柄に関する理性は、「必然的なもの」を理解する自然的理性ではなく、「必要なもの」を判断する実践的理性であった。この点をアクィナスの言説のなかから確認しておこう。

「必要な（必然的）」ということは二つの意味でいわれる。すなわち、その一つは、端的に必然的なるもの、つまりそれ以外の仕方ではありえないところのものである。この意味で、必然的なるものは、人間的判断の下にあるものではなく、従ってこの種の必然性は人定法に属するものではない。もう一つは、さらに、あることは目的の実現のために必要（necessarium）なのであって、この種の必要性は有用さと同じことである［Sum.Theo.: vol.28,108/109. 邦訳第一三冊、九七］。

アクィナスは、実定法（lex positiva）の特質を検討し、定義するにあたって、イシドールスの『語源集』第五巻から次のように引用している。「法は貴く（honesta）、正しく（justa）、（服従）可能であり、自然本性と国の慣習に適い、時と場所に適合し（conveniens）、必要で（necessaria）、有用であり（utilis）、また曖昧さが欺瞞への道を開くことのないよう、明瞭なものであり、けっして私的利得のためにではなく、市民たちの共同的福祉（utilitas communis）のために制定されたもの、であるべきだろう」［Sum.Theo.: vol.28,106/107-108/109. 邦訳第一三冊、九六―七］。このように法が実践的理性の領域に属する事柄であり、その合理性も「時と場所とに適合し、必要で、有用で」あることに求められるとすれば、それは、何らかの共通の目的に秩序づけられていることを前提とする。アクィナスはこの点を次のように説明している。

思弁的理性（ratio speculativa）に従えば、第一の論証不可能なる根源への分析によるのほかは、何事も不動の仕方で確証されることはないが、それと同じく、実践的理性（ratio practica）による場合には、究極的目的――これは共通善（bonum commune）にほかならない――への秩序づけによるのほかは、何事も不動なる仕方で確立されることはない。しかるにかかる仕方で理性をもって確証される事柄は、法の理性（ratio）を有するものである［Sum.Theo.: vol.28,12/13. 邦訳第一三冊、八］。

一七世紀のコモン・ローヤーたちの「合理性」の概念も、こうした伝統的な実践学の理解の上に立つものであったと言ってよい。コモン・ローヤーたちにとって、法学とはまさに実践学の最たるものであった。そこでは、先のデイヴィスやクックの説明に象徴的に表れていたように、「共通善」を前提とした「効用」の観念が本質的に働いている。もっとも、ここで言う効用は、近代的な「功利」の概念とは明らかに異なったものであるという点にも注意せねばならない。それは、後のベンサム（Jeremy Bentham, 1748-1832）に見られる近代の功利主義が理解していたような政治社会を構成する個々人の善の総和としての「量的」な価値ではなく、究極的には人間生活の究極の目的たる「至福」に関わる事柄であり、その意味で「善き生」の実現に関わる「質的」な観念であった。このような効用の観点に立った合理性の観念は、イングランドのコモン・ロー、あるいはコンスティチューショナリズムのなかに一貫して確認される構成的な特徴である。コモン・ローヤーたちにとって、こうした「効用」の観点に立って、その時々に、それぞれの「状況」のなかで、何が有益で必要なものであるかということを見極める能力こそが、先述の「技巧的理性」なのであった。

いずれにせよ、コモン・ローヤーが描くこうした理性概念は、時間と場所を超越した抽象的・普遍的な近代の啓蒙的理性とは違った、実践（プラクシス）と密接に結びついたもう一つの理性、すなわち「実践的理性」の系譜に属するものであったことは確認しておきたい。あるいは、われわれはそれを、所与の共同体において通用している歴史的・文化的な諸条件としてのエートス（すなわちわれわれが「共通感覚（sensus communis）」と通常呼ぶもの）に基礎を置いた、アリストテレスの「賢慮（phronesis）」の観念をもって理解することができるかもしれない。

他方、コモン・ローヤーによる「共通善」と「必要」の観念は、彼らにとって別の重要な政治的意味を持つものでもあった。すなわち、共通善と必要の観点に照らして法を判断するという考え方は、前期ステュアート朝の政治社会にあって極めて微妙な、しかし決定的に重要な問題を孕んでいたのである。そこには、共通善と必要の観念をめぐるジェームズやローマ法学者とコモン・ローヤーとの間の解釈上の対立が存在しており、この解釈上の相違は国制の基本構造に関わる重大な帰結を伴っていた。それは、第四章において後述するように、国王が自らの絶対的国王大権を主張する際の根拠ともなっていたからである。ローマ法の影響を受けた絶対的国王大権論によれば、

「緊急（emergency）」時には、国王は、コモン・ローと議会制定法に拘束されずに、「共通善」に照らして自らが「必要」と判断したところに従って行動することのできる「絶対的自由裁量権（absolute discretion）」を持つと考えられていた。それは、王国の安全と富裕を維持するために、国法よりも上位の「自然法」によって国王に課せられた義務なのだと主張された［第四章第二節および第三節を参照］。

しかしながらこうした主張は、庶民院のコモン・ローヤーにとって、共通善の必要を根拠として、国王大権がコモン・ローの制限から離れて、国王の自由意思に従って統治することを可能にする絶対君主制の論理と考えられたのであった。こうした個々の争点ごとに国王の絶対的権力を正当化してしまう「カズイスティクな絶対主義」［Mendle 1992: 161-2］の危険性を前にして、コモン・ローヤーたちは、共通善と必要の観念によって国王大権がコモン・ローを無効にしてしまう事態を懸念するとともに、可能な限り国王大権をコモン・ローによって規定しようと試みたのである。それゆえこうした共通善と必要の判断も、時の叡智による検証を経てコモン・ローのなかに具現化した法の格率に収斂させねばならなかったのである。たとえばヘドリィは、この共通善の最も端的な表現である「人民の安全（salus populi）」という観念についてこう説明する。「あらゆる人びとが知っている究極の明白さをもつ「人民の安全こそ至高の法（salus populi suprema lex）」という法格率がイングランドにおいて本来、意味するところは、コモン・ローが「コモンウェルスにとって善きものとなり、適したものとなるために」、まさに人民によって「古来より是認されてきた合理的な慣習」なのだという点にこそ求められなければならないと［PP10: II,175］。

ここで言う「人民の安全こそ至高の法」というローマ法の格率は、本来はキケロによって、軍隊の司令官に対して戦時に適用すべき軍隊の原則として用いられていたものである［Cicero, De Legibus, lib. III. chap.3, sec.8］。しかしながら、この法格率はその後、元々の限定的な用法を超えて、緊急時には「人民の安全こそが至高の法」となり、「法は沈黙する」という意味で拡大解釈され、国王が法の制約を離れて自由意思に基づいて統治することを正当化する論拠として用いられるようになった[19]。こうして「人民の安全こそ至高の法」という格率は、「緊急時の必要は法を持たない（Necessitas non habet legem）」という格率とともに、君主の絶対的権力を正当化するローマ法の言説を形成してきた。すなわち、緊急の必要の際には通常の国法は沈黙し、君主は自然法に直接基づいて共通善のために必要と考えるところを自由に命令することができる、と。こうしたローマ法に基づく論拠は、前期ステュアート時代のイングランドにおいてもジェームズ一世やチャールズ一世、そしてローマ法学者たちによっても用いられ、賦課金（imposition）や強制公債（forced loan）などに見られたように個別の政策ごとに国王の絶対的権力を正当化するカズイスティクな絶対主義を生み出す政治言語となっていたのである。

こうした国王の絶対的権力の論拠とされかねない「人民の安全こそ至高の法」というローマ法の格率を、ヘドリィは、「緊急時の必要が法を停止する」という超法規的権力のコンテクストではなく、「必要が法をつくる」という歴史的通用性のコンテクストで理解しようとしたのであった。コモン・ローヤーの思考様式のなかにあっては、共通善や必要の契機も、コモンウェルスあるいは人民にとって善きもの、有益なものとして受容・準拠されてきたという、「時の検証」あるいは「歴史的通用性」の観念のなかに組み込まれなければならなかったのである。このように「必要」の観念は、国王の絶対的権力を正当化する言説のなかで通常の国法を停止する論拠として用いられることもあれば（その場合、国王の意思が絶対的な法となる）、人民あるいはコモンウェルスの共通善に適合的な形で法を形成する論拠として用いられることもあったのである。「必要」の概念に伴うこのような二義性を確認しておくことは、前期ステュアート時代の政治言説を理解するうえで重要である。

（四）自然と慣習と人為の観念

コモン・ローの思考様式においては、これまで確認してきたように、理性あるいは合理性の概念にしても、また共通善・必要の観念にしても、およそ政治的に重要な問題はすべて、歴史的連続性すなわち時の検証のなかに還元されて初めてその正統性を獲得するものと考えられていた。ここに、イングランドのコンスティチューショナリズムに固有の特徴を確認することができよう。こうした思考様式あるいは歴史感覚の背後には、おそらくより一般的に「自然的なるもの」についての特有の感覚が働いているように思われる。そしてこの「自然的なるもの」の意識は、同時に他方で、人間が行う「人為的なるもの」一般についての意識と密接に関連している。イングランドのコモン・ローの思考のなかには、この「自然的なるもの」と「人為的なるもの」をめぐる思惟が重要な働きをなしている。そこでここでは、コモン・ローの思考様式における「自然」と「人為」の観念を、近代自然法思想と対比しながら若干の検討を試みておきたい。「自然―人為」の評価において、近代自然法思想と、中世自然法の延長線上に慣習的な歴史の世界を結合させたコモン・ロー理論とでは全く対照的であり、そしてこの評価の差異は、とりもなおさず政治社会の成り立ちをめぐる思考においても決定的なコントラストを描くことになるからである。

たとえば、後の一六四〇年代の内乱期のレヴェラーズ（平等派）に見られるごとく、自然法とそれに基づく自然権によって人民による「自然」への訴えがなされる場合、それは多かれ少なかれ所与の「伝統」の否定の上に立つユートピア的性格を帯びることとなる。つまり、ここでの自然とは、伝統に由来する「現にあるもの」を非難し、否定するための基盤であり、論者の観念のなかで構想された「あるべきもの」の次元において政治社会を構築する現実超越のための基盤であった[20]。それゆえこの意味での自然は必然的に、「現にあるもの」の否定の上に「あるべきもの」を創造する人間の主体性と作為性を前景へと押し出し、政治社会の新たな秩序の「設立」と結びつくことになる。ここには人為すなわち人間の作為は直ちに、自然に由来する創造的行為として肯定的に把握される。こうした思想の現実化した端的な例を、われわれは、革命期のレヴェラーズによる『人民協定（*Agreement of the people*）』という契約に基づいた新たなコモンウェルス設立の試みのなかに確認することができるであろう[21]。そこでの自然とは、自然権（natural right）を有した個人（the individuals）としての「人民（the people）」——それはもはや全体としての「コモンウェルス」と等価のものではない——が、「本人（author）」となり、「主権者（sovereignty）」を構成して、政治社会のあらゆる事柄のオーソリティとなるための概念として機能した。

これに対し、コモン・ロー理論のなかで把握された「自然」の観念とは、すでに示したように、「時」の観念と密接に結びついていた。そもそもコモン・ローの思考様式のなかにあっては、「人為」あるいは人間の「作為」は、それが人民によるものであれ国王によるものであれ、それ自体が何らか他のもののオーソリティを形成しうるような契機を含むものとは見なされず、むしろどちらかと言えば、その限界性の自覚の下にネガティヴなものとして捉えられる傾向にあった。そこでは、そうした「人為」が、いかにして「自然」へと基礎づけられるのかが常に問われていたのであり、この「人為」と「自然」を結ぶ位置に、実は「慣習」あるいはより正確に言えば「時」が設定されていたのである。言ってみれば、「人為」→「慣習（あるいは時）」→「自然」という形式がそこにはある。それゆえ政治社会の基礎づけのあり方に即して言えば、「超記憶的」な「時」による検証を経たところの国制、言い換えれば過去の幾多の時代の叡智により繰り返し洗練され、事実の上でコモンウェルスおよび人民に適っているとされた国制、こうした古来の慣習に由来する国制こそが、実に彼らにとっては「自然」と呼びうるものであった。コモン・ローヤーにとっては、「時」の試練を経た合理的な「慣習」こそが、まさに「自然的なるもの」にほかならなかったのである。この点を端的に表現しているのが、先のデイヴィスの言葉であろう。「ある合理的な行為がかつて行われ、それが人民にとって善きかつ有益な（good and profitable）ものであり、そしてそれらの性質と性向が同意可能なものであることがわかると、彼らは何度もくり返しそれを用い実践する（use & practice）ようになる。そうしてその行為が頻繁に反復され、増幅されていくことによって、それは慣習となり、そして古来より間断なく連続していることによって、それは、法としての効力を獲得するのである」[Davies 1615: preface,sig.*2a]。

つまり「人為」は、いかにそれが合理的なものと思われようとも、それ自体が直ちにオーソリティを形成することはできないのであり、人民とコモンウェルスにとって「善きもの」「有益なもの」であることが幾世代にもわたって経験的に証明され、そこに慣用・慣行という形式での人びとの同意・受容が生まれることによって、法の根拠としての合理性が承認されることになる。また、「あらゆる慣習は理性から生じている。それは継続的な慣用によって生み出されたものである」との、一六二八年議会でのリトルトンの言葉も、長期の継続性をもつ慣習が人為を自然の理性へと近づけるという同様な意味において理解することができるであろう［PP28: II,382］。このように、「人為」は「慣習」となることによって、「第二の自然」となるのである。「慣習とは第二の自然である（consuetudo est altera natura）」［PP10: II,180］との格率がこのことを端的に物語っていよう。このように「人為」の持つ恣意性を克服し、それをより「自然的なるもの」へと基礎づけるところに、「時の検証」を受けた「慣習」の機能が存在しているのである。「人為」→「慣習」→「自然」というこうした構成は、歴史的継続性を重視した思考様式である。ここに、「時」こそがあらゆるもののオーソリティであるとして、コモン・ローを「時の作品」として捉える前期ステュアート朝のコモン・ローヤーたちの理解が成立するのである。すなわち、ヘドリィの定義に従えば、「時」こそが「あらゆる人間の知恵、教養、知識の本源（author）」となるのである［PP10: II,175］。

これに対して、君主の意思に基づいた命令は、人民の自由意思の場合と同様、いかにそれが自然法に直接依拠するものであると主張されようとも、コモン・ローヤーにとっては所詮、個別の「人為」の産物にほかならず、「それが人民の本性と気質に適っていて同意可能であるかどうか、また何らかの不便が引き起こされはしないのかどうか、試練と検証を受ける前に臣民に対して課される」ものであるがゆえに、つまり「時の検証」を経ていないがゆえに、直ちに正当なものと見なされるわけではないのである［Davies 1615: preface,sig. *2a］。このように、イングランドの共同体を、個々の政治的行為主体を超えた歴史的連続性の次元において捉えることにより、「人為」の限界性と「人為」相互間の問題の克服（慣習とはまさに相互主観的な受容を意味する）を図ろうとするところにコモン・ロー理論の思想的特徴があると言える。こうした共同体の歴史感覚と共通感覚に根ざした「自然」概念は本質的に、「現にあるもの」としての既存の秩序を前提とするところに初めて成立するものであることは言うまでもない[22]。

これに対して、〈近代〉の知とは、ホッブズ、レヴェラーズにせよ、あるいはフランス革命にせよ、この「人為」→「慣習」→「自然」という形式を、「自然」→「人為」という形式に置き換え、「慣習的なるもの」を排除するところにあったと考えることができる。それは、「慣習」という契機が、現に存在する伝統の継続性を前提とする限り、既存の「身分制秩序」を擁護する形で作用するものにほかならなかったからである。「時」の観念を本質的な思考様式として措定し、そこから正当性の根拠を定立しようとする思考は、必然的に、「時」の産物としての慣習のなかに現に存在する身分制秩序の正当化と深く結びつかざるをえなかったのである。

以上のように、「自然」は「慣習」との対比で、「慣習」は「自然」との対比で、微妙なニュアンスを含んでおり、それは人為もしくは人為的秩序に対する対照的な評価をもたらす。「自然」の現象と比べると、「慣習」は、人びとによって築かれたものであるから、人為的な産物であり、いわば「つくられたもの」としての性格をもつ。その限りでみれば、「自然」と「慣習」は対照的で、二元的でさえある。しかしながら他方で、立法という行為と比べれば、「慣習」は、同じ人為性をもつとはいえ、その営々たる形成のゆえに、むしろ人間社会の「自然」なる営みに沿って「できあがった」あるいは「なりたった」ものである。その限りでは、「慣習」には、むしろ人為性は希薄で、かえって「自然」に近くなる。いわゆる「慣習とは第二の自然である」と言われるゆえんである。

「自然」と「慣習」をめぐるこうした両義的な関係は、政治社会の秩序の説明において、二つの型を準備することとなる。すなわち、先の後者の関係性において捉えるならば、すでに本章のコモン・ローの考察でわれわれが見てきたように、慣習の「できあがった」あるいは「なりたった」という「生成」の自然性を強調することにより、法の効力あるいは合理性を、自然との類似において把握する思考法が導き出されるであろう。それは、人為的な立法の制約につながると同時に、「現にある」既成の伝統的秩序の正当化へもつながる保守主義的な思考とも言える。他方、先の前者の関係性に立つならば、自然を、「現にある」秩序としてよりは、むしろ「あるべき」規範において捉えることにより、「現にある」伝統・慣習を批判・否定し、「あるべき」自然に沿って、秩序を「つくる」という、近代自然法的な革新の発想が導き出されるであろう。このように、自然の観念の違いによって、ときには生成された伝統的秩序を正当化し、その限りで人為を制約する、という保守主義的な思考様式で働くこともあれば、ときには反対に、伝統的秩序を批判し、あるべき規範に沿って秩序を作為する、という近代自然法主義的な思考様式で働くこともあるのである。[23] その意味で、保守主義的思考と近代自然法的思考とを分かつ転轍点の一つは、「自然」をどう捉え、概念化するかという「自然の観念」の性格の違いにあると言ってもよい。

（五）「コモン」の意味内容――言語分析の観点から

ここでは、これまでわれわれがコモン・ローの思考様式について確認してきたところを基にしつつ、「コモン」という言葉の意味内容についての確認作業を試みておきたい。「コモン」という形容詞は、元々それが意味していた「王国共通」という意味を越えて、この当時、非常に多義的な用語であった。この「コモン」という表現は、当時のイングランドの政治社会において様々な用語のなかに織り込まれて使われており、ある意味でこの「コモン」という表現の意味をどう解釈し設定するかが、その政治的言説の持つ意味を決定づけていたと言える。たとえば仮に、「理性」「法」「権利（正）」「政治社会の構成主体」という分類に即して見た場合にも、「共通理性（common reason）」「コモン・ロー（common law）」「コモン・ライト（common right）」「平民（commonalty, commoner）」等といった語用を確認することができる。このように、当時のイングランドの政治社会にあって重要な事柄は、この「コモン」

という形容詞を伴うことによって基礎づけられることが多かった。そして、この「コモン」の意味するところは、必ずしも一義的な明証性を持つものではなく、多分に曖昧さを伴いながら、かなりの柔軟性を持って用いられていたことも確かである。たとえば、「コモン・ライト（common right）」という「権利（正）」も、政治社会の成員としての「平民（commonalty）」も、その内実についての解釈は必ずしも一義的なものではなく、その時々の政治状況のなかで変化するという曖昧さを帯びていた[24]。また本章の考察のなかでも幾度か登場するように、この時期のコモン・ローヤーの言説のなかで、〈natural equity〉に相当するようなある種の公理のような形でしばしば言及されている〈Common right and reason〉という重要な基準にしても必ずしも明確な概念とは言えない。いずれにせよ、政治社会の中核的な事柄を「コモン」という表現の下に収めて思考しようとする点は、イングランドの政治的思考様式の大きな特徴であると言ってよい。それゆえ、いずれの語用の場合にも、こうした表現における「コモン」の含意を、その時々の歴史的文脈のなかで読み解いていくことは、その政治言説あるいは政治言語としての意義を正確に同定するうえでおそらく不可欠の作業となろう。そこでここでは、これまでわれわれが確認してきたコモン・ローの思考様式を前提に、「コモン」という用語をもって当時のコモン・ローヤーたちが理解していた、あるいは追及していた微妙な意味内容の確認を試みておきたい。そのなかで、この時期にコモン・ローヤーにおいて志向されていた「一般性」の意味するところが明らかになるであろう。

まず、「コモン」という形容詞は、「慣習」との関連で見てきたように、特定の地域に限定された「個別の慣習」に対して、「王国全体におよぶ一般的慣習」を指すものとして用いられる。この意味で、「コモン」とは、〈particular〉に対置され、〈general〉と同義であった。それは「王国全体」という領域的な意味で「コモン」、つまり一般的、共通的であった。この点は、当時のコモン・ローヤーがコモン・ローを説明する際に通常その冒頭で言及している、コモン・ローの歴史的成立における元々の意味であった[25]。

また「コモン」という言葉は、「書かれた法」としての「成文法（lex scripta）」、あるいは「制定された法」としての「実定法（lex positiva）」に対置される、いわゆる「不文法（Jus non Scriptum）」という観念とも密接に結びついていた。およそ制定法なるものが、その性質上、特定の目的の下に特定の規範として作りだされた、いわば「個別法（a particular law）」[PP10: II,187] であるのに対し、加えて主として資格ある作成者（author）による「制定」という事実に法的効力の根拠を求めるのに対し、コモン・ローは、不文法として「布告される以前から存在している法」[Dodderidge 1631: 242]、すなわち、いかなる制定行為にも先んじてあまねく存在する法であるという点で「コモン」であったのである。この不文法ゆえの、先んじてあまねく存在するという普遍性の特質にこそ、実は同時にもう一方で、自然法、神法に即した「理性」とつながる所以があったと言ってよい。実際、たとえばデイヴィスは、「不文法」と「共通法」という要素を軸にして、コモン・ローと自然法とをパラレルに論じていた。「法の効力を獲得した慣習というのは、つねに不文法（Jus non Scriptum）」である。コモン・ローもまた、人間の「記憶（memory）」のなかにのみ記された「不文法」であり、かつ「共通法（Jus commune）」であるともされている。それゆえコモン・ローは、同様に人間の「心（heart）」のなかにのみ記された「不文法」でかつ「共通法」と呼ばれているところの「自然法」と比肩しうるほどの卓越性を持っているのであると [Davies 1615: preface,sig. *2a]。このデイヴィスの説明においては、コモン・ローと自然法にどちらも〈jus〉という言葉があてがわれていることからも明らかなように、コモン・ローとは、自然法と同様、普遍的規範としての法であると意識されていたのである。

　こうして「コモン」という用語には、その解釈上の意味内容から言って、自然法や神法とも密接に結びついた普遍的規範としての合理性の観念が伴っていたと言えよう。コモン・ローの正当性の「根拠」は、このように究極的には、自然法や神法とも結びついた合理性の点にこそあるとされていたのである。A・L・グッドハートは、コモン・ローの重要な特徴の一つとして、道徳律との密接な結びつきという点を指摘し、強調しているが [Goodhart

1953: 28-37]、このコモン・ローに特有の道徳性とは、コモン・ローの基礎が、普遍的規範たる自然法や神法とも結びついた合理性の観念に支えられていることと関係している。このことは、コモン・ローをまさに「神法の衡平(equity)」との一致において捉えようとする当時のコモン・ローヤーの姿勢のなかに端的に現れていよう。そこでは、ニコラス・フラーが指摘するように、「正義と善き衡平(Justice and good equity)に反する」というのは、まさに「神法の規則(the rule of the law of God)に反する」ということを意味していた[Fuller 1607: 11]。こうした自然法、神法との一致を背景にした普遍性を想定しようとするがゆえに、たとえばトマス・エジャートンは、「イングランドのコモン・ローは、神法に基づいており、そしてそれは本源的な自然法や、あらゆるネーションの法一般に及んでいる」と主張することができ[Egerton 1609: 32]、また他方、フラーは、一六一〇年議会でコモン・ローを「世界のあらゆる国の魂であり腱である」[PP10: II,155]と説明することができたのである。

このように、「コモン」という表現のなかには、自然法、そして神法にまでおよぶ普遍的規範という意味合いが込められていた側面がある。当時、いわばコモン・ローの法的思考における究極の公理のごとく言及されていた〈Common right and reason〉という観念も、以上のような普遍的・抽象的な「コモン」の意味合いを含んでいた点に注目する必要があろう。たとえば、クックが〈Common right and reason〉を〈natural equity〉と言い換え可能な形で用いていたことからも明らかなように、そこにはおそらく「理性の法」に連なる「正義」とか「公正」といったすぐれて倫理的・道徳的な規範の意識が伴っていたものと考えられる。確かに本章でも見てきたように、このような普遍性・一般性というのは、コモン・ローにおける一方の特質であり、それを強調しすぎることはコモン・ローの特質を見誤ることにもなろう。法の「確実性」に関してヘドリィが、「コモン・ローは、不文法ではあるけれども、それはもっぱら理性と慣習に基づいている」ことを前提にして論じているように、コモン・ローを支える基礎は、「慣習」と「理性」の双方にあったのであり、いわば「理性」も「時の検証」を経たものでなければならず、単なる「自然的理性」ではなかった。しかし、そのヘドリィ自身、この言葉に続けて、法の確実性を「理性や知性」という観点から説明しようとしているように［PP10: II,180］、この時代の特徴はむしろ、法の「一般性」や「合理性」を追求していく傾向にこそあったのだという点は見落としてはならないであろう。慣習も「時の検証」を経た合理的な慣習でなければならなかったのである。この慣習をめぐる「合理性」「一般性」のゆえに、ドッドリッジは、「それらは人類の一般的な気質、性質、条件から収集されたものである」とその普遍性を訴えることもできたのである［Dodderidge 1631: 161］。

このように、自然的理性とは明確に一線を画しながらも、慣習を理性に適ったものとして一般化する傾向、すなわちコモン・ローのなかに規範的な合理性と一般性を追求しようとする傾向こそ、この時代のコモン・ロー解釈の特徴であった。まさにこの点において、絶対主義へと傾斜するステュアート王権への対抗から、「臣民の自由」と「法の支配」を理念化しようとしたラディカルなコモン・ロー解釈が生まれる思想的射程が存在したのだとも言えよう。そして第四章で考察するように、この時代のコモン・ローが持つそうしたラディカリズムの作用のなかでこそ、広く臣民一般の「自由」の擁護が論じられることが可能となっていたのである。なかでも「選挙権の自由」は、このラディカリズムを最も鋭角的に表現しているものであった。たしかにこうした一連の「自由」の問題は、イングランド人の「古来の相続財産（inheritance）」としての権利を確証するという形式で主張されていたが、しかし同時に、コモン・ローにおいてその「古来性」が意味するところをめぐってすでに指摘したのと同様、その自由の「古来性」も、多分に存在論的・規範的な意味での「自然本来性」の観念を伴っていたことに注意する必要があろう。

（１）　コモン・ローの特徴を、「慣習」と「理性」の二つの側面に分けてアプローチする構成はたとえば以下の諸文献などでも採られている。Cf. Postema 1986; Sommerville 1999; Burgess 1992.

（2）コモン・ローにおいては、慣習や取得時効（prescription）等に基づく権利主張はこの日付による擬制において成り立っている［田中『英米法辞典』八五一―二頁参照］。なお、この「超記憶的時代（time immemorial）」の時期について一般的解釈とは異なった見解を採っているものとしては、Burgess 1992: 256, n.60; Weston 1991: 374-411,at p.387がある。バジスらは、一一八九年という日付以前を指すimmemorialの観念は後世に作られたフィクションで、内乱期以前にそうした議論を展開した証拠は見られないと指摘し、むしろそれは一六六〇年以降に作られた言説だと主張している。

（3）田中『英米法辞典』三七六頁参照。

（4）この点で問題となるのは、「古来の国制」論の形成に決定的な役割を果たしたとされるエドワード・クックである。彼が庶民院を舞台に反王権闘争の急先鋒となるのは、一六一六年に王座裁判所の主席裁判官を解任され、庶民院に活躍の舞台を求めた一六二一年議会以降のことだからである。また彼の『イングランド法提要』（*The Institutes of the Laws of England*）について言えば、第一部（*Commentary upon Littleton*）が刊行されたのが一六二八年であり、彼の死後、第二部が一六四二年に、第三部と第四部が一六四四年に発刊された。死後に刊行された残り三部も、第一部が刊行された一六二八年の段階でほぼ草稿が準備されており、死去前年の一六三三年までには完成していた［Baker 1972: 376-7］。他方、全一一巻からなる『判例集』（*Reports*）は、クックの裁判官時代に一六〇〇年から一六一五年にかけて発刊され、主に前期ステュアート時代の初期にあたっている［the first part, 1600; the second and third, 1602; the fourth, 1604; the fifth, 1605; the sixth, 1607; the seventh, 1608; the eighth, 1611; the nineth, 1613; the tenth, 1614; the eleventh and twelfth, 1615. Baker 1972: 370-3］。ちなみに、コモン・ローの古来の不変性を説いたフォーテスキューの言説を滔々と引証しているのは、第六巻（一六〇七年）の「序文」においてである。ちょうどそれは、ベイト事件判決（一六〇六年）、「国王の禁止令状事件」（一六〇七年）、さらにローマ法学者ジョン・カウエルの『解釈者』の発刊（一六〇七年）と、絶対主義に対する現実的懸念が一気に昂じていく時期にあたっている。いずれにせよ、トマス・ヘドリィを中心に「古来の慣習」に関する新たな理論が展開された一六一〇年議会の時期は、クックは裁判官の任にあり、庶民院の反王権闘争にはコミットしてはいない。また一六一〇年議会のヘドリィの言説と極めて類似した慣習理論をジョン・デイヴィスが展開したのは、一六一五年に刊行された著作においてであった。

(5) ヘドリィはここで、コモン・ローを「単なる理性」ではなく「検証された理性」すなわち「理性の精髄」として捉え、コモン・ローと議会制定法とを区別する発想を、前回の会期、すなわちジェームズ治世第一議会の第三会期（一六〇六～七年）の審議のなかで同じ庶民院の「尊敬すべきメンバー」から学んだと述懐する、非常に興味深い発言をしている［PP10: II,175］。この「尊敬すべきメンバー」が誰であるのかを資料上特定する手かがりは見当らないが、ヘドリィは、この「検証された理性」という観念をもとにコモン・ローにおける「時」の言説を発展させていったものと推測される。

(6) トマス・カルーは、法曹学院グレイズ・イン（Gray's Inn）に所属するコモン・ローヤーで、ジェームズ即位後最初に議会が召集された一六〇四年に初めて庶民院議員となり、その後、一六一四年議会、一六二一年議会、一六二四年議会、さらにチャールズ治世最初の一六二五年議会において庶民院議員として選出されている。一六二四年議会と一六二五年議会では、庶民院の議長を務めた。彼の経歴については、DNB: vol.V, 82-3 を参照。

(7) 田中『英米法辞典』六五八―九、五三二頁参照。

(8) たとえば、グレン・バージェスは、トマス・ヘドリィを大陸のローマ法学のつよい影響を受けた「ジャコビアン・ローヤー」の一人として位置づけている［Burgess 1992: 46-8］。

(9) 「common right and reason に反して」いるならば、というクックの判決の意図を、それが示されたボナム事件の背景となるコンテクストに位置づけ直して考察したものとして、Cook 1985: 127-49 がある。またボナム事件判決を法学的に再考した Plucknett 1926: 150-85 も併せて参照されたい。

(10) ローマの共和政末期に法務官の告示を通じて形成された「名誉法（lex praetoria）」の形成や、その延長線上に位置する「万民法（lex gentium）」の形成におけるギリシア哲学の自然法や衡平概念の受容については［柴田 一九七六、三三四］を参照。

(11) クックのコモン・ローの不変性の主張と革新を拒否する姿勢は、前期ステュアート時代の政治状況と関連した戦略的なレトリックとしての側面があることを考慮する必要がある［Helgerson 1992: 33］。当時のコモン・ロー解釈は、エリザベス期の人文主義とローマ法の影響を受けた学問的な法解釈から、ステュアート期におけるフォーテスキュー的な古来性の命題へと回帰した側面を持っている。クックによるフォーテスキューの古来性の継承が、ステュアート期に入ってからのものなのかどうかは、それを確認するエリザベス期の彼の言説が欠如していることから明らかではない。しかしながら、「何らかの古来の法や議会の慣行が侵害され、国王がそれを先例として獲得した場合、臣民が再び以前の自由と安全を回復することが、いかに困難なことであるか」［2nd Inst.：529］との彼の言葉に示されているように、クックのコモン・ローの不変性に対する強い主張には、ステュアート朝の絶対主義的諸政策による国制上の変更を防ごうとする彼の政治戦略的な意図が働いているものと思われる。従ってクックのコモン・ロー理解を評価する際に、コモン・ローの不変性に関する言明のみをもって判断することはできない。実際、コモン・ローを「理性の法」として捉え、「自然的エクイティ」の働きにおいて語るクックのコモン・ローの説明は、同時代のローマ法の影響を受けたフルベックその他の法学者と重なり合う側面を持っているからである［第二章第五節を併せて参照］。

(12) 従来の研究では、この法の「不変性」と「改変」という論点は、両立困難な二つの異なった立場とみなす見解が一般的であるように思われる。少なくともその整合性については十分に説明されてきたとは言えない。Cf. Sommerville 1986; Pocock 1987; Burgess 1992.

(13) この点については以下を参照。Gilby 1958; Chrost 1974; Cunningham 1967; 恒藤武二一九七七。

(14) ちなみに、このドッドリッジの説明に見られる cause（causas）、effect（effecta）の術語もまたラムス主義の基本的カテゴリーであり［Prest 1977: 330］、彼の作品自体が、その副題が示すように、コモン・ローに従事する際の「メソッド」について考察したものである。

(15) ニコラス・フラーは、ヘンリー・フィンチと同様、コモン・ローヤーとしては珍しく宗教的にはプロテスタント（カルヴァン派）の信条に立っていたと言われる。フラーについては、Usher 1907: 743-60 を参照されたい。

(16) セイント・ジャーマンの著作『博士と学徒』（*Doctor and Student*）の性格については、Schoeck 1987: 77-86 も参照した。

(17)　この点に関しては、Burgess 1992: 20-37 も参照した。

(18)　クックの「技巧的理性」の理論の意義をイギリスの近代法理論との関係で考察したものとして、Lewis 1968: 107-20. また併せて、Gray 1980: 121-6 も参照。

(19)　この法格率は、元々は、Salus populi suprema lex esto（人民の安全こそ至高の法であろう）となっていたのが、原文では esto となっていたのを est に代えることによって、戦時中の軍隊の司令官に宛てたキケロの訓戒を、あたかも統治全般にわたる一般的格率であるかのように転用したのである。前期ステュアート時代の代表的コモン・ローヤーで有名な法制史家でもあったジョン・セルデンは、Salus populi suprema lex est（人民の安全こそ至高の法である）という形に置き換えられたものである。すなわち、Salus populi suprema lex est（人民の安全こそ至高の法）という格率が持つこうした歴史的歪曲を明確に認識していた。「この世の中で、Salus populi suprema lex esto というこの文章ほど馬鹿げたものはない。というのは、われわれは、ある法が人民の利益に最も適っているときには周知の法を放棄すべきであるかのように、この格率を用いているからである。この格率はそのようなことを意味してはいない。第一に、それは Salus populi suprema lex est ではなく、Esto なのである」[Selden 1927: fo.56b,93]。

(20)　エドマンド・バーク『フランス革命の省察』半澤孝麿訳、みすず書房、一九八九年、四一二―四一三頁、訳者解説参照。

(21)　ピューリタン革命期のレヴェラーズの「契約によるコモンウェルス設立」をめぐる主張については、さしあたって以下を参照。第一『人民協定』に関して、'An Agreement of the People(1647)', in Wolfe 1944: 223-34. またレヴェラーズとクロムウェルら独立派軍幹部との間でなされた「パトニー会議」の内容に関して、Woodhouse 1951: 1-124.

(22)　ただし注意すべきは、たしかに所与の伝統に含まれた意味を重視するこうした態度は本質的に保守主義的思考に連なるものであるが、しかしそれは直ちに既存の秩序を無条件に肯定する思考ではない。コモン・ローに示された一見、保守主義的な思考も、じつは保守すべき古来の価値とは本源的（radical）な価値であって、絶えずその保守すべき価値の現実化を図ろうとする側面を持っている。その意味でコモン・ローに見られる保守主義的思考は、他方で時としてイングランドの根源的な価値の実現を追求するラディカリズムとして機能する側面をそなえているのである。

(23) 以上のような自然と慣習をめぐる関係は、ヨーロッパの思想史のなかでさまざまなニュアンスを持ちながら、繰り返し現れてきたと言ってよい。自然と慣習との関係については、[矢崎 一九八一、第三章] も参照した。

(24) 〈commonalty〉という用語の曖昧さと、それが実際に指す階層の多様性については、拙稿 一九九三 [2]、第六章を参照。

(25) コモン・ローの「コモン」の意味に関する一般的な説明として、[望月 一九九五] を参照。

第四章　コモン・ロー支配の立憲君主制

前章の考察でわれわれは、一七世紀のコモン・ローヤーの理解において、コモン・ローは神法や自然法と同様に制定法よりも上位に立つ「高次法」としての位置を持つものであること、そしてそれは慣習と理性とが機能的に相互補完しあった思考様式の上に成り立っていることを確認した。この高次法としてのコモン・ローは、一七世紀前半期には、イングランドの統治の基本構造を定めた「基本法（Constitution）」としての性格を持つものと理解されるようになった。たとえば、一六二八年議会ではコモン・ローをこう説明している。「この王国はコモン・ローによって統治されるべき」であり、そして「すべての事柄がコモン・ローによって規制されるべきである」。それゆえわれわれが「コモン・ローについて語る時、それはこの王国の基本法について語っている」のである［PP28: III,126,140］。もっともここで言う「基本法」とは、エドワード・クックが「王国の古来の基本法（the ancient and fundamental laws）」［3rd Inst.：181］と複数形で語っているように、コモン・ローの「基本的要点（fundamental points）」としての格率・準則を意味していた。それは、「何であれコモン・ローの格率を揺るがすことは危険なことである」［PP28: IV,227］との当時のコモン・ローヤーがしばしば発した警告にも表れている。とはいえ、それは、中世の法と統治の観念からさらに発展した、イングランド特有の近代的な「法の支配」の原理の確立を意味していた。

イングランド国制における「法の支配」とは、すでに示してきたような理性と慣習からなる規範に依拠した「コモン・ローによる支配」にほかならなかった。それは、議会、裁判官、臣民の自由、そして国王の大権さえも含めたすべての権利の由来をコモン・ローに求め、それゆえコモン・ローの支配に服するべきものとされる「コモン・ロー支配の立憲君主制」の国制モデルであり、当時のコモン・ローヤーが「古来の国制（Ancient Constitution）」として描く際の最も標準的な国制論の形態であったと言ってよい。本章では、こうした「コモン・ロー支配の立憲君主制」の諸相をめぐって検討していく。その際、コモン・ローの「法の支配」に関連する、いくつかの国制上の重要な問題を取り扱うことにしたい。すなわち、前章までの考察のなかでわれわれが明らかにしてきたようなコモン・ロー理論を政治社会の基盤とした時に、議会、制定法、国王大権、臣民の自由、裁判官といった国制上の重要なファクターがそれぞれどのような位置づけを与えられ、相互にどのような位置関係を取ることになるのかを検討し、それをもって一七世紀の「コモン・ロー支配の立憲君主制」という国制モデルの特徴を浮き彫りにしていきたい。

第一節　コモン・ローと議会制定法

（一）　議会人と法律家

コモン・ローにおいてオーソリティをなしていたのは、「時の検証」あるいは「歴史的通用性」によって慣習のなかに発現した「理性」の契機においてであった。その理性の具体的な結実が、法の格率あるいは準則と呼ばれるものであった。それらは、法の「基本的要点」とされ、制定法に優位し、制定法を拘束するものとされた。そして、具体的に何がその理性の精髄としての基本的要点であるのかを理解し解釈する人間の能力こそが「技巧的理性」と呼ばれるものであった。それは実際には、一方で法律家の職業的な技能であることも意味していた。

このことは、コモン・ローにおいて把握されたこうした理性が「法書（the books of law）」のなかに文字として残されているという、コモン・ローヤーの主張にも端的に表れていると言ってよい。たとえば、ジョン・ドッドリッジは言う。「この理性は、この国の法について書かれた諸作品のなかに存在している。それは主として法書の形で出版され、表現されている」[Dodderidge 1631: 242-3]。ヘドリィもまた、コモン・ローにおけるこの法書の役割を重視する。「コモン・ローは不文法ではあるけれども、しかしわれわれの法書のなかに見出すことのできないような原理や格率などはない」。たとえば「ロンドンの諸慣習は成文化された慣習ではないけれども、それらはすべて文書のなかに残されている。さもなければ、それらの慣習の多くは、継続的に使用されることがないために失われ、忘れ去られてしまうことになったであろう」[PP10: II,186]。

法書の「書かれた理性」を重視するこうしたコモン・ローヤーの態度を、法書に精通した法曹集団の職業的利害の反映として理解するだけでは不十分である。この法書の重視と積極的な刊行という事象は、エリザベス治世期からステュアート期にかけてのイングランドの政治社会全体の大きな歴史的変化をも端的に示唆する事例と言えるからである。まず、コモン・ローの原理や格率が「法書」のなかに明確に記されたものであるとするコモン・ローヤーのこうした主張は、慣習を法源とし、判決を通じて形成されてきた不文法としてのコモン・ローに伴う不確実性ないし非体系性に対する批判に対する応答としての側面を一方で持っている。すなわち、第二章で論じたように、ルネサンス人文主義の知的影響下でローマ法の影響が顕著に見られたテューダー後期以降、イングランド法の非体系的で不確実な欠陥が広く認識され、「法書」の重要性が指摘されていた。たとえば、一六世紀中葉に法曹学院グレイズ・イン（Gray's Inn）に所属したコモン・ローヤーで、庶民院議員および人民間訴訟裁判所の裁判官も務めたウィリアム・スタンフォード（Sir William Sta[u]nford：1509-1558）[2]は、没後に刊行された一五六七年の著作のなかで、コモン・ローの卓越性を称賛しながらも、その知識が曖昧であることを指摘し、法律家がより多くの「法書」を刊行すべきことを勧めている［Sta[u]nford 1567］。そもそも、「法書」に「書かれた理性（ratio scripta）」という観念それ自体が元々は中世ローマ法学の重要な要素であった［第二章第一節参照］。法書の理性を重視する当時のコモン・ローヤーの態度は、明らかに法書の学説を法源として認めるローマ法学の影響を受けている。

こうしたテューダー後期からの法学上の要請とともに、他方で、前期ステュアート時代の法書の積極的な刊行は、ステュアート王権に対する絶対主義の懸念から生じたという政治的側面を持っている。すなわち、絶対主義の現実的な懸念に直面した前期ステュアート朝のコモン・ローヤーたちが企図したのは、コモン・ローを国王と臣民との間を裁定する客観的で確実な、そして権威ある基本法として打ち立てることであった。こうした政治的要請に応えるためには、コモン・ローの内容が何であるかを明確にするために、法書において格率や準則を定式化することが必要とされたのである。実際にたとえば、先ほど引用したヘドリィの法書を重視する見解は、「賦課金（imposition）」を徴収する国王大権をめぐって、この大権の行使を認めたコモン・ローの原理や格率がイングランド法のあらゆる「法書」を通じて確認することができない、という文脈で論じられたものである［PP10: II,186］。

このように、前期ステュアート時代に見られた数多くの法書の刊行という現象は、テューダー期以来のローマ法を参照したイングランド法の合理的・体系的な再編の試みの延長線上にあるとともに、さらにジェームズ一世の統治政策に対する懸念から、コモン・ローを権威ある法として再定式化する必要に迫られたことの結果でもあった。こうした二つの課題に応えるために、前期ステュアート時代にはコモン・ローヤーによって数多くの「法書」が積極的に執筆されたのであった［第二章参照］。その意味で、この時代のコモン・ローの表現は、イギリスにおける法学上の重要な発展期を形成するものであったと同時に、それがステュアート王権の統治政策に対する政治論争に関連し、もってイギリス近代政治の道を準備したイデオロギー的性格を併せ持つがゆえに、イギリス特有の政治言語の形成期でもあったと言えよう。

以上のような背景を理解した時、この時代の政治社会においてコモン・ローヤーたちが占めていた際立った重要性を改めて認識することができるであろう。とりわけ、法律家であると同時に、議会人でもあったコモン・ローヤーの役割は決定的に重要である。このゆえにコモン・ローの理性とは、法書の内容を理解し、解釈することを通じて、その要点を「格率」として定式化できる能力として把握されねばならなかったのである。自然法思想に立脚した国王や聖職者の理性との差異化を図るためには、それは、あらゆる人間が持つ「自然的理性」とは明確に区別され、歴史性と経験性に裏打ちされた技能としての理性であることを必要としたのである。そして、こうした法律家の技能的な理性の発露が、単に「法曹」という「専門的」な場にとどまることなく、「議会」というイングランド国制上最も重要な「政治的」な場においても発揮されていたという事実に重要な政治的意味がある。

ただこの点で付言しておくべきは、すでに第二章で確認したように、この時代のコモン・ローヤーたちの多くは、大陸ヨーロッパの知的パースペクティヴを共有しており、法の理性についてもより広範囲にわたる人文学やローマ法との関連で考察されていた。従って、コモン・ローを解釈し、理解するところの技巧的理性を単に法曹という職能集団の技能にのみ閉鎖的に限定して捉えてしまうことは正確な認識とは言えない。それは、「法の解釈者」の考察で後述するように、国王が任免権を持つ裁判官の判決よりも、議会の判断を優位させようとするこの時代のコモン・ローヤーの企図と考え併せるならば、当然のことであった。たしかに現実には議会の法案作成や審議運営などは多分にコモン・ローヤーたちの専門能力に負うところが大きかった。しかし法を司る裁判所との対比でいえば、貴族、聖職者、平民からなる王国の代表機関としての議会は、もともと司法機能をそなえているとはいえ、この時代にはより包括的な論題を扱うむしろ政治的な場であった。法の専門家たる裁判所の判決に対して、王国の代表が結集した政治的な機関としての議会が異議を唱えるためには、コモン・ローの理性は、法の専門知識にのみ引きつけて定義するわけにはいかなかったのであり、知性と学識あるより広範囲の人びとに開かれた理性でもなければならなかったのである。

このことは、議会の同意を経ない国王の賦課金の拡大を合法と判断したベイト事件判決に対して、一六一〇年議会で庶民院コモン・ローヤーが反駁を企てた時、明確に認識されていた。たとえば、ヘドリィはこう指摘する。「最も高次の裁判法廷である王座裁判所における判決」であっても、「議会の誤審令状[3]によって再検証され、覆されうる」。そして「そこでは裁判官たちは補助者にすぎず、発言権を持たない」。というのも「あらゆる学問（art）の準則や格率は理性に合致しうるものであり、また理性に基づくものである。コモン・ローの準則や格率はとりわけそうである」。法に習熟していない人は、コモン・ローの理性を理解することは困難であるとはいえ、それでもコモン・ローの理性は、知性ある人びとにも開かれているものでなければならない。なぜなら、コモン・ローの理性は「法の直接的な条理や準則から還元されるものではなく——それらは他のより根本的な準則や格率に依拠している——、法の本源的（original）ないし根源的（radical）な準則や格率から還元されるものである。従って、すべての知性ある人間がコモン・ローの理性を認識し、理解することが可能なのである」。そうでない「法的理性」というものは「非常に正義を欠いた」ものと言わざるをえないと［PP10: II,172-3］。ここには、法的理性を、イングランド法の知識に拘泥させることなく、より広範な人文学やローマ法との関連で考察しようとするテューダー後期の知的影響が見られると同時に、他方でステュアート朝の絶対主義的な王権に対抗するために、コモン・ローを議会の権能に引きつけて捉え直そうとするこの時代のコモン・ローヤーの政治的意識が現れていると言えよう。

以上のように、コモン・ローの理性は、国王の絶対的権力に対抗する「コモン・ロー支配の立憲君主制」を導くために、基本的には国王や聖職者等の自然的理性と対置されつつ、法律家の技巧的理性に即して理解される必要があったし、他方で、コモン・ローの担い手である裁判官を通じて国王の絶対的権力が正当化されてしまう危険性に対処すべく、政治的アリーナの「議会」の権能に結びつけて、知性ある人びと一般に理解可能なものとして開かれていく必要性もあったのである。このことは、続く本節（二）の考察の結論とも符合する。そこでは、コモン・ローの至上性と議会権力の絶対性とを切り結ぶ地点で「古来の国制」論が構想されていたという点、すなわち王権に対してコモン・ローの至上性を導くとともに、コモン・ローの解釈において議会を裁判官に優位せしめようとしていた点を考察するが、それは、いま確認したコモン・ローの理性に関する定義の仕方と重なり合うものである。

このように考えるならば、コモン・ローヤーであり、議会人でもあった一群の人びとこそが、この時代の政治社会において最も重要な政治的アクターであったと言っても誇張ではない。実際、当時の議会の議席は、かなりの程度、法律家によって占められていた。たとえば、M・F・キーラーの研究に基づいて一六四〇年の長期議会における庶民院議員の構成を見ていくと、そこでは総数五四七人のうち、法律家は少なくとも七四人に上り、庶民院議員の約七人に一人が法律家であったことがうかがわれる［Keeler 1954: 23］。また当時のイングランドの政治社会が基本的にはコモン・ローを中心として確立されたものである以上、議会の法案作成や円滑な審議のためには、法律家の持つ技能は決して欠かすことのできないものであった。それゆえ、彼らの持つ政治的影響力は、議会における議席構成の比率以上のものがあったと見なければならない。ましてやイングランドが絶対君主制への傾向を強めていく政治状況下にあって、それに対する有効な抵抗の論理と手だてが現実にはコモン・ロー理論以外に考えられなかった以上、コモン・ローヤーの政治的影響力は決定的なものであったと言える。臣民の自由が侵害された時、当然のことながら、その有効な救済は、あるべき思想の次元においてではなく、さしあたっては既存の法制度のなかに求めようとするであろう。しかし後述するように、「裁判官」が王権による臣民の自由の侵害に対して有効な砦としてしばしば機能しえなくなっていた状況下にあって、コモン・ローに基づいて臣民の自由を効果的に保障するのは、もはや「議会」をおいてほかになく、議会における法律家の能力はいっそう重要性を帯びてくることになる。

こうして法律家であり議会人でもあった人びとこそが、前期ステュアート朝の政治社会において最も有力な政治的行為主体となっていたのである。そしてそれは、しばしば「カントリー・ローヤー（country lawyers）」［Keeler 1954: 22］と呼称されるように、「宮廷」に対抗する「地方」貴族という政治的位置と連結する傾向にあった[4]。コモン・ローに基づく新たな立憲君主制の特徴を確認するには、まず一方でこうした担い手としての庶民院コモン・ローヤーの存在を確認しておくことが必要となろう。

（二）コモン・ローの改変と議会制定法

こうした担い手としての庶民院コモン・ローヤーの問題は、「コモン・ロー」と「制定法」の関係という国制上の問題とも密接に関連するものであった。そしてこのコモン・ローと制定法の問題は、同時に「裁判官」と「議会」の関係性という問題とつながる。こうした一連の問題が前期ステュアート時代にたどった経過をまず結論的に確認しておくならば、それは一方で、コモン・ローが高次法として至高の地位へと押し上げられていくとともに、他方で、議会の政治的地位あるいは権限が強化・拡充されていく、そうした二つの過程の同時進行として指摘することができるであろう。これらは、今日のわれわれの理解、すなわち議会・対・裁判所、制定法・対・判例法という近代的な図式からすれば、相互に矛盾する二つのプロセスが歴史的に同時進行したように見えるかもしれない。しかし当時にあってこれらは、密接な連関を持ちながら進行した二つの過程であった。否むしろそれは、一つの歴史過程の表と裏のような関係性にあったと見るべきなのかもしれない。いずれにせよ、この両過程を切り結ぶ位置に存在していたのが、先ほど触れた「法律家」と「議会人」の連結という問題であった。

すでに触れたように、前期ステュアート朝のコモン・ローヤーの国制論は、フォーテスキューの統治形態論の枠組みを継承していたが、しかしそこには重要な進展も見られた。その一つが「議会」の権能であった。第一章で確認したように、なるほどフォーテスキューも、議会を臣民が国王の立法と課税に同意を表明する機関として重要視しており、その伝統は前期ステュアート朝のコモン・ローヤーにおいても国制上の骨格として堅持され、強調されていた。しかしながらフォーテスキューにおいてはいまだ、議会の持つ権力それ自体の考察については十分に展開されてはいなかった。これに対し、一六世紀のトマス・スミスの段階に至ると、「議会とその権威」について、次のような明確な定義が現れてくる。彼によれば、「議会」とは国王あるいは女王、そして世俗貴族と聖職貴族からなる貴族院、さらにはすべての州および特権都市のナイトと市民によって代表された庶民院から構成されるもので、その意味でそれは、王国の「すべてのイングランド人がそこに出席している」のに相当し、まさに「議会の同意」とは、王国の「すべての人間の同意」にほかならない [RA: 79]。それゆえ、「イングランド王国の最も高次の絶対的権力 (absolute power) は、本来的に議会のなかに存する」と [RA: 78]。こうしてイングランドにおける法の制定は、「議会における国王」によってのみなされるべきで、国王単独では決して行うことができないと説明されるのである。[5] このように法による王権の制約と人民の同意による法制定手続を通じた王権の制約という二重の制約を王権に課している点はフォーテスキューと共通しているものの、その王権の制約において議会が占める地位とその権能は、スミスにおいていっそう明確に強調されていると言えよう。

そして、スミスに見られた議会の権能に関する見解は、後の前期ステュアート時代のコモン・ローヤーによってさらに尖鋭化した形でくり返されることになる。たとえばヘンリー・フィンチはこう述べている。「議会とは、貴族と庶民が集まる国王の法廷である。それは、あらゆる意味において絶対的権力 (absolute power) を持っている」[Finch 1627: 233]。またジェームズ・ホワイトロックはこう主張している。「国家全体の同意によって補佐」された「議会における国王の権力」こそが「至高の権力 (suprema potestas)」であり、「国王の意思のみによって」導かれる「従属的な権力 (subordinata potestas)」としての国王大権をコントロールすると [ST: II,482]。またヘドリィは、議会とは「代表者の統治（regnum representantium）」を意味し、「国家において実践されているあらゆる技能、学問、秘儀、専門的能力を超越した権力を持つ」と言明している。それは裁判官が持つ法の「技能（art）」よりも、国王が持つ統治の「秘儀（mystery）」よりも優位した権力であると［PP10: II,172］。

このように、一七世紀の前期ステュアート時代には、一方において議会と制定法の位置づけが強化拡充されていき、それと同時進行する形で他方では、慣習を法源とした判例法としてのコモン・ローが至高の地位へと押し上げられていったのである。この一見すると相互に矛盾し合いかねない二つの重要な展開の同時進行こそ、ある意味でこの時期の政治社会の歩んだ方向性を端的に表現していると言ってよい。そこでまず、議会の権力と制定法の効力をコモン・ローとの関係から確認しておこう。コモン・ローと議会制定法の関係については、クックが「ボナム事件」において次のような定式化を試みている。「コモン・ローは、われわれの法書のなかに、そして多くの諸事例のなかに開示されている。コモン・ローは議会の制定法をコントロールし、時には議会制定法を全く無効なものとして宣言する。というのは、議会の制定法がコモン・ライトと共通理性（common right and reason）に反していたり、矛盾していた時、あるいはその執行が不可能になる時、コモン・ローは議会制定法をコントロールし、そのような制定法を無効であると宣言するからである」［8th Rep.: Preface, 118a］。クックのこの説明には、コモン・ローと議会制定法の関係をめぐって、コモン・ローが議会の制定法に優位する高次法である旨が明確に述べられている。

しかし他方で、クックは、コモン・ローが議会制定法をコントロールするというコモン・ローの至上性を説いた内容と全く相反するかのような説明も行っている。「議会（High Court of Parliament）以外には、コモン・ローはそのいかなる部分においても統制者を持っていない。そしてもし議会によりそれが廃棄ないし変更されないなら、コモン・ローはそのまま存続するのである」［1st Inst.: Sect.170,115b］。ここでは先の説明とは反対に、議会がコモン・ローをコントロールする権能をそなえているという意味で議会の絶対性が説かれているようにも見える。クックが示した両義的なこれら二つの見解が、仮にクックの思考のなかでは必ずしも矛盾し合うものではなかったとしたら、われわれはこれをどのように理解すべきなのであろうか。後者の説明が示しているのは、議会以外には、国王や裁判官と言えどもコモン・ローをコントロールする権能を持ちえないという論点である。だとすれば、議会にはクックの最初の説明が指摘しているような議会制定法よりも優位する高次法としてのコモン・ローを、高次法としての性格を揺るがすことなく何らかの形でコントロールする道が開かれていなければならないということになる。

このようにクックが言及した一見矛盾するようなコモン・ローの至上性と議会の絶対性との関係を読み解く手掛かりになると思われるのが、一六一〇年議会におけるヘドリィの演説である。以下では、コモン・ローと議会権力の関係をめぐるヘドリィの説明をたどることにより、前期ステュアート時代の庶民院コモン・ローヤーたちの描いた国制の構想を探ることにしたい。ヘドリィは、まずコモン・ローの議会権力に対する優位という命題を定式化する。「議会がコモン・ローからその権力と権威を得ているのであって、コモン・ローが議会からそれらを得ているのではない。それゆえコモン・ローは議会よりも大きな権力と効力を持っているのである」[PP10: II,174]。法の制定を可能にする議会の権力それ自体が当の議会によって定立された議会制定法から引き出されるということは論理的に言ってありえない。議会の立法権力を正当化する何らか別のより高次の権威が必要となるのは自明である。コモン・ローヤーにとってそれは、国王の意思でも人民の同意でもなかった。「時の叡智」という権威に支えられたコモン・ローという高次法こそが、議会権力の源泉とされたのであった。

この点で注意すべきは、前期ステュアート朝のコモン・ローヤーが、第二章で確認したように、先行するエリザベス時代にルネサンス人文主義の知的洗礼をすでに受けていたという事実である。そこでの知的態度は、法の「理性」を第一義としつつ、イングランド法の合理的改革を企図するとともに、考古的な歴史研究に基づいてイングランド法を歴史的な改変のプロセスにおいて把握しようとするものであった。こうしたコモン・ローの捉え方は、コモン・ローの内実の多くをその時々の勢力間の合意によるものと捉え、コモン・ローと議会制定法を質的に同一視する傾向を持っていた。しかしながら、絶対主義の現実的懸念に直面した前期ステュアート朝のコモン・ローヤーの多くにとって、コモン・ローを歴史的に相対化してしまい、もっぱら議会権力の強化において王権の制限を図るという方式は、現実には不確実で不十分なものと考えられたのであった。ヘドリィはこの点をこう指摘している。「新たに作られた制定法それ自体」が国王権力を完全に制限することは、制定法とそれを作った当の権力とを「転倒」させてしまうものであるがゆえに困難であると［PP10: II,180］。こうして前期ステュアート朝のコモン・ローヤーは、コモン・ローを再びフォーテスキューの古来性の命題において把握し直し、国制におけるコモン・ローの至上性を確立しようと目指したのであった。しかしその際、前述したようなテューダー後期の時代にコモン・ローヤーたちが広く共有していた知的態度との整合性が問題とならざるをえなかった。それは、コモン・ローと議会制定法との関係をめぐる議論においても、改めて問われざるをえない論点であった。

ヘドリィが行ったコモン・ローの定義は、こうした問題に対する一つの回答であったと見ることができる。彼は、エリザベス期のコモン・ローの観念を批判的に継承しつつ、フォーテスキューの命題へと回帰したのである。それは、コモン・ローの至上性と議会の絶対性を両立可能な形で止揚しようとする試みであった。まず彼は、ルネサンス人文主義の知的成果に基づいて提起されるであろう反論を、次のように想定する。「議会はこれまでコモン・ローをさまざまな点で改変したり、矯正したりしてきたのであり、議会はその気さえあれば、コモン・ローを完全に廃止し、新たな法を打ち立てることも可能であり、それゆえ議会はコモン・ローに優位しているのである、と主張する者もいよう」。これに対してヘドリィはこう反論する。「議会が法全体を廃止することができるという点について私は否定する」。というのは、「議会はその権力をコモン・ローによって与えられているのであって、議会がその法全体を廃止することは、議会自体の権力を損なうことになる」からである、と。このように議会の権力がコモン・

ローに由来するものだとすれば、その議会が「コモン・ローの全体」を廃止することができないのは論理的に自明である。議会がコモン・ローを廃止することは、議会の存立根拠それ自体を廃する自己否定の論理を意味するものであったからである。このようにヘドリィはコモン・ローの至上性を保つために、一方で、議会がコモン・ローの「全体」を廃止することができるという主張を退ける。そして「最も賢明なる議会と言えども、コモン・ローほど卓越した法を作ることは決してできなかった」。それは、議会制定法が王国全体の叡智を結集した「議会の理性と叡智」に基づくものであるのに対し、コモン・ローは「時と経験の叡智」が作り上げた「理性の精髄」にほかならないからである、と。ヘドリィは、以上のような論拠を示すことで、議会権力ないし議会制定法に対するコモン・ローの優位を説明し、国制におけるコモン・ローの至上性を導き出していくのである［PP10: II,174-5］。

しかし他方で、ヘドリィは、コモン・ローの至上性を前提としたうえで、議会が「コモン・ローのなかに何らかの欠陥を見出し、それらを修正することはできる」のだと主張する。そもそも「地上にあって完璧なもの」など存在しない以上、コモン・ローと言えども時代の変遷に応じて絶えざる改革を必要とする［PP10: II,174］。コモンウェルスの公共善に照らしてコモン・ローのなかに欠陥が生じているのが「時の叡智」によって発見された場合、それを改変するのは議会制定法をおいて他にないと［PP10: II,179］。こうして「時の叡智」によって検証されてきたコモン・ローが、時代の変遷の中で保守すべき根源的な価値を維持するために、そのつど絶えざる改革を要する時、その役割を担う存在は、王国全体の叡智を結集した「議会の理性と叡智」に求められたのであった⑥。このことは、後述する「法の解釈者」の問題、すなわち議会と裁判官の権能に関する議論とも関連してくる。

いずれにせよ、第三章でわれわれが考察したように、コモン・ローの拠って立つ規範性が、「時の検証」を媒介とする神法・自然法に近似した理性にあると想定され、コモン・ローに普遍的な〈Jus〉としての規範を読み込もうとする立場をとる限り、人定法としての議会制定法は、王国全体の叡智と理性を結集したものとしていかに絶対化されたとしても、神法や自然法に及びえないのと同じ論理で、コモン・ローに及ばないとされるのは当然の帰結であった。反対に、たとえば、ジョン・セルデンのように、コモン・ローの多くが内実的には議会制定法の集積にほかならないとし、コモン・ロー成立の根拠を議会制定法と同じ地平で見ようとする場合には、当然のことながら、議会が制定法を通じてコモン・ローを改変することには少なくとも論理的には限界は伴わない。[7] この場合、コモン・ローの至上性よりは、議会権力の絶対性のほうが前景に出てくると言えよう。しかしこの当時の標準的なコモン・ロー理解は、セルデンではなく、むしろヘドリィやクックに見られた見解であった。そこでは、コモン・ローが議会制定法に対して優位する高次法たるゆえんは、「時の検証」を経た「理性」というロジックを介して、神法や自然法が高次法であるのと基本的には同じ論理に立って主張されていたのである。

しかしこうしたコモン・ローの議会制定法に対する優位は、当時の政治的文脈においては議会権力の制限として働いていたわけではなく、むしろ議会の地位の飛躍的向上と相俟って進行したものである。それは、コモン・ローの解釈における裁判官と議会の関係をめぐる議論を考察する時、いっそう明らかになるであろう。

(三) 法の解釈者

イングランドのコンスティチューショナリズムの本質は、合理的な慣習としてのコモン・ローを、議会制定法を含むあらゆる成文の人定法の上におくことであった。しかしその際、コモン・ローの議会制定法への優位という問題以上に、むしろ当時の人びとの意識において緊要な課題となっていたのは、コモン・ローの解釈者の問題であったと思われる。[8] すなわち、コモン・ローの内実が具体的に何であるのかを、誰が最終的に解釈するのかという根本的な問題が横たわっていたのである。この点について当時のコモン・ローヤーが抱いていた回答としては、おそらく次の二つのパターンが想定できるであろう。すなわち、一六二八年議会の「コモン・ローの解釈は裁判官と議会

（great council）に委ねられている」［PP28: III,126］との発言に見られるように、一つは、通常の司法運営を担ってきたところの「裁判官」にコモン・ローの最終的解釈権を委ねようとする立場であり、そしてもう一つは「議会」こそがコモン・ローの最終的判断を行うものと見なす立場である。

イングランドにおける裁判権は、元々は国王の法廷としてのクーリア・レーギス（curia regis）の国王に属するものであった。クーリア・レーギスとは、家臣が主君の宮廷に出仕して助言と助力を与える封建法上の義務を基礎に国王がその直臣を召集した会議体を指すが、それは全直臣の参集する大評議会（Great Council）と少数の側近や宮廷役人からなる小評議会（small council）とに分化し、系譜的に言えば大評議会から議会（Parliament）が、小評議会から国王評議会（King's Council）、枢密院（Privy Council）が出現してきたと言える。そして各裁判所や官庁も、このクーリア・レーギス、とくに小評議会から分化したと考えられる。従って歴史的にみれば、コモン・ロー裁判所はクーリア・レーギスにおける国王の裁判権から派生したものであった[9]。しかしながらコモン・ロー裁判所は、国王の裁判官による「古来の法」の宣言として建前上は形成されたことから、通常は先例に従った裁判官の判断がコモン・ロー裁判所の判決をなしていた。こうしたコモン・ロー裁判所の独立性は、コモン・ローに疎遠なジェームズがイングランド国王に即位した前期ステュアート時代に改めて問題とならざるをえなかった。ジェームズに対して、国王自身の人格に基づく裁判権を否定し、コモン・ロー裁判所の裁判権の独立性を承認させる必要性に迫られたのである。その発端となったのが、一六〇六年の「国王の禁止令状事件（Prohibition del Roy）」であった。

この事件では、王国の裁判権を国王の人格に属するものと見なすカンタベリー大主教バンクロフトと、人民間訴訟裁判所主席裁判官クックとの間で論争が交わされた。バンクロフトによれば、十分の一税のような教会に関連する事項での紛争は、国王自らが「王としての人格（royal person）」において裁可できるとされた。「裁判官とは国王の代理人である。それゆえ国王は、彼が好むままに裁可できる事柄については裁判官の決定から事件を取り上げ、自ら判決を下すことができるのである」と。バンクロフトによれば、「このことは神学（divinity）に照らして明確であり、そのような権威は聖書における神の言葉によって国王に属するものである」[12th Rep.: 63]。これに対して、クックはバンクロフトのいう「神の言葉によって国王に属する……絶対的権力と絶対的権威」なるものを否定する。「国王は彼自身の人格においていかなる事件も裁可することはできない」のであって、すべての事件は「イングランドの法と慣習に従って裁判所の法廷で決定され、裁可されるべきである」。「ノルマン・コンクェスト以降の国王で、王国内の裁判運営に関わるいかなる事件であれ、自ら判決を下せると考えた国王は一人もいない。これらの事件は、唯一、裁判所の法廷で決定される」のである、と。もとより、クックが主張したこのような見解は歴史的にみればおよそ正確さを欠いたレトリックであることは言うまでもないが、いずれにせよここでのクックの関心は、コモン・ローの裁判権をまず何よりも国王自身の人格から分離された権能として確立しておくことであった。彼はジェームズに対してこう言う。「国王は法の判断においてつねに法廷において存在する」と[12th Rep.: 63-4]。国王の人格に固有の裁判権を否定しようとする態度は、他の裁判所の誤審に対して最高法廷としての議会が行う再審についてのクックの説明にも確認することができる。クックは言う。たしかに裁判所の誤審を再審する議会の貴族院において「国王と彼の貴族たちは、他のあらゆる裁判官に優位する至高の裁判官である」。しかしそれは貴族院の権能として国王が聖俗貴族と一体となって所持しうる権能であって、「国王自身の人格」に帰属する絶対的大権のごとき裁判権というものはコモン・ロー上認められないと[12th Rep.: 64]。このようにクックにとって、貴族院において国王が持つ司法上の権能はあくまで「議会における国王」としてのものであった。この文脈においてもやはり、「国王自身の人格」に属する権能を司法上は一切排除しようとするクックの姿勢が明確に現れている。

以上のようなクックの見解に見られるように、コモン・ローの判断は、伝統的にはコモン・ロー裁判所の裁判官の営為と考えられていたし、また議会も誤審令状に基づく再審の権限を持っていたという点においてやはりコモン

・ローの判断をなしうるものであった。たとえば、ニコラス・フラーは、先述のクックの発言と同様に、法の解釈者としての役割を裁判官に期待する旨を、一六〇七年に刊行した法書のなかで言明している。裁判官は「最も注意深く思慮分別のあるそして用意周到な、イングランド法の保護者であり、またこれまでも常にそうであった」。それゆえに「あるゆる法令の解説」は裁判官に委ねられるべきものであって、裁判官は「この王国のコモン・ローが意味するところのものを維持するために、法令の用語についてのコモン・センスに反して」法令を解釈することもできるのであると［Fuller 1607: 28］。

しかし、このようにコモン・ローの解釈権を裁判官が持つと想定した場合、コモン・ローの至高性について語った「ボナム事件」のクックの説明は、議会の地位を危うくする帰結を伴うことになる。「議会制定法がコモン・ライトと共通理性（common right and reason）に反して」いると思われた場合、裁判官は、そうしたコモン・ローの解釈を通じて、議会制定法の無効を宣言することができることになるからである。こうしたコモン・ローと制定法の妥当性に関する裁判官の解釈上の最終的権限は、単に立法上の権威と対抗する位置に立つという問題にとどまらず、ひいてはそれ自体が解釈を通じた立法行為となってしまいかねない危険性を持つ。とりわけコモン・ローのように、法の正当性の源泉を、人民の同意を基礎とした制憲行為ではなく、歴史的通用性に支えられた所与の規範的秩序の合理性に求めるような観念にあっては、その最終的解釈権は、事実上の立法行為と実に紙一重のところにまで至る可能性を孕んでいると言わねばならない。少なくとも、それは、判決を通じたコモン・ローの改変を裁判官の手に委ねてしまうことを意味する。しかもその裁判官の任免権が国王大権として国王の専権事項である限り、裁判官による判決を通じたコモン・ローの改変は、国王権力によるコモン・ローの改変に間接的につながりかねないものであった。それゆえ、コモン・ローによる法の支配によって国王の絶対的権力を限界づけようとした前期ステュアート朝のコモン・ローヤーの多くにとって、高次法ないし基本法の地位を賦与したコモン・ローの最終的な解釈権を裁判官の手に委ねるということは、もはや広く承認されうる見解にはなりえなかったのである。[10]

コモン・ローヤーのこうした意識変化を生じさせた決定的な転換点は、一六〇六年の「ベイト事件」判決であった。この訴訟で裁判官たちは、議会の同意を得ない未確立の賦課金の徴収を国王の「絶対的権力」に属するものと判断し、それを合法と見なす判決を下した［本章第三節参照］。これ以降、庶民院コモン・ローヤーたちの重要な争点の一つは、裁判官の判決を議会がコモン・ローに基づいて再検証し、覆すことに置かれていたと言ってよい。たとえば、ヘドリィは、裁判官の判決をコモン・ローとの関係でこう指摘する。「ひとたび与えられた判決が最終的なもの」だとしたら、裁判官の判決は議会制定法よりも強力なものになってしまう」。判決は「三、四名の裁判官の理性もしくは意見」に基づくものにすぎず、王国全体の叡智を結集した「議会の叡智」には到底、及びえない。ましてコモン・ローは「議会制定法よりも優れた理性に基づく」ものであり、もしも裁判官の判決が最終的で固定的なものであったなら、コモン・ローは「検証された理性」とはなりえなかったであろう、と。すでに確認したように、ヘドリィにとってコモン・ローは、「時の叡智」ないし「時と経験の叡智」に由来するものであって、「超記憶的時代」よりコモンウェルスの一般的な公共善に照らして「善きかつ有益なもの」として繰り返し洗練されてきたものであった。そしてその点にこそコモン・ローの卓越性が認められていた。従って彼は言う。「裁判官とその判決は偏向する嫌いがあり、人間的な欠陥を伴うことがある」。この裁判官の判決が最終決定的なものであったなら、「コモン・ローは現在あるような善き一貫性と調和性を持つことは決してできなかったであろう」［PP10: II,178-9］。

これと同様な見解はこの時期のコモン・ローヤーのなかに広く確認されうる。たとえば、トマス・エジャートンによれば、裁判官の判決を議会制定法に優位させることは、「議会の智恵と権力から多くのものを損じる」ことになる。裁判官が「彼らの個々の判断でコモン・ライトと共通理性（Common right and reason）に一致しないと考える」制定法を無効にすることができるのであれば、それは「国王、貴族、庶民の三身分が法の制定に労力を費やしてきた」にもかかわらず、「裁判所の三人の裁判官が、その制定法が彼ら裁判官の見解から見てコモン・ライトと共通理性に一致していないことを理由に、それを破壊し、頓挫させてしまう」ことになる。それは「個別の法廷の理性を王国全体の判断よりも上位においてしまう」ことを意味すると［Egerton 1615: 306-7］。

いずれにせよ、クックやヘドリィの見解のなかに共有されているのは、コモン・ローは「コモン・ライトと共通理性」の観点に立って議会制定法をコントロールし、無効にするという、コモン・ローと議会制定法との関係をめぐる命題が、裁判官によって議会制定法がコントロールされることの根拠となってしまってはならないとの認識である。裁判官の判決をコモン・ローの理性と等価のものと見なしてしまうことは結果的に、議会制定法よりも優位するとしたコモン・ローの解釈を通じて裁判官が議会制定法をコントロールする権限を持ちかねないとの懸念が存在していたのである。まして裁判官の任免権が国王に専断的に委ねられ、多分に国王の意思の影響下にあった当時の状況から言えば、裁判官の解釈権は、国王のそれに置き換わる危険性を秘めていたと言ってよい。実際、一七世紀前半におけるコモン・ロー裁判所での最も重要な三つの判決、すなわち「ベイト事件（Bate's Case,1606）」、「五人騎士事件（Five Knights' Case, or Darnel's Case,1627）」、「ハムデン事件（Hampden's Case,1637）」において、判事の多数意見はいずれも国王側の主張を支持するものであった。このように同じコモン・ローヤーであっても、裁判官、そして宮廷の高位役職者の間では、とくに国王支持の傾向が強かったと言える。[11] 前期ステュアート時代のこうした重要な裁判を通じて、裁判官の見解は臣民の権利をコモン・ローに基づいて保障するにはあまりにも国王寄りであることが明らかになっていた［Levack 1973: 1-2］。それゆえ、ベイト事件判決の是非が問題とされた一六一〇年議会以降は、裁判官のコモン・ローに基づく判決の正当性を改めて検証し、場合によっては覆すだけの権能を議会に賦与することが焦眉の課題となっていたのである。一六一〇年議会でヘドリィは、「最も高次の裁判法廷である王座裁判所の判決」も、「議会の誤審令状により再検証され、覆されうる」とし、そして議会の場では「裁判官たちは補助者にすぎず、発言権を持たない」と主張する［PP10: II,172-3］。また一六一〇年議会の争点がそのまま持ち越された一六一四年議会でもヘンリー・フィンチが、「裁判官は誤審令状に対しては貴族院に属さなければならない」と主張しているし［PP14: 57］、同様にクックも『イングランド法提要』のなかで、イングランドのすべての裁判官はコモン・ローに関する知識を提供することで貴族院の「補佐役（assistants）」となるべきであり、「議会の法、慣習、特権についての判断は……裁判官には属さない」と言明している［4th Inst.: 49-50］。

また興味深いことに、一六〇七年に刊行された作品のなかでは、法の解釈権を裁判官に委ねる伝統的な見解を示していた先述のフラーも、一六一〇年議会の討議の段階ではこう言明している。「もし国王が大権令状によって、法に反する事柄を裁判官に命令したとしても、それは不可能である。裁判官は、この令状に従う義務を負っていないのである。というのは、たしかに裁判官としての権限は、頭としての国王に由来するものであるが、裁判官が宣誓によって執行を義務づけられているところの正と不正の判断は、法の権威に由来するものであって、国王の名においてではないからである」［PP10: II,154-5］。このように、ベイト事件の判決の是非が問題とされ、国王大権の性格について論争が起こった一六一〇年議会の段階では、フラーも、国王が任免権をもつ裁判官に対して法の解釈権を楽観的に認めていたわけではないのである。

かつてフラーが唱えたような法の解釈権を裁判官に委ねるという伝統的見解は、コモン・ローに基づいて立憲主義と議会主義を形成しながら国王大権に対抗しようとする、一七世紀のような法と政治が密接に関わり合う過程にあっては、そのまま踏襲することはできなくなっていた。ベイト事件において典型的に見られたように、国王自らが原告となって訴訟を提起し、特定の国王大権の合法性を裁判官の判決を通してコモン・ロー上承認させるという事態は、コモン・ローによる法の支配を説く当時のコモン・ローヤーにとってまさに致命的な問題であったからである。それは、デ・ファクト（de facto）としての国王大権が正式にデ・ユレ（de jure）のものに置き換わる危険性を持っていた。実際ジェームズは、一六一〇年議会で賦課金の違法性を訴える庶民院に対して、「裁判官が……賦課金の合法性を私に決議した」[PP10: I,131] のだと反論しているように、彼はベイト事件判決が与えた法的正当性に勢いを得て、即位時に二〜三程度であった賦課金の品目数を、一六一四年の段階では実に一〇〇〇〜一一〇〇へと大幅に拡大していたのである [PP14: 95,146]。

このように裁判官の判決を通じて国王の「絶対的権力」がカズイスティクに個々の争点で合法化されてしまうことへの危機意識は、当時の庶民院のコモン・ローヤーに広く共有されていた。実際に一六一〇年議会では、議会の同意なき賦課金はコモン・ローに反することを規定した法案 [PP10: II,410-2] が全員一致で庶民院を通過している [CJ: I,449-51; PP10: II,165,283-6]。それは、裁判官の判決を議会制定法で覆そうとするものであった。もとよりこの法案は国王の承認するところではなく廃案となった。国王の承認を要する立法府としての議会の制定法を通じた国王大権コントロールの限界がここにはあった。そして続く一六一四年議会の段階では、判決によって合法化されてしまった賦課金に対する重大な懸念が庶民院において噴出している。たとえばブルック（Christopher Brooke, or John Brooke）は、「賦課金の問題は財務府裁判所におけるあの不幸な事件までは決して法によって支配されたものではなかった」と嘆きつつ、判決のように「国王の絶対的権力（absolute power）による賦課金が認められてしまうならば、誰も自己の所有するものを確実にすることはできない。それは国王の好むところに服従することになるであろうから」と語っている [PP14: 95]。またエドウィン・サンディーズは、「国王に賦課金の課税権を付与した財務府裁判所における先の誤った判決によって、いまや臣民は重大かつ多大な打撃を被っている」と非難している [PP14: 146,n.10]。同様な発言は、ジョージ・モア（Sir George More）、フラー、ホワイトロックらにも見られる [PP14: 94-5]。このように、議会の制定法を通じて国王大権のコントロールを図ることが困難である以上、議会にとって重要であったのは、議会が「最高法廷」として裁判所のコモン・ロー判決を覆す道筋であり、この意味で先述したように議会における「誤審令状」の方式をどう解釈するかは当時のコモン・ローヤーにとって重要な事柄なのであった。

いずれにせよ、この時期に提唱されたコモン・ローの制定法に対する優位は、裁判官の議会に対する優位を意味するものでは決してなかった。むしろコモン・ローの制定法に対する優位性の確立は、議会権力の絶対性の確立と同時進行したのである。それゆえ当時のコモン・ローヤーの標準的理解からすれば、コモン・ローの最終的な解釈権は「議会」以外にはありえなかった。「コモン・ローや制定法の曖昧さを解釈することについての最も一般的な慣習は、従来、議会によるというものであった。それについてもし疑いを抱く者があるならば、ヘンリー八世の時代に制定された法令を見させよ」と［Fussner 1957: 215］。従って彼らの理解によれば、議会がコモン・ローや制定法に関して決定を行ったならば、その解釈を覆すことは裁判官には認められるべきではなかった。裁判所において施行されるところの法を定義するのは、議会の権能であった。すなわち、議会こそが「至高の裁判法廷であり、……議会の法廷以外には財産権の問題に解決を与える裁判法廷はない」［PP28: IV, 227］と考えられたのであった。議会は、国王にせよ裁判官にせよ、その決定を覆すような何らかの人的な権威が存在しないという意味では、前述のごとくまさに「絶対的」であると見なされたのである。このことは、先述のフィンチが、議会が「絶対的権力」を持つことの説明として、具体的に「法を制定すること、法に従って諸問題を裁くこと、そして……王座裁判所の過失を覆すこと」などを列挙している点にもはっきりと現れている［Finch 1627: 233］。また同様にクックは、「法案を審議して法を作成する議会の権力と裁判権（jurisdiction）について言えば、それはきわめて超越的かつ絶対的であり、対象事由（causes）あるいは人物（persons）について、何らかの範囲内に限定されることはありえない」と定義している［4th Inst. : 36］。ここには、議会の立法作用における絶対性の主張の現れが読み取られるとともに[12]、jurisdiction, causes, personsといった元来裁判所の機能に付随した法律用語の使用からもうかがわれるように、裁判作用における審級関係での議会の至高性の主張が併せて確認されよう⑬。「われわれは法作成者(law makers)であり、法解釈者(law interpreters)でもある」[PP28: IV, 226]と一六二八年議会でジョン・ピム(John Pym 1584-1643)⑭が宣言しているように、前期ステュアート時代のコモン・ローヤーたちの構想は、高次法ないし基本法としてのコモン・ローの支配の下に、議会の絶対性を「法作成」と「法解釈」の双方で展開しようとするものであった。そしてこの点こそが、彼らが構想した「コモン・ロー支配の立憲君主制」の骨格をなす形式であったと言えよう。

こうした「古来の国制」論が展開されたのは、当時のとくに庶民院コモン・ローヤーたちがジェームズの統治に対して絶対主義の「懸念」を抱いてことの反映である。それゆえ続く節では、前期ステュアート時代の国王権力の問題が検討されねばならないであろう。

第二節　コモン・ローと国王権力――ジェームズの政治思想

中世の伝統的なコモン・ローが近代的なコモン・ロー理論へと変貌を遂げていくその転換点が、一七世紀のステュアート時代であった。そこでの伝統の読み替えという知的作業は、純粋法理論的な営為としてではなく、政治状況の大きな転換を背景に明確な政治的意図をもって進められたものであった。その意味で一七世紀のコモン・ロー理論は、すぐれて政治イデオロギー的な機能を有していたことに注意しなければならない。それは、ジェームズ一世の即位とともに、絶対主義的なマインドをもった政治理論とその実践の試みに遭遇したことを受けて、あるいは少なくとも当時のコモン・ローヤーたちがそうした絶対主義の台頭に対する「懸念」を抱いていたことによって、一種の対抗イデオロギーとして練り上げられたものであった。従って、彼らコモン・ローヤーたちに、新たなそしてよりラディカルな国制論を構想させる政治的契機となった「ジェームズの政治思想」について検討しておくことが、本章の考察を進めるうえで必要不可欠だと思われる。そこで以下では、ジェームズの政治思想の全体像を再現し、その性格を明らかにしておきたい。

一七世紀初頭のイングランドでは、フランスとスコットランドとの抗争を背景に、一方ではカソリック陣営の存在が、他方ではスコットランドからの影響を受けた長老派陣営の存在が体制の安定にとって切実な問題として浮上していた。これら両陣営は、宗派上の国際的な連帯関係をもち、その意味で国教会体制の首長であるイングランド国王に対する忠誠の問題がそこには伏在していた。実際、国際的に見るとカソリックおよびカルヴァン派の両陣営からは、専制君主に対する抵抗権を正当化する理論が提起されるに至っていた[Sommerville 1986,1999: chap.1]。絶対主義の言説は、こうしたカソリックおよびプロテスタント陣営から提起された抵抗権理論に対抗して、王権をイデオロギー的に強化することを目的に構想されたという側面を持っている。とりわけ「王権神授」の理念は、国内の世俗の統治を直接目的としたものであるというよりは、むしろカソリックのローマ教皇の権力を説いた教説を反駁し、君主の統治に至上の権威を賦与することを狙いとしていた点に留意する必要があろう。ジェームズ一世においても、イングランドの国内統治の実践において王権神授説が前景に立ち現れることは稀であったと言わねばならないからである。ともあれ、イングランドにおいてもこうした王権神授説は、ジェームズ以外にもとくに教会の聖職者を中心にある程度の広がりを見せていたが、同時にそれはローマ法学者によるビザンティン主義的皇帝理念に立った王権理論とも結合し、イングランドにおける絶対主義的な言説を形成していたと言えよう。⑮

一般的に、ジェームズ六世ないし一世は王権神授説を提唱した典型的な絶対主義者として理解されている。その場合、ジェームズの絶対主義的な政治信条を表現したものとしてとくに重視されているのが、スコットランド時代に執筆された二つの作品、『自由なる君主制の真の法』(*The Trew Law of Free Monarchies*, Edinburge,1598)と「バシリコン・ドロン」(*Basilicon Doron*, Edinburge,1599)である。⑯ 一五九〇年代に執筆されたこれらの作品は、ジェームズとその息子チャールズ一世の君主制の観念を確立するうえで「重要なテキスト」となったし、一七世紀イングランドの「最初の四〇年間において国王の政治思想を支配」するものとなった［Christianson 1991: 71-2］。しかし他方で、ジェームズの統治理念を考察する際に見落とすことができないのは、イングランド国王として一六一〇年議会で行った「法に従う良き君主」の演説である。それは、「体制の確立した国家」では国王も「法に従って支配する」という立憲主義的なニュアンスを持った演説である。このようにジェームズ六世としての言説とジェームズ一世としての言説の間には明らかに一定の差異が存在する。[17] 従ってジェームズの統治理念を考察する際には、あえて二つの時期に分けて彼の言説を分析してみる必要がある。すなわち、スコットランド時代のジェームズ六世としての言説と、イングランド国王に即位したジェームズ一世としての言説である。彼の政治言説は両義的な性格を帯びており、それらは時として極端な表現形態をとることも少なくない。それゆえ、彼のどの言説を選択的に取り上げるかによって、その評価は全く対照的なものとなりうる。その意味で、コンテクストと時系列を考慮せずに彼の言説を断片的に取り扱うことは、彼の政治思想を正しく評価することにはつながらない。本節では、ジェームズの政治言説を、それが表明されたその時々のコンテクストを考慮しながら、かつ通時的に追ってみたい。そうすることで彼の政治的思考の連続性と非連続性を明らかにしながら、ジェームズの政治思想全体の性格を判断していくことにしたい。またそれは、ジャコビアン時代のイングランドに存在した、そして結果的に近代的なイングリッシュ・コンスティチューショナリズムの祖形を構想させた当時の対立点を正確に同定する作業でもある。

（一）　スコットランド国王ジェームズ六世の主著

一般的に「絶対君主制」の政治理論の性格は、君主を地上における神の代理人と捉え、国王権力を神から導き出すことによって、主権をただ一人の支配者の手に集中させるところにある。君主が統治の責任を負うのは、神に対してのみであって、臣民に対してではない。君主は神法と自然法の下にはあるが、国法の上に立つ。それゆえ君主に対してはいかなる抵抗の手段も禁止される[Daly 1978: 227-50; Sommerville 1986: chap.1]。スコットランドのジェームズ六世は、こうした絶対君主制の「最も重要な擁護者の一人」であったとされている［Christianson 1991: 73]。

とくにジェームズ六世が著した『自由なる君主制の真の法』は、絶対的主権を理論的に説明しようとした典型的な絶対主義の作品であると言われる。彼はこのなかで、君主の絶対的権力の「真実の諸根拠」を、聖書と自然法とスコットランドの基本法から説明する。第一に「聖書」によれば、「国王は、予言を記したダビデ王によって神と呼ばれている。なぜなら、国王は神に依拠して地上の王位に就いており、国王に与えられた統治の宮廷を持つからである」。そして国王は、あらゆるクリスチャン国王が戴冠の際に与える誓約を果たすよう、「自らの代理人として国王を据えた偉大なる神に対して」責任を負っている。第二に「自然法」に基づいて言えば、「国王は自然法によって、彼のすべての臣下にとっての自然的な父（natural Father）となる」。父親が「父たるものの義務」として「子どもたちを養育し教育し、有徳な統治を行うこと」に注意を払うよう拘束されているのと同様に、国王も彼の臣民に対して父たる者の義務としてそうした注意を払うよう、自然法によって拘束されている［PW: 64-5]。このように自然法は、父の子に対する自然的支配を説いた家父長制のアナロジーを通じて、王権神授説を補強するものとなっている。つまり、国王の主権は、神と人民との関係および父と子との関係のアナロジーで支配の正統性が与えられているのである。

他方、スコットランドの「基本法（fundamentall and civill lawe)」に関しては、スコットランドにおいて「法と統治形態を創設した最初の様式」について議論が進められる。ジェームズは、スコットランドに王国を建設したファーガスとその従者たちの歴史を説明する形で、少なくともスコットランドにおいては「国王はその地位について論理的にも歴史的にも優位性を持つ」ことを主張する。彼は、スコットランドでは「法と国家は……国王を認める以前に確立された」とするジョージ・ブキャナン⑱の説を「偽りの確言」と批判しながら、スコットランド王国の建設の歴史をこう説明していく。すなわち、「一人の賢明なる国王が野蛮な人びとのなかに来りて、最初に身分と統治形態を確立し、しかる後に国王自身によって法が作られ、そしてその王位の継承者たちがこれに従ってきた」。それゆえスコットランドにおいては、国王は「いかなる身分ないし階層よりも先に存在」し、「議会が開かれたり、法がつくられたりする以前から存在した」のである。そして国王によって「土地が分配され」、「統治形態が考案され確立された」のである。このようにジェームズによれば、ファーガスが野蛮な人びとによって最初の国王として受け容れられ、スコットランド王国を創立し、その後に彼の継承者たちが法を作り、統治形態を確立したのだとされる。それゆえスコットランドでは、国王の権力は、歴史的な成立から言っても論理的な関係から言っても、法や議会に優位する。ジェームズはこう結論づける。「必然的に、国王こそが法の源泉（authors）であり、作成者（makers）であって、法が国王の源泉や作成者なのではない」と［PW: 72-3］。

このようにジェームズ六世の政治言説のなかでは、神法と自然法とスコットランドの基本法とが結合し合って、国王の絶対的な主権が正当化されている。絶対主義の本質的な性格が、国王は神から授権され、神にのみ責任を負うという点、そして国王は主権を持つ立法者としてあらゆる人定法の上に立ち、国法による制限を受ける存在ではないとする点にあるとすれば、スコットランド国王ジェームズ六世としての言説は、少なくとも原理的には紛れもなく「絶対君主制」の性格を備えているものと言わざるをえない。そしてそれは、彼が自己の思想形成にあたって大陸の絶対主義理論から影響を受けていたことからも明らかである。周知のように、ジェームズは、パリから戻ったブキャナンによって幼少期から人文主義的な教育を施されたが、人民による国王選定論や制限君主制論を説くブキャナンに対してジェームズは反発を覚えるとともに、フランスの人文主義法学者たちの絶対的な主権論を自ら摂取した。このことは彼の所蔵リストからもうかがわれる。そのなかには、ギヨーム・ビュデ（Guillaume Budé）

の『君主制』(*Institut du Prince*) やボダンの『国家に関する六篇』(*Les six livres de la Repblique*) など、ブキャナンとは対照的に絶対的権力を擁護した作品が含まれていたからである [Wormald 1991: 43]。ジェームズの政治理論は、こうしたフランスの人文主義ローマ法学者たちの絶対的権力論の影響を受けて形成されたものと考えられる。

とはいえ、このことは、ジェームズ六世が現実政治において自らの意思にのみ基づいて行動しようとしたということを意味するわけではない。『自由なる君主制の真の法』において、彼は他方でこう述べているからである。「国王は法の効力の源泉(author)であり賦与者であるから、国王が法の上に立つということは、実際、真実である。……しかしながら良き国王というものは、彼の臣民を法によって支配することを快しとするものである。否、それだけでなく、コモンウェルスの健全なる繁栄こそが国王の主たる法でなければならないという根本をつねに維持しながら、自己の行為を法に一致させようとさえするであろう」[PW: 75]。このようにジェームズ六世の政治言説のなかには(そして後述するようにジェームズ一世のなかにも)、ある種の両義的な二重性が存在している。神授権論と家父長制論に基づいて典型的な絶対主義の原理を表現しながらも、統治の実践では、ジェームズは「良き国王(a good king)」という考えの下に法に従う姿勢を積極的に表明している。もとよりこうした「法に従う」という言説を直ちに立憲主義的に捉えることには慎重でなければならない。彼がここで述べている「法」の意味内容を明確にしておかなければならないからである。

まず前述した絶対的主権を正当化する彼の言説から明らかなように、国王と言えども神法と自然法の拘束は受けると彼は考えていた。しかしながら、神法と自然法による制約は、法的な義務というよりはむしろ道徳的な義務である。従ってその実現は、ひとえに国王自身の「良き意思」に委ねられることになる。さらに彼が「法に従う」と表明する時、それはスコットランド王国の法も射程に入っている。ここで言うスコットランドの法とは、彼が〈fundamentall and civill lawe〉と表現しているように、ローマ法を受容して作られた基本法のことを指している。しかし

「良き国王」としてスコットランドの基本法に従うという場合、それはどこまでも国王自身の「良き意思」に基づいてなされるものである。ジェームズはこう言明している。「良き国王はすべての行為を法に従って形作ると、余は言ったけれども、しかし国王はそのことを義務づけられているのではなく、国王の良き意思に基づいて行っているのである」。従って、本来的には「国王は法の上に立つ」けれども、「良き国王」として「国王自身の自由意思」に基づいて「自らの行動を法に服させ、法に基づいて形成する」のであると [PW: 75]。ジェームズのこうした「法に従う統治」の考え方は、ブキャナンらの説く人民の「抵抗権」を排除することを念頭においたものと言える。ジェームズは、法を遵守するという戴冠の際の「誓約 (oath)」を自ら進んで果たすとしながらも、それを国王と人民との間の「契約 (paction, contract)」と見なすことにははっきりと異議を唱えている。国王の誓約が破られているか否かを判断するのは神であり、そして誓約に違反した国王を処罰するのもただ神のみである。それゆえ臣民が、国王の義務違反を理由に支配服従関係から解放されるとか、反乱を企てることができるといったことは、ジェームズにとっては、許容されるべき事柄ではなかった [PW: 81-2]。

原理的に絶対的権力を擁護しながら、実践的には「良き意思」に基づいて既存の法を尊重するという、ジェームズのこうした二重性は、法の制定手続、すなわち議会の権能に関する彼の見解にも現れている。「議会（それは国王とその臣下からなる最高法廷にほかならない）において、臣民からの懇請を受けて、彼らの要請に即して、彼らの助言を伴いながら、唯一、国王によって、法が作成されるのを、われわれは日常的に目にしている」。ただし「そのような議会との間に労力を尽くしながらも……、国王は、議会あるいは諸身分の助言なしに制定法や条例をいつでも作成する」ことができるのである。これに対し、「どのような種類の法あるいは制定法であれ、国王なしに作成するなどということは議会の権力のなかには存在しない。国王こそが法に効力を与えるのであるから」[PW: 74]。

以上のようにジェームズ六世の政治言説は、一方で神授権論と家父長制論に基づきながら国王の絶対的権力を原理的に擁護するとともに、他方で実践的には自身の「良き意思」に基づいて法に従う「良き君主」を語るものであった。ジェームズの政治思想におけるこうした理論と実践の二重性は、彼の『自由なる君主制の真の法』をジェームズ六世としてのもう一つの主要作品『バシリコン・ドロン』と比較して、両作品の間の差異を確認する時、いっそう明確なものとなる。『自由なる君主制の真の法』では、国王の統治に課せられる制限は、もっぱら神との関係において議論されていたが、『バシリコン・ドロン』ではかなり様相が異なっている。後者の作品は、「君主政治のマニュアル」を説いた「実践的ハンドブック」[Wormald 1991: 47] のような作品であり、[19] そこには国王の絶対的な神授権を理論的に擁護しようとするエキセントリックさは見られない。たしかに「国王の神に対するクリスチャンとしての義務」と題された最初のセクションでは、「神は汝［君主］を、王に就かせ、他の人びとを支配させるために、小さな神となし給うた」と神授権論を説いているものの [PW: 12-19]、全体としては国王の「職位」に伴う義務 [PW: 19-49] や国王としての行動 [PW: 49-61] について具体的に説明しようとしたものである。

ジェームズは『バシリコン・ドロン』のなかで、国王の職位には「正義と衡平」に従って「良き国王」として「人民の間に良き法を確立し、執行する」義務が課せられていると主張する。彼はここで「法に従う良き国王（lawful good King）」と「強奪的な専制君主（usurping Tyrant）」との相違を強調する。ジェームズによれば、良き国王とは、「良き法をつくり、執行することで、人民の福祉と平和を実現し、維持する」ことを考えるものであり、国王としての「最大の満足が人民の繁栄のなかにある」ことを理解し、「共通利益こそが国王個人の最も主要な利益」であると見なす。このように良き国王とは、人民の公共善を目的に良き法の作成と執行を責務とする君主であるのに対し、専制君主とは「気ままで私的な感情にのみ仕え、あらゆる良き法を転覆させることによって、自身の個人的な利益の促進を図るために公共の福利を仕立て上げようとする」[PW: 20]。ジェームズは、こうした専制君主の末路は必ず「悲惨で悪名高い人生」とならざるをえないとの認識を示している。とはいえ、それは神による処罰によってであり、たとえ専制君主に対してであれ、人民による抵抗は決して正当化されえないと言明する［PW: 21］。

このようにジェームズにとって良き君主とは、人民の公共善のために良き法を作り、執行するところにその本分がある。彼は、そのための「統治形態」という点でも、良き国王と専制君主との間には決定的な差異が生じると言う［PW: 22］。ジェームズは良き国王の統治形態という文脈で、法の作成において議会が果たす機能についても一定の理解を示している。彼によれば、スコットランド王国の「古来の基本的な政体（ancient and fundamentall policie）」に基づいて、臣民は「聖職身分」と「貴族」、商人や職人からなる第三身分としての「市民」の三身分に分かれ、議会とはこれらの三身分が集う「古き制度」である［PW: 25-31］。そして彼は、法の作成は、究極的には「国王自身の自由裁量（discretion）」によるとしながらも、議会は「この国土において最も尊重に値する最も高次の判断」を示し、良き法は議会において作成されると言明している［PW: 21］。

以上のように、『バシリコン・ドロン』に見られるジェームズの統治観は、絶対主義的な統治というよりは、賢明な君主の良き「人格」に基づいてなされる「法に従う（lawful）」統治のイメージである。『自由なる君主制の真の法』が抽象的な理論の次元において教皇権力と人民の抵抗権に対抗して国王権力の不可侵性を説こうとするものであったとすれば、『バシリコン・ドロン』は、実践的な考慮という点からスコットランドにおける君主の立場を強化しようとしたものであったと考えられる。そこに見られるのは政治における現実主義な洞察である。立法の本質を国王の「自由裁量」に置きつつ、しかし同時に良き法の作成を行うための統治形態として、「古来の基本的な政体」に基づいて国王および王国の三身分からなる「議会」を承認するのは、それが王国の統合において効果的であると考えたからである。効果的な統治のためのジェームズのこうした実践的考慮の特徴は、たとえば法と議会についての次のような言説のなかにも見て取れよう。彼によれば、議会は「新たな法の必要性」が生じた時以外には開かれないし、そうしたことは「稀な」ことである。そもそもコモンウェルスを良く統治するために必要となる最善の法とは、それほど多くは存在しないし、そうした少ない法を「上手に執行する」ことこそが重要なのであると。[20] 従って、議会の権能を積極的に活用しようとする意図が、ジェームズにあったわけではない。彼にとって重要であったのは、君主の強力なリーダーシップによって国家の秩序を維持することであった。そのために有効と考えた「法に従う良き国王」の統治も、突き詰めるところそれは、「汝自身の人生を法書となし、人民にとっての鏡となし給え」とのジェームズの助言に見られるように［PW: 34］、賢明な国王の良き意思あるいは良き人格に基づいて、良き法が実現され、そしてそのことに対して国王はクリスチャン国王として神に道徳的責任を負っている、という自己規律的な性格のものである。従って立法行為そのものも本質的には、統治における高度な政治判断の範域に認められる絶対的権力と同様に、国王自身の「自由裁量」に求められているのである。

『自由なる君主制の真の法』が原理的ないし理論的な書であったとすれば、『バシリコン・ドロン』はその理論をスコットランドの具体的状況のなかで適合的かつ柔軟な形に置き換えて議論しようとしたものであったとも言える。その意味で、現に国王の職位にあったジェームズの神授権論は、単に「理論家として」の側面だけで読むことはできないし、「理論を実践のなかへと翻訳しなければならなかった」人物の言説［Wormald 1991: 43］として理解する必要がある。こうした理論と実践の二重性は、後にイングランド国王ジェームズ一世として一六一〇年議会で示した、きわめて両義的な性格の言説を考察するうえで重要な示唆を与えてくれる。同様な二重性は、ジェームズ一世時代の言説のなかにおいて、よりいっそう顕著な形で現れてくるからである。そしてその場合、神授権論と家父長制論とを混合した絶対的権力論と、法に従う良き君主の言説という両義的な基本的要素は変わらなくとも、「良き君主」として「法に従う」際の「基本法」が、スコットランドではローマ法であったのに対し、イングランドではコモン・ローであったという点に重要な違いがある。この違いは、イングランド国王となったジェームズ一世の政治言説の性格を見定めるうえで重要である。ジェームズは、自らの政治思想の基本的な枠組みを維持しながらも、しかしそれをコモン・ローの伝統に適合させるために鋳造しなおす必要に迫られていくからである。

（二）　イングランド国王ジェームズ一世の政治言説

ジェームズが著した主要な作品は五つあるが、そのうちの二つはスコットランド国王として執筆した前述の二作である。そして『自由なる君主制の真の法』と『バシリコン・ドロン』は、一六〇三年のジェームズ一世の即位と同時にイングランドでも刊行された[21]。さらに、ジェームズはイングランド国王となった後に、『誠実宣誓のための弁明』（*Triplici Nodo Triplex Cuneus*, 1608）と、『陛下の予戒』（*A Premonition of his Majesties*,1609）、『諫議書』（*A Remonstrance*, 1616）の三つの作品を著している[22]。ジェームズ一世となってからのこれらの著作のなかにも、たしかに王権神授説に基づいて国王の絶対的権力を説いた言説が確認される。しかしながらそれらは、もっぱらカソリックとの対外的な論争において絶対君主制の「神学」を擁護するために執筆されたものであった。すなわち、それらの言説は、教皇は王として不適格な者を破門し、廃位させる権限を持つとともに、誠実宣誓に基づく貴族の国王との主従契約を解除させる権限を持つと主張するカソリックの教説に対抗しながら、神に直接に由来する至高の権力をもつ国王にカソリック教徒も含めたすべての臣民が「誠実宣誓」をなすことを要求するためのものであった。

一方、イングランドの国内統治に関しては、王権神授説とは異なった言説を展開する必要があった。「体制の確立した国家」における統治が語られた一六一〇年の議会演説はその典型的な例であるが、まずはそこに至るまでにジェームズがイングランド国王として各議会で行った演説を確認しておくことにしよう。従来の研究では、ジェームズの政治思想を判断するうえで、『自由なる君主制の真の法』の王権神授説の言説をもってジェームズを典型的な絶対主義者と断定したり、あるいは逆に一六一〇年議会での彼の有名な演説をもって彼の立憲主義への転向を指摘したりすることが多いからである。しかしながら、理論と実践の二重性にこそ彼の政治思想の特質があるとすれば、われわれは、イングランド国王ジェームズ一世としての政治思想を正確に同定するために、各議会の演説内容を詳細に分析してみる必要がある。ジェームズの議会演説は、チャールズとは対照的に、自己の統治理念を積極的に説明しようとした長大なものが多かった。その意味で彼のイングランドでの議会演説は、政治理論と統治実践を巧みに組み合わせようとしたジェームズの態度を読み取るのに好適な素材であると言えよう。

まず即位後最初に召集された一六〇四年の議会演説においてジェームズが最も関心を示していたのは、イングランドとスコットランドの合同問題であった。「余は夫であり、ブリテン島全体がすべて法律上の妻である。余は頭であり、ブリテン島全体が身体である。余は羊飼いであり、ブリテン島全体が子羊の群れである。それゆえ、聖書の下にあるキリストの国王たる余が、一夫多妻で二人の妻を持つ夫であるべきだなどと考える者がいないことを、余は望むものである」[PW: 136]。ジェームズの関心は明らかに、イングランドとスコットランドの全体を一つの一般法ないし基本法によって統治することにあった。この点で言えば、ジェームズにとってコモン・ローはイングランドの「国内法（municipal law）」であって、合同した全体を統治する一般法はローマ法を基礎に定立されるべきものと考えられていた。この一六〇四年の議会演説のなかでは、王権神授説に基づく絶対主義的な原理は前景に現れていない。しかし他方で、イングランドのコモン・ローや国制に関する言説も積極的に語られているわけではない。ただ注目に値するのは、イングランドの新たな臣民を前にして最初に語ったこの演説のなかにも、かつてと同様、専制君主との区別が語られている点である。ジェームズは「正義に適った国王（rightful King）」と「強奪的な専制君主（usurping Tyrant）」とを区別し、その違いをこう説明する。「高慢で野心的な専制君主は自身の欲求や不合理な欲望を満たすために王国と人民が定められたにすぎないと考えているのに対し、正義に適った正当な国王は対照的に人民の富裕と繁栄を調達するために自らが定められたことを承知している」。同様な言説はジェームズ六世時代にも確認されたし、また一六一〇年議会においてよりいっそう明確な形で展開されることになる。

続く一六〇五年の議会演説では、スコットランドとの合同問題はさほど強調されず、むしろ反カソリックの宗教問題が前面に現れている。それは、議会演説の四日前（一一月五日）に起こった事件、すなわち国王を議場のなかで爆殺しようとしたカソリック教徒の「火薬陰謀事件」を背景に、カソリックの脅威に主たる関心が向けられていた。この一六〇五年の議会演説は、ジェームズの政治思想を考えるうえで二つの示唆的な面を持っている。一つは、この演説では一六〇四年の即位後最初の演説とは異なり、冒頭部分から王権神授説が滔々と強調されている点である。「国王は神の言葉のなかにあるがゆえに、それ自体が地上における神の代理人あるいは代理権力者として神と呼ばれる。国王とは神性の光彩によって装飾され、設置されたものなのである」。ここで重要なのは、こうした神授権に基づく国王権力の至高性の強調が、教皇の国王に対する制裁権をめぐるカソリックとの神学論争の文脈で語られている点である [PW: 147-54, at 147]。それは、神に直接由来する国王権力の至高性を強調することにより、カソリック陣営への対抗を図るとともに、国内における抵抗を封じることを意図している。実際、ジェームズはこの後、議会で反カソリックの新法令を制定して、カソリック教徒に対して「誠実宣誓」を要求していった。そしてこれに端を発したローマ・カソリックとの論争において、ジェームズは一六〇八年に『誠実宣誓のための弁明』を、一六〇九年に『陛下の予戒』を著したのであった。それゆえ、一六〇五年の議会演説で示された王権神授説の言説も、反カソリックの文脈で現れたものであって、国内の世俗統治を念頭において語ったものではない。

実際、この一六〇五年の演説のなかでは後半部において、ジェームズは新国王としてイングランドの法と統治形態について通暁しようとする姿勢を積極的に見せている。これがこの演説に見られるもう一つの重要な点である。この演説のなかでジェームズは、イングランドの「議会の真の性格と定義」について説明し、議会の至高の役割について十分な認識を示そうとしていた。「議会（high Court of Paliament）とは、旧来の法を解釈したり、廃止したり、あるいは新たな法を作成したりする場合に国王が召集する国王の大評議会(great Council)にほかならない」。ジェームズは、このように議会の立法における至高性を確認しつつ、その性格を四つの点から説明する。第一に議会の「構成」、第二に議会が扱う「問題」、第三に議会が設置された「目的」、第四に議会の「手段と方法」である。

議会の「構成」については、「議会は頭と身体で構成される。頭は国王であり、身体は議会の成員である。この身体はさらに二つの部分に分かれる。すなわち、上院（Upper House）と下院（Lower House）である」。そして上院は「貴族」と「主教」からなり、下院は「州のナイトと都市のジェントリおよび市民」からなる。しかし「ジェントリと市民の全員が各議会に出席するには、その数はあまりに膨大である。それゆえ、一定の人数がその大団体から選挙・選出され、当該の議会に対してのみ任期を有する。議会においては、彼らの人格はその選出母体を代表するもの（representation）となる」。こうした議会の構成ゆえに、議会が扱う「問題」も「一般的な」ものとなるべきであり、そうした「一般的な身体（generall Body）」が議会に召集されることなしには実現することのできない王国の一般的な「問題」が議会では審議される、と。ここでジェームズは、「必要（Necessity）」が法をつくる、という観点に立ちながら、望ましき法整備の状態について付言する。「最悪のコモンウェルスにこそ最も多くの法が存在する（in Corruptissima Republica sunt plurimae leges）」というタキトゥスの言葉を引用しながら、「法の生命と力」は、夥しい「法の数」にあるのではなく、「善きかつ有益な法」の「正しき解釈と良き執行」にこそあると［PW: 155-6］。後述する一六一〇年議会の有名な演説とも関連してくるが、こうしたジェームズの法の観念は、膨大な数の判例法と制定法が無秩序に存在していると彼が見ていたイングランド法に対して否定的な評価を生み出し、ローマ法を参照しながら立法府としての議会を通じてコモン・ローの法典化を進めるという彼の要望へとつながることになる。いずれにせよジェームズは、法の解釈・改廃・制定においてイングランド議会の機能を承認していたことは間違いない。

さらに議会が設置された「目的」について、ジェームズは、それは「神の栄光の促進」と「国王と人民の安定と福利」に尽きるのだと言う。議会においては、個人が自己の「好奇心の充足」のために「私的な考え」を陳述したりする余地は存在しない。「神と国王と国家に対する崇敬の念」によって満たされた議会の成員は、「国王の職務の増進」のために「最善の助言」を与えるものとされる。最後に議会の「手段と方法」について、ジェームズはこう説明する。議会は、「法に従う国王（lawful King）」によって召集され、「国王によって提議された問題に対して、国王に最善の助言を与える」ものである。議会の議員は、「熟慮ある審議（mature deliberation）の後に必要と判断したことを上申する義務」を負っている。他方、国王の側も「公共の福祉」に貢献しないような事柄を議会に提議することは決してないと［PW: 156-7］。後述するように、審議を「国王によって提議された問題」に限定するという箇所については、議題設定の自由との関係で庶民院コモン・ローヤーとの間で論争となるものの、ジェームズが一六〇五年の議会演説で示した「議会の性格と定義」の説明は、ジェームズが即位後にイングランドの統治の伝統を十分に習得しようとしていた態度を示唆している。立法をはじめとする国家の一般的な問題を、国家全体を代表している「議会」の審議にかけることをその前提条件とするジェームズの見解は、王権神授説に基づく絶対主義的な彼の言説とは対照的であり、さらに彼がスコットランド時代に示した実践的な言説よりもさらに穏健なものとなっている。

このことは、ジェームズ自身の言葉からもはっきりとうかがわれる。「余の最初の議会の初のセッションでは、ここイングランドの法と国家に属する事柄について汝らに何か告げることは、余にはまだできなかった」。「この国家の特殊な秘儀を理解すること」は、いまだ「経験」を欠いていた当時にあっては可能ではなかった。しかしながら「余は汝らの間にあって三年近く統治し、国王の職位に属する事柄を注意深く探察してきた」。「三年という時は、他の人びとにおいては経験を積むには短い期間であるとはいえ、しかしながら国王においては、とりわけ余においては妥当な長さの時間である」し、とくにスコットランド国王として統治の経験をもつ国王にとってイングランドの法と慣習を理解するには十分な期間であると[PW: 154]。このようにジェームズは、イングランド国王に即位した際、王権神授説に基づく政治理論を直接振りかざすことはもとより、スコットランド国王としての統治術をそのまま適用することにさえ慎重であった。まずはイングランドの統治形態の伝統を学習しながら、自身の統治理念をそこに現実的な形で応用しようとしていたと考えられる。この点は、ジェームズの政治的態度を考えるうえで非常に重要である。ジェームズ一世を絶対主義的統治で単純に括ることはできないからである。

ともあれ、一六〇五年の議会演説で見られた「法に従う国王」として議会の至高性に配慮した言説は、この後の一六一〇年議会の有名なジェームズの演説へとつながる前駆的な現れであったと理解することができよう。そして続く一六〇七年の議会演説では、スコットランドとの合同問題が中心テーマとなっており、ジェームズはここで初めてイングランドのコモン・ローについて本格的に議論するに至っている。ジェームズ治世初期の統治においてジェームズが目指した主な政策は、合同問題、コモン・ローの改革、賦課金の拡大であったが、庶民院のコモン・ローヤーはそれらがコモン・ローにとっての脅威であると受け止め、次第にジェームズの統治政策に対して重大な懸念を抱くようになった[23]。ジェームズの一六〇七年の議会演説は、とくに合同問題に関わるイングランド臣民のこうした懸念を払拭する意図でなされたものと考えられる。ここでジェームズは、合同があくまでイングランド優位のものであることを強調している。「汝らは夫であり、彼らは妻である。汝らは征服者であり、彼らはあたかも被征服者である。しかしそれは剣によってではなく、愛による甘美で確実な拘束によってである」[PW: 164]。このことは、ジェームズが主張する「完全なる合同」、すなわち「一人の国王（unus Rex）」の下に「一つの法（una Lex）」で統治された「一つの社会（unus Grex）」の構想において、イングランドのコモン・ローこそが共通の基盤となることを意味している。「イングランドに来てから余が重ねたわずかな経験」からでも、「イングランドのコモン・ローの諸根拠が、市民法としても国内法としても、世界のいかなる法のなかでも最上のものであり、この人民に最も適している」と証明することができる、と。しかしながらジェームズは、裁判官による判例法として形成されてきたコモン・ローの「多大な不確実性」についても指摘し、裁判官の判断によって生じた法の「食い違いと不確実さ（varietie and uncertaintie）」を「議会によって」明確にし、「確実な法」へと改革することを訴える［PW: 162-3］。

ジェームズは明らかに、コモン・ローを「国内法」として、すなわち「万民法」の普遍的原理から派生した地域的なヴァリエーションの一つとして見ている。そしてジェームズは、この国内法としてのコモン・ローを、万民法を含むローマ法の諸原理に従って解釈し直し、拡張をはかることによって法典化し、もって完全な合同をみた「グレート・ブリテン」の法とすることを、この時点では構想していたのである。彼は言う。「汝らの法を矯正し洗練すること」によって、「スコットランドは、汝らの法の下に汝らと合同することになる」と［PW: 163］。

以上のように一六〇七年の議会演説からは、ジェームズがコモン・ローの伝統について一定の理解を深めるとともに、その活用方法について一定の見解を持つに至っていたことがうかがわれる。こうしたジェームズの意見表明は、庶民院コモン・ローヤーたちの抱く懸念を払拭しようとしたものであったが、その成果は決して芳しくはなかった。それはこの演説のなかで、ジェームズがローマ法的な国王大権論を展開していたことにもよる。ジェームズはローマ法の学識に基づきながら、国王が持つ「特殊な大権」として二つの原理を強調していた。一つは、「市民権を賦与する（donare civitate）」国王大権についてであり、もう一つは、「法が明確であるとは考えられない事例」や「実定法が解答を与えていないような問題」においては「国王が裁判官である（Rex est Iudex）」とともに国王が「話す法（Lex loguens）」となって、必要に従って「法を供給する」国王大権についてであった。つねに効果的な妥協を探るジェームズの場合には、こうした原理が直ちに現実政治のなかで適用されるわけではないが、しかしながらコモン・ローの伝統が脅かされることを懸念していた庶民院のコモン・ローヤーたちは、ローマ法の言語で「絶対的国王大権（absolute prerogative）」を原理的に定式化しようとするジェームズに対して警戒心を募らせたのであった。実際、後述するように、この後の前期ステュアート朝の現実政治のなかで、庶民院コモン・ローヤーと国王との間の言説上の対立は、この絶対的国王大権の解釈をめぐって展開されることになる。「絶対的権力」の概念はもともと一六世紀のフランスのローマ法学者が展開した概念であったが、こうした統治上の範域が存在することに関しては、すでに当時のコモン・ローヤーにおいても認識されていた。しかしながらジェームズが一六〇七年の段階で示した国王大権論は、あまりに直截にローマ法的表現で語られており、コモン・ローの言語を十分に活用しきれているとは言えなかった。コモン・ローの伝統のなかで国王権力を説明しようとする試みは、続く一六一〇年議会において現れてくる。

(三) ジェームズ一世の一六一〇年議会の演説

一六一〇年議会の召集は、封建的付帯義務の廃止と引き換えに補助金の毎年徴収を求める「大契約」を政府が提案するためのものであったが、そこではジェームズが即位してからイングランド臣民のなかに高まっていた懸念が一気に噴出することとなった。とりわけこの時の庶民院コモン・ローヤーたちの懸念は、ジェームズが財政問題の解決のために未確立の賦課金を議会の同意なしに拡大したことと、それが財務府裁判所の判決を通じて合法化されたことを受けてジェームズが一気にその対象品目を拡大したことに由来している。さらに一六〇七年に刊行されたローマ法学者ジョン・カウエルの『解釈者』が、国王の自由な立法と課税を認める「絶対君主制」を原理的に擁護していたこともあって、庶民院コモン・ローヤーは国王の課税権それ自体の問題を原理的に論争しようとしたのであった［第五章参照］。

こうした事態のなかでジェームズは、注目すべき内容の議会演説を行った。彼はこの演説を、『自由なる君主制の真の法』のなかでかつて展開した典型的な絶対主義の言説を繰り返すことから始めている。「国王は地上における神の代理人であり、神の御座についているだけでなく、神自身によってさえ国王は神と呼ばれる」。彼は、国王権力を「三つの主要な直喩」を用いて説明する。一つは「神の言葉」から引き出され、他の二つは「政治と哲学の根拠」から導かれる。まず「聖書」においては、「国王は神と呼ばれ、確かな関係性によって神の力に喩えられる」。他方、国王はまた「家族の父」に喩えられ、彼は真実「人民の政治的父」である。そして最後に、国王は「人間の身体という小宇宙の頭」に喩えられる。こうして彼は、神学に基づく王権神授説と、自然法に基づく家父長制支配の論理と、中世の神秘的身体の秩序観という、三つのアナロジーを用いて国王の絶対的権力を説明する。なかでも彼が重視するのは神学的説明である。「国王は正当にも神と呼ばれる。というのも国王は、地上において神の力の方式あるいはそれと類似した方式で権力を行使するからである」。「神は自らの意のままに創造したり破壊したり、あるいは作ったり作らなかったりする権力をそなえ、また生殺与奪の権力を持ち、誰に責任を問われることもなく、すべてのものを判断する権限を手にしている」。そして「国王もまた同様な権力を持っている。すなわち、国王は自らの臣民を作ったり作らなかったりすることができるし、生死の盛衰を司る権力を持つ。またすべての臣民をあらゆる事由において裁くことができる。しかしながら国王は、神以外のいかなる者に対しても責任を問われることはないのである」。このようにジェームズは、神学的な説明に拠りながら、国王の絶対的権力を原理的に強調する。彼によれば、国王権力を「抽象」的に説明する時、それは「神学において最も真実である」とされる［PW: 181］。

ジェームズが絶対的権力論の原理的説明をここまでエキセントリックに強調したのは、イングランド国王になってから最初の事例であったと言える。少なくとも、教皇権力を反駁する対カソリックの目的で執筆された先の著作を除いて、統治の実践の場でここまで語ったのは異例のことである。こうした国王権力の至高性と絶対性をあえて議会演説の冒頭で強調したその意図はおそらく、この一六一〇年議会で庶民院コモン・ローヤーが課税権をはじめとする国王権力の射程を原理的に論争しようとしていたことを戒める布石であったと考えられる。後述するように、ジェームズが一貫してかつ頑なに峻拒したのは、臣民による国王権力の「論争（disputation）」という点であった。

しかしながらこの議会演説では、こうした絶対的権力論とは全く対照的な「法に従う」統治理念が続いて表明される。それは、スコットランド時代から確認される理論と統治の二重性という枠組みの延長線上で展開されたものであったが、しかしここでの表現は明らかにイングランドのコモン・ローに適合した言語で語られている。ジェームズは、国王の絶対的権力に関する神学的な論拠を示した後、しかし「神学における国王の一般的権力」と「体制の確立した（settled and established）王制の国家」との間には大きな相違が存在すると言明する。ここで彼が言う「体制が確立した」とは、王国が「基本法（fundamentall Lawes）」によって統治されることを意味している。

ジェームズはこう説明する。「いまやわれわれの時代には、最初の始原的な国王の国家と体制の確立した国王ないし君主の国家とを区別しなければならない。現在の国王ないし君主は、政治的王国（ciuill Kingdomes）において統治しているのである」。国王の「最初の始原的な（the first original）」統治の開始は「征服」によることもあれば「人民の選定」によることもあるが、いずれの場合にもその権力は直接神から授けられたものであり、それゆえ絶対的である。しかしまもなく王国は「政治（ciuilitie and policie）」の状態へと移行し、国王は「自身の心を法によって規定する」ようになった。それは、「人民の嘆願」に「国王の許可」が与えられる形で「国王のみによって適切に作成された法」である。この時「国王は話す法（Lex loguens）となった」。これ以降、国王は「二重の宣誓」によって「王国の基本法の遵守」を義務として負うことになったのである。一つは「暗黙のうちに国王であることによって」、もう一つは「明白に戴冠の際の宣誓によって」［傍点は筆者、原文ではイタリック］。さらに、「体制の確立した王国におけるすべての正当な国王は、法によって人民になした契約（paction）を、法に一致する統治を形成するなかで遵守する義務を負っている」。「体制の確立した王国において統治する国王」は「法に従って支配する」ものであり、もしそれを止めてしまえば、たちまち「専制君主（Tyrant）」へと堕してしまうことになるであろうと。

こうして彼は「法に従う正当な君主」と「専制君主」との違いを強調し、「専制君主でないすべての国王は、……喜んで自らを法の制限のなかに拘束するであろう」とし、「国王のすべての時代において」変わることなく法に従うことを表明したのであった [PW: 182-4]。

このように一六一〇年議会の演説のなかでは、王権神授的な神と国王との関係は「国王の始原的な権力」の形で把握し直され、その絶対的権力は「政治的王国」を創設するその出発点においてのみ行使されるものとなる。そして政治的王国ができあがって以降は、議論の重心は、神と国王との関係よりもむしろ戴冠の際の誓約に基づく基本法と国王との関係へと移行することになる（ただし後述するように絶対的国王大権の次元を除いて）。

ジェームズは、「体制の確立した王国」の統治を承認するにあたっても、やはり神とのアナロジーを援用している。すなわち、旧約聖書の時代には神は「神託」と「奇跡」によって事業を進めた。しかしキリスト以降に「教会」が確立してからは、神は教会を通じて人民を監督するようになったと。ここでのアナロジーは、王権神授説と「体制の確立した王国」の統治との間に連続性を持たせることで自身の政治思想全体の整合性を保つために用いられたものとも言えるが、同時に「体制の確立した王国」の統治をも神とのアナロジーで承認したことは、ジェームズにとって法に従う統治が決して便宜的なものではなかったことを示唆している。しかしながら他方で、こうした神とのアナロジーを一貫して持ち出すジェームズの政治的思考からは、たとえ「体制の確立した王国」であっても抵抗権はもとより人民が国王の責任を問う余地も許容されることはない。たしかに一六一〇年議会のジェームズの演説は、戴冠の際の「誓約（oath）」を、基本法としてのコモン・ローを遵守する、人民との間の「契約（paction）」と表現し、従来よりも進んだ見解を表明しているように見える。しかし国王はやはりこの契約に基づいて臣民から問責されることはない。体制の確立した王国における統治の場合にも国王が責任を負うのは神に対してのみである。ジェームズは言う。「いかなるキリスト教徒も君主に対する人民の反乱を認めるべきではないけれども、しかしながら神は、国王がこうした制限違反を犯した時には、決して処罰せずにはいない」であろうと［PW: 183］。それゆえ、国王が専制化したとしても、臣民に許されるのは「彼が良き国王になるよう神に祈る」ことだけであった［PP10: 103］。スコットランド時代以来、人民の反乱を最もおそれ、人民の抵抗権を非難してきたジェームズにとって、人民との間に法に従う統治を誓約することと、人民がそれに基づいて国王を問責することとは切り離されねばならなかったのである。

ジェームズの政治思想の性格は、このように専制的な統治を否定する一方で、制限的統治に対しても重要な留保を伴うものであった。ブキャナンらのスコットランドのプロテスタント思想家や内乱期以降のイングランドの議会派の言説において主張される人民の抵抗権という論理が非難されるのはもとより、前期ステュアート朝の庶民院コモン・ローヤーが主張したような、コモン・ロー上で国王権力を明確に定義することも、人民がコモン・ローの定義に従って国王の権力行使の妥当性を論争することも、ジェームズの思想のなかでは占めるべき余地を持たない。

しかしながらこうした制約を考慮したとしても、一六一〇年のジェームズの議会演説が、スコットランド時代以来の思考枠組みの延長線上に立ちつつも、それを超えた重要な進展を見せている点に、われわれは注目しなければならない。それは、法に従う統治の「法が何であるか」という点に関係している。これまでジェームズの政治言説を通時的に分析してきたところからも明らかなように、彼にとって国王が従うところの「法」とは、まず何よりも神法であり、そして理性的被造物に共有された自然法であった。さらにジェームズは、成立の由来を国王の創造に求める形においてではあったけれども、スコットランドの基本法の遵守も表明していた。ここで言うスコットランドの基本法とはもとよりローマ法の受容によるものである。それゆえ、ジェームズ六世として示した法に従う統治の「法」とは、神法、自然法、ローマ法であった。他方、一六一〇年議会で示した「体制の確立した王国」における法とは、イングランドではまさにコモン・ローを意味した。ジェームズのこの議会演説は、コモン・ローに従う統治を正式に表明したという点で大きな意義を持つ。「体制の確立した国家における国王の統治」と「国王の始原的な権力」との間の「大いなる相違」［PW: 184］を強調することによって、王権神授説に基づく国王の絶対的権力の観念は「国王の始原的な権力」として限定的に解釈し直される。そして通常の統治については、コモン・ローによって体制の確立した王国であるイングランドにおいては、コモン・ローの規定に従って統治することを、議会の公式の発言として表明したのである。

コモン・ローに基づく統治をジェームズが承認したことは、一六一〇年の議会演説におけるジェームズの言葉のなかにはっきりと現れている。彼は、「コモン・ローを嫌悪するイングランドの国王は自身の王位を否定することになる」とし、コモン・ローを「この王国の基本法（fundamentall Lawes）」と表現して、コモン・ローの基本法としての性格を認めている。そのうえで彼は、ローマ法との関係をこう説明する。ローマ法については、教会裁判所や海事裁判所などで古来の慣行に従って運用されるほか、万民法として外交その他の国際関係の処理において適用される、と。つまり、ローマ法はとくにヨーロッパの国際的な領域に関わる法として重視され、コモン・ローは「国内法」として王国の基本法と見なされるのである。彼は言う。「実際にスコットランドだけでなく、フランスやスペインその他の王国も含めて、ローマ法のみによって統治される王国は世界に存在しない。それぞれの王国は、この王国がコモン・ローを持つように、自らの慣習に一致したそれ自身の国内法を持っているのである」と［PW: 184-5］。

もとよりジェームズは、現行のコモン・ローの様態をそのまま承認したわけではなかった。ローマ法によって法のあり方を思考してきたジェームズにとって、コモン・ローの体系性を欠いた膨大な法の蓄積と、不文法であるがゆえの裁判官の一貫性を欠いた判決に対しては、かなり否定的な態度を示していたからである。それゆえ彼は、コモン・ローの基本法としての地位を認め、コモン・ローによって体制の確立したイングランドではコモン・ローに従って統治することを表明した後に、コモン・ロー自体の改革も要求したのであった。彼は「議会の助言によって」三つの局面が「コモン・ローにおいて取り除かれ、解消される」ことを要請した。不文法のコモン・ローを成文化すること、すべての判例を網羅した「決定版のテクスト」を作成すること、制定法と判例とを「再吟味し調和させる」ことである［PW: 186-7］。しかしここで述べられたコモン・ロー改革の内容は、コモン・ローの法典化を除けば、第二章で確認したように、当時のコモン・ローヤー自身が追求していた課題であった。実際、判例集の決定版を求める要求はクックの『判例集』によって、制定法と判例法の体系化の要請は同じくクックの『イングランド法提要』によって実現をみている。

以上のような一六一〇年議会でのジェームズの見解は、「大契約」を議会に承認させるための一時的かつ便宜的な妥協であったわけではない。ジェームズはこの時の見解を、一六一六年の星室庁裁判所での演説のなかでも基本的に踏襲している。彼は、法に従う国王の二重の「誓約」の内容として、すべての人定法が依拠すべき「神法」と、人類に共通した「万民法」、そして「長期の慣習によってイングランドに根差してきた」ところの「コモン・ロー」の三つの法に従うことを明言している。そして「余は自身の誓約のすべての点を、とくに法における誓約を維持することを公言する」、「とりわけコモン・ロー」を遵守するという誓約を。こうして彼は、「この国土における国王および臣民の相続財産はコモン・ローによって決定されなければならない」と宣言する［PW: 209-10］。もっともコモン・ローによって規定された「国王の相続財産」という表現は、国王の私的な国王大権あるいは特権を意味しており、それゆえ後述するように「絶対的国王大権」の問題はここには含まれていないことに注意すべきである。

いずれにせよ、イングランド国王としてジェームズが議会で正式に表明した一六一〇年の見解は、明らかにイングランドの統治と国制の伝統を摂取しつつ、かつてのスコットランド時代の統治理念を、その基本的枠組みをなるべく維持しながら、イングランドの所与の統治実践に適合するよう鋳造し直したものであったと言えよう。「私が理解しているように、ここイングランドでは、どのような種類の法を作成するうえでも、議会とともにある国王こそが絶対的である」[PW: 186] との一六一〇年議会でのジェームズの言葉は、「議会における国王（king in parliament）」こそが至高かつ絶対的であるというスミス以来の統治の伝統的言説を、ジェームズが摂取していたことの現れである。ジェームズ一世として示したこうした統治姿勢は、少なくとも通常の統治においては、彼が絶対主義的な統治を企図していたわけでは決してなかったことを意味している。この意味で、ジェームズを王権神授説に基づく絶対主義者として単純に定式化してしまうことは、現実統治のなかで理論と実践を巧みに使い分け、「良き君主」としての名声を維持しながら、かつ国王権力の強化に努めようとしていた彼の実像を見誤ってしまうことになろう。

以上のように、ジェームズには六世、一世時代を通じて、王権神授説に基づいて絶対的権力を説く原理的な言説と、専制君主と区別された良き君主として法に従う実践的な言説との両義的な二重性が一貫して確認される。こうした理論と実践の二重性のうち、絶対的権力の理論は、第一義的には教皇権力との関係をめぐる対カソリックの神学論争や、人民の抵抗権論を説くプロテスタント陣営の言説に対抗する意図で表現されたものである。国内統治の実践においては、そうした絶対主義の原理がそのまま適用されるわけではなく、少なくとも通常の統治においては、所与の法と国制に従う姿勢を見せていたと言ってよいし、その限りでジェームズの統治は妥協が可能であった。こうしたジェームズの実践的対応の柔軟性という点において、イングランド国王としてコモン・ローの言語を摂取しながら、自己の思想表現を修正していく余地も存在したのである。イングランドの統治においてジェームズは、決して神学的教義やローマ法的学説にのみ依拠しようとしたわけでなく、積極的にコモン・ローの伝統を取り込もうとしていたのである。

（四）絶対的国王大権と「必要」の観念

しかしながら、このようにイングランドのコモン・ローと議会に関する政治言語を摂取しながら示したジェームズの妥協的姿勢は、庶民院コモン・ローヤーたちの抱いている懸念を払拭することに成功したわけではなかった。たとえばニコラス・フラーは、「国王は実際に大変に賢明ではあるけれども、この国の統治のことには不慣れである」と指摘し、「国王はフランスやスペインの国王が何をなしうるかについて話される」が、われわれは「イングランドの法によって国王が何をなしうるかを国王に知らせ」たいのだと、議会で主張している［PP10: II,102］。後述するように、賦課金に異議を唱える庶民院のコモン・ローヤーたちは、イングランドの伝統的な法思想家であるフォーテスキューの言説を持ち出すことによって、ローマ法が支配するフランスとの違いを繰り返しジェームズに説こうとした。それゆえ一六一〇年議会でのジェームズの演説は、庶民院のコモン・ローヤーたちを納得させるどころか、彼らをして新たなそしてよりラディカルな国制論を議会で表明させる直接のきっかけともなっていくのである。本書が第三章で、前期ステュアート時代の最も標準的な「古来の国制」論として取り上げたトマス・ヘドリィの国制論もまた、ジェームズの一六一〇年議会の演説に対するリアクションとして表明されたものにほかならなかった。それは、ジェームズが三月二一日に議会演説を行った後の一連の論争のなかで表現されたものであった。

ジェームズが示した立憲君主制の理念は、先述のように「国王のみによって適切に作成された法」に基づくものであった。それは、絶対的権力をもつ「始原的な」国王によって創出された君主制であることを意味した。法と国制の始まりをあくまで国王の権威に求める型の言説は、議会の同意を得ない賦課金の拡大政策によって国王権力の拡大を懸念していた当時のコモン・ローヤーにとっては首肯しうるものではなかった。彼らがこの段階ですでに企図していた国制上の要点は、国王と臣民との間の至高の裁定者としてコモン・ローの支配を打ち立てることにあった。国王権力がコモン・ローを創出したのではなく、コモン・ローが国王に権力を賦与したのでなければならなかったのである。こうしてコモン・ローヤーたちは、国王権力を超えた何らかの権威の存在をコモン・ローのなかに定式化する必要に迫られたのである。ヘドリィの定式化した「時の権威」の説明はまさにこれに応えるものであった。「時（time）は真実の検証者であり、あらゆる人間の叡智と教養と知識の本源（author）である。そして時から、あらゆる人定法はその最も重要な力、名誉、評価を受け取るのである」[PP10: II,173-5]。ヘドリィによれば、「時と時によって確証された法こそが、国王とその法的権力を設立した」のであり、その限りで「国王大権もコモン・ローの一部」であり、「コモン・ローが王位の系統と権利を拘束し指導し監督する」と[PP10: II,180,174]。

以上のようなジェームズとヘドリィの立憲君主制の理念は、権威をめぐる説明を除けば、言説上は大きな差異があるようには見えないかもしれない。それは、修正主義者がしばしばジェームズの立憲主義的な性格を強調し、コモン・ローヤーとの間のコンセンサスを見て取ろうとする所以でもある。しかしながら、両者の国制観の決定的な違いが現実政治のなかで最も鋭角的に現れるのは、「国王大権」の解釈をめぐってであった。後述するように、コモン・ローヤーは絶対的国王大権の範域が存在すること自体は認めながらも、それを可能な限りコモン・ローの下で議会において論議することを要求した。ジェームズが最も嫌い、一貫して峻拒したのは、国王大権を法的に定義することであり、それに基づいて臣民が国王大権を「論争する（dispute）」ことであった。妥協を示していたジェームズが一転して怒りを顕わにし、コンセンサスが決裂する局面は、そのほとんどが国王大権に関する論争をめぐってであった。他方、ジェームズの国王大権に重大な懸念を抱くコモン・ローヤーが要求した最大の国制上の関心事もまたこの点にあった。それゆえ、ともに立憲君主制の言説を展開しながらも、両者の間の溝は深かったのである。

たとえば、ジェームズは一六一六年の星室庁裁判所での演説のなかでこう主張している。「国王が自らの権力の高みにおいて何をなしうるかを臣民が論争すること」は許容されるべき事柄ではない。ここでジェームズが言う「権力の高み」とは、国王の「私的な大権（private prerogative）」と区別された統治上の「絶対的大権（absolute prerogative）」

を意味している。ジェームズにとってそれは「国家の秘儀（mystery of State）」を意味した。それは「神の御座にすわる国王に属した神秘的な威厳」であり、「神の為し給うことを論争することが神に対する不敬であり冒瀆である」のと同様、「国王が行うことのできる範囲を論争したり、国王があれやこれやのことはできないのだとか論じること」は臣民にとって僭越なことである。「良きキリスト教徒が神の言葉のなかに現れたところの神の意思をもって満足する」のと同様、臣民は「国王の法のなかに現れたところの国王の意思」を安んじて受け止めるべきである、と。こうしてジェームズは、「国王権力の秘儀」である「絶対的国王大権」は決して「法律家の言うところに従うべきものでも、あるいは論争の対象とされることが法的に正当なものでもない」とし、絶対的国王大権に関する論争を、ふたたび神とのアナロジーを用いながら断固として禁じる姿勢を見せたのであった［PW:212-4］。

こうした神とのアナロジーに基づく絶対的国王大権の理論は、「体制の確立した国家」における国王の法に従う統治を表明した一六一〇年議会の段階においてもすでに姿を現していた。たとえば、先の議会演説の五日後に出されたカウエル事件の「布告」のなかで、ジェームズはこう確認している。国王は「地上における神」であり、「国王の人格や国家に属する諸々の深遠な秘儀のすべて」に関して、人びとは議論する能力も資格も持たない。「君主制および政治的統治の最も深遠なる秘儀」について人びとが議論することは、「その本分から外れて、能力を超えた事柄に干渉する」ことにほかならないと［SRP: I, 243-4］。さらに続くその後の一六一〇年議会の審議（五月一一日）でもジェームズは、「賦課金」を徴収する「国王の大権」に関する「論争（disputation）」を戒めるメッセージを送付している［PP10: II,82］。またジェームズは、国王大権を法的に定義すること自体もつよく戒めている。カウエル事件で紛糾する両院合同委員会に寄せたメッセージのなかで、いかなる形にせよ明確な定義によって「国王権力に限定を加えることは脆く危険な事柄である」と強調している［PP10: II,49］。全能なる神とのアナロジーで国王の「絶対的大権」を考えるジェームズにとって、それは、国王が「地上における神」として持つ「深遠な秘儀」であって、その高度な統治権力の行使は神によって国王だけに認められた特権なのであった。

かつてジェームズが『自由なる君主制の真の法』のなかで示した神とのアナロジーに基づく国王の絶対的権力論は、イングランドの国王となってから「始原的な国王の権力」として限定的に読み替えられ、「体制の確立した国家」では国王は法（コモン・ロー）に従って統治するものとされた。しかしながら、王権神授説的な絶対的権力論が完全に放棄されたわけではなかった。[24] 神とのアナロジーによる絶対的権力論は、コモン・ローの範域の外に位置するとされた「絶対的国王大権」というイングランドの政治言語において繰り返されることになる。もとより、絶対的国王大権は無制限ではなく、宣戦講和、外交、官吏の任免、通貨供給など、その範域は予めコモン・ローによって規定されたものと考えられている。こうした絶対的国王大権論の政治言語が重大な争点となるのは、非常時における「必要（necessity）」の観念と結びついた時であった。この「必要」という言語は、前期ステュアート時代の政治言説を理解するうえで重要な概念である。M・メンドルは、この概念に基づいて、ボダン等に見られる大陸の原理的・体系的な絶対主義とは異なったイングランドの「カズイスティクな絶対主義」の存在を指摘している。こうした絶対主義の戦略は、「イングランドの法の支配に対する一般的遵守が非常事態（emergency）によって無効化される」と、「個々のケースごとに」論じることにあるという［Mendle 1992: 161-2］[25]。

これに対し、G・バージェスは、「必要が法の放棄を、そしてプロパティの権利の破壊さえも正当化しうるという観念は元々イングランドのコモン・ローの中心的な原理である」［Burgess 1996: 49-51］と反論している。たしかに、「必要」の観念そのものはコモン・ローヤー自身もしばしば法の説明において用いている。それは、コモン・ローの説明に関する本書の考察のなかでもすでに確認した通りである。しかしながら、コモン・ローヤーが「必要」の観念を用いる際には、二つの文脈があることを銘記しておく必要がある。一つは「必要が法をつくる」という側面であり、もう一つは「必要が法を無効にする」という側面である。前者は、コモン・ローヤーが「時」の合理性との関連で法の生成を説明する際に好んで使った用法であるが（この点に関する限り、バージェスが言うようにコモン・ローヤーにとってもなじみのある観念）、しかし後者は、元来ローマ法的な概念であり、戦時の軍法(martial law)とそれに依拠した絶対的国王大権の行使は自然法の命令として導かれ、この文脈に関してはコモン・ローヤーがそうした原理が存在すること自体は承認しつつも、コモン・ローとの関係で常に反駁しようと試みていた論点であった［本章第三節（三）参照］。それは後述するように、とくにチャールズ治世の一六二八年議会において最大の争点の一つとなったが、こうした必要に基づく絶対的国王大権の正当化それ自体は、「必要が国王大権の拡大を要求する場合のほかは、それを拡張することはない」という『調停』(*Mediation*,1619)のなかの言明に見られるように［PW: 249］、ジェームズの絶対的国王大権論の本質的な要素であった。

ジェームズにとって国王の主たる法とは、先に引用したように「コモンウェルスの繁栄」であり、言い換えれば「公共善」である。従って「自己の行為を法に一致させる」との彼の言葉には、コモンウェルスの公共善に応える形で統治するとの意味が伴っている。この論理は、「必要」の際に国王が公共善に立って既存の法による拘束を離れて行為することを可能にする側面を有している。非常時の際に国王が依拠するのは自然法の命令であり、それは支配者にコモンウェルスの公共善のために行動するよう求める。つまり、ジェームズにとって「法に従う」とは、通常時に王国の法に従って統治するという意味と同時に、非常時には直接自然法に従って公共善の必要のために行動するという意味も含んでいるのである。後者の場合、国王は自らの「自由裁量」に基づいて行動することが可能となる。しかしながら、エドワード・クックが「戦時の便宜(convenience)という観念は、すべての事柄を絶対的権力(absolute power)のもとへ持ち込むことになるであろう」と警告しているように［PP28: II,558-9］、非常時の「必要」に基づく国王大権の行使に関してコモン・ロー上の明確な定義と規定が存在しなければ、国王の「超法規的(extraordinary)」な権力行使のために、あらゆる状況を「必要」のケースとしてしまいかねない危険性が存在するのである。

それゆえ、国王が非常時の「必要」を根拠に絶対的な国王大権を発動させる潜在的な可能性が存在することを、当時の庶民院コモン・ローヤーたちは認識していたのである。実際、こうした事態は、チャールズ治世期に入ってからは強制公債などの政策によってとくに現実的に差し迫った問題として浮かび上がってくることになる。本書が一貫して主張するように、前期ステュアート時代は、伝統的なウィッグ主義的な解釈枠組みのように「絶対主義」対「立憲主義」の対立図式で内乱へと進行したわけではない。さらに言えば、国王の意思を法とする型の恣意的(arbitrary)な「絶対君主制」(それはジェームズ自身が専制君主制として否定するところである)と、国王の義務違反に対して抵抗可能な型の「制限君主制」(それは内乱期以前の庶民院コモン・ローヤーも想定していない)という両極端な対立であったわけでは決してない[26]。しかし他方で、近年の修正主義がしばしば説くように「対立不在」ないしは「コンセンサス」の時代であったわけでもない。一見、成立しているかに思われるコンセンサスのなかには、統治の根幹に関わる重要な解釈上の対立点が存在していたのである。それは、神とのアナロジーに基づき、「必要」の観念によって正当化された「絶対的国王大権」論と、国王大権をもコモン・ローの権威によって把握し、可能な限りコモン・ローの支配と議会の討論の自由によってそれを制限しようとした「古来の国制」論との間の対立として存在していたのである。ただしここでの対立点は、議会という政治的アリーナを舞台にした一定の共通言語をめぐる解釈上の対立であり、その意味で内乱へと直結する必然性はない。実際、内乱期以前の前期ステュアート朝のコモン・ローヤーの言説のなかには、義務違反を犯した国王に対して抵抗権の発動が認められるか否か、という争点は存在しない。彼らの「古来の国制」論には、論理的には、契約違反に対する最終的な対抗手段として国王への抵抗権という射程が伴うはずではあるものの、当時のコモン・ローヤーはまだそうした帰結を導くまでには至っていなかったのである。彼らが求めたのは、国王の統治をコモン・ローに基づいて議会において論争することであった。しかしながら、ジェームズ自身が「もし国王が専制君主たらんと決意を固めたとしても、汝らの誰も彼を阻止することはできない」［PP10: 103］と述べているように、その限界性は、親政政治を経た後、一六四〇年代に入って明確に自覚されることになる。

最後に本節を締めくくるにあたって、ジェームズがはたして絶対主義者であったか否か、という近年の論争について見解を述べておきたい。彼の権力論は、第二章で確認したジェンティーリやカウエルの絶対的権力論と比較した時、基本的な構成は明らかに重なり合っている。それは、ジェームズの言説の源泉が、彼らローマ法学者たちと同様に、ボダンやフランスのローマ法学者たちの言説に由来している点から見ても、当然と言える。絶対主義か否かを判別する最も重要な基準は、いかなる絶対主義の言説も神法と自然法に従うことを前提としている以上、国法に従うか否かという点にある。それは一般的にはローマ法を意味し、イングランドではコモン・ローがこれに相当する。つまり、国王の絶対的権力がローマ法やコモン・ローの上に立つのか、あるいはそれらに拘束されるのかという点が、絶対主義を判断するうえでの重要な基準となる。原理的に言えば、ジェームズもジェンティーリやカウエルと同様に、国王は「法の上に」立ち、法に従うとしてもそれは国王の「自由意思」に基づくものであった。それゆえジェームズの政治理論は、絶対主義理論の基本的特徴を明らかにそなえていると言ってよい。

そのうえで問題は、ジェームズが現実の統治実践においてどこまで絶対主義的であったか、あるいはその意図を持っていたのかである。そしてその判断は、彼の言う「法に従う」統治をどこまで実効的なものとして捉えるかにかかっている。われわれがこれまで検討してきたところを元に言えば、ジェームズは基本的には、カソリック陣営の対外的な脅威やプロテスタントおよびカソリックによる国内の叛乱の危険という局面を除けば、すなわち国家の統合と安定が得られている状況下では、法に従う統治を最良のものと考えていたことは疑いえない。それは彼が、専制君主（tyrant）の恣意的（arbitrary）な権力行使を一貫して否定していることからも明らかである。彼がここで拒否した恣意性・自由裁量（arbitrariness）とは、彼の政治理論に即して言えば、神法と自然法にさえ従わない君主の統治を指すが、同時に彼の実践的な言説から言えば、国法に従わない君主の統治も含まれることになる。とりわけ、「体制の確立した国家」では国法としてのコモン・ローに従うことを議会で公式表明したことを前提に考えれば、彼の言う「絶対的権力」とは現実には、ジェンティーリに見られたような国法に拘束されない「絶対的自由裁量権(arbitrium absolutum)」というよりは、コモン・ローによって規定された(しかしその執行の中味においては拘束されない)「絶対的自由裁量権(absolute discretion)」と見なすことが妥当だと思われる。つまり、ジェームズの絶対的権力論は実質的には、コモン・ローによってその存在と性格、範域が規定された「絶対的自由裁量権」、すなわち「絶対的国王大権」として把握されるべきものと考えられる(本章第三節のフレミングに関する考察も併せて参照されたい)。その限りで言えば、ジェームズの政治理論はボダンやジェンティーリのような真正の絶対主義理論であるとは言えない。

そして最後に残る問題は、イングランドの言語的文脈における「絶対的国王大権」の解釈である。すでに指摘したように、こうした絶対的国王大権論は、緊急時の「必要」という観念と結びつくことによって、「体制化された絶対主義」とは異なる、個々の政策ごとに図られる「カズイスティクな絶対主義」をもたらす可能性が存在していた。もっともジェームズの場合には、潜在的にはこうした論理が確認されるものの、つねに効果的妥協を図る彼の統治スタイルによって、こうしたカズイスティクな絶対主義が現実政治を覆い尽くすことはなかった。むしろそれは、ジェームズのエキセントリックな絶対的権力論と実践的な統治論の両義的な二重性をそのまま継承しながら、現実政治のなかでジェームズのようには対処できなかったチャールズ一世の統治下において表面化したと言えるであろう。

第三節　コモン・ローと「主権」の概念

（一）コモン・ローヤーの国王大権解釈

ジェームズの政治思想は、当時のコンテクストに即してその内容を詳細に分析してみるならば、従来一般的に考えられていたように王権神授説に立った典型的な絶対主義者の言説として単純に括ることはできないものであった。しかしそれにもかかわらず、「古来の国制」論という、近代へとつながる新しいラディカルな国制論がジェームズの治世期に誕生したのも事実である。一面から見れば、それは、ジェームズの統治に対して庶民院コモン・ローヤーたちのなかに膨らんだ強い「懸念」が彼らのラディカルな理論形成を後押ししたとも言える。彼らの懸念が高じていった背景には、ジェームズのもつ理論と実践の極端な二重性がある。理論的には神とのアナロジーで絶対的権力論を唱えながら、実践的には良き君主として法に従う統治を言明する彼の二重性は、予めジェームズの統治実践を経験していた母国のスコットランドとは違って、彼の政治理論の方から最初に遭遇した異国のイングランドの人びとにとっては理解困難なものであった。とりわけコモン・ローヤーにとってジェームズの両義的な言説は、イングランドの伝統的な政治言語において消化することのできないものであった。J・ウォーマルドは、『自由なる君主制の真の法』と『バシリコン・ドロン』という全く対照的な二つの作品をほぼ同時期に生み出しうるジェームズの「マインドの融通性（flexibility）」が、イングランドの人びと、とりわけコモン・ローヤーには理解することができなかった点を指摘している。しかもそれは「痼癪を含んだ融通性」であり、「実践が失望に終わった時、理論を強調する傾向」を持っていたがゆえに、なおのことコモン・ローヤーにとっては、ジェームズの理論と実践の二重性は理解困難なものであった［Wormald 1991: 52-3］。それゆえ、コモン・ローヤーの眼には、ジェームズの政治的思考が持つ二重性のうち、絶対的権力論を説いた理論的側面の方がむしろクローズ・アップされ、絶えず彼らの警戒心を誘うことになる。

さらに加えて、こうした懸念は、議会の同意を得ない賦課金の拡大というジェームズの統治政策によって現実味を増すことになった。賦課金の拡大政策は、コモン・ローヤーたちにとっては、ジェームズのもつ神学とローマ法に依拠した理論的側面とオーバーラップするものにほかならなかったからである。こうして増幅していったコモン・ローヤーたちの懸念によって、ジェームズが繰り返し示した積極的な妥協も、彼が意図したほどには庶民院のコモン・ローヤーたちに伝わらなかったのである。それどころか庶民院コモン・ローヤーは、ジェームズの統治に絶対主義台頭の差し迫った危険性を感じていたのである。一六一〇年議会でコモン・ローヤーのリチャード・マーチンは、ジェームズの賦課金政策に対して、それが「専制的（arbitrary）で法手続違反の（irregular）、かつ非制限的（unlimited）で超越的な権力」だと批判し、「絶対的権力（absolute power）」への懸念を表明している［PD10: 88］。当時の庶民院のコモン・ローヤーの多くが、ジェームズの統治を「絶対的権力」による専制的支配の台頭という懸念をもって見ていたことは間違いない。それは、本書でもしばしば取り上げる一六一〇年議会の六月二三日から七月二日にかけての庶民院の一連の審議のなかにはっきりと表れている［PP10: 151-250］。

こうしてもっぱらジェームズの持つ理論的側面、とりわけ「絶対的国王大権」論を想定して、コモン・ローヤーたちは「古来の国制」論という対抗イデオロギーを練り上げていくのである。それゆえ「古来の国制」論の議論の核心は、国王権力の制限、すなわち国王権力にコモン・ローの支配を貫徹させるという点にあったと言えよう。コモン・ローヤーの構想は、「時の権威」に支えられた古来のコモン・ローをイングランドの統治原理となし、国王と人民の双方がともに依拠すべき国制の基礎を確立することであった。たとえばデイヴィスはこう述べている。「国王が自分自身の大権を作り出したわけではなく、裁判官が法の準則や格率を作ったのでもない。また一般臣民が法によって行使している自由を、彼らが規定したり制限したりするものでもない」[Davies 1615: preface,sig.*3a]。つまり、国王の大権も臣民の権利も、その権威はすべてコモン・ローの理性に由来すると考えられたのである。従って、統治の基本構造の一構成要素として国王が持つところの権力も、国王がコモン・ローに基づいて所有している権利以外のものではありえない。フィンチは、「国王の大権は何であれ誤ったことを行うことにまで及ぶものではないということが忘れられてはならない。というのは、国王大権は全体としてコモン・ローの理性から育ったものであり、それは手にとっての指のようなものである」と表現している[Finch 1627: 85]。クックも一六二八年議会において、「国王の大権はこの王国の法の一部である。それは至高の部分ではあるけれども、法によって設定された制限をそなえているのである」と説明している[PP28: II,100 and n.22]。また『イングランド法提要』のなかでも彼は、「国王の大権はコモン・ローによって国王に賦与されたものであり、王国の法の一部である」と言明している[3rd Inst.: 84][27]。

さらに、コモン・ローの成立と性格については異なった理解を示していたジョン・セルデンも、国王大権がコモン・ローに基づき、コモン・ローによって制限されるものであるという点については、他のコモン・ローヤーたち以上に強調している。彼によれば、「国王大権とは、それが何であるのかを説明することのできるものであり、名称も持たない類のものではない」。従って「国王の大権は国王の意思などではないのである。あるいは、どのような神性が国王大権を作るにせよ、それは、国王がみずからリストアップしたことを行うような権力のことではない」。「国王の大権」とは、言ってみれば「国王の法律」にほかならない。つまり、「国王大権によって」というのは、「国王に関する法律によって」という意味である。その法によって国王は、自らが行うところの権限の可否が決められるのである、とセルデンは論じる[Selden 1927: fo.64-64b,112]。このようにコモン・ローヤーの考える国王大権とは、あくまでも法に照らして「正当」な事柄を命令することができるにすぎないものであった。従って、一六三八年にジョージ・クロークが述べたように、「国王が行おうとすること」、「もしそれがコモン・ローや議会制定法に反しているならば、法はそれが国王大権であるとは判断しない」［Croke 1875: 11］のである。

同様な見解は、チャールズ一世と『権利請願』をめぐって対立が起こった一六二八年議会でもくり返し表明されている。アルフォードは、「法的な権力（Legal Power）」と「国王に固有の権力（Regal Power）」を区別し、イングランドの国王はコモン・ローに基づく「法的権力」のみを持つとしたうえでこう言明する。「法が与えるところのものを国王に与え、それ以上のものは与えないようにしよう」と。またピムは、イングランドの国王が持つ権力とは「法に属する権力（the Power of the Law）」のことであると主張している。クックもまた「国王大権は法の一部である」と主張し、国王に認められるのは「法に基づく権力（Power in Law）」であり、「実力に伴う権力（Power with force）」ではないと言明する。そしてイングランドの国王と人民との関係に「法を超えた権力」は適さないと指摘する［RHC: 562］。さらにセルデンは、イングランドの国王は「法によって制限されうるものと想定された正当な権力」を持つべきであって、「超越的かつ無制限な」権力を持つべきではないと主張している［RHC: 566］。

以上のように、ジェームズの政治理論と統治政策に対して絶対主義台頭の「懸念」を抱いたコモン・ローヤーたちは、国王権力をコモン・ローの理性、すなわちコモン・ロー上の格率・準則に依拠した法的な権力として定義することにより、制限君主制を説こうとしたのであった。とはいえ、こうしたコモン・ローヤーの見解は、ジェームズが示した見解と全く相反するものとは言えない。ジェームズの政治言説について先にわれわれが確認したところからも明らかなように、とりわけジェームズがイングランドの議会で示した統治理念は、コモン・ローに従う統治を原則としていた。しかしながら、ジェームズにとってコモン・ローヤーの主張は、二つの点で到底許容することができないものであった。一つは、「絶対的国王大権」の位置づけであり、もう一つは、これに対する臣民の「論争」である。すでに確認したように、ジェームズは、かつての絶対的権力論をあくまでコモン・ローの伝統のなかに適合させながら展開しようとしていた。それはまさしくイングランドの国王が持つとされた「国王大権」の文脈であり、とりわけテューダー後期にイングランドでも受け容れられていた通常権力とは異なる「絶対的国王大権」の文脈であった。そしてコモン・ローヤーとジェームズとでは、国王大権が由来する権威の性格について全く異なる論拠を示していたことは言うまでもなく、現実政治のうえでしばしば論争の種となったように国王大権に属する事項の範域についても大きな意見の違いが見られた。さらに国王大権の最も核となる部分である宣戦講和や軍事上の展開についても、戦時とは具体的にどのような状況であるかの定義や、誰がそれを判断するのか、また何に基づいて判断するのか、といった重要な論点において両者の見解は全く相容れなかった。前期ステュアート時代には、こうした国王大権をめぐる解釈上の論争が、現実政治で抜き差しならない対立を生み出していたのである。

　このように、当時の現実政治における王権と庶民院コモン・ローヤーとの間の対立点ないし論争点は、「国王大権」をどのように解釈するかという点に照準を合わせていたと言っても大げさではない。そしてその論争が最終的な攻防として行き着く争点は、戦時等における緊急時の絶対的国王大権に関わる問題であった。このことを如実に示唆しているのが、次のクックの言葉であろう。貴族院が示した『権利請願』の草案に盛り込まれていた「コモン・ローが認識する範囲内の、臣民の自由に関するすべての事例において、……国王は進んでコモン・ローに従って行為するであろう」〔傍点筆者〕［PP28: III,75］という一見立憲主義的な条項に対して、クックはあえて異議を唱えている。彼は、この文言はそれが意味していること以上の危険性を孕んでいると指摘する。すなわち、通常時において国王がコモン・ローの範囲内で行為するという条件づけは、裏返せば、戦時のような非常時における対応はコモン・ローの範域外に置かれてしまう危険性があり、そうなると、戦時においては「コモン・ローは軍法（martial law）に屈服しなければならない」ことを認める結果になってしまうと［PP28: III,95］。このように、草案の条項それ自体は、伝統的なコモン・ローと国王大権に関する理解に照らして一見妥当と見えるような内容であったとしても、それが非常時の軍法に基づく国王大権の行使につながりかねない危険性を懸念しているクックの意識のなかにこそ、この時代の政治的な対立点がどこにあったかを如実に物語っていると言えよう。

前期ステュアート時代の庶民院コモン・ローヤーたちの言説をつぶさに確認する時、彼らの懸念は、まさにこの点にあったことがわかる。従って、当時の議会あるいはコモン・ローヤーと王権との論戦を正しく判断するためには、国王権力の問題を、とくに非常時における絶対的国王大権の範疇を視野に入れて検討することが必要である。

(二) 国王の「通常権力」と「絶対的権力」

一六一〇年議会で庶民院コモン・ローヤーが取り上げた最大の争点は、港湾で特定物に課せられる「賦課金」(imposition) の徴収についてであった。通常の商品に関する賦課金は、従来の慣習によれば、一二七五年のエドワード一世による最初の実施以来、国王が自由な課税権を放棄し、国王と議会との間の合意に基づく所定の税率で行われると考えられていた。他方、外国人商人による輸入に関しては、国内産業を保護する目的で貿易規制の関税を課する無制限な自由裁量を国王に認めるものと一般的に考えられてきた。さらに一五三五年には、ヘンリー八世が輸入品に対する貿易規制における国王の自由裁量権を定める法令（statute）を制定した。この法令は在位中に限定された時限立法であったが、その後エリザベス一世も国内貿易を保護する布告（proclamation）を発してこの政策を踏襲した。しかしながら、ステュアート朝のジェームズ一世と大蔵卿ロバート・セシルは未確立の賦課金を、国内貿易の保護政策の必要範囲を超えて、王室財政の「歳入」増加のための政策として用いたのであった [CD: 243-4]。

この賦課金の問題は、ジェームズが自ら原告として財務府裁判所に訴訟を提起したことによって、裁判所の司法判断にその合法性の判断を委ねるという展開となった。いわゆる「ベイト事件（Bate's Case)」（一六〇六年）と呼ばれているものがそれである。裁判では国王の自由な意思に基づく関税の行使を合法と見なす判決が下されたが、この判決のなかにはローマ法的な論拠が含まれていた。すなわち賦課金の徴収を、「歳入」という統治上の「国家問題（affairs of state）」に属する事項として捉え、「共通善」のために「超法規的（extraordinary）」な「絶対的権力（absolute power）」によって行使されることを認めたのである。

コモン・ロー裁判所の主席裁判官トマス・フレミング（Sir Thomas Fleming）が判決のなかで示した見解によれば、国王権力は「通常権力」と「絶対的権力」の二つに類型化される。すなわち、「国王の権力は二重のものである。すなわち、通常権力と絶対的権力である」。「通常権力とは、個々の臣民の利益を図るためのものであり、私のもの（meum）を決定する民事裁判を執行するためにある。これは、通常の裁判所において衡平と正義によって執行され、ローマ法学者によって私法（jus privatum）と呼ばれるものであり、われわれの法で言えばコモン・ローである。これらの法は議会なしに変更することはできない」。他方、「国王の絶対的権力とは、私的ユース、すなわち個々人の利益のために供されたり、行使されたりするものではなく、唯一、人民の一般的利益、すなわち人民の安全（salus populi）のために適用されるものである」。そして「この権力はコモン・ロー上の諸準則によって導かれ、最も適切な名称で言えばそれは政治（policy）あるいは統治（government）である。この政体の基本構造（constitution）が時とともに変化するように、この絶対的な法（absolute law）も、共通善（common good）のために国王の叡智に従って変化する。そしてこれらの法は一般的準則（general rules）であり、……その準則のなかで行われるすべての事柄は合法的である」。フレミングは以上のような枠組みを提示したうえでこう結論する。「すべての慣習はそれが古きものであれ新しきものであれ、外国との貿易や商業については何ら効力を持たないし、そもそも争点にすらなっていない」。「外国との貿易や商業、戦争と和平、通用する外貨の受け入れや許可……といった事柄はすべて、国王の絶対的権力によってなされるものである」と［ST: II,387-94］。こうしてフレミングは、賦課金という輸入品に対する関税は、国王の絶対的権力に属する事項としたのであった。さらに別の裁判官クラーク（Clarke）も、国王権力をめぐる同様な図式のうえに、「歳入」のための関税という「国王大権のこのような高度な論点について、臣民が論争することは奇妙に思われる」がゆえに、「王権に属するそのような大権は……論争できるものでも、また論争すべきものでもない」とし、本件のような国王大権をめぐる是非は、「コモン・ローの準則に従うべきものではない」と判示し、国王側の主張を認めたのであった［ST: II,382-7］。

判決文に示されたフレミングらの見解の特徴を確認して見ると、この判決では、第一に、コモン・ローの全体がもっぱら臣民のプロパティに関する「私法（jus privatum）」として限定的に捉えられ、それ以外の宣戦講和や対外的問題、歳入といった種々の国家問題については、国王の人格に固有の絶対的大権に属するものと見なされている。つまり、この時代にはイングランドではまだ相対的に曖昧であった「公法」と「私法」の区別をローマ法から適用し、裁判所で運用されているコモン・ローの全体をローマ法で言う「私法」と等価のものと見なしたのである。そして第二に、同様に国王権力についても「通常権力」と「絶対的権力」とに二分法的に区別し、通常権力は、meum et tuum（私のものと君のもの）を決定する私法としてのコモン・ローの司法運営に該当するものとし、その限りで国王権力もコモン・ロー上の通常の法手続に従い、またその行使あるいは改変には議会の同意が必要となるのに対し、絶対的権力は、コモン・ローとは範域の異なる公法上の国家問題に関して行使されるものとされ、共通善のために行使された国王の絶対的権力は、コモン・ロー上の制約を受けない、すなわちコモン・ローに基づいて裁判所の法廷でその妥当性を論争することはできないし、議会の同意も必要としない。第三に、イングランドの国王が持つ従来の個別具体的な国王大権は、「絶対的権力」というローマ法的な術語に包摂されることによって、より一般的かつ抽象的な権力論として概念化されている。さらに第四に注目すべき点として、こうした絶対的権力の範域を、フレミングの判決は、あえてコモン・ローの一般的準則という形式のなかへ組み込み、統治のための「絶対的な法（absolute law）」と定義している。ここで言う「絶対的な法」とは、いわば公法に相当し、私法としてのコモン・

ローと対置される。つまり「コモン・ロー上の諸準則によって導かれる」とは、「政治（policy）あるいは統治（government）」に固有の絶対的権力が存在すること、さらにその性質と範域がコモン・ローによって認められているという意味である。そしてコモン・ローの一般的準則によって承認された「絶対的な法」に基づく国王の「絶対的権力」は、共通善の観点に立って国王の意思に従うものとされる。この限りで「絶対的な法」とは、国王の意思にほかならない。こうして、「絶対的な法」の範域のなかで、統治のために共通善の観点から国王の意思に基づいてなされたあらゆる行為は「合法的（lawful）」であると結論づけられるのである。ここには、公法と私法の区別、さらには絶対的権力と通常権力の区別など、ローマ法の重要な概念の影響が明らかに確認される。その意味で、前期ステュアート時代の政治理論の形成に与えたローマ法のインパクトを示す格好の事例と言えよう。㉘

このようにローマ法の影響の下に国王権力を通常権力と絶対的権力とに二分する思考法は、スミスを考察した際にも指摘したように、すでにテューダー後期以降にイングランドにおいても見られた見解であった。たとえば、ローマ法的思考が顕著に確認される典型的なコモン・ローヤーであったフランスシス・ベーコンもこう説明している。「国王の権力には二重の権力が存在する。一つは大法官府あるいはコモン・ローにおける通常の裁判に委託されたものである。もう一つは国王自身の人格に固有のものである。そこでは、国王は議会においても他のあらゆる裁判所においても至高の裁判官となり、コモン・ロー上の訴訟を停止させる権力を持ち、さらには公共善のために（pro bono publico）コモン・ローを調整し、変更し、コントロールする権力を持つ。……否、われわれの議会の制定法さえも、国王ただ一人の権威によって彼が知るところの事由（cause）に基づいて減免されたり、停止されたりしうる。そしてこの国王に固有の権力は……それゆえにいかなる法廷によるコントロールも免除されているのである」[Bacon 1861-74: iii,373]。さらにまた、絶対的国王大権とは別の「他の国王大権によって、国王は通常の司法裁判所において弁護できる歳入問題やその他の権利について要求する」こともできるが、この場合の国王大権は「通常の司法裁判所において論争することが可能である」。しかしながら「国王の主権者権力（sovereign power）は司法の性格にそぐわないし、裁判官はそれを譴責することはできない」と［Bacon 1861-74: iii,371］。またアイルランドで法務長官を務め、ローマ法の学識をそなえていたことで知られるコモン・ローヤーのジョン・デイヴィスも同様な見解を示している。「最初に実定法が定立された時、国王大権は国王自身によって国王自身のために留め置かれた。そうして国王は、二重の権力を行使するのである。すなわち、国王大権のみを行使する際の絶対的権力（absolute power, Merum Imperium）と、通常の司法権力（ordinary power of Jurisdiction）とである。絶対的権力は実定法に拘束されるものではなく、通常の司法権力は法と協働するものである」［Davies 1656: 30-1］。

　デイヴィスが通常権力とは区別された「絶対的権力」としての国王大権を〈Imperium〉の言葉で理解していたように、こうしたコモン・ローヤーの絶対的権力論は明らかに当時のローマ法学の影響を受けて理論化されたものであった。F・オークリーの指摘によれば、前期ステュアート時代に見られた国王の通常権力と絶対的権力の区別はローマ法の系譜から生まれ、とりわけ国王権力の強化に与した一六世紀のフランスのローマ法学者によって展開されたものであった。オークリーは、その際に彼らが一三世紀の教会法学者が展開した中世の神学的議論、すなわち神の絶対的権力（potentia absoluta）と通常権力（potentia ordinata）とを区別した神学的言語を、近世の政治理論へと変換した可能性を指摘する［Oakley 1968: 323-46; cf. Burgess 1996: 34-5］。こうしたフランスのローマ法学が提起した国王の絶対的権力論は、第二章でジェンティーリやカウエルらの言説を考察する際にも確認したように、イングランドの「国王大権」論に適用されていくのである。しかしながらコモン・ローヤーであったフレミングやベーコンの言説は、彼らローマ法学者とは異なってイングランド国制の伝統的枠組みのなかでローマ法的な「絶対的権力」論が語られていることに注意したい。この点でフレミングらの言説は、同時代のローマ法学者ジェンティーリやカウエルらの政治理論とは性格を異にしている。それゆえフレミングが示したような見解は、前期ステュアート時代にジェンティーリやカウエルが示したローマ法的な絶対主義の表現と同一視されるべきではない。

フレミングの言説が従来の研究においてしばしば絶対主義的に解釈されてきた理由の一つは、彼の言説のなかにローマ法的な絶対主義理論を直截的に読み込んでしまうことによって、元々の表現では「この権力はコモン・ロー上の諸準則によって導かれる（is guided）」［ST: II,389］となっていたところを、後世の編纂者たちがあえて「導かれない（is [not] guided）」と not を補って編纂したことにある。[29] このように国王の絶対的権力が「コモン・ローによって導かれない」と解釈されてしまうと、フレミングの言説はローマ法学者たちの絶対的権力論とほとんど同じ性格のものとなってしまう［第二章、第五章参照］。たしかにフレミングの言説は、ローマ法的な公法と私法の区別を適用することによってコモン・ローを私法の領域に限定するとともに、国王権力を通常権力と絶対的権力とに区別し、前者をコモン・ローの支配の下におき、後者をコモン・ローとは範域の異なる公法上の国家問題に関して行使される権力であるがゆえにコモン・ローの制約を受けないものと見なしている。このように国王大権をローマ法的に一般的かつ絶対的な権力として展開する一方で、フレミングの解釈は、それを「合法な」権力として位置づけるために、あえてコモン・ローの一般的準則によって導かれるものとしたのである。つまり、国王の絶対的権力は、コモン・ローの司法運営の強制力には拘束されないけれども、絶対的権力の性格と範域についてはコモン・ローの一般的準則によって規定されていると解釈したのである。

こうしたフレミングの解釈は、議会の同意を得ない賦課金の拡大に反対する庶民院のコモン・ローヤーにとっては、カウエルの言説よりも反論が厄介であったと言える。カウエルの場合とは違って、コモン・ロー裁判官としてイングランドの伝統的国制のなかで示されたフレミングの解釈は、その枠組み全体を真っ向から覆すことのできる議論ではなかったからである。それゆえ、一六一〇年議会において庶民院のコモン・ローヤーが攻撃の標的としたのは、むしろカウエルの『解釈者』であった［第五章参照］。他方、フレミングの判決については、本章で後述するように「誤審」として解釈上の誤りを糾す形で反論されていくことになる。

仮に真正の絶対主義をジェンティーリの言説に求めるとすれば、フレミングの解釈はそれとはかなり性格を異にしている。第二章でわれわれが確認したジェンティーリの絶対主義理論は、自らの意思を法となし、それゆえ既存の法をも改廃することができるという、法の作成と改廃の二つの側面で国王が絶対的権力を持ち、それゆえ国王は、神法と自然法以外には「法によって拘束されない（legibus solutus）」存在として「制限なしに（absque limitibus）」行動できる絶対的な主権者であった。このジェンティーリの観念をローマ法的な絶対主義の典型的な表現とすれば、フレミングの言説は絶対主義の理論であるとは言えない。しかしながら、先に彼の判決文の特徴を検討した際に指摘したように、コモン・ローの一般的原理によって規定された範域内で、すなわち統治に関わる「絶対的な法」の範域内で行使される絶対的権力は、共通善のために国王の意思に基づいて行使される。ここで言う絶対的な法とは公法に相当するが、フレミングの説明では結局のところ、この公法は国王の意思と等価である。しかも国王の意思としての絶対的な公法は、臣民がその妥当性をめぐってコモン・ロー裁判所においても議会の法廷においても「論争」することができない。つまり、フレミング自身の意図は別として（前述したように彼は絶対的国王大権の項目をかなり限定的に明示しているからである）、こうした思考は、元々のコモン・ローによる国王の絶対的権力の定義が不明確であったならば、統治のための「絶対的な法」の下に国王の意思に従って個別の争点ごとに絶対主義的な政策が合法的に導かれてしまう可能性がある。すなわち、ジェームズの政治思想を考察した際に指摘したように、公共善の「必要」に基づく「カズイスティクな絶対主義」が導き出される危険性が存在したのである［本章第二節参照］。それゆえ、庶民院のコモン・ローヤーが展開した「古来の国制」論の焦点も、本章で繰り返し確認するように、「絶対的国王大権（absolute prerogative）」の法的性格とそれが行使される範域について、コモン・ロー上の明確な制限を設けることにあったし、同時に現実政治のなかで実効的な抑制を図るために、議会が「討論の自由」によって国王大権の妥当性を可能な限り論争することのできる仕組を実現することにあった。

こうしたフレミングらコモン・ローヤーに見られた絶対的権力論と、フランスのボダンやイングランドのジェンティーリらの絶対主義理論との差異を、arbitrariness（arbitrium）と discretion（discretio）というともに自由裁量の意味を持つ術語を手掛かりとしながら確認しておきたい。絶対的権力とは、いずれの場合にせよ、国王の意思に基づく絶対的な自由裁量権を認めるところに存在すると言える。ジェンティーリを検討した際に確認したように、ローマ法的な絶対主義理論において国王の自由裁量とは、arbitrariness（arbitrium）であった。一般的にこの術語は、何らの制約も受けずに国王の好むところに従い統治を行うことを指すか、あるいは神法と自然法の下にはあるが、国法（lex civilis）には拘束されずに行動することを意味している。もとよりいかなる絶対主義の論者も、神法と自然法に反して行動する絶対的な自由裁量権を君主に認めるわけではない。それはもはや「暴君（tyrannus, tyrant）」であって、絶対君主あるいは絶対的主権者とは異なる。従って実際には、絶対主義的なローマ法学者の言う「絶対的権力（potestas absoluta）」とは、国法に拘束されない「絶対的自由裁量権（arbitrium absolutum）」を意味した。これに対して、ローマ法の絶対的権力論の影響を受けたコモン・ローヤーたちの言う国王の自由裁量とは、discretion として把握されるべきものである。この場合の自由裁量権は、国法によってその性格と範域が規定されており、そしてその範域のなかでは通常の法手続に拘束されないとの意味で用いられる。つまり、ローマ法の影響を受けたコモン・ローヤーが言う「絶対的権力（absolute power）」とは、absolute discretion を意味していたと考えられる。[30] 従ってそれは、イングランドの国法、すなわち「国土の法（lex tarrae, law of the land）」としてのコモン・ローに照らして「合法的（lawful）」なものと見なされていたのである。このように「絶対的権力」をめぐるローマ法学者とコモン・ローヤーの概念上の差異は、国王の「絶対的自由裁量権」が国法の上に立つ arbitrium absolutum と考えるのか、あるいは国法に拘束された absolute discretion と考えるのか、という点にあったと言ってよい。

本書では、こうした国法に拘束されない「絶対的自由裁量権（arbitrium absolutum）」をもって、フランスのローマ法学者に見られた「主権者が持つ絶対的権力」という真正の絶対主義を把握し、その限りにおいては、フレミングのようなローマ法の影響を受けたコモン・ローヤーの絶対的権力論は、絶対主義の理論と同一視することはできないと考えている。そして重要なのは、先に本章第二節で考察したように、ジェームズの政治思想も、実践的には、国法、すなわちスコットランドではローマ法に、イングランドではコモン・ローに従うことを宣言していた限りで、真正の絶対主義と見なすことはできない。ジェームズの言う絶対的権力は、他方で王権神授説に立脚していることで典型的な絶対主義理論と目されるが、しかし法的に見るならば、彼の「法に従う」統治は、神法と自然法だけでなく、臣民の抵抗権あるいは論争による問責という点を峻拒したうえで、国法に従うこともつねに含んでいた。それは、ジェームズが一貫して arbitrary な支配を tyrant によるものとして否定し、国土の法に従うことをもって合法的（lawful）な「良き国王（good king）」としていたところにはっきりと現れている［本章第二節参照］。しかしながら、他方で本書は、こうしたフレミング等のコモン・ローヤーに見られたローマ法的な言説やジェームズの政治理論が、イングランドにおいて個別の政策ごとに国王の絶対的権力を合法的に導き出す「カズイスティクな絶対主義」に道を開く可能性をもっていたことを指摘してきたのである。

いずれにせよ、この時代のコモン・ローヤーの国制論のなかにローマ法的な権力論が受容された背景には、コモン・ロー自体が抱える事情も存在していた。コモン・ローは、主に私的プロパティの権利関係と刑法上の規定を中心に発展してきた法であったがゆえに、政治公法上の原理は相対的に脆弱であった。ただしローマ法と違ってコモン・ローには元来、公法と私法の区別が厳密でなかったから、コモン・ローは、私人間関係に限定されていたわけではなく、刑法上の規定以外にも、立法と課税における議会の同意という二大原則に見られるように、公権力と私的プロパティとの関係を規律する公法上の規定も含んでいた。とはいえ、ローマ法と比べた時、コモン・ローの政治公法上の原理は明らかに希薄であった。こうしたコモン・ローの空隙が、豊富な公法上の原理を持つローマ法の受容をもたらした要因の一つであった。従って、公法と私法の原理的な区別、政治公法上の絶対的主権といったローマ法の言説の洗礼を受けたエリザベス治世期から前期ステュアート時代のコモン・ローヤーにとって、ローマ法の影響の下に統治上の国家問題に関わる高度な領域を意味することになった「絶対的国王大権」を、コモン・ローや議会の同意というイングランドの伝統的な統治原理とどのように関連づけるのかという問題が、新たなしかも緊要な課題とならざるをえなかったのである。すでにこの時代のコモン・ローヤーには、宣戦講和や外交などの事項が絶対的国王大権に属するものと考えることについては共通認識が存在した。しかしながら、宣戦講和のように国王大権に属すると一般的に考えられていた事項でさえ、戦時をどのように定義するのか、誰がそれを判断するのかなど、その運用上の細則はいまだ明確ではなかったし、ましてや絶対的国王大権に属する事項が具体的に何であるのかについて一般的な定義が存在していたわけではなかった。それゆえ絶対的国王大権を論拠に、議会の同意を得ない未確立の賦課金の徴収が合法化されるという事態は、庶民院のコモン・ローヤーから見れば、イングランドの伝統的な統治形態の基礎が転覆されかねない危険な事態と考えられたのであった。

庶民院のコモン・ローヤーから見れば、賦課金の徴収は、結果的に臣民全体の利益ないしプロパティに関わってくる問題である以上、コモン・ローに基づいて議会の同意が必要とされる事項であった。実際、前述したように、国王大権の範域を原理的に概念化し承認したテューダー期のトマス・スミスにおいては、賦課金は、補助金や租税とならんで、議会において決定されるべきものとされており、国王大権の事項には含まれていなかった。このようにベイト事件判決は国王大権の範域という点でも問題を孕んでいるが、ともあれコモン・ローヤーにとっては、国王の絶対的権力を擁護するこの判決の論拠が、コモン・ローを臣民の私的プロパティの権利関係に限定された私法と見なし、その他の公法上の統治行為を絶対的な国王大権に委ねるという観念であったことから、それに対する反論もまた、臣民の私的プロパティを基礎に立論され、そこからコモン・ローを国家の基本法へと展開していくという形をとることになる。

たとえば、一六一〇年議会においてジェームズ・ホワイトロックは、ベイト事件判決やそれに与したジェームズに対して、こう反論を企てている。彼によれば、賦課金問題に関するベイト事件の決定は、国王が自身の「絶対的な権力と意思」に基づいて、議会の同意なしに「布告（ordinance）」を通じて合法的に課税することができ、もって「臣民の財のプロパティを変更する」ことを可能にしてしまうものであった。ホワイトロックは、イングランドの法と統治形態の伝統に照らす形を取りながら、次のように議論を展開していく。第一にそれは、「この王国の政体本来の枠組みと基本構造（Constitution）、すなわち統治の公法（jus publicum regni）に反しており、王国の基本法を覆し、国家と統治の新たな形式を導くものである」。第二に、それは「王国内の国土の法、すなわちプロパティと私的権利の法としての私法（jus privatum）に反するものである」。第三に、国王の恣意的課税を制限した過去のさまざまな制定法に反する。第四に、それは、「国王の大権と臣民の自由の双方を制限する最も理に適った支配」を行ってきた「わがコモンウェルスの慣行（practice）と行動（action）」に反するものである［ST: II,481-2］。このように、先述のベイト事件の判決やローマ法学者カウエルの見解に見られた絶対的国王大権の擁護に対して、コモン・ローヤーたちは、それがイングランド本来の法や統治のあり方に反するものだと論駁していく。

このホワイトロックの見解において注目すべきは、コモン・ローの位置づけをめぐる重要な変化である。コモン・ローは元々、主として臣民の私的プロパティの権利関係に関わる事柄を対象とし、ローマ法の公法／私法の概念を適用するならば、もっぱら私法の領域において発展してきた。その意味でコモン・ローには、先のホワイトロックの定義で言えば、「プロパティと私的権利の法としての私法」という第二の定義の方が一般的であったと言える。ベイト事件判決でフレミングがコモン・ローを私法に限定したゆえんである。しかしながら、ホワイトロックは、彼が言う第一の意味内容、すなわち「王国の政体本来の枠組みと基本構造（Constitution）」を規定した「統治の公法」としての側面をコモン・ローのなかに読み込み、むしろそれを前景に押し出している。これは明らかに先のベイト事件判決の内容を反駁しようとしたものであると言ってよい。コモン・ローを私法の領域に限定したフレミングらの解釈によれば、統治のための公法とは、国王の意思に基づく「絶対的な法」とされ、絶対的国王大権の範域と見なされている。ホワイトロックは、コモン・ローを統治の基本構造を定めた国家の基本法として定義し直すことによって、こうしたローマ法的な絶対的国王大権論を反駁しようとしたのであった。

C・H・マクウルワインによれば、このホワイトロックの言説が、統治の基本構造の全体を指す基本法の意味で大文字の〈Constitution〉という用語が使われた最も明確な最初の例であると指摘している［McIlwain 1940: 15-6,26-8. 邦訳一九―二〇、四〇―一］。他方、われわれは、それに先行する、一六一〇年議会で国制論争・政治論争の端緒となった先述のローマ法学者カウエルの『解釈者』のなかに、「絶対君主制」の「基本構造」に言及する形で〈constitution〉の概念が重視されていたのを確認することができる。元来、〈constitution〉という術語は、イングランドでは「成文法」を指して用いられることが多かった(31)。いずれにせよ、統治の基本構造という意味での公法上の〈constitution〉概念は、もともとコモン・ローの範域に収まりきらない性格のものであった。イングランドの国制論の文脈で最初に〈constitution〉を統治の基本構造を指す言葉として用いたのは、ローマ法学の文脈においてである。一六一〇年議会の庶民院コモン・ローヤーの言説は、コモン・ローを統治の基本構造を定めた公法上の基本法として捉え直していく重大な転回点をなしていたが、それは、絶対君主制の基本構造を説いたローマ法的な公法概念の展開を媒介として、それに反論する形で生じたものであったと解されよう。コモン・ローを国家の基本法としての〈Constitution〉の意味で議論していく最初の重要な局面は、このように一六一〇年前後のコモン・ローヤーの言説にあったと考えられる。

前期ステュアート時代に「古来の国制」論として展開されたコモン・ロー理論の原型は、一六〇六年のベイト事件における国王側の勝訴と、一六〇七年のローマ法学者カウエルの『解釈者』の刊行、そして国王の課税権の問題が論争された一六一〇年議会の審議といった、一六〇六年から一〇年にかけた時期に構想されていったものと推測される。そしてその集約的な表現が、一六一〇年の六月二三日から七月二日にかけて行われた庶民院の審議の過程でコモン・ローヤーたちが展開した言説であったと言ってよい[32]。以下では、この一連の過程で示された庶民院コモン・ローヤーの国制論をたどり、そのラディカルな性格を指摘することにより、有事の際に公共善の必要に基づいて行使される国王の絶対的大権を「コモン・ローの摂理」のなかで限界づけようとしていたコモン・ローヤーたちの構想を探っていきたい。

(三)「主権者権力」と「コモン・ローの摂理」

庶民院は、一六一〇年の六月二三日から七月二日にかけた一連の審議のなかで、国王の課税権を、コモン・ローおよび議会との関係において制限する重要な議論を展開している。その内容には、統治構造をめぐる高度に原理的な言説が含まれており、それは、テューダー期までの伝統的な言説を超えた新たな国制論の展開であったと見ることができる。とりわけトマス・ヘドリィによる長大な演説は、本章で繰り返し指摘してきたように、コモン・ローの新たな捉え方を包括的に提示した点で、前期ステュアート朝の「古来の国制」論の展開において画期的な意味を持つ。彼は、コモン・ローの卓越性と確実性を「超記憶的時代」からの「時の叡智による検証」によって獲得された「理性の精髄」という点に求めることで、コモン・ローを「古来性」と「理性」との相関関係において把握する近世型のコモン・ロー理論を定式化した。そして彼は、コモン・ローを、国王の大権と臣民の自由がともに依拠すべき確実で権威ある裁定者として位置づけ、コモン・ロー支配の立憲君主制の議論を展開した[PP10: II,171-97][33]。このほかにも、ジェームズ・ホワイトロック、ウィリアム・ヘイクウィル、ジョン・ドッドリッジ、ヘネイジ・フィンチ、ニコラス・フラーといった当時の代表的な庶民院のコモン・ローヤーたちがいずれも、コモン・ローに基づきながら、議会の同意を得ない国王大権による課税の行使を違法なものと見なす論拠を展開していった。

たとえば、ホワイトロックは、この一六一〇年議会の討議で次のような国制論を表明している[34]。彼は、あらゆるコモンウェルスと統治に一定の「主権者の権利（rights of sovereignty, jura majestatis）」なるものが存在すること自体は認める。彼によれば、それは「コモン・ライト」に基づいて「国家の主権者権力（sovereign power）」に属するものとされる。「主権者権力」こそは「至高の権力（suprema potestas）」であって、「他の諸権力をコントロールすることができ、自ら以外にはコントロールされえない」究極の権力である。そして、課税権がこの主権者権力に属するものであることもまた否定できない、と。しかし、ホワイトロックにとって重要であったのは、「主権者権力がこの王国のどこに存するのか」という問題であった。そして、この主権者権力が国王にあるという点にも、彼は同意する。しかし、この国王には「二重の権力」があるのだと、ホワイトロックは言う。一つは「議会における国王の権力」である。これは「国家全体の同意によって補佐された」権力である。もう一つは「議会外の国王の権力」である。これは「唯一かつ単一」の「国王の意思のみによって導かれる」権力である。そして「議会における国王の権力」は、「議会外の国王の権力」に優位し、それを指揮し、コントロールする。前者の権力こそが主権者権力であり、それこそが「至高の権力（suprema potsetas）」に値する。他方、後者の権力は「従属的な権力（subordinata potestas）」にすぎない、と［ST: II,482］。

「議会外の国王の権力」を「議会における国王の権力」に従属させるこのホワイトロックの議論は、きわめてラディカルな帰結を含んでいると言ってよい。当時の論者がしばしば行っていたように、ホワイトロックの議論でも、国王権力の二分論が採用されているが、しかしそれは、この時代の他の二分論とは全く正反対の帰結を導き出そうとしている。すなわち、国王の人格に固有の国王大権を、コモン・ローも議会も関与できない超法規的な権力として把握するのではなく、「議会における国王」の権力に絶対的主権を担わせることで、単独の国王が持つ種々の大権を従属的に取り扱おうとしているからである。国王が自らの意思のみに基づいて行使することができるとされてきた諸々の絶対的国王大権とは、ホワイトロックの議論で言えば、「議会外の国王の権力」に相当し、それはもう一つの国王権力、すなわち「議会における国王の権力」によってコントロールされなければならないのである。しかも彼の論拠は、表面上はあくまで国王権力を二重化し、国王権力に即して議論を展開してはいるものの、それが実質的に意味するところは、議会による国王大権のコントロールにほかならない。「議会における国王の権力」とは、具体的には「貴族院と庶民院の同意を伴って」[ST: II,483] いるという点に求められていることから、結果的にすべての国王大権は、議会の審議の対象とならざるをえない。一六一〇年議会では、議会の「討論の自由」をめぐって『権利請願』が出されているが、そこにおいて議会の「討論の自由」は「古来の疑いえない一般的な権利」として捉えられ、臣民の地位や権利に関する事柄を「制限なしに」自由に討議することこそが「議会の自由の本質」であるとされている [CJ: I,431-2]。従って、「議会における国王の権力」によるコントロールとは、議会の審議の場で、国王の政策の是非をコモン・ローに照らして討議し、判断することを意味したのである。そしてホワイトロックによれば、「議会における国王の権力」のコントロールに服すべき単独の国王が持つ大権には、立法および課税、貨幣の鋳造、行政官職の任免、さらには戦争の遂行さえもが含まれる [ST: II,483]。

ここでホワイトロックが展開した国制論は、表面的にはイングランドの伝統的な統治構造の枠組みを踏襲し、その延長線上で議論されているように見えるが、実際にはテューダー期の「議会における国王」の観念を超えて、はるかにラディカルな帰結を導き出している。第一章で確認したように、たとえばトマス・スミスにおいてさえ、「議会における国王」の理念によって議会に絶対的権力を置こうとしたとき、他方で法や議会手続に拘束されない国王の絶対的大権の存在を極めて限定的ながらも原理的に承認していた。スミスによれば、宣戦講和や官吏任免などの事項は「議会における国王」ではなく、「絶対的国王大権」として単独の国王にのみ属するものとされ、こうした高度な決断を要する統治の作用について議会は与ることができないものと考えられていた。それは統治権力を、議会の権能と国王の大権に二元化し、両者の均衡においてイングランドの国制を成り立たせようとする観念であり、そこには王権の限定と高挙という二重の作用が働いていたと言ってよい。それゆえスミスの国制論は、王権と議会との対立というコンテクストにおいて展開されたものではない。しかしながら、こうしたテューダー期の理念は、ステュアート期の絶対的権力論とその現実的懸念を媒介として、王権に対する庶民院側の対抗イデオロギーとして機能し、王権の制限と議会権力の強化へ重心を移したラディカルな観念へと変貌していくのである。いまや、宣戦講和、官吏任免、貨幣鋳造など一般的には単独の国王に認められるとされた大権も、ホワイトロックの構想のなかでは、「議会における国王」の優越的な主権者権力の下に従属化され、実質的にはすべての大権が例外なしに議会の審議と同意を通じた制約のなかに包摂されていくのである。

ホワイトロックの言説のなかには、一六世紀末にフランスで登場した「主権」概念の影響がはっきりと表れている。当時の庶民院のコモン・ローヤーたちは、国王権力ないし国王大権を論じる際に、伝統的な「王権（Majesty, Crown）」の言葉に加えて、「主権（sovereignty）」もしくは「主権者権力（sovereign power）」の術語を多用し始めている。ホワイトロックは、この「絶対的」な主権者権力の観念を、単独の国王の人格にではなく、「議会における国王の権力」において把握することにより、ジャン・ボダン以降の主権概念をイングランド流の統治様式のなかで読み換えようと試みたのであった。一六一〇年議会以降の前期ステュアート朝のコモン・ローヤーの言説のなかには、さまざまな形でフランスのローマ法学者が提示した主権概念の言説に対処しようとする努力が確認される。ホワイトロックの議論は、ローマ法の絶対的な主権者権力の概念を逆手にとって、コモン・ローの下で議会主権を確立しようとした、きわめて先駆的な言説であったと考えられる。

こうして「コモン・ローによる支配」に支えられた立憲君主制は、その実際的な統治の運用において議会権力の絶対化としての側面を伴いながら表現されていく。たとえばヘドリィによれば、議会とは「代表者の統治（regnum representantium）」を意味し、「コモンウェルスの実践」において、裁判官の「専門的技能（profession）」よりも優れ、さらには国王が大権として持つ統治の「秘儀（mystery）」よりも卓越した存在だとされる［PP10: II,172］。こうしてジェームズが主張する国王の「秘儀」としての「絶対的大権」を、コモン・ローの摂理に基づくとともに、議会の権能にも服するものとして制限していこうとしたのである。

他方、ヘイクウィルもまたこの時の議会の審議のなかできわめて重要な国制論を展開している[35]。彼は、とくに「戦時」における国王の絶対的大権について議論している。「突然の予期せぬ戦争」の場合に、国王は議会の同意を得ずに課税することができるという見解を、彼は「非常に危険な」ものであると指摘する。ヘイクウィルにとって重要であったのは、「国王と人民の間で、戦時について、誰が判断を下すのか」という問題であった。彼によれば、「仮に国王自身が戦時における唯一の判断者でなければならないとしても、それは、法に拘束されずに……国王自身が意のままに課税できるということではない」。およそ人間の判断というものは過ちを犯しがちなものであり、それゆえ戦時における判断者は国王でも臣民でもない。「コモン・ローの摂理（the providence of the Common Law）」こそが、国王と人民の間にあって「突然の戦争時における国王の課税」の判定者となるべきである、と。こうして「コモン・ローの卓越した賢明なる摂理」こそが、国王と人民との間の確実なる裁定者とされ、非常時の必要に基づく国王大権の行使もまたこのコモン・ローの摂理に服するものとされたのである［ST: II,419-21］。ここには、コモン・ローを卓越した確実な基本法と捉え、国王と臣民との間の裁定者として位置づけようとする前期ステュアート朝の庶民院コモン・ローヤーの構想が表現されていると言えよう。

そして、ヘイクウィルは、「コモン・ローの摂理」によるならば、戦時の課税は、「攻撃」戦争と「防衛」戦争に分けて考えるべきであると言う。彼によれば、攻撃戦争は「予期せぬ突然の戦争」ではなく、あくまで「国王自身の行為」に基づくものである。国王の意思に基づく決定である以上、国王は「熟慮（deliberation）」のうえで[36]意思決定をすべきであり、その結果それが「正当かつ必要な戦争」であると考えるならば、議会の同意を通じて「臣民の補佐」を獲得しなければならない。従って、攻撃戦争は「突然の予期せぬ戦争」には該当しない。「外敵の侵入による防衛戦争」のみが「突然の予期せぬ戦争」に該当するのである、と。しかし、この防衛戦争の場合でも、コモン・ローの摂理に従うならば、コモン・ローは国王に通常の歳入を認めているのであるから、まずはこれで賄われるべきであり、もし更なる戦費調達の必要から課税を行う場合には、やはり「議会における共通の同意」を必要とし、「国王自身の意向」だけでは決定できないと、ヘイクウィルは言う。なぜなら、コモン・ローに従うならば、「臣民の自由かつ自発的な同意」なしには、臣民からプロパティを奪うことはできないからである［ST: II,419-21］。

このように、ヘイクウィルは、「戦時」という非常時も含めて、国王大権の行使をコモン・ローに基づかせ、一定の法的制約を講じようと試みている。こうした企図は、当時のコモン・ローヤーのなかに広く確認されるものである。たとえば一六一〇年議会における上記の一連の討議のなかで、ドッドリッジは、過去の先例を詳細に引証しつつ、「宣戦布告あるいは和平締結」が国王の「王位（crown）」に属する大権であることは認めたうえで、しかしそれはイングランドでは「議会によっても取り扱われ、決定されてきた」事柄であると指摘し、「議会における請願と同意の下にある国王の権力」こそが「絶対的」であると主張する［PP10: II,201-21,at 219］。またヘネイジ・フィンチも、たしかにイングランドの法は国王に対して「自らの意思と意向に基づいてあらゆる国との宣戦・講和を決定する高次の絶対的権力」を承認しているけれども、「この最も高度な点においても、法はただじっと静観しているのではなく、国内での戦争と外地での戦争がいかなるものであるかを定義することができる」と主張している。「国内戦争であれ、対外戦争であれ、あるいは侵略戦争であれ、防衛戦争であれ」、戦争のなかで生じる数多くの「不慮の出来事と付随物」についても、コモン・ローこそがそれらを「論争し、検証し、判断する」のである、と[PP10: II,235]。ここには、絶対的国王大権が行使される「戦時」について、コモン・ローによる詳細な規定を設けようとする当時のコモン・ローヤーの意識が表れている。

以上のように、一六一〇年議会の庶民院コモン・ローヤーたちのなかに顕著に確認されるのは、コモン・ローの確実性を強調し、それを国王と臣民との間の権威ある裁定者ないし判断者として位置づけようとする姿勢である。それは、ルネサンス人文主義の歴史研究の影響下でコモン・ローの歴史的改変を積極的に論じることによってコモン・ローを歴史的に相対化させていたエリザベス治世後期のコモン・ローヤーの法学上の姿勢とは対照的である。一六一〇年議会以降に表現された（潜在的には一六〇六年のベイト事件判決以降と思われる）前期ステュアート朝のコモン・ローヤーたちの言説は、コモン・ローによる臣民のプロパティの保障と国王権力の制限を最優先課題とした政治的な要請に基づくものであったと理解することができよう。こうした前期ステュアート時代の政治的要請から生まれたコモン・ローヤーの問題関心は、「コモン・ローの至上性」と「議会の絶対性」という形で表現されていくが、それは、同時代のほとんどの庶民院コモン・ローヤーたちによって共有されていた。

次に挙げるニコラス・フラーの一六一〇年議会の演説もまた、コモン・ローを国王と臣民の双方を導く基本法と捉え、その運用を議会の権能において理解しようとする当時のコモン・ローヤーの構想を表現したものである。フラーは、コモン・ローを、臣民だけでなく国王をも導く「王国の最も高次の伝統遺産」として捉える。彼によれば、人間とは「生まれながらに社会を形成する傾向をそなえた」存在である。この人間社会は、そのなかに存する「不協和」によって「君主」ないし「統治者」の存在を必要とせざるをえなくなる。しかし、君主ないし統治者が不正な統治に陥る危険性を回避するために、社会には必然的に「君主と人民の双方を導く法」が必要となる。イングランドでは、「国土の法」としてのコモン・ローがこれにあたる。コモン・ローは、「正義と衡平からなる公正な支配(right rule of justice and equity)」によって、君主および臣民の「あらゆる事柄を導き、方向づける」ものとされる。従って、上位に立つコモン・ローの「法的権力(legal power)」が下位の「国王権力(regal power)」によって制限されることなどありえない以上、「国王は勅許によって国土の法を変更したり、改変したりすることはできない」。フラーによれば、法の改変とは単独の国王がもつ大権によって行うことのできるものではなく、「議会」の権威においてのみ可能であった[PP10: II,152-4]。さらにフラーは、戦時の国王大権についても議論を進める。たしかに「国王の大権」は「非常に高度な性格を持つ事柄」である。しかし、たとえ「国王の行為が大権の外観をとって行使されたとしても」、それが何らかの形で「臣民の財、土地、自由」に関係するものである限りは、やはり「王国の法と慣習に従って臣民を統治する」ことが求められる。フラーによれば、このことは「戦時」のような非常時にもあてはまる。国王は、戦時において財源の必要に迫られた時、臣民の「補助金(subsidy)」によってこれを調達する。しかし「過去のあらゆる時代において」、補助金の拠出は「臣民の同意によって」、すなわち「議会によって」認められたものであって、「国王の絶対的権力によって」行使されるものではない。国王と言えども「臣民の財に対して、本人の同意なしに課税することはできない」がゆえに、戦時の国王大権と言えども臣民の財に対して「議会によらずに、国王自身の権力によって」課税することはできないのである[PP10: II,156]。「臣民が彼自身の手に自らのプロパティを維持」し、「国王大権」と言えども「臣民が持つ相続財産」を侵害することはできないという原則は、イングランドのコモン・ローの「準則」であり、それは「理性」に適い、「万民法(the laws of nations)」に一致するものである、と[PP10: II,158-9][37]。

六月二三日から七月二日にかけての庶民院の審議過程でコモン・ローヤーたちによって展開された以上のような国制論は、一六一〇年議会における庶民院のほぼ総意であったと言ってよい。実際、この直後の七月一七日には、

「イングランドのコモン・ローによれば、議会の同意による以外に、国王は臣民の財に対して合法的な課税を行うことはできない」ことを言明した法案が、「何らの反対意見もなしに」庶民院を通過したのであった［PP10: II,165,283-6］[38]。

われわれがこれまで確認してきた、一六一〇年議会で本格的に構想された「古来の国制」論は、その後一七世紀を通じてイギリス立憲主義と議会主義の理念のプロトタイプとしての位置を占めていくことになる。そこには、近世イングランドの国制論の基本的な構想がすでに十分に展開されているのを、われわれは確認することができる。実際、一六一〇年議会で展開された論拠は、前期ステュアート朝のその後の議会においてもさまざまな形をとりながら継承されている。たとえば、この時代の議会における攻防のクライマックスとなったチャールズ治世下の一六二八年議会で展開された戦時におけるコモン・ローと軍法の関係をめぐる論争は、その好例である。ローマ法学者が、「軍法（martial law）の施行は主権者（sovereign）あるいは国家（state）がそれを必要と考えた」時に発動されるものだと主張したことに対し、クックらコモン・ローヤーは、あくまでも「コモン・ローが軍法を拘束する」ものでなければならないと反論し、軍法の発動が国王の意思に専権的に委ねられるのではなく、あくまでもコモン・ローの規定に基づくものであることをつよく主張した［PP28: II,548-50,cf.552-3］。この一連の討議には、ジェームズ治世期からずっと通底してきた前期ステュアート時代のコモン・ローヤーと王権との間の対立軸が最も鋭角的に現れている。そこには、当時のコモン・ローヤーが非常時を名目とした国王の絶対的大権の行使という展開をいかに恐れていたか、また彼らがこの戦時の絶対的大権までも含めてコモン・ローの支配を貫徹させることにいかに力を傾注していたかが如実に示されているので、以下では戦時における軍法とコモン・ローの関係をめぐる一六二八年議会の討議を少し辿っておくことにしたい。

（四）　絶対的国王大権と主権——一六二八年議会

一六二八年議会で最も大きな争点の一つとなったのは、「軍法」の定義をめぐってであった。討議のなかでローマ法学者のヘンリー・マートン（Sir Henry Marten）は、「コモン・ローが便宜良く（with conveniency）執行されるところでは、軍法は行使されるべきではない」が、しかし「戦時においては必要に従って軍法が」行使されるべきであると提議した。そしてこの発言に与するように、他のローマ法学者の議員が、戦時においては「コモン・ローという私法ではなく、軍法が認められる」べきであると主張した［PP28: II,542-3］。ローマ法の見地から言えば、「平時と戦時は異なる範域」であり、戦時においては「王国内の軍法こそが必要な法であり、そこではコモン・ローは失効する」。そして戦時の軍法とは「ローマ法によるやり方」に基づくものである［PP28: II,551］。こうしたローマ法学者の見解に対して、コモン・ローヤーの議員はいっせいに反発した。「イングランド王国はローマ法によってではなく、コモン・ローによって統治されるべき」であり、「コモン・ローは軍法についても考慮しており、軍法を規制し拘束する」ものであると。その根拠として彼らが挙げるのが、「軍察長官（Constable）も警備長官（Marshal）も、コモン・ローに従って」行動することになっているからであるという説明であった［PP28: II,543］。

ここで興味深いのは、ローマ法学者が「軍察長官と警備長官の法は国王の法である」と認識しているのに対して、コモン・ローヤーは、これをコモン・ローに由来し、コモン・ローによって制約されるものと把握している点である。実際には、軍の最高責任者で軍事に関する国王の最高顧問である「軍察長官（Lord High Constable）」や、彼とともに行動する軍隊の主要な官吏である「警備長官（Earl Marshal）」は、ノルマン王朝によってイングランドに導入された官職であった(39)。こうした事実は、前期ステュアート時代のコモン・ローヤーたちも認識していたはずである。エリザベス治世後期にカムデンの「考古家協会」に参加してイングランドの法制度を研究したヘイクウィルやホワイトロック、ドッドリッジ、セルデンら一群のコモン・ローヤーたちは、イングランドの軍制度に関するかつての歴史研究のなかで、それらがノルマン・コンクェストによってイングランドにもたらされたものであることを認識していたからである［CCD: 251,257,259,261］。明らかに、前期ステュアート朝のコモン・ローヤーたちは、戦時における国王の絶対的大権をコモン・ローと議会を通じて制限する方策を案出するために、かつてのルネサンス人文主義に根ざした歴史認識を意図的に曲げたものと考えられる。本章では、エリサベス治世後期からステュアート期にかけてコモン・ローヤーの知的態度が当時の政治的要請から大きく転換したという事実をくり返し指摘し、それがこの時代のコモン・ローヤーの言説を理解するうえで重要な鍵となることを強調してきたが、一六二八年議会で軍法とコモン・ローの関係をめぐって彼らが示した見解はこの事実を裏づける一つの傍証となりうるものである。

当時のコモン・ローヤーたちは、こうした意図的に曲解した歴史認識に基づきながら、非常時の絶対的大権をコモン・ローと議会を通じてコントロールする道を開こうと試みていくのである。たとえばノイも同様の認識に立って、軍法をきわめて限定的に定義する。軍法とは戦時に「軍隊の兵士に対して」のみ執行される法であり、しかもそれは、コモン・ローに服する「軍察長官や警備長官が不在の際」に限って治安委員会によって行使される法である。それゆえ「戦時においても」ウエストミンスターの法廷は開かれていなければならない、と。またクックも、「コモン・ローがなしえないことで、軍法がなしうることは何もない」と主張する。イングランドでは「軍法もコモン・ローによって拘束されなければならない」のであり、ローマ法という「外国の法はわれわれに関わりを持たない」と［PP28: II,554-5］。

他方、ローマ法学者マートンの論拠に対して、クックとセルデンが展開した以下の反論は、非常時における「公共善」のための「必要」という観念の理解をめぐって、国王やローマ法学者たちと庶民院コモン・ローヤーとが繰り広げていた議論の攻防点を見事に表現していると思われる。それは、本章第二節で指摘したイングランドにおける「カズイスティクな絶対主義」の可能性という問題とまさしく関連している。クックはこう議論する。「軍法は、「コモン・ローが実効性を発揮しえない」便宜の時に用いられると言われたが、ではいったい誰がそれを判断するのか」と。そして、こうした「戦時の便宜（convenience）という観念は、すべての事柄を絶対的権力（absolute power）のもとへ持ち込むことになるであろう」と、その危険性を指摘する。クックにとって重要であったのは、「便宜」の問題そのものが「コモン・ローによって決定される」ことであった [PP28: II,558-9][40]。それはすなわち、議会がコモン・ローに基づいて「どのような時に軍法が施行されるのかを規定する」ことであり、この点において「国王の権力は議会制定法によって規制されうる」のである [PP28: II,466]。

セルデンもまたクックと同様に、戦時における軍法の施行を正当化する「必要（necessity）」、「裁量（discretion）」、「便宜（convenience）」といったローマ法学者がしばしば用いる観念に対して、こう反論している。すなわち、「法律家としてではなく、政治家としての」ローマ法学者とコモン・ローヤーの見解の差異は、「ローマ法によれば、兵士は軍法によってのみ支配され、コモン・ローによって支配されるべきではない」とされるのに対して、コモン・ローヤーの見解からすれば、「兵士は、便宜という点でもコモン・ローと軍法に従う」と考えている点にある [PP28: II,565]。セルデンによれば、ローマ法学者は、すべての事柄を「便宜と必要」に基づいて考えることによって、それらが「あたかも法であるかのように」論じている。しかし、ローマ法学者が言うように戦時の「便宜と必要」が法を作ることはないのであって、法を作るのはあくまで「慣習」か「議会制定法」であると [PP28: II,568]。セルデンが指摘するように、「ローマ帝国に由来する軍法」をめぐってコモン・ローヤーが問題にしていたのは、法律家ないし法学者としての「軍法の一般的性格」に関する定義ではなく、「イングランドにおいて軍法がどのように運用されるのか」という政治家としての熟慮的な判断であった [PP28: II,462-3]。セルデンは言う。たしかに「軍法は元来ローマ帝国から来ており、軍法の争点はローマ法に由来している」。しかし問題とすべきは、「軍法一般」がもつ「射程の全体」を踏まえたうえで、「イングランドにおいていかに軍法が運用されるのか」、その運用方法について、すなわち「誰の前で」あるいは「どのような法廷において」執行されるのか、その時と場所と対象人について、議会という場で明確にしておくことであった［PP28: II,467,471］[41]。

このように、コモン・ローヤーにとってはあくまで、国王の非常大権と言えども、法が必要と認めた時に限定されるべきものであり、その意味で「コモン・ロー」の支配と、制定法の作成を通じた「議会」の審議に服すべきものと考えられたのである。このように、「公共善」のための「必要」という観念に基づき、国王の超法規的な大権の行使を認める、ローマ法に由来した絶対的権力の観念も、コモン・ローヤーの見解では、「コモン・ローの摂理」と「議会の同意」によってコントロールされるべきものとして捉えられていくのである。

これまで見てきたところから明らかなように、前期ステュアート朝のコモン・ローヤーたちの主たる狙いは、国王大権に「コモン・ロー」と「議会」による二重の制約を課そうとするところにあったと言ってよいが、その重要な思考の原型を提供したのは、一六一〇年議会における庶民院の審議であった。先述したように、主権者権力を「議会における国王の権力」に求めるホワイトロックの構想は、議会を通じた国王大権の制約を企図したものであるし、平時と戦時の双方において国王の統治権力を「コモン・ローの摂理」の下に置こうとするヘイクウィルの構想は、コモン・ローを通じた国王大権の制約にほかならなかった。これ以降、前期ステュアート朝のコモン・ローヤーによる国王の絶対的権力を限界づける試みは、国王権力が「時の叡智」によって検証された古来のコモン・ローに由来すると定義したうえで、そのコモン・ローの規定に従えば、国王の絶対的権力とは、議会の審議と同意によって補佐された「議会における国王」のみが持つところの絶対的権力にほかならないのだと定義することであった。こうしてこの時代のコモン・ローヤーは、「コモン・ローの至上性」と「議会の絶対性」という二つの論拠を両立させつつ、もって国王の絶対的権力に対する制限を講じようとしたのだと言ってよい。それは、国王の絶対的権力の主張を、通時的には「時と経験の叡智」に基づくコモン・ローの至上性によって、そして共時的には王国全体の叡智を結集した「議会の理性と叡智」によって、二重に制限しようとするものであったと見ることができよう。

以上のように、イングランドの伝統的国制のコンテクストのなかで、国王の「絶対的権力」の問題を「コモン・ローによる法の支配」と「議会による審議および同意」によって二重に制限しようとした前期ステュアート朝のコモン・ローヤーにとって、当時大陸ヨーロッパで普及した主権概念、すなわち国家に固有の至上かつ不可分の絶対的な権力を「主権」として定義し、それを君主に委ねようとする言説に対して、どのように対処するかという問題は、避けて通ることのできない重大な課題であった。そもそも主権概念の成立は、第二章で述べたように、フランスのネオ・バルトールス派のローマ法学が提示したあらゆる国家に妥当する法の一般的原理の重要な帰結であったが、それは同時に君主権力を絶対化する政治的資源ともなりえていたことから、ネオ・バルトールス派のローマ法学の影響を受けていたイングランドにおいても、新たな主権概念への対応はコモン・ローヤーにとって早くから意識されていた。すでに一六一〇年議会では、ホワイトロックの「議会における国王」というイングランドの伝統的国制観のなかで主権概念を読み替えようとする構想が存在したし、さらに一六二八年議会においては『権利請願』を起草する際に、大陸ヨーロッパの主権概念に対するコモン・ローヤーの強固な反発姿勢が示された。「古来の国制」論を展開した前期ステュアート朝のコモン・ローヤーにとって、国王大権を理論化することによって、それを絶対化しかねない大陸のボダン流の主権概念は、イングリッシュ・コンスティチューショナリズムの枠内から排除されなければならなかったのである。最後に、国王の絶対的権力について考察した本節の締めくくりとして、一六二八年議会における主権論争を追っておくことにしたい。

一六二八年議会では、庶民院はクックを中心に『権利請願』の起草を進めた。これに対し貴族院は、両院協議会の場において、『権利請願』が「人民の保護、安全、幸福のために国王陛下に託されている主権者権力（Sovereign power)」を侵害しないよう留意している旨を明記した「付帯事項」を、庶民院の原案に付け加えるよう要求した[RHC: 561]。もっとも、「主権者権力(Sovereign power)」という新規な言葉を用いることによって、貴族院が大陸における主権概念を承認する意図を持っていたわけでは必ずしもない。貴族院の釈明によれば、「主権者権力」という言葉によって「何ら新しいことを付加する意図はない」し、現に「最高位者(Sovereign)」である国王が持つその地位に応じて持つべき「権力(Power)」を指して〈Sovereign Power〉と呼んでいるのである。従ってそれは、従来から国王が当然に持つところの「国王大権(Prerogative)」を、「より緩やかな」表現に置き換えたものであり、決して「主権一般(Sovereign Power in general)」について語っているのではないと[RHC: 564]。前期ステュアート時代の議会は、国王と貴族院と庶民院の三すくみにあったわけではなく、貴族院は明らかに国王寄りの、あるいは国王に迎合する姿勢を示していた(それは第五章で後述するカウエル事件の審議においてもはっきりと現れている)。ここでの貴族院の意図は、大陸の人文主義とローマ法の教養に通じたジェームズが好感をもつ言葉に置き換えて表現することにより、国王に配慮を示し、決定的な対決を回避しようとしたものであったと考えられよう。

しかしながら庶民院では、主権に関する付帯事項を明記するという貴族院の提案に対して断固拒否する意見が相次いだ。そこには、たとえ含意するところが国王大権の言い換えであり、伝統的な均衡理論の延長線上にあるとしても、「主権者権力」という術語を用いることそのものに対する強い懸念と反発が見て取れる。たとえばアルフォードはこう反論する。「そもそも主権者権力とは何であるかを、書かれたもののなかから確認してみよう。ボダンは、主権は何らの制約にも服さないと言っているし、われわれは主権者権力によって法的権力(Legal Power)と同時に、国王権力(Regal Power)を認めることになるであろう。あくまで法が与えるところのものを国王に与え、それ以上のものは与えないようにしよう」と。アルフォードの理解によれば、国王が持つ権力とは国王大権も含めてすべてコモン・ローによって与えられたものであり、法に規定されない権力は許容されるべきではない。さらに、ピムはこう語る。「この主権者権力なるものは、法に属する権力（the Power of the Law）とは異なった別様の権力であるように思われる。私は国王の人格（Person）にSovereignという言葉をつけることは知っているが、国王の権力につけることは知らない。それゆえ、われわれは国王に主権者権力なるものを委ねることはできない。またわれわれは決してそのような権力を持ってはいなかったのである」。ヘイクウィルもこう反論する。「われわれは［主権者権力に触れた］これらの言葉を認めては安全ではありえない。それらの文言はわれわれの請願の全体にわたって適用されうるからである。それは留保条項の性質を持ち、それを認めることによって、われわれは自分たちがあたかも国王の大権を侵害したかのような意味を持たせることになるであろう」［RHC: 562］[42]。

以上の発言のなかには、「主権」というイングランドの伝統とは異質な政治言語をイングランドの国王大権の文脈に適用することは、国王の「絶対的権力」に道を開きかねない、との懸念が表れている。ノイは、過去のいかなる制定法や請願においても用いられたことのない「われわれに馴染みのない言葉」を用いるならば、その「疑わしい言葉は有害な解釈を生じさせるかもしれない」と指摘する［RHC: 563］。こうした庶民院コモン・ローヤーの懸念を、グランヴィルは具体的に説明している。主権に関する留保条項が付加されてしまうと、「強制公債その他同種の金銭徴収は、この国土の法［コモン・ロー］と制定法によって、議会の立法を通じた共通の同意によらなければ課せられるべきではない」という『権利請願』の条項は、「強制公債および同種の負担は、主権者権力によるのでなければ、議会の同意なしには命じられたり、集められたりすることはできない」と解釈されてしまいかねない。同様に、「この王国の自由な臣民は理由を示されることなく投獄されるべきではない」との条項も、主権を認める留保条項によって、「この王国の自由な臣民は法によって、主権者権力によるのでなければ、理由も示されず逮捕されるべきではない」と解釈されてしまう。それゆえグランヴィルは、主権に関する留保条項が「国王の主権者権力を王国の法［コモン・ロー］と制定法に優位することを認めること以外の何ものでもない」と結論づける［RHC: 572］。

このような一連の発言に呼応して、クックは次のように説明している。主権者権力の留保条項は「非常に重大な問題である。率直に言って、この主権条項は請願の全項目を侵害し、われわれの請願全体を廃棄するであろうから。……私は国王大権が法の一部であることは知っているが、主権は議会にふさわしい言葉ではない。私の意見では、主権はマグナ・カルタやすべての制定法を弱体化させるものである。なぜなら、マグナ・カルタや制定法は絶対的なものであるが、それは主権者権力に関する留保条項を伴っていないからこそなのである。もしわれわれがいま主権条項を付け加えるならば、われわれは法という基礎を弱体化させることになるであろうし、そうなれば建物は崩壊せざるをえないのである。われわれが何を放棄しようとしているかに注意せよ。マグナ・カルタこそはわれわれの同胞であり、それはいかなる主権者（Sovereign）も持たない。この主権者なるものは、マグナ・カルタや、それを確証した制定法にはなかったと私は思う。もしわれわれがこれを認めてしまえば、暗黙の裡に、すべての法を超越する主権者権力を与えることになる。すなわち、法に基づく権力（Power in Law）が、実力に伴う権力（Power with force）に取って代わられるのである。……主権者権力を制限することは不可能である。われわれは法に従って特権を保持しよう。法を超えた権力は、国王と人民がこれ以上論議するのに適したものではない」［RHC: 562］[43]。

マグナ・カルタを古来のコモン・ローを確証した法と捉え、いわゆるマグナ・カルタ神話に立って「古来の国制」論を展開したクックにとって、国王権力の問題はあくまでイングランド国制の古来の伝統のなかで議論されるべき事柄であった。クックが懸念したのは、「古来の国制」論に従えば、国王権力はマグナ・カルタによって確証された古来のコモン・ローに基づく法的権力であるのに対し、大陸の主権概念によれば、それはコモン・ローを超越したデ・ファクトの権力として絶対化されてしまう危険性があるという点にほかならなかった。このようにコモン・ローヤーにとって主権者権力とは、「超越的かつ無制限な」権力と考えられていた。それゆえセルデンの用語で言えば、この問題は、「法によって制限されうると想定された正当な権力」と「超越的かつ無制限なものと想定された主権者権力」という「多大な相違」を国制上に生み出す極めて危険な事柄と考えられたのであった［RHC: 566］。

一六一〇年議会のホワイトロックの「議会における国王」の理念は、大陸のボダンらが展開した主権概念を、スミス以来の「議会における国王」のコンテクストのなかで読み替えながら、主権を持つ主体を国王にではなく、むしろ議会において把握しようとする試みであり、それは、議会が宣戦・講和も含めたあらゆる国王大権の範域を自ら能動的に審議することができるとした一六二一年議会の『抗議文』の「討論の自由」に関する条項［本章第四節（三）参照］とも関連しあいながら、一七世紀後半の議会主権の確立を先駆する言説であった。これに対して、一六二八年議会での『権利請願』の作成における主権の論争は、国王大権も含めたイングランドの国王権力の問題を、コモン・ローとこれを確証したマグナ・カルタの絶対性によって基礎づけることによって、イギリス独特の立憲主義的な「法の支配」を宣言していくものであったと言えよう。そして前期ステュアート朝に見られたこれら二つの原理は、一六八八年の「名誉革命体制」のなかで、相関し合う一つの統治理念として継承されていくことになる。

第四節　臣民の自由と議会の特権

「古来の国制」論においては、コモン・ローこそが、統治の基本構造を定立した高次法として、統治における究極の裁定者となるべきであった。それは国王と臣民の双方を導く統治の指導原理にほかならなかった。そのコモン・ローの核心にあるのは、「絶対的プロパティ」の主張を含めた諸々の「臣民の自由」の保障であり、コモン・ローはその臣民の自由を護る、確実で権威ある至高の存在とみなされたのであった。たとえば、クックは、コモン・ローについて、それが「この王国の臣民が持つところの、最も古来の、そして最上の相続財産」［5th Rep.: preface (To the Reader),v］であると表現したし、同様にニコラス・フラーは、コモン・ローを「国王と臣民がそれによってともに導かれる王国の高等な相続財産」［Fuller 1607: 3; cf.PP10:II,152］であると主張したのである。それゆえ、国王大権が、たとえ戦時のような非常事態における公共善からの必要を理由としてであれ、立法と課税への議会の同意という、コモン・ローの二大原則を無効にするという行為は、先のホワイトロックの言葉にもあるように、多くのコモン・ローヤーにとっては、イングランドの統治様式の転覆を意味するものと考えられた。こうした法による国王大権の制限は、コモン・ローを通じた「臣民の自由」の保障、なかんずくあらゆる自由の基礎としての「プロパティ」の絶対性を眼目として行われたものであった。そして、本章の冒頭で述べたように、このコモン・ローを最終的に司るのが「議会」であったがゆえに、コモン・ローが保障するプロパティの絶対性を含む臣民の自由を、国王大権から擁護するのもまた「議会」にほかならなかった。つまり、前期ステュアート時代、少なくとも一六四〇年代の内乱期における議会権力の専制化を経験するまでは、絶対主義に傾斜する王権との対抗関係から、コモン・ローに基づいて「臣民の自由あるいは特権」を擁護することは、同時に、コモン・ローに基づいて「議会の特権」を主張することと表裏一体の構成をなしていたと言ってよい。本節では、コモン・ローヤーの言説のなかから、臣民の自由なかんずくプロパティの観念と、それを護るための議会の権能および特権について、さらに検討を進めていくことにする。

（一）「絶対的プロパティ」とコモン・ロー

前期ステュアート時代の「古来の国制」論のなかで「臣民の自由」をめぐってコモン・ローヤーによって展開された政治言説の基底には、「絶対的プロパティ（absolute property）」の観念が存在した。コモン・ローヤーにとってプロパティとは、臣民の自由にとっての基盤となるものであった。そもそもこの当時のプロパティの観念は、物に対する直接的支配としての財産権という法的な意味にとどまらず、人間の存在様式と深く関わる規範的問題を内在させたものであったことにわれわれは注意しなければならない。

当時の人びとの意識では、土地とその恵みの使用は、神の被造物たる人間が神の目的を遂行するために、神によって賦与されたものにほかならなかった。すなわち、神は創造にあたって人類に対して地上とその恵みを与え給うたのであって、この意味で土地およびその産物を使用する人間の権利は、神の意思に由来するものであった。そしてその権利の使用は同時に、人類の繁栄を促進するという神の意思に反して行使することは許されないという意味で、「権利」と同時に人類の繁栄に貢献するという「義務」としての制限をも負うものと見なされていた[Sommerville 1999: 145-6]。しかしながらコモン・ローヤーにとって、神がこの地上を人類に与えたという神学上の想定は、決して各人の具体的な所有形態についてまで示唆を与えるものではなかった。当時のコモン・ローヤーの一般的理解によれば、地上は創造の当初、人類に共有のものとして与えられ、その後、自然法の諸原理からの演繹と政治社会の一般的慣習を通じて成立した「国法」に基づいて「私的プロパティ（private property）」が確立したのだと理解されていた。たとえば、ヘドリィによれば、「自然法によって土地と財のプロパティを持つものは誰もいない」のであって、具体的にどの土地と財が各人のプロパティを構成するのかという問題は、「自らが生まれ住んでいるところの王国の国内法（municipal law）によって」規定されるべき事柄であるとされた[PP10: II,189]。従って、フラーが言明するように、イングランド人は「イングランドの法によって、自らの財に対する十分かつ完全なプロパティを持っている」のだと想定されていた[PP10: II,154]。

このように、土地とその恵みに対する人類の使用の権利は、神の被造物としての人間が神の仕事を遂行するために欠くことのできない条件として神から人類に賦与された限りにおいて、神の意思に基づく権利であり、それゆえそれは自然法の規定でもあった。他方、土地および財に対する各人の具体的な所有関係は、「国法」に基づく「取得時効」を根拠として形成されたものであり、コモン・ローヤーは、ここに私的プロパティ成立の根拠を求めるのである。

いずれにせよ、こうした「私的プロパティ」の問題は、当時のコモン・ローヤーの観念によれば、人間が自由な存在であるための基盤的な構成要件であった。彼らにとって、「自由」とはプロパティに依存するものであって、それを欠くことは「奴隷」の状態に堕ちることを意味していたのである。ヘドリィは言う。「土地と財に対する……プロパティという点において、国王の自由な臣民と奴隷との間には大いなる相違が存在する」。なぜなら「国王は……、彼の奴隷たちからは土地や財を意のままに収奪することが可能であるかもしれないが、しかし国王は、彼の自由な臣民たちからそうすることはできない」からである。「自由民の土地あるいは財は、本人の同意なしに取り上げることはできないのである」[PP10: II,192]。このように臣民が自由であるための要件は、プロパティの保持という点にあり、国王はこの臣民のプロパティを、たとえ「国王大権」の外観をとっていたとしても、当事者の「同意」なしに取り上げることはできない。プロパティの譲渡は、あくまでも本人の「同意」を前提条件とし、同意を欠いたプロパティの収用は、言ってみれば「強盗」にほかならなかったからである。ヘドリィは言う。「ある臣民が、法的性格なしに力ずくで他人から財産を収奪したとしたら」、それは「強盗」と見なされる。同様に、「法なしに臣民の財産を収用する国王大権」は「法外な大権」であり、「正義の侵害」と見なされるべきである[PP10: II,194]。国王大権と言えども、プロパティを収奪するならば、それは国王の統治が目的とする正義に反することになる。それゆえ、臣民から国王への財政的供出は、ホワイトロックが定義したように、国王の正義の履行と引き換えに果たされるものであった。彼は言う。「国王の義務は、正義と保護に、臣民の義務は、服従と財政援助にある」[PP14: 149]。臣民の国王に対する服従と財政援助は、国王が臣民のプロパティを保護する限りにおいて、すなわち正義を実現する限りにおいて果たされるものであり、両者は双務関係にある。ここで言う「正義」とは、すでにブラクトンの考察において確認したように、「各人に自己に帰属するところの権利を与える」ことを意味している[LCA: 23]。

こうしてプロパティの観念は、「正義」の観念に基づいて、国王の「絶対的権力」を限界づける論拠として展開され、そこから「古来の国制」論が構想されていくのである。ヘドリィによれば、プロパティを「保持する力（power）」を持つことこそが、人間にとって「自由」であることの条件である。国王の絶対的権力が統治の上で公共善の必要に応じて「臣民の土地と財」を自らの意思のみに従って調達することが可能であるならば、臣民はプロパティを保持する自己の権力を喪失してしまう。それは、臣民にとって「奴隷状態」に堕ちることを意味し、「自由の不在」を帰結するものであると［PP10: II,194］。さらにそれは、王国全体にとっても、国王にとっても不幸なことである。イングランド人民の持つ「勇気」とは、彼らが「自由（freedom and liberty）」を持つ存在であるがゆえに発揮されるものであり、自由こそがイングランドの「勇敢にして軍勢豊富な軍事的ネーション」の「真の原動力」だからである。このように、イングランドの持つ「強さ」は、何よりも「平民の自由と富」に依拠しているがゆえに、この王国の「古来の政体」は、自由な平民の「富と勇気」を維持することに主眼を置いてきたのであり、そこに「古来の称賛すべき幸福な国家」の神髄がある［PP10: II,195-7］。それゆえ、「古来の政体」の基本構造を定めた古来の法、すなわちコモン・ローの目的とするところも、自由な臣民のプロパティの保障という点に集約される。ヘドリィによれば、コモン・ローとは「王国というボディ・ポリティークの生命」であり、そして臣民の「富と財」こそが「ボディ・ポリティークの血液」である。従って、コモン・ローは「土地と財の保存」に最大の注意を払うのであると［PP10: II,194］。

以上のように、一方で「人類」の土地と財を享受する権利を神の創造に基づく自然法の規定に求め、他方で「各人」の具体的な私的プロパティの権利については、イングランドの古来の法としてのコモン・ローに基礎を持つものと想定し、そこにイングランド人の自由の成立を見る、こうしたコモン・ローヤーの観念は、「コモン・ロー支配の立憲君主制」を説いた「古来の国制」論において、さらにいくつかの重要な政治的帰結を導くことになる。

第一に指摘されるべき政治的含意は、「自然法」を根拠に公共善の必要に従って「絶対的国王大権」を行使するという、当時の「カズイスティクな絶対主義」の言説に対する反論である。この種の絶対主義の言説によれば、戦時等の緊急時に「共通善」と「必要」を理由として、国王が議会の同意を経ずに自由に課税することができるのは、人民の安全と富裕を保障する義務を国王が「自然法」から負っているからだとされ、その正当性の根拠は直接、自然法に求められていた［Sommerville 1999: chap. 5］。他方、コモン・ローヤーによれば、自然法が規定しているのは、あくまで人類が土地とその恵みを使用することについてであり、そのうえでイングランドの各人が享有するところの具体的なプロパティの権利は、コモン・ローから得ているのである。彼らにとって、自由なイングランド人の私的プロパティの問題は、コモン・ローに基礎をもつ権利であり、コモン・ローによって保障された「絶対的」な権利であった。たとえば、フラーは一六一〇年に庶民院で、臣民は「法の支配するところによって、自らの財産に対する絶対的なプロパティ（absolute property）」を持つと宣言した［PP10: II,157］。さらに一六二八年議会ではダドリィ・ディグズが、ブラクトンとフォーテスキューを引証しながら、「臣民が自己の財と所有において真のプロパティを持つという点は、イングランドの古来のコモン・ローの疑いえない基本的要点である」と主張し［PP28: II,334］、ロバート・フィリップス（Sir Robert Phelips）は、「財産に対するプロパティ（propriety）」については決して論争の必要はない。それは、コモン・ローにおける疑いえない原理である」と言明している［PP28: II,62］。このようにイングランド人は、自らの土地と財に対するプロパティの根拠をコモン・ローのなかに持つのであって、そのプロパティの権利は、すでに指摘したように臣民が自由な存在であることの要件であったがゆえに、コモン・ローの保障の下に「絶対的」なものと見なされたのであった。コモン・ローに基づく自由な臣民の「絶対的プロパティ」という観念は、自然法に依拠して主張された国王の「絶対的権力」に対する対抗概念として展開されたものと言ってよい。

（二）「絶対的プロパティ」と「議会の同意」

他方、プロパティが直接的にはイングランドの国法であるコモン・ローにその根拠を持つという先の前提から帰結する第二の政治的含意は、コモン・ローの二大原則とされ、イングランド政体の最重要の統治原理とされた「同意なくして立法も課税もありえない」という原則である。立法（および法の改変）と課税はどちらも、臣民の「プロパティ」の問題に深く関わりを持つものであったからである。

すでに確認したように、自由な臣民のプロパティが、イングランドの古来の法であるコモン・ローにその根拠を持つとされている以上、法の作成および改変という立法行為は、「コモン・ローの改変」を通じたプロパティの変更へと結びつく可能性を持っていたと言ってよい。プロパティの正当な変更のためには、権利者本人の同意が必要であるのならば、プロパティの変更を伴いうる立法行為にも、プロパティを保持する本人の同意が必要となる。このように「立法」が臣民のプロパティの改変に深く関わるものであるとともに、他方、「課税」もまた臣民のプロパティに直結するものであった。課税とはプロパティからの徴収であり、言い換えればプロパティの「譲渡」を意味するものであった。課税がプロパティの譲渡を意味する以上、その正当な行使のためには、やはり同じく権利者本人の同意、すなわち臣民の同意が必要となる。このように「同意なくして立法も課税もなし」とする「古来の国制」論の最重要の統治原理は、プロパティの問題を軸に展開されたものであった。一六一〇年議会の政治論争において最も緊要な争点となったのは、まさにこの点であった。

国王大権に基づく「賦課金」の是非が問題となった一六一〇年議会では、とくに「課税」における「議会の同意」という原則を改めて論証することが焦眉の課題となっていた。ヘドリィは、「国王は、議会の同意なしには、全体的にも限定的にも、全く課税することができない」という原則を説明するうえで、二つの論拠を展開している。一つは、「必然的帰結（necessary consequents）」ないし「衡平（equity）」によって得られた「理性の一般的準則（general rule of reason）」という論拠であり、もう一つは、「国王は議会の同意なしには、法の作成および改変を行うことができない」とする、誰人も否定しえないイングランドの「法格率（maxim of law）」という論拠である。

まず、議会の同意がない国王の課税を無効とする「理性の一般的準則」を導き出すうえで、ヘドリィが提示する個別の事例は、「妻の権利」と「教会の権利」である。すなわち、妻は夫の死後、生活維持のために夫の土地を相当程度、相続する権利を持つ。従って夫は、妻の相続分の土地に対して、妻の同意なしには「譲渡」も「担保」もなしえない。他方、教会ないし修道院の聖職者は、教会が保有する土地を勝手に「譲渡」すること、もしくは「担保」に入れることを制限されている。従って、妻の相続分の土地に対して妻の同意なしに夫が勝手に行った譲渡ないし担保が「無効」であるのと同様な理由から、教会の正当な手続を経ない聖職者による教会の土地の譲渡ないし担保も「無効」である。ヘドリィによれば、権利者本人の同意なしに「譲渡」および「担保」を行うことができないという原理は、「コモン・ロー上の類似したすべての事例」に当てはまると同時に、「ローマ法においても維持されて」おり、「あらゆる法において維持されて」いるものである。従ってそれは、「慣習からではなく、理性から効力を得ている準則」であり、「理性の一般的準則」と見なされるべきである。以上のようなヘドリィの説明は、たとえば理性の必然的帰結として導き出される法の一般的原理に関する言及や、それがコモン・ローやローマ法を含むあらゆる法体系に妥当するとの見解からうかがわれるように、明らかにネオ・バルトールス派のローマ法学の思考様式と重なり合うものである。「立法と課税における議会の同意」というイングランドの伝統に根ざした統治の二大原則を立証する際にも、ヘドリィの人文主義およびローマ法の学識と教養がいかんなく発揮されていると言えよう[PP10: II,187-8]。

このように、ヘドリィは、権利者の同意なしに譲渡もしくは担保を行うことは無効であるという原則を「理性の一般的準則」と見なす。それは、コモン・ローも含めたあらゆる法に通用している「理性の法」（理性的被造物たる人間による永久法の分有としての自然法）と置き換え可能なものであり、その意味で、「万民法」の規定に相当するとも言える。この「理性の一般的準則」に従えば、「国王の課税」も、臣民のプロパティの「譲渡」を意味するがゆえに、権利者である臣民の同意なしには行いえない。それゆえ、「すべての人間の同意を含意する議会制定法」[PP10: II,192]、すなわち「議会の同意」がなければ、国王の課税は、無効なものと見なされることになるのである。

続いてヘドリィは、同じく議会の同意がない国王の課税を無効と見なす根拠として、イングランドの統治において伝統的に承認されている、何人も否定しえない明白な「法格率」という観点から説明を加える。(44) ヘドリィによれば、「国王は議会の同意なしには法を作成することも、変更することもできない」という点は、「すべての学識ある国王の顧問官」によっても伝統的に同意されてきた、「イングランドのコモン・ローにおける準則あるいは原理」である。それは、「叛乱」を招くことなしに異議を唱えることができないような、イングランドにおける最重要の「統治原理」である。コモン・ローのこの統治原理の目的は、「土地と財におけるプロパティ」の保障という点にある。人びとのプロパティの享受は「自然法」ではなく「国法」に基づくものであるから、イングランドではコモン・ローの原則こそが人民に「土地と財のプロパティ」を保障している。国王が自らの意思のみで、コモン・ローが賦与したこの「法の果実と利益」を臣民から剥奪することは、臣民から「法そのもの」を剥奪すること、すなわちコモン・ローの改変を意味するものである。このようにヘドリィにとって、法の作成および改変に臣民の同意を必要とするという統治原理は、国王の意思によって、コモン・ローの改変を通じて臣民のプロパティが変更されてしまうことを防ぐという意味において把握されている。それゆえ、コモン・ローの改変を伴いうる法の作成および改変には、プロパティを保持する正当な権利者本人の同意、すなわち議会における国王と臣民の「相互の同意」が必要になる。議会の同意なくして国王は法を作成することも改変することもできない、というイングランドの伝統に周知の統治原理から必然的に導き出されるのは、イングランドでは「国王は、本人の同意なしに自由な臣民（free subjects）の土地と財のプロパティを変更することはできない」という原則である。イングランドの統治原理に含意されたこの原則に従うならば、「課税」という行為が臣民のプロパティの譲渡を伴う以上、そこには当然に臣民の同意、すなわち議会の同意が必要とされるのである［PP10: II,188-9］。

　こうしてヘドリィは、先述の権利者本人の同意なしに譲渡もしくは担保を行うことができないという「理性の一般的準則」と、国王は議会の同意なしに法を作成することも改変することもできないというイングランドの伝統に周知の「統治原理」（あるいはコモン・ローの明白な「法格率」）という二つの論拠に基づきながら、議会の同意を経ない国王の課税を無効とする結論を導き出している。それは、主として「自由な臣民」の「プロパティ」という問題を軸に展開された、国王の「絶対的権力」ないし「絶対的大権」に対する制限的措置であったと解されよう。

　以上のように、プロパティを論拠として立法と課税における議会の同意を説明する思考は、同時代の他のコモン・ローヤーにも共有されたものである。たとえば、ヘイクウィルは一六一四年議会において、「フォーテスキューの見解によれば、イングランドの国王は［議会の同意がなければ］法を作ることはできないがゆえに、課税することもできない。そしてこの見解は、トマス・スミスの著作『イングランド国家論』とも一致する」［PP14: 131］と述べているし[45]、またエドウィン・サンディーズも、フォーテスキューとスミスに依拠しながら、国王による賦課金などの課税は「われわれ全員の利益の基礎」を掘り崩しかねないものであって、それは「われわれを奴隷と化し、プロパティの享受を妨げる」ものである。そして「議会の同意なしに法を作る」ことも、同じようにプロパティに関わるという理由に基づいて無効である、と主張している［PP14: 147］[46]。

　このようにプロパティを論拠とした立法と課税における議会の同意は、前期ステュアート朝のコモン・ローヤーが、フォーテスキューとスミスに依拠しながら、最も関心を持って議論した論点であった。その際、彼らはフォーテスキューやスミスの言説を手掛かりとしながらも、新たな展開を試みていた点に注意したい。たとえば、ホワイトロックは一六一〇年議会でこう議論している。彼の見解によれば、立法と課税はイングランド法における「二つの主要な基本的要点」である。そして議会の同意を得ずに国王大権のみに基づいて賦課金を徴収することは、イングランドの法を改変することであり、それは取りも直さず「臣民の財のプロパティを改変する」ことにほかならなかった。すなわち、「法の改変」は「プロパティの改変」と表裏一体であり、この意味で立法権と課税権は、「臣民のプロパティ」を基盤にして一体をなすものと考えられていたのである。ホワイトロックは、この点について、当時のコモン・ローヤーたちが「古来の国制」論を展開する際にしばしば行ったように、フォーテスキューの言説に依拠している。すなわち、「フォーテスキューは、立法と課税の二つの権力が一つの手のなかで付随し合うものとし、それらのうちの一方はもう一方がなければ存在しない」と見なした。そしてフォーテスキューは、立法と課税を決定するイングランドの統治システムを、「王権的統治と政治的統治の混合（principatus mixtus et politicus）」という形式において把握したのだ、と。このフォーテスキューの言う王権的統治と政治的統治の混合は、ホワイトロックにおいては、前述したように、王国全体の同意によって補佐され、強化された「議会における国王の主権者権力」を意味するものとされ、立法と課税という相関し合う二つの主要な権力は、「議会における国王のみによって行使されるべきもの」であると捉え直される。こうして彼は、フォーテスキューの「政治的かつ王権的統治」という統治の理念を、「絶対的プロパティ」の観点に立ちながら、「議会における国王の主権者権力」の理念へとさらに発展させたのである。

またここで興味深いのは、フォーテスキューが「王権」を意味する術語として用いていた〈regare〉という表現に、ホワイトロックは〈principatus〉という術語を当てている点である。ローマ帝国の前期帝政時代の皇帝理念、すなわち元首政治を意味する「プリンキパートス」という用語を当てているところに、彼のここでの批判的意図が明確にローマ法的な王権の理念に向けられていたことがうかがわれる。彼が「政治的」という言葉で意味したのは、「議会における同意」を通じた王権の制限であった。それは、ローマ法的な国王の絶対的権力の概念を、「議会における国王の権力」というイングランドの統治方式のなかで読み替えようとしたものである。ホワイトロックはこう言明している。ローマ法に基づく他の国々では、国王は「法を作る絶対的権力を持つ」がゆえに、「プロパティを譲渡する法を施行すること」を通じて、課税についてもまた「絶対的権力」を持つと[ST: II,486-7]。このようにローマ法に基づく統治では、原理的には単独の国王が立法において絶対的権力を持つことによって、同時に課税における絶対的権力も可能とするのに対し、臣民の「絶対的プロパティ」を説いたコモン・ローに基づくイングランドの統治では、立法と課税を行う主権者権力は「議会における国王の権力」に求められていくのである。そしてこの点こそが、コモン・ローがローマ法よりも「確実」な法であることの根拠とされる。同様な文脈でコモン・ローとローマ法の優劣を論じた言説は、ヘドリィにおいても見られる。「国王もしくは皇帝のみによって法を作成したり、改変したりすることが可能なローマ法などの人定法は、国王と議会なしにはたとえ部分的にでも法を変更することができないコモン・ローに比べるならば、確実性の点で劣る」と[PP10: II,180]。

いずれにせよ、ヘドリィやホワイトロックらコモン・ローヤーにおいては、「法の作成」ないし「法の改変」は、「プロパティの変更」と同一線上において思考されており、そして自由な臣民のプロパティに関わる事柄は、本人の同意、あるいは王国全体の同意を意味する「議会の同意」なしには変更することができないと考えられたのである。そして、「課税」がプロパティの譲渡を意味するものである以上、そこにはやはり「議会の同意」という形式を通じた本人の同意が必要となる。こうして結論的に言えば、法の作成および改変も、さらには人民に対するいかなる種類の新たな「課税（imposition, tax, charge）」も、すべてプロパティの改変に関わるがゆえに、「議会においてのみ」行使可能なのであって、「議会の同意」なく国王の自由意思によって行うことはできない［PP10: II,189-90］という、「古来の国制」論の中核をなす統治原理が定式化されていくのである。

しかもこの統治原理は、イングランドの国王に「例外なく一般的に」妥当すべき事柄であるとされている［PP10: II,190］。それは、この時代の「カズイスティクな絶対主義」の言説が戦時など緊急時の国王の絶対的権力もしくは絶対的大権という形式で展開されていたことへの対抗措置である。コモン・ローは「国王の絶対的権力および絶対的大権に対して、臣民の生命および身体とともに土地と財を保護する」のであって、それは「マグナ・カルタ（the great Charter of the liberties of England）において明白に確証されている」［PP10: II,189］とのヘドリィの言葉に示唆されているように、「古来の国制」論において展開されたコモン・ローヤーの政治言説は、絶対的プロパティの観念に依拠しながら、「コモン・ローの支配」を非常時の絶対的大権にまで貫徹させることを企図していたのである。

たとえばクックはこの点を次のように述べている。「王国のコモン・ローは、人が持ちうる最も確実な聖域（sanctuary）であり、最も弱き人をも保護する最強の要塞（fortresse）である」。それは「臣民が持つ最上の生得権（birthright）であり、……それによって臣民の財や土地、妻と子、自らの身体、生命、名誉、世評が、侵害行為や違法行為から保護される」と［2nd Inst.: 56］。他方、「国王の大権もまたコモン・ローによって国王に賦与されたものであり、王国の法の一部である」。その限りにおいて、国王大権と言えどもコモン・ローが保障する臣民の生得権を侵害することはできない。「コモン・ローは国王が臣民の相続財産を収奪したり、侵害したりすることができないように国王大権を配置している」のであって、それはコモン・ローの「格率」であると、クックは宣言する［3rd Inst.: 84］(47)。

同様な論理は、前期ステュアート朝の重要な争点の一つであった「独占問題」にも適用されている(48)。この独占問題をマグナ・カルタと結びつけて議論し、「貿易の自由」をコモン・ロー上の格率として最初に定式化したのは、クックであったと一般的に理解されている。またマグナ・カルタを古来のコモン・ローの確証と見なすいわゆるマグナ・カルタ神話の展開も、クックの所産として理解されがちである［Thompson 1948: 297］。しかしながら、マグナ・カルタを古来のコモン・ローを確証した法と見なす立場は、すでに一六一〇年議会でヘドリィが「イングランド臣民の古来の自由（freedom）と権利（liberty）は、『イングランドの自由の大憲章』によって開示され、確証されている。……私は、マグナ・カルタを新たな勅許（grant）あるいは制定法（statute）であるとは考えない。それは、王国の古来の法と権利（liberties）を回復、あるいは確証したものであると捉えている」［PP10: II,190］と主張しているように、単にクックの発明として語れるものではない。

またよく知られているように、クックは一六二一年議会で、マグナ・カルタの条項に基づきながら、独占がコモン・ローに反すると議論したが、われわれはそれに先行する一六一四年議会の討議のなかに、「独占」がマグナ・カルタに反し、自由貿易をコモン・ローによって保障された自由の一つとして主張している事例を確認することができる。すなわち、「自由貿易はあらゆる人の相続財産（inheritance）であり、生得権（birthright）である」。それゆえ、国王の勅許によって特定の商人に「法適用特別免除（non obstante）」を図る独占は、「王国の法に反する」行為であり、「商人の貿易の自由を一般的に定めたマグナ・カルタの法」に抵触すると［PP14: 110-5,at 111; cf. 2nd Inst.: 57-63］。自由貿易をマグナ・カルタによって確証された古来の権利ないし相続財産と捉え、もってそれがコモン・ロー上の格率なのだと見なす見解は、この時代に新たに生み出されたものであると言える。それは、基本的には、前述した一六一〇年議会の議論、すなわちコモン・ロー上の古来の権利ないし相続財産を、臣民の絶対的プロパティを基底として考察する思考様式の延長線上で論理的に導かれうるものであった。そしてこうした言説の展開をより精緻に体系化したのが、クックであったと言えよう。

クックによれば、「独占」とは、「勅許を通じて国王によって」「個人、団体、政治体」に与えられる「ある物を独占的に売買、製造、工作、利用する権利の設定ないし許可」であると定義される。それゆえ、国王によって一部の者に独占権が設定ないし許可されてしまうと、それ以外の人もしくは団体は「以前に有していた自由（freedom, or liberty）を制約され、あるいは彼らの合法的な営業が妨げられることを余儀なくされる」。こうした理由に基づいてクックは、「あらゆる独占の許可は王国の古来の基本法に反する」と結論づける。もとより独占問題は、エリザベス治世後期に争点となり始めた新しい問題であって、古来の法のなかに直接規定があるわけではない。クックは当時のコモン・ローの観念からの推論を通じて、この独占問題を無効としたのである。すなわち、人びとの営業の自由を妨げる独占は、彼らの生命・身体・財産などのプロパティを損なう行為であり、それゆえ臣民のプロパティの保障を目的とするコモン・ローの精神に反するものであると。彼は言う。「人の営業は、生命を維持するものであるがゆえに、営業は人の生命と見なされる。従って、人の営業を奪い去る独占権者は、その生命を奪い去るのである」。このようにクックは、国王権力からのプロパティの絶対的な保障を要諦として再考された当時のコモン・ロー理解に沿って、国王の勅許に基づく独占を無効としたのであった［3rd Inst.：181］。さらにクックは、独占問題をマグナ・カルタと関連づけて議論する。彼にとって、マグナ・カルタは古来の法を確証したものとして、コモン・ローの基礎の一部をなすものと考えられていた㊾。彼はマグナ・カルタを注釈しながらこう説明する。「自由（liberties）とは、特権（franchises, and priviledges）を意味する」。ある営業の独占権を特定の者に付与するならば、「その付与は、以前に営業を行っていた、あるいは合法的にその営業を利用したであろう臣民の自由（liberty and freedom）に反するものであり、それゆえ論理的に言えばマグナ・カルタに反する」と［2nd Inst.：47］。

他方で、この独占問題を突き詰めていくならば、より一般的な問題として、それを勅許によって可能にしていた「法適用特別免除（non obstante, notwithstanding）」という「国王大権」の問題そのものを議論することにならざるをえない。「法適用特別免除」とは、反対ないし禁止の趣旨を規定した法が存在するにもかかわらず、特定の者に一定の行為をなすことを特別に許可する国王大権のことであり、法の効力を特定の範囲で留保させてしまうことを可能にする国王の権限であった[50]。クックは、独占問題が主要な争点となった一六二一年議会において、こう述べている。国王大権に基づく「法適用特別免除」は、たしかに「特許（patent）ないし勅許（charter）においては国王の権利に関係した事柄を不要にする」ことができるが、しかしそれは、臣民の自由やプロパティ一般に関わりを持つコモン・ロー上の問題に対して及びうるものではない。「議会の制定法」以外に、「臣民の利益に異を唱えることができるものはない」のである［CD21: II,387］。コモン・ローヤーにとって「法適用特別免除」の国王大権は、コモン・ローによってイングランドの臣民が享受しているプロパティをはじめとした自由を侵害したり廃止したりすることのできるものではなかった。コモン・ローによって認められた臣民の自由とりわけプロパティの権利は、国制上、絶対的なものであったからである。それゆえ緊急時の「必要」の際でも、プロパティの問題に関わりがある限り、あくまで「議会の同意」というコモン・ロー上の原則は維持されねばならなかった。こうして国王は、たとえ非常時であっても、「議会の同意」という原則を離れて、立法や課税にあたってコモン・ローや議会制定法の規定を無効化できるような大権などは持ち合わせていないとされたのであった。

当時のこうしたコモン・ローヤーの議論は、グランヴィルの次の言葉によって明確に定式化されている。彼の言説は、「コモン・ロー支配の立憲君主制」という当時の「古来の国制」論の核心を物語っている。彼によれば、コモン・ローやコモン・ローを宣言した制定法について、「法適用特別免除」を根拠にそれらを失効させることのできる権限は国王にはない。というのも、イングランド人の「自由（liberty and freedom）という固有の権利（right）と利益を、彼らの生得権と相続財産として事実の上で（ipso facto）確証した」諸々の制定法は、「コモン・ローの身体のなかに組み込まれている」のである。それは、とくに「マグナ・カルタと呼ばれる古き良き制定法」において明確に表現されている。国王大権の「法適用特別免除」は、刑法に関わるような制定法には及びえても、自由の問題に関して「イングランドの古来のコモン・ローを宣言し、確証したマグナ・カルタと呼ばれる古き良き制定法」やそれをさらに確認した制定法などには及びえないのである。それゆえ、独占勅許のように臣民のプロパティに関わる問題は、立法や課税と同様に、議会による「王国全体の共通同意」を必要とするのであると［PP28: II,565-7］[51]。

以上のように、この時代のコモン・ローヤーたちの「古来の国制」論の核心に位置するのは、「プロパティ」をはじめとするイングランド人の「古来の自由と権利」であり、それは取りも直さずコモン・ローが目的とする第一義的課題であった。マグナ・カルタをはじめとする諸々の制定法は、このコモン・ローを実定化し、イングランド人に固有の「古来の自由と権利」を確証したものにほかならない。この意味で、コモン・ローはもとより、コモン・ローの原則を宣言したマグナ・カルタのような制定法に対しても、国王はたとえ戦時等の公共善の必要を理由としてであれ、それを失効させるような権限は持ちえないとされたのである。こうして彼らコモン・ローヤーの構想においては、およそ臣民の利益に関わりが認められる限り、非常時の国王大権も含めて、国王権力を「王国全体の共通同意」としての「議会の同意」に依拠させることこそが、コモン・ローの統治原理とされたのであった。

(三) 議会の古来の特権——「討論の自由」

コモン・ローによって保障された臣民の自由の問題は、絶対的プロパティの観念を拠り所としながら、立法と課税における「議会の同意」というコモン・ローの統治原理と結びつくことになった。こうして国王権力から臣民の自由を実効的に保障するために、議会はコモン・ローに基づいて一定の議会特権の確立を目指すようになっていく。コモン・ローヤーにとって、「議会」の最も重要な役割と目的は、コモン・ローを維持することと、またコモン・ローが保障する臣民の自由を保護することにあった。法の運用・維持は、本来、裁判官たちに委ねられた職務であったが、すでに示したように、もし彼らが臣民の自由に対する侵害に対して、その職務を適切に遂行することができない場合、臣民の失われた自由を回復するのは、まさに議会の責務とされたのであった。コモン・ローヤーによれば、こうしたコモン・ローと臣民の自由を護る至高の存在とされた議会には、当然、その職務の遂行を可能とするための一定の「特権」が必要とされた。すなわち、「討論の自由」「逮捕・拘禁からの自由」「選挙の自由」である。

これらの議会の特権は、ジェームズ即位後最初の議会ですでに明確な形をとって庶民院によって主張されていた。一六〇四年七月二〇日の『弁明と満足』(*Apology and Satisfaction*)がそれである。ジェームズは即位当初、議会から好意的な対応を得ていたし、スコットランドとの合同問題が紛糾した際にも、彼は最終的に議会の意向を尊重した。恒常的な財政難にある国王にとって、議会の同意を必要とする補助金はなくてはならない財源であったし、逆に議会からすれば、議会の同意なき賦課金のように、議会の枠組み以外のところで国王がほかに財源を見出すことは脅威であり、イングランドの統治における議会の存在そのものが無意味になりかねない危険性があった。こうした国王と議会の相互依存関係によって、両者は互いに良好な関係を保とうとする姿勢を見せていた。しかし合同問題や聖職禄剥奪問題などをめぐって議会との間に対立が頻発すると、ジェームズはスコットランド議会のように思うようにコントロールできないイングランドの議会、とりわけ庶民院に対して苛立ちを募らせ、次第に庶民院を批判するに至った。ジェームズの庶民院批判に対して、庶民院はイングランドの国制に無理解な国王に危機感を顕にし、「イングランド臣民の権利と自由、および庶民院の特権」に関する『弁明と満足』を起草したのである(52)。

この『弁明と満足』は、「この王国の臣民の古来の権利」として「議会の庶民院が持つ特権」を次のように主張している。「イングランドの庶民院の特権(liberties)」は主に以下の三つの事柄にある。第一に「イングランドの州、都市、自治都市は、……その代表として信託する人物の自由な選出権を持つ」。第二に「選出された人物は、会期中と休会中とを問わず、拘禁・逮捕・投獄を免除されている」。第三に、議員は「議会において、阻止されたり抑制されたりすることなく、自己の良心を自由に述べることができる」。以上のような議会代表選出権、不逮捕特権、討論の自由は、イングランド人が「古来の相続財産(ancient inheritance)」として持つ「自由」から派生した「分枝」

であり、選挙の自由は「グッドウィン事件[53]」において、議員の人身の自由は「シャーリー事件[54]」において、討論の自由は「ブリストル主教事件[55]」その他において、それぞれ明確に保障されている、と[56]。

これらの議会特権のうち、前期ステュアート朝で最も頻繁に争点となったのは、議会における「討論の自由」であったと言えよう。前期ステュアート時代に庶民院と国王との間で争点となったものは、賦課金にせよ、独占問題にせよ、あるいはまたカソリックの国教忌避者やスペインとの外交および宣戦講和の問題にせよ、その多くが国王大権の範域に属するとされた事項であった。ジェームズは、国王大権が「統治に関する事柄」ないし「深遠な国家問題」を管轄する国王にのみに認められた特権であるとし、臣民が「己の身の丈と能力をはるかに超えた問題を公的に議論し、討論する」ことは「国王大権の侵犯」にあたると主張した。それゆえ、彼は議会とりわけ庶民院に対し、国王大権を臣民が議論するという行為それ自体を繰り返し戒め、場合によっては処罰さえほのめかしながら禁じたのであった [RHC: 43-4]。こうしたジェームズの態度を前にして、議会が国制論上、最も緊要かつ根本的な課題として向き合わざるをえなかったのは、この国王大権を制限する有効な論理を築き上げることであった。それは一つには、本章で確認してきたように、国王大権をコモン・ローに基礎づけ、コモン・ローによるコントロールを図るという作業において構想されていた。と同時にそれは、コモン・ローの至上性を議会の絶対性と結びつけ、議会の審議・同意を通じた制約を強化するという形でも企図されていたのである。こうした構想は、前述のようなジェームズの態度を前にして、必然的に庶民院での公的活動を進めるうえでの一定の議会特権、すなわち議会における「討論の自由」とそれを実効化するための「逮捕・拘禁からの自由」という免責特権を必要とした。

国王大権による賦課金の拡大が争点となった一六一〇年議会では、議会の古来の特権を主張した『権利請願』が提出された。カウエル事件の審議以降、課税をめぐる国王大権の権能について討議を進める庶民院に対して、ジェームズは五月一一日、賦課金を徴収する国王の大権について論争しないよう命じるメッセージを送付した [PP10:

II,82]。さらに五月二一日には、ジェームズは直接議会において賦課金を徴収する国王の大権を擁護する演説を行った [PP10: II,100-7]。これに対して庶民院は五月二三日に、議会の「討論の自由」を「古来の特権」として主張する『権利請願』を提出したのであった。これによれば、「臣民およびその権利や地位に関係するすべての事柄を自由に討論する」ことは、議会の「古来の疑いえない一般的な権利」であり、この「討論の自由」がひとたび制限されるならば、それとともに「議会の自由の本質」が失われてしまう。イングランドでは「これまでの過去のすべての議会」において、臣民のプロパティに関するすべての事柄を「制限なしに」自由に討議してきた歴史をもつ。これが禁じられてしまうならば、臣民が「自己の土地と財に対する権利とプロパティを維持すること」は不可能になってしまう。従って未確立の賦課金が新たに課せられるような場合には、議会の古来の疑いえない権利と自由に従って「われわれが想定する審議の手続」に沿って「十分な検証」を行うことが必要であると [CJ: I,431-2]。

続く一六一四年議会でも、一六一〇年議会の延長線上に立って、議会の諸特権を法案化しようとする試みが見られた。この議会において議会特権の確立をめざす推進力となった一人が、エドウィン・サンディーズであった。彼は議会に与えられるべき「特権（liberties）」を、「（一）選挙の自由――権力や恐怖による抑圧がなされるならば、自由ではない――、（二）逮捕・拘禁からの自由、（三）討論の自由」の三点にわたって定式化する。このうちサンディーズは、選挙の自由を「われわれの生命線として維持されるべき」事柄として重視するとともに、議員の不逮捕特権については、議員に不祥事があった場合には当該者の所属するそれぞれの議院において処罰されるべきだとし、議院内訴訟の原則を主張した [PP14: 34,356,364]。さらに、この一六一四年議会では、討論の自由と関連して、「議題設定の自由（freedom to set agenda）」が議会特権の一つとして主張されている。すなわち、庶民院は、召集された時、「自身を規定すると思われる事柄に関して自由に論議すること」ができる。もし庶民院が「国王の指示した事柄だけを扱うよう拘束されていたとしたら、自由は存在しない」[PP14: 159]。「議題設定の自由」が積極的に主張された背景には、一六一〇年議会において国王が補助金の供出について審議するよう命令したのに対し、庶民院が賦課金など彼らが喫緊の課題とみなす争点を優先的に議論したこと、さらに一六一〇年議会の賦課金法案を含めて庶民院にとって重要な諸法案が軒並み廃案となり、その後の一六一四年議会でそれらの法案が継続審議になっていたという事情がある。それゆえ庶民院は、これら継続の案件も含め、補助金供出を楯に、「教会とコモンウェルスに関するさまざまな苦情」[PP14: 35] を包括的に議題として取り上げ、法案化しようとしたのであった(57)。そして、この議題設定の自由は、後述するように続く一六二一年議会の『抗議文』に継承されていく。そこでは、議会はその特権によって、国王大権に関わるあらゆる事柄を自ら提議し、議論することができるというラディカルな主張が現れてくる。ともあれ一六一四年議会は、結局、最終的には国王が議会の解散を命じ、賦課金を厳しく非難したジョン・ホスキンズら数人の庶民院議員が逮捕・投獄されるという結末を迎えることになった [PP14: xv]。

以上のように議会特権の強化を求める庶民院の動向は、統治に関する国王大権を不可侵のものとするジェームズの見解とますます衝突の度合いを強めることになる。それは、一六二一年議会において一つのピークを迎える。この議会でも庶民院は、議会特権を認めるよう求める『請願』を国王に提出している。それによれば、庶民院の「討論の自由」は、「裁判管轄権 (jurisdiction)」および「譴責 (censure)」とともに、「議会の古来の自由」の一つとされた。それは「われわれの祖先から承継した遺産」であり、「古来の疑いえない権利 (right)」である。この権利が保障されないなら、議会は「自由に討議することもできなければ、問題となっている事柄を明確に認識することもできないし、陛下に正しい情報をお知らせすることもできない」と [RHC: 46]。

しかしながら、議会の特権をコモン・ロー上の「権利 (right)」と称し、国王大権に属する事柄について、臣民のプロパティに関わるとの根拠で自由に討議することを要求する庶民院コモン・ローヤーの主張は、当然のことながらジェームズの受け容れられるところではない。とりわけ、ジェームズは皇太子結婚や外交という国王の統治問題に庶民院が論及したことに対して怒りを顕にした。庶民院の『請願』に対するジェームズの回答によれば、庶民院が主張する「議会における古来の特権と自由」とは、本来、国王の「寛容」に基づくものであって、人民が古来より承継した「相続財産」としての権利ではない。彼は言う。「汝らが古来の疑いえない権利と相続財産と呼ぶその方式を認めることはできない」。「汝らの特権は、国王とその祖先の恩寵と許可に由来する」と表現されるべきであると［RHC: 52］。庶民院の見解によれば、議会の特権として認められている事項は、コモン・ロー上の古来の「権利（right）」であったのに対し、ジェームズにとってそれは、あくまで国王の恩寵と許可によって賦与された「特権（privileges）」の一つでなければならなかった。従ってこの特権は「統治の問題や国家の秘儀」にまで及ぶものではなく、国王大権に固有の問題を「法廷における通常の手続」の類と混同すべきではない、とされる。ジェームズは、こうした誤った理解が生じたのは「サー・エドワード・クックの愚かな所業」のせいであると、クックを名指しで非難している［RHC: 51］。

いずれにせよここで問題となっているのは、結局のところ、国王大権の問題である。ジェームズにとって、議会の特権を臣民の自由とともにコモン・ロー上の権利ないし相続財産として認めてしまうことは、彼らコモン・ローヤーが国王大権をコモン・ローに依拠するものと主張していることからして、議会がコモン・ローに基づいて国王大権を公的かつ正当に論議するという帰結を導きかねないものであった。それに対して、議会の特権が国王の恩寵と許可に基づくとするジェームズの主張は、現実に庶民院が国王大権に属する事柄に論及したとき、それを禁じることによって、彼が言うところの国王の自由意思に基づく「国家の秘儀」の領域を堅守することができるということにほかならなかった。逆に言えば、ジェームズにとって、コモン・ローに基づく臣民の自由および議会の特権は、国王大権に抵触しない限りにおいて、「法に従う統治」として容認できるものであったのである。ジェームズの次の言葉がこのことを示唆している。「権利」としての議会特権を戒めた後、「しかしながら」、とジェームズは言う。「余は、汝らが自己の職務の範囲内にとどまる限り、余の祖先がかつてそうしたように、余が自身の国王大権を守るのと同様に、汝らのコモン・ロー上の自由と特権を注意深く維持し、守るであろうとの国王の保証を喜んで与える。従って汝ら庶民院も、国王に属する大権を侵害しないように注意しさえすればよいのである」。ジェームズはこう述べた後、「さもなければ、どんな正当な国王であっても、国王の大権、すなわち王冠の華を切り取るような庶民院の特権を削除せざるをえないであろう」と、庶民院に警告を発した［RHC: 52］。このように、先にわれわれが検討したジェームズの「法に従う統治」の理念は、国王大権の絶対性、すなわち国王大権に関する論争の非許容性が議会も含めて維持される限りにおいて妥当するものであったことが改めてわかるであろう。この点は、前期ステュアート朝の政治論争の性格を正しく認識するうえできわめて重要である。

ジェームズの以上のような回答に対して、庶民院は『抗議文』（*Protestation*）をもって応える。それによれば、「議会が持つ諸々の自由、議員選出権、特権、裁判管轄権は、イングランド臣民の古来の疑いえない生得権であり、相続財産である」。「国王や国家に関わる困難かつ緊急の政務、領土や英国国教会の防衛、法の補正や作成、およびこの王国内において日常的に起こる支障や苦情の処理など、これらは議会における助言と討論の適切な主題であり、事柄である」。そして「議会のすべての庶民院議員は、これらの事柄を提議し、議論として取り扱い、論証して、結論へと導くための言論の特権（liberty）と自由（freedom）を持っているし、また権利（right）として持つべき（ought to）なのである」［強調は筆者］。以上のような『抗議文』の内容は、三つの点で従来の先例を超えた画期的な意義を持つものと考えられる。第一に、従来の苦情を処理する議会の権能を超えて、立法行為はもとより領土や教会体制などの対外的防衛といった明らかに国王大権に関わる統治の高度な範域までが、議会の「討論の自由」の対象として言及されていることである。第二に、こうした国家問題の審議を、国王からの諮問に基づいて助言するという従来の議会の方式を超えて、庶民院が自ら能動的に提議し、討論と熟慮の結果、一つの結論を導き出すという「議題設定の自由」を、議会特権の一つとして新たに確立しようとする主張が現れていることである。これは、議会の権能の拡大につながる極めてラディカルな論点であると言える。第三に、こうした事項を、いわゆる「恩寵の請願」という形式ではなく、あえて正当な「権利として」持つ「べきである」と当為の次元において重ねて宣言されていることから明らかなように、実質的には、国王に権利の承認とその回答を要求する「権利の請願」の形式において表明されているという点である。[58] 以上のように、議会が宗教や領土の防衛を含むあらゆる国王大権に属する事項を能動的に審議するという問題を、議会が持つべき正当な権利として、「権利の請願」という方式で要求した『抗議文』は、前期ステュアート朝の国制論争において議会権力の強化を導くきわめて画期的な内容を含んでいる。そこで表明された見解はまさに、「古来の国制」論が目指してきた核心部分の一つであったと言ってよい。

さらに『抗議文』では、討論の自由を実効的に保障するための措置として、「庶民院のすべての議員は、議会ないし議会の業務に関わる事柄を討論したり、説得したり、宣言したりしたことを理由として、あるいはそれらに関係して、庶民院自身の譴責による他は、あらゆる類の弾劾、投獄、妨害を免れる自由（freedom）を持つ」と主張し、「逮捕・拘禁からの自由」を宣言した［RHC: 53］。以上のような『抗議文』における庶民院の主張に対して、ジェームズは、枢密院で裁判官立ち会いのもと、この『抗議文』が「無効」であることを宣言し、それが記録された『庶民院日誌』を自らの手で破り捨て、ついに議会を解散するに至った。加えてジェームズは、『抗議文』作成の中心となった庶民院議員たちを「迷妄の精神」の人びとと非難し、クック、セルデン、ピムらを投獄に、ダドリィ・ディグズ、トマス・カルーらをアイルランド送りに処するという行動に出たのであった［RHC: 53-5］。

このように一六〇四年に議会で提起され、一六一〇年の議会で定式化された議会特権は、一六二一年議会においてさらにラディカルな主張へと展開されていったのである。議会の「討論の自由」を以上のようなラディカルな主張へと読み替えていく作業は、すでにわれわれが確認した「議会における国王」の主権という一六一〇年議会の言説とともに、一七世紀における議会主権の確立[59]においてきわめて大きな意義を有している。一六一〇年議会でホワイトロックが展開した「議会における国王」の理念は、テューダー期のスミスのそれを大きく超えて、宣戦講和、官吏任免、貨幣発行といったあらゆる国王大権に対して議会の審議と同意を通じた制約を企図していたが、いまやそれは、議会特権の一つである「討論の自由」という形式においてより明確に定式化されるに至ったと言えよう。そして『抗議文』で言明されたのとほぼ同様の内容、すなわち議会がすべての困難かつ緊急の問題を審議する任務を負っているという点は、クックの『イングランド法提要』のなかで後に改めて定式化されている。すなわち、「議会が扱う諸問題(the matters of parliament)」に含まれるものとして具体的に、「㈠国王、㈡イングランド王国の状態、㈢イングランド王国の防衛、㈣イングランド教会の状況、㈤同教会の防衛」が挙げられ、これらの事柄に関して議会は「全般的に(in general)」扱う権限を持つと主張されている[4th Inst. : 9]。議会が審議できるとされたこれらの事柄は、『抗議文』の場合と同様、防衛や宗教などどれもが最も高度な決断を要すると考えられていた統治上の事柄であり、その意味でほとんどすべての重要な国家問題が包含されてしまうほどの包括的な内容のものであったと言える。それゆえ一六一〇年議会の言説と一六二一年議会の『抗議文』、さらにクックの『イングランド法提要』という脈絡で見る限り、国王大権への議会の合法的な介入を当時の庶民院コモン・ローヤーたちが企図していたことは間違いない。

他方、ジェームズの統治理念から言えば、たしかに議会は国王の施政上の具体的な問題についてはその是非を質すことができるが、その権限はあくまで国王の求めに応じた「助言」を越えるものではなく、国王権力とりわけ絶対的国王大権について論争することは不可侵の事柄であった。ジェームズの論理からすれば、これが、議会の特権としての「討論の自由」の限界でなければならなかった。すでに見たように、議会が持つ一定の慣習的特権に対する国王の承認は、それがあくまでも「国王の意思」に、すなわち「国王の恩寵と許可」に由来するものであって、国王よりも上位の「法」に由来した「権利」ではないという前提に立つものであった。

一方、コモン・ローヤーにとって議会の特権とは、臣民の自由がそうであったのと同様、古来のコモン・ローに基づいて「権利」として得られるべきものと考えられていた。議会は、臣民のプロパティを国王大権の侵害から護るという責務を遂行するために、国王大権の是非を論争する「討論の自由」を持たねばならなかったし、「逮捕・拘禁からの自由」はそのための欠くことのできない要件であった。護るべき目的としての臣民のプロパティが「絶対的」なものである以上、その手段としての議会の特権も、やはり臣民のプロパティに十分に相当する絶対的な自由でなければならなかった。前期ステュアート朝の王権と庶民院との対立がピークに達した一六二八年議会において、クックは次のように言明している。「コモン・ローは、国王大権がいかなる事由においても臣民の自由を侵害しないように、国王大権を正しく割り当てている」という点はコモン・ローの「格率」であり、それは「絶対的な権威を持つ。そして国王大権が庶民および聖俗貴族、男性・女性すべての者に関係する事柄である以上、その行使は「議会において討議されるべき」問題であり、絶対的な臣民のプロパティや自由をコモン・ローに基づいて保護するというこうした議会の権能に照らせば、「議会の議員は何人も逮捕拘禁されえないし、……すべての議員が議会にコミットすることができるのである」[PP28: II,191,cf.195,201,204-5,209]。彼の見解によれば、臣民の絶対的プロパティを保障するコモン・ローの格率は絶対的なものであり、それを保護する議会の権能や、そのための手段としての議会特権もまた絶対的なものと考えられたのである。クックは議会のもつ特権をこう擁護する。「この議会の法廷における法、慣習、自由、特権は、コモンウェルスのまさに琴線である」。自由な選挙で得た庶民院議員の議席は「コモンウェルス全体の……利益」のためにあり、国王と言えども勅許によって彼らを罷免することはできないし、また裁判官も「議会の法、慣習、あるいは特権に関する判断」については管轄権を持たないと[4th Inst. :49-50]。

このように議会の特権は、古来の法と慣習に基づいて擁護され、議会自身によるほかは、国王と言えども、またコモン・ローの専門家たる裁判官であっても干渉することのできない絶対的な自由とされたのである。それは、コモン・ローが定める臣民全体のプロパティを保障する砦として議会特権が見なされていたことを意味する。

以上のように議会の特権としての「討論の自由」は、臣民のプロパティの保障を目的として導き出されたものである。すでに見たように、臣民のプロパティの変更は、権利者本人の同意なしにできるものではなかった。従って、プロパティの改変につながる立法（法の改変を含む）と課税については、王国のすべての人びとの同意を意味する「議会の同意」が前提とされた。ホワイトロックが主張したような、至高の主権者権力を構成するところの議会における臣民の「補佐」とは、プロパティの権利を持つ当事者によって尽くされる「審議」ないし「討議」と、それを通じて獲得される国王と人民との間の「相互の同意」を意味した。従って、こうした議会の機能を実効的なものとするうえで「討論の自由」という議会特権は、まさしく必要不可欠なものであった。このように、立法と課税における「議会の同意」が、臣民の「絶対的プロパティ」の観念に基づいて構想されていたのと同様、議会の同意を実効化する「討論の自由」もまた、臣民の「絶対的プロパティ」から導き出された権利であったと言えよう。

第五節　議会選挙と選挙権の自由

（一）選挙権の自由とコモン・ロー

第三章の最終節において「コモン」の意味内容をめぐって考察を加えた際に指摘したように、この時期のコモン・ロー解釈の特質は、慣習としての要件を前提としつつも、同時にそこに普遍的・一般的な合理性と規範性とを求めるところにあった。こうした傾向は、「選挙権の自由」をめぐる当時の庶民院のコモン・ローヤーたちの解釈のなかにもはっきりと反映している。選挙権の自由は、当時のコモン・ローヤーたちの思考が持っていたラディカリズムを最も鋭角的に表現している争点の一つであったとさえ言える。

前期ステュアート時代に発達した重要な権利として、R・ルイは、とくに「討論の自由」「逮捕・拘禁からの自由」「選挙の自由」の三つを挙げている［Ruigh 1971: 8］。これらに共通するのは、それらがすべて絶対主義への傾斜が懸念される当時のステュアート王権に対する抵抗の論理をそのうちに含んでいたという点である。討論の自由と逮捕・拘禁からの自由は、すでに示したように、議会とりわけ庶民院の特権として機能したものであり、両者はともにコモン・ローに基づいて臣民の自由を護るために議会が国王大権について論争することを可能にするための制度的条件であった。他方、選挙の自由は、後述するように、地方ジェントリが王権あるいは宮廷の影響力や干渉に対抗しながら、庶民院へと進出するための重要な足場となるものであった。その意味で、議会の権能に関わるこれらの三つの自由は、当時の現実政治のなかでステュアート王権の統治と対決するなかで伸張した権利にほかならなかった。

このうち選挙および選挙権をめぐる問題は、議会が頻繁に召集されることになった一六二〇年代に緊要な課題の一つとして庶民院の争点となっていった。この時期には、いわゆる「宮廷」対「地方」という政治社会的な対立関係を背景として、庶民院の議会選挙において「コンテスト（選挙戦）」となるケースが、都市選挙区において急激に増加していた。選挙戦の増加は、次の二つの重要な問題と密接に結びついていた。第一に、コンテストを経験した都市選挙区では、対立する複数の候補によって議席が争われたことによって、結果的により広範囲の人びとが投票行動へ動員されることになり、「デ・ファクト（de facto）」の「投票者」の数が著しく増加していた。それは、選挙権者の定義ないし境界をどのように設定するにせよ、「デ・ユレ（de jure）」の「選挙権者」の問題とは一応、区別されねばならない。さらに第二に、こうした事態は必然的に、選挙が行われるたびにその結果の是非をめぐって、とりわけ選挙権者の境界をめぐって頻繁に係争を惹き起こすことにつながった。当時、選挙訴訟を管轄していた庶民院の「特権委員会（committee on privilege）」は、一連の判決のなかで選挙権者の境界を「平民一般（commonalty in general）」へと広範に拡大して定義するという態度を一貫して示していた。これは、「デ・ファクト」の投票者の増大ではなく、「デ・ユレ」の選挙権者の拡大を意味した[60]。

従来、選挙訴訟は国王の影響下にあった星室庁裁判所の管轄であったが、一六〇四年以降、その管轄権は庶民院、特にそのなかの「特権委員会」に移っていた。当時の特権委員会は、苦情委員会（committee on grievance）と並んで、王権に対決的姿勢をとる庶民院議員、なかんずくコモン・ローヤー議員たちが結集していた重要な拠点であった。それゆえ、選挙訴訟において特権委員会が下した判決は総じて、宮廷派と結びついた市長等の有力な市民によって選出された候補ではなく、より広範な人びとによって選出された候補の側に味方するという傾向を示していた。こうした選挙訴訟の過程をめぐってまず指摘しておくべき重要な論点は、そうした判断を下した特権委員会のメンバーの多くがコモン・ローヤーであったという点である。もとより、選挙のみならず、臣民の権利一般の基礎づけが、いわゆる「古来の国制」に訴えるコモン・ローの法的な議論であったことを考慮するならば、特権委員会において選挙と選挙権の問題を審議するうえでコモン・ローヤーの存在が決定的に重要であったことは当然であると言える。このことは、選挙訴訟において広範囲な選挙権者の投票を支持した特権委員会のメンバーの思考が、当時の「古来の国制」論で見られたコモン・ロー解釈の傾向と見事に符合しているという後述の指摘と関連してくるであろう。

ともあれ、一六二〇年代の庶民院、特に特権委員会は、選挙が行われるたびに当事者から提起された選挙訴訟を管轄し、選挙の正当性や選挙権者の定義をめぐって判決を下していった。その多くは、都市選挙区の選挙権者をめぐる係争であった。州選挙区に比べて歴史の浅い都市選挙区では、選挙をめぐる明確な規定や先例が相対的に欠如していたため、選挙権者の境界をめぐる曖昧さは、選挙訴訟のなかで何らかの形で解決される必要があった。そして都市選挙区の選挙権者の定義を解釈し、一定の形式を付与する際の基礎となっていたのが、イングランドの「古来の国制」を論じるコモン・ローにほかならなかった。後述するように、この時期の特権委員会は、コモン・ローの解釈に基づいて、選挙権の訴訟に関して個々のケースの基準となるべき「一般的原理」を構築しようとしていた。それは、「あらゆる記憶を越えた不変の慣習」である「コモン・ライト」に基づいて定式化され、都市の選挙権者は「自家保有者」としての「住民一般」がもつ権利として広く解釈されていくことになるのである。[61] ディレク・ハーストが指摘しているように、こうした「広範な選挙権が一つの規範である」という「一般的言明」は、「大部分、地方において形成されていた」ものであり、同時にそれはコモン・ロー上の「正統な学説」という形で正当化されていたものであった。それゆえここで言う選挙権とは、後のレヴェラーズに見られるような自然法という抽象的な規範から導き出された権利ではなく、[62] コモン・ローという特殊イングランド的な伝統に基づいて定式化された権利であった。ここに選挙権の自由をめぐっても、コモン・ローという法的営為の重要性と、「選挙権を含む法領域の守護者」としての「庶民院」の重要性が前景に出てくるのである［Hirst 1975: 65］。こうした事情から、庶民院議員でなおかつコモン・ローヤーでもあった人々が、「選挙の自由」をめぐってもやはり重要な役割を担うことになる。

㈡　「コモン・ライト」としての選挙権

この時期の庶民院議員、とりわけコモン・ローヤーの議員のなかには、選挙権が、歴史的に見た場合、実はかつて古代において「平民（commonalty）」一般が有していた権利であるとの認識があった。たとえば、一六二一年の庶民院には次のような発言が見られる。「古代にはあらゆる平民が選挙権を持っていた。しかしそのような平民が選挙を騒乱なものにしたがゆえに、その後、選挙権は自由土地保有者に限定されたのである」［CD21: IV,421］。また当時の代表的な法制史家でもあったコモン・ローヤーのジョン・セルデンは、次のような見解を示していた。「あらゆる人々が州の代表者を選ぶ際に投票権を持っていた時代があった。ヘンリー六世の頃、それに不便を感じ、議会は、年価値四〇シリングの土地を持つ者だけが投票権を行使し、それ以下の者は排除されるという法律を制定したのである」[Selden 1927: 126]。このように当時、選挙権者の問題が、イングランドの「古来の国制」において平民一般が本来有していた古来の権利として認識されていた点は重要である。

それでも州選挙区の場合には、少なくとも一四三〇年以降、「年価値四〇シリング以上の自由土地保有者」という形で選挙権者の一般的定義が明確にされていたことから、現実の選挙において選挙権者の定義をめぐって争いとなることはなかった。一方、州選挙区に比べて歴史の浅い都市選挙区では、いまだ選挙区ごとに選挙のあり方が多様で、しかも明確な規定を持たない場合が多かった。そもそも都市選挙区では、「選挙権が何であるのか」、「誰が選挙人となるのか」について依拠すべき先例や規定のないことのほうが多かった。こうした事情もあって、都市選挙区の選挙権者の定義の問題は、一六二〇年代の議会においてたびたび選挙訴訟の主要な争点となったのである。それゆえ、選挙権が「古来の国制」においては平民一般が持っていた「古来の権利」であるとの見解が特に重要な意味を持ったのは、都市選挙区においてであった。ここでは、選挙訴訟の記録が比較的残存している一六二四年と一六二八年の議会を中心にその議論の特徴を検討しておこう。

まず一六二四年議会では、庶民院の特権委員会が、個々の選挙訴訟に裁決を下すという従来の形式を越えて、都市選挙区においても選挙権を「一般的原則」の形で定式化しようとした点が注目に値する。この二四年議会の特権委員会の委員長を務めていたのは、当時の代表的な庶民院コモン・ローヤーの一人であるジョン・グランヴィルであった。この時期のコモン・ローに基づく自由のうち、選挙権の自由に関して指導的な役割を果たしていたのが、このグランヴィルであった[63]。サイレンスターの選挙訴訟に寄せて、特権委員会は次のように言明している。すなわち、サイレンスターの場合には、「どのような人びとが選挙人となるべきか、あるいはなるべきでないかについて確かな慣習も規定も存在していない。この問題に関してわれわれは、コモン・ライト（common right）に従わねばならない。選挙人の問題に関して、そのコモン・ライトによるならば、自由土地保有者よりもさらに多くの人びと、つまりその都市内に住むあらゆる人びと、すなわち住民(inhabitants)、自家保有者(householders)、居住者(resiants)が選挙において投票権を持つべきである」[RCC: 107]。ここには、「コモン・ライト」という根拠に基づいて、自家保有者である居住者一般が選挙権者であるべきだとの「一般的原則」が言明されている。一六二四年議会において、同様な見解が確認された例としてはその他、ポンテフラクト、ドーヴァー、チッペナム、ブレッチングリー、アマーシャム、マーロー、ウェンドーバー等が挙げられる。このうちポンテフラクトとブレッチングリーの事例については別の論点との絡みがあるため後に触れることにし、それ以外の都市選挙区の例をここでは確認しておこう。

まずドーヴァーの事例を見ていくと、そこでは選挙権の行使が、市長、市政参与、市議会に限定されるべきか、それとも「住民一般（Inhabitants at large）」に認められるべきかが問題となった。特権委員会は、選挙において「あらゆる自由民（freemen）、住民（Inhabitants）が投票権を持つべきである」との見解を示した [CJ: I,748]。同様にチッペナムの事例でも、ベイリフ（地方代官）一人と都市の有力な市民一二人に選挙権が限定されるべきだという原告側の主張が却下され、「多数の投票（Plurality of Voices）」によって選挙が行われるべきだとの判断が示された [CJ: I,686]。さらにアマーシャム、マーロー、ウェンドーバーの三つの都市は、この一六二四年議会において、庶民院への代表選出権の回復が検討された事例であるが、これらに関して委員長のグランヴィルはこう言明している。「これから回復される都市においては、住民(inhabitants)が選挙権を持つべきである」と [Quoted in Hirst 1975: 77][64]。

以上のような一六二四年議会で見られた傾向は、その後の一六二八年議会でもそのまま継承されている。一六二八年の特権委員会の委員長を務めたのは、やはり当時の代表的コモン・ローヤーで、一六一〇年議会以降、庶民院において「古来の国制」論を主導してきた論客の一人、ウィリアム・ヘイクウィルであった。彼は、一六二四年議会においてグランヴィルが提示した見解を参照しつつ、選挙訴訟に当たった。それゆえ、一六二八年議会の特権委員会の姿勢も一六二四年議会の延長線上にあり、グランヴィルの特権委員会と同様な根拠に基づいて判決が下されていった。たとえば、ブリッドポートの選挙訴訟では、選挙権者が二人のベイリフと一三人の有力市民にのみ限定されるべきか、それとも「平民一般」に認められるべきかが争点となった。特権委員会は「平民一般が議会への代表者の選挙において投票権を持つべきである」との判決を下した［CJ: I,882］。またコルチェスターの選挙訴訟でも、特権委員会は、ベイリフ、参事会員、市議会のメンバーら四二人の有力市民によって選出された候補を退け、「平民一般（the common Sort of Burgesses in general）」によって支持された候補に議席を与えた［CJ: I,876-7］。

さらに次のウォリックの例は、この時期の庶民院の特権委員会がかなり明確な態度をもって選挙訴訟に当たっていたことを示唆している。ウォリックでも、選挙が市長と市議会の有力市民によってなされるべきか、「平民一般（the Commons in general）」によってなされるべきかが問題となった。これをめぐって市長と市議会は、平民の投票権否認を目的とした請願を、二〇〇人以上の署名とともに庶民院に提出した。当然、この署名の大部分はまさに平民自身によるものであり、言ってみれば彼らは自己の権利を自ら進んで否定したものと言える。これに対して特権委員会は、「たとえ投票権を主張する平民が一人しかいないとしても、その平民の主張は聞き入れられる」べきであるとの理由から、この請願を却下した［CJ: I,907］。ここには選挙権を単なる特権（privilege）ではなく、平民一般がもつ権利（right）として法的に承認しようとする当時の庶民院の不退転の決意がはっきりと表れていよう。

このように一六二八年議会においても、一六二四年議会と同様、係争となった事例においては一貫して選挙権がより広範な人びとに対して認められていった。そして一六二八年議会の特権委員会も、先の一六二四年議会の特権委員会と同様に、個々の都市選挙区ごとの判断を超えて、選挙権問題を「一般的原則」の形で定式化しようとする姿勢を示している。たとえばボストンのケースがその典型的な例である。ボストンの選挙区では、「平民（Commonalty)」の大多数により選出された候補と、市長を中心とする都市の有力な市民一四人から選出された候補とが対立していたが、特権委員会は次のような判決を下す。「あらゆる自治都市における代表者の選挙は、コモン・ライトに属する事柄であり、それゆえそれは平民（Commoners）に属するものである。そして、時効（prescription）か、あるいはあらゆる記憶を越えた不変の慣習以外には、彼らからそれを取り上げることはできない」と［CJ: I,893,cf.882］。委員長のヘイクウィルは、都市の選挙権が「コモン・ライト」に基づいて平民一般に属するものであり、その権利が「超記憶的な（time out of mind）古来の不変の慣習」以外に平民から取り去ることのできないものであるという点を、コモン・ローにおける「確実な準則（a certain rule）」であると結論づけた［PP28: III,329］。

ここで注目すべきは、選挙権の問題が「超記憶的な古来の不変の慣習」か、あるいはコモン・ローの判断基準とされた〈common right and reason〉に依拠して把握され、またそれをコモン・ローの「確実な準則」という一般的原理の形式で語っている点であろう。こうした特徴は、第二章や第三章で考察した当時のコモン・ローヤーたちの思考様式とまさしく重なり合うものである。こうして選挙権は、コモン・ロー上の「一般的原理」の形式で表現され、そしてそれは「平民一般」が古来有していた権利として捉えられていく。さらに、この判決にある「時効」とか「記憶を超えた不変の慣習」とは、ヘイクウィルにとってコモン・ローそのものの要件を意味していた。従って、ボストンの判決が言わんとしていたことは、平民一般が持つ選挙権は、コモン・ローの準則以外のいかなる者によっても奪い去ることのできない自由であるという点であり、その意味でそれは、もはや特定の者に付与された「特権（privilege, franchise）」ではなく、平民一般がコモン・ローに基づいて享受する「権利（right）」として考えられていたと言ってよい。

従来、選挙訴訟での判決は当該の個々のケースに合わせて判断が下されてきた。つまり、それぞれの都市において先例となるべき過去の具体的な勅許や規定が判断基準として重視されていたのである。たしかにこうした慣例は、一六二四年のグランヴィル委員会の段階でも一方で維持されていた。このことを示しているのが、ポンテフラクトのケースであろう。庶民院の特権委員会は、「誰が選挙人となるべきか」をめぐって、やはり同様に「選挙は、住民、自家保有者、居住者によってなされるべきである」と先の一般的原理の立場を確認しながらも、それには条件が付けられていた。すなわち「選挙権に関して何らの勅許も規定も存在していない場合」であると［CJ: I,714］。しかし特権委員会は、こうした一般的原理に優先する勅許や規定に対しても「明確な証拠によって証明可能なもの」に限られるという見解を示していた［PP28: II,430］。一六二四年議会のブレッチングリーがまさにそうした事例であった。特権委員会は、ブレッチングリーには選挙権者の「明確な先例」があることを理由に、住民一般ではなく、より少数の「市街地保有権者」によって選出された候補に議席を与える判決を下した。これは、一六二四年議会の選挙訴訟のなかで、管見の限り、唯一例外的な判決であった。しかしここでもやはり当該のケースの先例の確認に止まらず、さらに次のような説明が施されているのを見過ごしてはならないであろう。すなわち、ブレッチングリーの場合には明確な先例が存在したけれども、もし明確な規定が存在しない場合には「当該のケースよりもさらに多くの人びと」が選挙権を認められるべきであると、本来のコモン・ライトに基づく一般的原理の立場が改めて強調されているのである［RCC: 33f.］。ここに見られるように、当時の特権委員会は、一方で勅許や規定に基づく先例を尊重する姿勢を維持しつつも、コモン・ロー上の一般的原理に基づいて平民一般への選挙権の拡大を推進することに重点を置いていたのだと理解することができよう。

この時期の庶民院の特権委員会が選挙権をめぐって示していた解釈の特徴は、以上のように、一方においては、過去の具体的な先例に基づいて当該の個々のケースに即して審理するという形式を維持しつつも、同時に他方では、それら個々のケースを越えた「一般的原理」の形式を志向していくという、この併存状況にこそ求められる。そして、「選挙に関するコモン・ライトは、一般性（generality）に由来すべきである」［PP28: II,430］とグランヴィルが言明したごとく、当時の力点はむしろ後者の権利概念の方に置かれていた。ここでの「一般性」重視の態度は、明らかに当時のコモン・ローが追求した一般性と軌を一にするものである。こうしたコモン・ローおよびコモン・ライトとしての選挙権に見られた「一般性」の強調は、選挙権が本来「平民一般」に属するものとして広範に解釈されていった点に典型的なように、ラディカリズムとしての作用を発揮することにつながっていたのである。

ところで、一六二〇年代の庶民院の特権委員会が示していた広範な選挙権を支持する選挙権解釈の特徴は、当時の政治状況のなかでどのような意義を持っていたのであろうか。一般的にこの時期の臣民の自由をめぐる法的議論は、当時の王権（ないし宮廷）と地方との対立を背景にしている側面を持つと考えられるが、選挙権問題に関してもこのことはやはり妥当するように思われる。都市選挙区において選挙権を広範に拡大することが、宮廷・対・地方という現実政治における対立軸のなかでどのような機能を果たしていたのか、という点を確認しておこう。

まず結論的に言えば、この時期の議会の選挙権解釈の狙いは、一つには「不当な選挙手続」の防止にあったと考えられる。都市において選挙権を拡大することは、まさしくこの目的に適っていたのである。ジェームズ一世の統治がはじまって以来、議会は選挙における宮廷の干渉と戦ってきた。たとえば一六一四年の議会は、宮廷派の大貴族が特定の候補の選出を要請すべく都市に「親書（letter）」を送る慣行を問題とし、これに激しく抗議している[Bushman 1963: 40]。他方で、こうした大貴族のみならず、息のかかった人物を指名するという慣例を持っていた市長やベイリフといった都市の支配層も、同じく庶民院の選挙における「古来の方式」を妨げるものとして非難の対象にされている[CJ: I,468]。そして重要なことに、都市ではその支配層は自らの権力の基盤を宮廷の特定の人物に負っていることが多かったと言われているように[Hirst 1975: 11; Bushman: 1963: 40]、宮廷の大貴族と都市の支配層はしばしば密接な連携関係にあった。こうして宮廷の大貴族が自らの指名した者を自身の影響下にある都市から選出させるという傾向が都市選挙区ではかなり見られた。「平民一般」に選挙権を広く拡大することは、こうした宮廷と都市の連携を打破し、選挙における宮廷の影響力と操作を排除することにつながりえたのである。グランヴィルは、この点を次のように説明している。すなわち、選挙権を特定の少数者に限定することは、

王国の一般的自由（general liberty）に反するものである。王国の一般的自由は、都市における議会の代表者の選出を最も公平なものとするようなあらゆる方策を支持するものである。そしてその公平さは、……選挙が最も多くの投票（the greatest number of voices）によって行われる場合に果たされるのである。……最も多くの投票によって選挙が行われることによって恣意的選出の危険性はより少なくなるであろう［RCC: 54-5］。

このように選挙権者を拡大することの利点は、選出の過程における不当な操作を困難にするという点にあった。選挙権解釈における「一般性」の追求も、こうした当時の現実政治の課題に対応するものであったとも考えられる。

他方、選挙権の拡大は、上昇志向を持つ地方ジェントリが、宮廷と都市の密接な連携に対抗しながら、都市選挙区で議席を獲得することを可能にするものでもあった。このことがこの時期の都市選挙区でのコンテスト（選挙戦）の増大をもたらす大きな要因ともなっていたし、また逆にコンテストの増大が選挙訴訟を増加させることにもつながっていたのである。前期ステュアート朝の議会選挙におけるコンテスト発生の割合を示しておくと、次の通りである。一六〇四年議会の選挙でコンテストとなったのは、一八四選挙区のうち一〇の選挙区であり、また一六一四年議会の選挙では一八四の選挙区のうちコンテストとなったのは、わずか五にすぎなかった。しかし一六二〇年代になると、一六二一年議会では総選挙区一八七のうち一八の選挙区で、一六二四年議会では一九一のうち二七、一六二五年議会では一九一のうち二一、一六二六年議会では一九一のうち二一、一六二八年議会では一九三のうち二七、さらに一六四〇年の短期議会では一九三のうち四六、長期議会では二〇〇のうち実に六八の選挙でコンテスト

が発生している。以上のようなコンテストの確実な増加は、選挙後の選挙訴訟の増加につながり、庶民院の特権委員会はこの選挙訴訟において広範な人びとによって選出された候補の側をほぼ一貫して支持していったのである。[65]

さらに、庶民院のこうした姿勢は、当時の都市選挙区の増設という現象においても現れている。都市選挙区の増設には、代表選出権を喪失していた都市にその権利を復活させる場合と、全く新規に代表選出権が付与される場合とがあったが、いずれにせよこれらの事項はもともと国王大権に属する事柄であった。しかし一六二一年以降になると、この都市選挙区の代表権を扱う決定は、庶民院の管轄へと移っていった。試みに、前期ステュアート時代に増設された都市選挙区を、一六一〇年代までの国王大権によるものとその後の庶民院によるものとに分け、それぞれ選挙権者および有権者数の点で比較してみると、非常に興味深い事実が浮かび上がってくる。まず国王大権によるものを見ていくと、以下のようになる。イヴシャム（一六〇四年〜、役人その他による寡頭体制、約二五〇人?・）、ハリッジ（一六〇四年〜、一部役人等、三二人）、ビュードリー（一六〇五年〜、一部役人等、一三人）、テュークスベリー（一六一〇年〜、自由民、二四人）、ベリーセントエドマンズ（一六一四年〜、一部役人等、三七人）、ティバートン（一六一五年〜、一部役人等、二五人）。これに対し、庶民院によって増設された選挙区の場合は、次の通りである。イルチェスター（一六二一年〜、救貧税納付者、八〇人）、ポンテフラクト（一六二一年〜、自家保有者、一〇〇人）、アマーシャム（一六二四年〜、自家保有者、一七三人?・）、マーロー（一六二四年〜、住民 inhabitants、二四五人）、ハートフォード（一六二四年〜、自由民、一四四人）。このように国王大権によって増設された選挙区のほとんどが地方行政を担う役人等による寡頭体制で代表が選出されていたのに対し、庶民院の決定によるものは、救貧税納付者や自家保有者など、相対的に広範囲の人びとが選挙権者となっている。[66]つまり、庶民院の決定によって代表選出権を与えられた都市の場合には、広範囲の人びとの投票参加が可能になっていたのである。それは、先に指摘したように、王権や宮廷と都市の有力者とのリンケージを打破し、王権ないし宮廷による不当な干渉を防ぐことによって、地方ジェントリが庶民院へ参加することを後押しするものであった。都市選挙区の増設において見られた庶民院のこうした姿勢は、選挙訴訟において都市の一部有力者ではなく広範囲の人びとによって選出された候補の側をほぼ一貫して支持していた先の特権委員会の態度と完全に重なり合うと言えよう。

以上のように、一六二〇年代の特権委員会に見られた「平民一般」を選挙権者として認めるラディカルな選挙権解釈は、当時のコモン・ローヤーが「古来の国制」論で展開したコモン・ロー解釈の特徴と軌を一にするものであると同時に、現実政治のコンテクストから言えば、庶民院に進出しようとする当時の上昇志向を持った地方ジェントリの利害に沿ったものであり、王権ないし宮廷への政治的対抗から生じた出来事であったと理解することができる。

(三) ラディカリズムとコンサーバティズムの現れ

以上のような特徴を持った選挙権解釈の思想的な基礎づけは、選挙権の問題の審理に寄せては少なくとも史料上、限定された形でしか残っていない。いずれにせよ、この時期の選挙権の定義をめぐる特徴は、すでに確認してきたように、「コモン・ライト」、「超記憶的な古来の慣習」、あるいは法の「確実な準則」といった点からもうかがわれるように、当時の政治社会において最も重要な政治言語であった「古来の国制」論あるいはコモン・ロー理論を基礎として提起されたものであることは明らかである。コモン・ローヤーであり庶民院議員でもあったジェフリー・パルマーは一六四〇年の短期議会で、「一般的かつ自由な選挙の権利(liberty)はコモン・ローによって確立されたものである」[Hirst 1975: 66]と明言している。それゆえ選挙権解釈をめぐる上述のような、「個別性」と「一般性」の併存、「慣習的なもの」と「合理的なもの」の併存という特徴も、とりも直さずこの時代のコモン・ロー解釈の特徴と符合するものである。そしてこの一般性、合理性の志向を表現しているのが、「確実な準則(格率)」の形成であり、選挙権の問題においてもまさにそのような試みが行われていたのである。

すでに示したように、コモン・ローには慣習的な側面と合理的な側面とが併存していたが、同様にコモン・ライトとしての選挙権においても先例に基づく個別的な特権と見なされる側面と、一般的で合理的な権利概念として把握される側面とが見られた。そもそも〈liberty〉とは周知のように、元来は諸種の個別具体的な「特権」を意味し、〈privilege〉と同義であった。しかしコモン・ローの一般性と合理性を強調したこの時代のコモン・ローヤーの解釈は、一方で特権としての〈liberty〉を、平民一般がコモン・ローに基づいて持つ古来の「権利（right）」として捉え、「一般的な自由（general liberty）」へと読み替えていく傾向を持っていた。ここでの「一般的（general）」の意味は、もはや個別の慣習を越えた「王国共通」という地域的な「一般性」の意味にとどまらず、明らかに「平民一般（commonalty in general）」という、政治社会の階層的な身分制秩序を超えた「一般性」の意味を帯びていることに注意したい。それは、先に引用したグランヴィルの言葉のなかで、「一般的自由」の問題が「公平」の概念と関連づけて理解されていた点にも表れていよう。それゆえ当時の特権委員会は、先述のように、「選挙に関するコモン・ライトは、一般性（generality）に由来すべきである」という前提に立って、コモン・ライトとしての選挙権が「平民一般（the commonalty in general）」に属するという判決を下していたのである。確かにこうした権利概念は、当時の現実の政治状況との関わりで言えば、ステュアート王権への対抗という歴史的コンテクストのなかで生じていた側面を持ち、広範な選挙権者の存在は都市選挙区からの選出を目的としたジェントリ層の政治的利害に適うものであった。しかし、たとえ一時的にせよこうした選挙権解釈を生み出しえた基礎には、当時のコモン・ローヤーが志向したコモン・ローの普遍的・合理的な解釈様式があったと言ってよい。そこには、「平民一般」の選挙権という極めてラディカルな解釈を許容しうるだけの射程が論理的に内在していたのである。

しかしながら他方で、こうした広範な選挙権を支持する立場は、王権ないし宮廷への対抗が最も緊要な課題となり、「上からの脅威」が意識されていた時期には登場しえても、後に内乱期に至って下層の人びとが近代的な意味での「自然法思想」および「自然権」に基づいて選挙権を主張しはじめ、民衆という「下からの脅威」に直面した時、必然的に後退していかざるをえない側面をやはり論理的に内在させていたと言ってよい。そもそも彼らが説く「理性」概念は、あらゆる人が持つ「自然的理性」ではなく、一定の能力を備えた「技巧的理性」として把握されていたし、またあらゆる政治的事柄のオーソリティは、「時の検証」という歴史的・時間的な条件のなかに基礎づけられていた。こうした歴史的・時間的枠組を思考様式の本質としていたがゆえにこそ、「経験」とそれに基づく「叡智（wisdom）」「賢慮（prudence）」「熟慮（deliberation）」といった契機が、政治的営為に不可欠の条件として重視されたのであった。そうした政治的契機こそが、イングランドの「政治的なもの」の伝統を形成する重要なエレメントにほかならなかった。またそこで言うところの「合理性」の概念も、自然法のそれとは明確に異なり、「一定のものではなく、状況（circumstance）に鑑みて理性によって適格化される」ことを意味した［13th Rep. : 26］。つまり、コモン・ウェルスあるいは人民のその時々の現実の状況のなかで、「善きもの」「有益なもの」であるかどうかを、理性あるいは衡平に照らして「経験」的に「判断」するところにその本質があったのである。それゆえ革命期に至って、純粋な自然法思想に基づいた人民の自然権が政治の表舞台に登場してきた時、それは必然的に、「経験」「賢慮」を重視するいわば後の保守主義的な性格が前景に現れてくるのは当然のことであった。このことは、コモン・ライトとしての選挙権が、冒頭で確認した前期ステュアート時代のラディカルな傾向とは対照的に、内乱期以降大きく後退していく状況に典型的に現れている。この後、選挙権者の拡大をめぐる改革はタブー視され、選挙をめぐる改革は形式的な「適正手続」の規則化にのみ焦点が絞られていくことになるのである[67]。

一方で、「古来の国制」論という解釈原理を通じた法的営為によるラディカリズムが、一六二〇年代という政治的アリーナとしての「議会」が頻繁に開催され機能していた時期に力を発揮していたのに対し、他方、自然法・自然権に基づくラディカリズムの表舞台への登場が、政治の可能性を探り出す「議会」という場が召集されず、その機能が完全に喪失した国王親政の一一年間の後に、まさに内乱という政治の極限状況のなかにおいてであったことに鑑みるとき、「政治的アリーナの可能性」という点から、前者の思考形式のなかに政治原理としての一定の意義を読み込んでいくことは、あながち的外れの評価ではないように思われる。

（1）なお、ここでの国制論の類型は、Christianson 1993: 89-146 を参照した。

（2）ウィリアム・スタンフォードの経歴については、DNB: vol.XVIII, 887 を参照。

（3）中世以来、コモン・ロー訴訟については、訴答（pleading）や判決に至る手続上の瑕疵の是正を求める申立てが、「誤審令状（writ of error）」の形式で認められていた。これには重大な事実に関する誤認（error in fact）と法的判断の誤り（error in law）とがあり、前者は判決を下した当該の裁判所に、後者は別の裁判所に申立がなされた。単に「誤審令状」という場合は通常、後者を指すことが多い。ここでヘドリィが言及しているのは、「王座裁判所」の判決の法的判断の誤りに対する「誤審令状」が「議会」に申し立てられる方式についてである。クックは、「誤審令状に基づく審議は上院における貴族の前においてのみ行われる」とし、議会への誤審令状の申立をもっぱら貴族院の権能として理解している［4th Inst. : 21］。同様に「国王の禁止令状事件」でもクックは、コモン・ロー裁判所の判決に対する最高法廷としての議会の再審は、「庶民院の同意なしに聖俗貴族の同意をもって国王によって」と言明している［12th Rep. : 63］。

（4）実際、キーラーが作成した一六四〇年の長期議会議員の分類によると、七四名の法律家のうち、その社会的出自を確認してみると、じつに五七名のメンバーが「ナイトおよびジェントルマン」に属している［Keeler 1954: 23］。これらの者がすべて反王権闘争の側に位置するとは限らないが、しかし地方の上昇志向を持ったジェントリ層の子弟にとって、「法律家」という職業は立身出世のための有力な階梯となっていたことは間違いない。なお、前期ステュアート期の「宮廷」と「地方」の構図については、主にディレク・ハーストの見解に従っている。Hirst 1975: chap.4,8; Hirst 1986.

(5) スミスの国制観については、第一章を参照されたい。

(6) コモン・ローの改変という主張には、時と状況の変遷のなかでイングランドの伝統的価値を「保守」するために「効用」という観点から絶えず「修正」していくという思考様式が確認される。このように所与の伝統的秩序に権威と価値を認めるとともに、同時にこれを「効用」という観点からつねに問い直していくという思考様式は、イングランドのコンスティチューショナリズムの本質をなすものである。こうした「保守のための改革」という思考様式は、一九世紀のエドマンド・バークにも見られた特徴である。「何らかの変更の術を持たない国家は、それを保守する術を持たないということなのである。そうした保守のための変更という術を持たなければ、その国家は自らが最も大切に維持したいと願う国制上の部分を喪失してしまう危険すら冒すことになりかねない」。彼にとっては、「保守(conservation)と修正(correction)の二つの原理」の協働こそが重要であった[Burke 1790: 19. 邦訳二九]。こうした態度は、一九世紀の保守主義者(同時に彼らは自由主義者でもあった)に共通した思考様式である。一九世紀の保守主義一般については[村岡 一九八〇、六七—九三]を参照。

(7) コモン・ローと議会制定法の関係性をめぐって、ジョン・セルデンは、クックやヘドリィの理解とは異なる見解を示していた。彼によれば、コモン・ローの性格は基本的には議会制定法と異なるものではなかった。コモン・ローのなかの慣習法的な諸原理とされるものの多くが、実は立法を通じて制定法として確立されたものであったと、セルデンは言う。しかも立法は歴史的に変遷するその時々の諸勢力間の暫定的な合意と見なされた。こうしたコモン・ローの定義からすれば、議会と議会制定法がコモン・ローをコントロールすることができると見るのは当然の帰結であった[Selden 1680; Selden 1682]。なおセルデンについては以下を参照した。Christianson 1993; Christianson 1996; Tuck 1982.

(8) この点については、Sommerville 1986[1], 1999: chap.3 からも示唆を得た。

(9) J・ベイカー 一九七五、三—七章。田中『英米法辞典』、七〇—七一、一二三頁。

(10) 裁判権を通じた基本法の保障は、裁判官が政治的に独立している場合に初めて有効となる。裁判官の任免権を国王が掌握し、裁判所が国王の影響下にあった時代には、裁判官の判決を通じて国王の絶対主義的な政策が合法化されてしまう危険性さえ存在した。それゆえ臣民の自由・権利を公権力との関係で保障する際には必ずしも有効ではなかった。こうした危機意識は、たとえば一六二一年の議会のエドワード・アルフォードの言葉にも現れている。「少数の依存的で臆病な裁判官が……、国王と臣民の権利状態との間の問題を判断することは危険である」。「もしこのことが容認されてしまうならば、われわれは一体どうなってしまうのか」[CD21: V,195]。アルフォードについては、Zaller 1983: 59-79 を参照。

（11）Levack 1973: 1-2. たとえば庶民院の代表的なコモン・ローヤーであったグランヴィル、ノイ、ディグズらは要職に就任すると、かつて庶民院で示した国王への対決姿勢を放棄した。反対にクックが庶民院で国王批判の急先鋒として活躍するのは高位役職に復帰する望みが絶たれた一六二〇年代のことであった[巻末付録を参照]。

（12）クックは『イングランド法提要』で、議会の立法機能をこう説明している。「議会制定法について言えば、新しい法を導入した場合もあれば、古来の法を宣言した場合もあるし、また両方の性質を併せ持つ場合もある」[4th Inst.: 25]。

（13）ただし、「議会には（立法および請願という方法の他に）裁判所あるいは裁判手続の権限がある」[CD21: II,195]との表現に見られるように、この時代の議会の役割は立法と請願に重きが置かれ、裁判機能は副次的なものとして理解されていたと考えられる。議会が立法・司法を含む至高の政治的存在であるとの認識は、たとえばクックが、議会を「王国最大の団体（corporation）ないし政治体（body politique）」[4th Inst.: 2]と表現しているところにもうかがわれよう。なお、この点については[安藤 一九八三、第三章]も併せて参照した。

（14）ピムの政治理念と彼の議会での活動については、Zagorin 1994, 867-90 を参照されたい。

（15）イングランドで絶対主義を擁護した勢力として一般的に二つのグループが指摘される。一つはローマ法学者やローマ法の影響を受けた官職保有者たちであり、もう一つは教会の聖職者たちである。前期ステュアート時代のイングランドに絶対主義がどの程度まで形成されていたのかをめぐっては研究者の間で論争がある。たとえばサマヴィルは、聖職者による王権神授説の主張やローマ法学者による絶対的権力の擁護が一定の広がりを持ち、絶対主義が台頭していたと見るのに対し[Sommerville 1986(1999): chap.1,4]、バージェスは、絶対主義者とされてきた人物の言説の多くが実は絶対主義ではなかったと反駁し、イングランドでは絶対主義者は従来考えられていた以上に少数かつ周縁的なグループにすぎないとしている［Burgess 1996: 51,18］。

(16) ジェームズ六世の『自由なる君主制の真の法』と『バシリコン・ドロン』を、当時のスコットランドの政治的コンテクストのなかに位置づけ直して解釈した研究として、Wormald 1991: 36-54,278-83を参照した。

(17) ジェームズ六世とジェームズ一世の言説上の差異をどう見るかについては研究者によって意見が分かれている。たとえばP・クリスチャンソンは一六一〇年の議会演説を「かつての絶対主義的言説の重要な変容」と捉え、ジェームズ六世を絶対主義的に、ジェームズ一世を立憲主義的に捉える［Christianson 1993: 90-7; 1991: 76-8］。他方、G・バージェスは、ジェームズの「法に従う良き君主」の理念を重視し、ジェームズを一貫して「反絶対主義」の立場で捉える［Burgess 1996: 40-3, and n.109］。これに対して、ジェームズを六世、一世を通じて終始、現実主義的で穏健な絶対主義者として捉えるJ・P・サマヴィルは、ジェームズ六世時代に著した二つの主著を彼の基本的な立場とみなし、一六一〇年議会等で示されたジェームズの言説を妥協的なもの、あるいは「プロパガンダ」と見なしている［Sommerville 1986: 132-4; 1991[2]: 64］。

(18) ブキャナンの思想とジェームズ六世との関係については、以下を参照されたい。Burns 1951: 60-8; Burns 1994: 138-58; Mason 1982: 9-33; Mason 1998: 215-41.

(19) 『バシリコン・ドロン』は、「わが親愛なる息子にして生まれながらの王位継承者たるヘンリーへ」という父から息子に贈られた辞に見られるように［PW: 2-3］、皇太子ヘンリー（一六一二年に死去）に統治術を教示する目的で書かれた側面をもつ。その意味で作品のなかの「汝（you）」は君主を意味している。なお引用の際には「汝［君主］」と表示した。

(20) 後述するようにジェームズは、一六〇五年のイングランド国王としての議会演説でもこの点を強調している［PW: 155］。

(21) 『バシリコン・ドロン』は、一六〇三年三月二四日にエリザベス一世が死去した直後の時期に、エディンバラ版（一六〇三年）のコピーがロンドンで大量にプリントされた［STC: 14350-4］。『自由なる君主制の真の法』も、同年四月以降にロンドンで刊行され、一六〇三年中に少なくとも四回発刊された［STC: 14410; 14410.5; 14411］。なおこの点については、サマヴィル版のジェームズ著作集の註を参照［PW: 268,n.1 and 282,n.468］。

(22)　*Triplici Nodo Triplex Cuneus, or An Apologie for the Oath of Allegiance* (1608); *An Apologie for the Oath of Allegiance ...together with a Premonition of his Majesties, to All Most Mightie Monarches, King, Free Princes and States of Christendom* (1609); *A Remonstrance of the Most Gratious King Iames I. King of Great Brittaine ...* (1616).

(23)　コモン・ロー改革、合同問題、賦課金、大契約という一連の争点における新国王と庶民院の対立の高まりについては、Munden 1978: 43-72; Galloway and Levack (eds.) 1985; Galloway 1986; Croft 1987: 523-39; Lindquist 1985: 617-51などを参照。

(24)　P・クリスチャンソンは、一六一〇年議会でジェームズが絶対主義を放棄したと見ている［Christianson 1991: 77; 1993: 95］。

(25)　メンドルの「必要」の観念の指摘は、イングランドの絶対主義の存在を肯定するJ・P・サマヴィルのネオ・ウィッグ的な解釈と、その存在を否定するC・ラッセルの修正主義解釈との間の論争を媒介する試みで提起されたものである［Mendle 1992: 133-62］。サマヴィル自身も、緊急時の「必要」による超法規的な国王大権の行使という形式において、イングランドの絶対主義を把握しようとしている［Sommerville 1991[1]: 367-9］。他方、J・G・A・ポコックは、こうした権力行使の形態は「通常の、一般的もしくは恒常的な統治システム」として確立したものではなく、「超法規的な権力（extraordinary power）」の一種にすぎないがゆえに、これをもって絶対主義と称せるのかどうか、疑問を呈している［Pocock 1993[2]: 388-9］。

(26)　この視点については、とくにBurgess 1996: chap.2からも示唆を得た。

(27)　これはクックが独占問題について言及した箇所である。彼によれば、国王大権がコモン・ローによって国王に与えられた権利であり、その意味でコモン・ローの一部にほかならないがゆえに、国王が勅許によって独占を認める政策は、「国王が臣民の相続財産を収奪したり、侵害したりしないように国王大権を配した」コモン・ローに反するとともに、論理的な帰結から言えば、国王大権そのものにも反する行為だとされる。このように、ジェームズが国王大権の一部として行使した独占問題を、クックはそれが国王大権そのものに反する行為だと反駁するのである［3rd Inst.：84］。

（28）マクワルワインは、フレミングの通常権力と絶対的権力をブラクトンの立憲主義へと遡って説明している［McIlwain 1940: 67-130］。しかしながら、通常権力と絶対的権力の区別は一六世紀のフランスのローマ法学が提起した観念であり、ローマ法の学識を持つフレミングは、大陸のローマ法から受容した概念をあえてイングランドの伝統のなかに組み入れて説明しようとしたものと考えられる。この点については、Levack 1988: 232; Burgess 1996: 81も併せて参照した。

（29）元のState Trialsにはなかったnotを最初に補ったのは、Prothero(ed.) 1913: 311である。さらにその後のTanner(ed.) 1952; Kenyon(ed.) 1966もこれを踏襲している。なお、この点については、Levack 1988: 232; 240も参照した。

（30）フレミングらに見られた絶対的権力の観念をabsolute discretionという法的権力と見なす点については、Burgess 1996: chap.3からも示唆を得た。バージェスはイングランドのこうした絶対的権力論を、コモン・ロー裁判官の「通常の（ordinary）」権威と対照される、大法官のエクイティ裁判における自由裁量（discretion）が持つ「絶対的な（absolute）」権威に即して議論している［Burgess 1996: 31-3; 82］。

（31）たとえば、「すべての人定法は自然法かあるいは成文法（constituciones）とも呼ばれる制定法かである」［LLA: 36/37.（二）六〇］とのフォーテスキューの語用がまさにその例である。

（32）六月二三日以降、大委員会（Grand Committee）は、他のすべての委員会の審議を延期して、賦課金に関する討議を再開した。この大委員会での賦課金をめぐる討議は、七月二日まで続けられた［PP10: II,170］。管見の限りで、ここで展開された討議はその後の近世イングランドの国制論の原型となるものであったと考えられる。

（33）ヘドリィがここで展開したコモン・ロー解釈および国制論は、前期ステュアート朝における最も初期のかつ包括的・体系的な表明であったと言える。本章では、前期ステュアート朝の「古来の国制」論の原型を、一六一〇年議会で示されたヘドリィの構想のほか、ヘイクウィルやホワイトロックその他の一群のコモン・ローヤーの言説に求めてきた。一六一〇年議会の庶民院におけるコモン・ローヤー議員の演説は、その後の前期ステュアート朝の議会と比べても際立って体系的であり、しかもその多くがまさに長広舌である。こうしたことから、一六一〇年議会は、ベイト事件判決における国王側の勝訴とそれに基づく賦課金の著しい拡大、さらには絶対君主制の原理を説いたカウエルの『解釈者』の刊行といった一連の出来事を目の当たりにした一群の庶民院コモン・ローヤーたちが明らかに入念な理論的準備をもって望んだ会期であったと推測される。

(34)　ホワイトロックの政治言説の全体については、Powell 1994 for 1993: 1-34; Powell 1996: 737-41; Powell 2000 も参照した。

(35)　ヘイクウィルの庶民院での政治言説については、Foster 1970: 35-55 も参照した。

(36)　〈deliberation〉あるいは〈on deliberation〉という語は元来、統治の意思決定に当たって「熟慮」を求める文脈で使われた。そして「熟慮の上で」の決定とは、議会の審議・討議を通じた王国全体の補佐ないし同意を得るところに存在すると考えられたことから、権力に対する制限の意味を伴った。それは、プロパティを保持した利益当事者による討議と同意を重視する発想であり、その意味で自由主義の系譜に連なる。議会主義の形成とともに「熟慮の上で」の意思決定は議会の「審議」「討議」の手続を踏まえたものとして捉えられ、〈deliberation〉は、「熟慮」＝「審議・討議」の意味内容においてイングランドの古典的自由主義ならびに議会主義を構成する重要な概念として継承されていくことになる。

(37)　フラーは、「臣民の財や土地、自由」といったプロパティに直接関わる課税については、「戦時」も含めてコモン・ローの制約下に置き、「議会の同意」を条件づける。しかしたとえば、国外から輸入された商人の荷物等を港湾で一時的に差し押さえること等については、「平時」には通常の法と議会による制約を置くが、「戦時」には国王大権の自由な行使を認めている。彼は言う。「『人民の安全こそ至高の法であり、戦時には法は沈黙する（salus populi suprema lex et inter arma leges silent）』に従って」、「国王は戦時にはコモンウェルスの善と安全のために」、商人の輸送物を「本人の同意なしに」一時的に抑留することができる［PP10: II,161］。しかしこの場合でも、抑留は「多大な必要がある場合に」、かつ「ごく短期間」に限られるべきだとし、議会の同意がない以上、この種の国王大権の行使は必ず「時間の制限」を必要とする、と［PP10: II,164］。

(38) 賦課金も含めて議会の同意がない課税は無効であるとした一六一〇年の法案は全員一致で庶民院を通過したが、制定には至らなかった。しかしこの法案はその後、続く一六一四年議会においても最大の争点として継続審議となった[PP14: 79; 93-97]。
(39) 田中『英米法辞典』、一八六、二八五頁。
(40) クックは、国王は戦時等においては「人民の共通の安全」のために「便宜の時(a convenient time)」に超法規的措置をとることができるとの論拠[PP28: III,75]に対して、「便宜の時を誰が判断するのか」という問題を指摘し、その「権限は、マグナ・カルタ以前には国王に存在したが、しかし今では他の状態で確立されている」と主張している[PP28: III,105,cf.101, 117]。クックはこのように戦時における判断も、マグナ・カルタ以前と以後に分け、コモン・ローの原則を国王と臣民との間で確証したマグナ・カルタ以降は戦時の判断もコモン・ローに基づくことになったのだという見解を示している。
(41) クックやセルデンと同様、グランヴィルもこの点について次のように論じている。すなわち、国王が戦時等においては「緊急時の必要(emergent necessities)」に基づいて人民あるいはコモンウェルスの「安全と幸福と防衛」のために自らの意思のみに従って行動する国王大権を持つというが、その場合問題なのは、「緊急時の必要を誰が判断するのか」であると言う。彼によれば、「人民の安全が至高の法(salus populi suprema lex)だというのは真実である。しかしそれはコモン・ローと制定法が主権者権力に服することに道を開く」ものであってはならない[PP28: III,536]。彼の見解では、「人民の安全と善」のために「法に優位する権力」を承認することはかえって「安全」ではない。「人民の安全と幸福は、法を維持し、遵守することのなかにこそ存するのである」[PP28: III,527]。
(42) ここでは他にも、ウェントワース、ノイ、セルデンらが、主権者権力の言葉の使用に対して反論している[RHC: 562-3]。またここでのアルフォード、ピム、ヘイクウィルの発言の記録は、PP28: III,494,501-2,506にもあり、併せて参照した。なお、この点については、[安藤 一九八三、八〇―三頁]も参照した。
(43) ここでのクックの発言の記録は、PP28: III,494-5,502-3,505,506-7にもあり、併せて参照した。
(44) ヘドリィはここで、「明白かつ、よく知られた事柄」を起点に議論を進めていくことが、コモン・ローの通常の議論形式であると主張している［PP10: II,186-7］。しかしこうした何人も否定しえない明白で普遍的によく知られた事柄から論証的に議論を進めるというヘドリィの態度は、フランスの人文主義法学の発展型であるネオ・バルトールス派の特徴でもあった。たとえばそれは、ネオ・バルトールス派のマニフェトスと呼ばれたフランソワ・デュアランの『法の教授および学習について』において特に強調された論証方法であった［第二章第一節を参照］。

(45) 一六一四年議会では他の討議の箇所でも、ホワイトロック、ヘイクウィル、ジョン・ホスキンズらが、賦課金の不当性をフォーテスキューに依拠しながら主張している。議会の同意なしに「国王は賦課金をかけることはできない」し、「賦課金による課税は、最も高次の次元で言えば、法を作ること」と同義であると、フォーテスキューは言明していると［PP14: 288］。

(46) 前期ステュアート朝のコモン・ローヤーが課税における議会の同意を論じる際に依拠したフォーテスキューの見解は主に次の箇所である。「イングランドにおける国王は、議会において表明された王国全体の容認ないしは同意がなければ、自らあるいはその官吏によって、特別賦課税（tallages）や補助金（subsidies）その他いかなる課税負担をも臣民に対して課することはできないし、それらに関わる法を変更したり、新たに作成したりすることはできない」［LLA: 86/87.（二）二五頁］。また、スミスからの引証は主に次の箇所である。RA: Books II,cahp.1, "Of the Parliament and the Authority Thereof", and chap.4, "The Chief Points Wherein One Commonwealth Does Differ from Another".

(47) クックによれば、この格率に従えば、必然的に「貿易や交通に関するすべての独占」も「マグナ・カルタによって宣言され、認められた」コモン・ロー上の「特権と自由（liberty and freedome）に反する」との結論が導かれるとし、独占禁止も併せてコモン・ローの格率だと主張している［2nd Inst.: 63］。なお、経済活動の自由を格率として定式化したクックを「経済的自由主義」の観点から考察した研究として、Malament 1967: 186-223 を参照。

(48) 独占問題に関する一六二〇年代の庶民院の審議については、Foster 1960: 302-327 を参照されたい。また独占問題に関するクックの見解については［安藤 一九八三、五五―六六頁］を参照。

(49) クックによれば、マグナ・カルタとは大部分「イングランドの基本法（fundamentall laws）の主要な根拠の宣言」であると理解されている［2nd Inst.: A Proeme, A5］。

(50) 法適用特別免除の国王大権は、中世以来しばしば国王によって用いられ、時に物議を醸してきた争点であった。この国王大権は、この後、一六七二年の「審査法（Test Act）」の適用特別免除をめぐって政治問題化し、一六八八年の「権利章典（Bill of Rights）」において一般的に禁止され、無効とされた［田中『英米法辞典』五九〇頁参照］。

(51) ニコラス・フラーは、法適用特別免除が及ぶ範囲についてこう述べている。「国王は法適用特別免除によって、「制定法を失効させることはできるかもしれないが、コモン・ローを失効させることはできないし、それを改変することもできない」［Fuller 1607: 18］。法適用特別免除の大権が議会制定法に及ぶかどうかについては、論者によって見解の相違が見られるが、少なくともそれがコモン・ローには及びえないという点は当時のコモン・ローヤーの共通認識であった。加えて、グランヴィルが指摘するように、マグナ・カルタのようなコモン・ローの原則を実定法化したものと見なされる議会制定法については、法適用特別免除の大権は及びえないと一般的に考えられていた。

(52) ジェームズの初期の政策と議会との関係については、Munden 1978: 43-72; Galloway 1986; 今井 一九九〇、第五章を参照。

(53) サー・フランシス・グッドウィン（Sir Francis Goodwin）をめぐる一六〇四年議会のバッキンガム州選挙の事件については、CJ: I,149-71 を参照されたい。

(54) サー・トマス・シャーリー（Sir Thomas Shirley）逮捕をめぐる一六〇四年の事件については、CJ: I,149-222 を参照せよ。

(55) ブリストル主教の事件については、CD: 225-6 を参照のこと。

(56)『弁明と満足』については、Petyt, *Jus Parliamentarium* (1739), 227-43, quoted in CD: 217-30, especially at 220,223-4.

(57) これらの案件のなかでも特に重要であったのは、一六一〇年議会から先送りになっていた一連の重要法案であった。すなわち、議会の同意を条件づける「賦課金」をめぐる法案［PP14: 79,93-7,passim］、さらに当時のこうした庶民院の能動的な活動を法的に保障するための「議会特権」の法案［PP14: 34,356,364］、独占と関税に関わる「法による自由貿易の法案」［PP14: 58,111,110-5］などであった。なお、これらのうち、次の一六二一年議会では、賦課金はあえて争点から外され、独占を禁じる自由貿易と議会特権がとくに主要な議題となった［CD21: passim］。

(58)「恩寵の請願」と「権利の請願」の違いについては、［安藤 一九八三、六八—七〇］を参照した。

(59) なお、イングランドの「議会主権」の理念については、以下を参照。McKenna 1979: 481-506; Mendle 1989: 513-36; Mendle 1993: 97-119; Goldsworthy 1999; Goldsworthy 2000: 12-21; Robertson 2000: 33-41.

(60) 一七世紀の選挙権の問題に関する従来の研究は、内乱期のレヴェラーズの選挙権に対する立場に関心が注がれ、自然法思想に基づいた「自然権としての選挙権」に研究が集中してきたと言ってよい。それゆえ、前期ステュアート朝における選挙および選挙権に関する研究は相対的に手薄である。とりわけわが国の研究史のうえではほとんど皆無である。またイギリス本国でもこの時代の選挙に関する研究はそれほど多くはない。一九六〇年代にこうした研究の重要性を指摘した先駆的な論文として、Bushman 1963: 36-56; Plumb 1969: 90-116. その後、前期ステュアート朝の選挙の実態を詳細に考察して、この時代の庶民院の代議制機能の高まりを指摘したのが、Hirst 1975 である。しかしながら以上のような研究においては、当時の選挙権解釈がどのような思想的基盤に立っていたのかは明らかにされていない。こうした研究上の空白を埋める試みとして、拙稿 一九九六［1］。

(61) この点については以下を参照。拙稿 一九九三年［1］、第四章、一九九三年［2］、第一章〈一覧表〉、第三章、第六章。

(62) レヴェラーズの選挙権に関してはさしあたって以下を参照されたい。第一『人民協定』に関して、'*An Agreement of the People* (1647)', in Wolfe (ed.) 1944: 223-234. またレヴェラーズとクロムウェルら独立派軍幹部との間でなされた「パトニー会議」の内容に関して、Woodhouse(ed.) 1951: 1-124.

(63) このグランヴィル委員会の下した選挙訴訟についての「報告書」は以下にまとめられ、刊行されている。John Granville (ed.), *Reports of Certain Cases, Determined and Adjudged by the Commons in Parliament in the Twenty-first and Twenty-second Years of the Reign of King James the First*, London, 1775.

(64) なお、当時の commonalty、inhabitant といった極めて曖昧な用語の分析については、拙稿 一九九三［2］、第一章〈一覧表〉、および第二章「都市選挙区の選挙権者の呼称—用語法の観点から—」を参照されたい。

(65) この点については、拙稿 一九九三［1］、九六—九、Hirst 1975: Appendix IV を参照。
(66) この点については、拙稿 一九九三［1］、九六—九、Hirst 1975: Appendix III,IV,V; Plumb 1969: 99,n.24 を参照。
(67) 革命期以降の選挙改革の傾向については、さしあたって以下の文献を参照。Bushman 1963: Appendix, pp.55-6.

第五章　コモン・ローとローマ法とジェームズ一世

――ジョン・カウエル事件と一六一〇年議会――

第一節　カウエル事件の意義と問題の所在

一七世紀初頭のテューダー朝からステュアート朝への王朝の交代は、この世紀を通じてイングランドの政治社会に大きな転換をもたらすこととなった。そうした変化を表す最初の象徴的な出来事の一つが、本章で取り上げるカウエル事件であった。それは、一六一〇年議会で庶民院がローマ法学者ジョン・カウエルの著作『解釈者』（*The Interpreter*,1607）の内容を糾弾し、処分の検討を提起したことに始まる一連の出来事を指している。この事件の背景には、ジェームズ一世の即位とともに次第に高まっていた絶対君主制に対する懸念が存在した。それゆえ以下では、事件に至るまでの国王と議会の状況についてまず概観しておくことにしよう。

一六〇三年にイングランドの王位を継承したジェームズ一世は、翌一六〇四年にステュアート朝最初の議会を召集した。[1] 当初議会はジェームズに対し寛大な姿勢を示し、一六〇六年には総額四〇万ポンドに上る課税を承認した。しかしジェームズの浪費は議会の予想をはるかに超え、一六〇八年にソールズベリ伯ロバート・セシルが大蔵卿に就任した時点で負債総額は五〇万ポンドに達していた。ジェームズとセシルは財政問題の解決のため、議会に諮ることなく賦課金（imposition）の対象範囲を拡大し、未確立の品目に規定の税率を超えて課税した。賦課金は、テューダー期に国内産業保護のために輸入品の規制を図る目的で国王大権の一つとして認められ、一定の品目と税率が定められていた。ジェームズとセシルはこれを宮廷の財源調達という別の目的へと転用したのであった。当然この政策は激しい反発を招き、その合法性は法廷で争われた。「ベイト事件」（一六〇六年）として知られるこの訴訟はコモン・ロー裁判所の財務府裁判所で争われたが、判決は全員一致で議会の同意なき賦課金の徴収を合法とみなした。そこには国王の絶対的権力を擁護するローマ法的な論拠が示されていた [ST: II,382-92]。もし緊急時の必要による調達権を国王大権として認め、これを根拠として議会の同意なき課税を通じて国王の財源調達が可能となってしまえば、議会の存在そのものが脅かされかねなかった。こうした事態に直面して、庶民院なかんずくコモン・ローヤーの議員はジェームズに対する姿勢を硬化させ、それがこの後の一六一〇年議会での尖鋭化した国制論争を招く背景となった。一六〇七年以降開かれていなかった議会を一六一〇年に三年ぶりに召集した政府の目的は、新たな財政制度を提案するためであった。二月九日に会期が始まると、一五日にはセシルから庶民院に対して王室財政の詳細な説明とともに、毎年二〇万ポンドの補助金（subsidy）と負債償却のための六〇万ポンドの一時補助金の要請があり、その交換条件として封建的付帯義務の廃止が提案された。いわゆる「大契約」と呼ばれるこの提案を受けて、議会の審議は冒頭から国王の課税権それ自体の問題をめぐる激しい論争となった[2]。

他方、ローマ法を継受したスコットランドの出身でコモン・ローに疎遠であったジェームズに対して、人びとは少なからぬ懸念を抱いていた。ジェームズは即位後最初の議会で冒頭から、イングランドとスコットランドが「同じ一つの法」によって「一つの王国」として統治されることを訴え、物議を醸していた [CD: 23]。この合同問題では議会はコモン・ローの優位性を訴え反発した。さらに「国王の禁止令状事件」（一六〇七年）ではコモン・ローの理解をめぐって、ジェームズは人民間訴訟裁判所の主席裁判官であったエドワード・クックと衝突した［12th Rep.：63-5］。こうした事情から当時の人びとは、国王がコモン・ローをローマ法に置き換えるのではないかとの懸念を抱いていたのである。実際後述するように、この種の懸念が広く存在していたことはジェームズ自身も一六一〇年議会で認めている。

このように王権と議会との対立が増していく過程にあって、ローマ法学者がビザンティン主義的皇帝理念に立って国王の「絶対的権力」を擁護する動きが目立ち始めていた。本章で主題として取り上げるジョン・カウエル（John Cowell）の『解釈者』はまさしくそうした動向を示す代表的な例であった。国王と議会が対立を深めるさなかにカウエルは、国王の絶対的権力をローマ法的見地から擁護する「絶対君主制」の国制論を著書のなかで展開した。問題のこの作品は、一六〇七年の議会閉会直後に刊行され、その作品が法律辞典として有用であったことも相俟って広く普及した。当時の記録によれば、人びとは、国王が「コモン・ローを過小評価し、コモン・ローよりもローマ法を高く称賛しており、コモン・ローに対立するローマ法学者カウエル博士の執筆した『解釈者』を是認している」と受け取っていた［Wilson 1652: 45-6］。一六一〇年に約三年ぶりに議会が開かれた時、賦課金の不法性およびベイト事件判決の不当性に対する訴えと、政府の補助金要請に対する反発が巻き起こる中、カウエルの『解釈者』を糾弾する動議が庶民院において提出されたのであった。それは、政府側の財政提案が示された八日後のことであった。

庶民院はカウエルの「絶対君主制」の言説を厳しく非難したが、その国制論が高度に原理的な問題を含んでいたことから、庶民院の審議もいきおい国制の原理に関わるものとなった。そしてこれを契機に一六一〇年議会においてコモン・ローの至上性を説く「古来の国制」論が展開されることになる。他方、ジェームズもこのカウエル事件において自ら事態の打開に乗り出した。そこで示された言説は、彼がイングランドの統治の場で示した最初の本格的な統治理念の表明でもあった。このようなことから、カウエルの著作をめぐる一連の出来事は、国制論争へと至る一六一〇年当時の王権と議会の関係を読み解く上で非常に示唆に富んだ象徴的な事件であったと考えられる。

しかしながら、こうした歴史の重要な局面で起きたカウエル事件について、一つのエピソードとして取り上げられることはあっても、カウエルの作品や一連の審議過程について詳細に考察した研究はそれほど多くはない。伝統的ウィッグ史観に立った研究では、絶対主義と議会主義の対立を当然の前提としたうえで、カウエルは生粋の絶対主義者として取り上げられる。この時期の研究は、『解釈者』の問題箇所の指摘と事件の概要説明に留まっており、カウエルの法と国制の観念および事件の背景や過程が十分に検証されることはなかった。[3] その後、カウエルをテーマに詳細な考察を行ったのはクライムズ論文である。クライムズはカウエルの『解釈者』における見解をローマ法学者の学問的帰結と捉え、カウエルに特別な政治的意図はなく、むしろ彼は国王と庶民院の政治闘争の「チェスの歩」として利用されたのだと指摘する。[4] クライムズの見解は、エリザベス期に学問形成をしたカウエルの学者としてのキャリアと、彼が著した『イングランド法提要』(*Institutiones Juris Anglicani*, 1605; *Institutes of the Lawes of England*, 1651)[5] と『解釈者』という二つの作品の基本的同一性およびその学術的価値の側面を強調したものである。

また近年では修正主義論争のなかで、カウエルへの言及がしばしば確認される。G・R・エルトンは、絶対的権力を記述したカウエルの著作を弾劾することに対して、庶民院はもとより貴族院、ジェームズも進んで同意し、そこには国王大権を法に基づかせる「正統な教説」が共有されており、カウエルは「非イングランド的な法と手続」に惑わされた異端だと見なす。またM・ホーキンズも、王権と議会の根本的な政治対立を否定し、当時の一般的な政治観念が両者に共有されていたと想定したうえで、カウエルはこれに挑戦した「粗野で特殊な」論者であり、しかもその見解さえ綿密に分析すれば、さほど絶対主義的な内容のものではないと指摘する。他方、ネオ・ウィッグ的な視点に立つJ・P・サマヴィルは、こうした修正主義の見解に異論を唱え、絶対主義の観念はローマ法学者および聖職者の間で当時かなり流行しており、カウエルはそうした動向の典型的な現れであったと主張する。[6]

以上のようにカウエルは、イングランドにおける絶対主義と立憲主義という文脈でつねに議論されてきた。カウエルの言説に対する評価は研究者によって大きく異なり、全く相反する見方がなされている。第一に、ジェームズを含めた当時の絶対主義の台頭を前提に、カウエルをそうした絶対主義の流れを代表する典型例と見なす見解、第二に、カウエルは貴族院さらには国王ジェームズにさえ糾弾された極端な絶対主義者であると見なす見解（その場合ジェームズは絶対主義者とは見なされない）、第三に、カウエルの絶対主義的性格さえも否定し、イングランドにおける絶対主義の存在そのものを否定する見解、以上のように三つの類型に分けて整理することができよう。そして伝統的なウィッグ史観の研究と近年のネオ・ウィッグ的な研究は第一の傾向に、他方、修正主義の研究は第二か第三の類型に属すると言えよう。また修正主義の見解では、ジェームズがカウエル事件で庶民院に対して示した宥和的・妥協的な発言内容を根拠に、彼が庶民院のコモン・ローヤーと政治理念を共有していたと仮定されたり、さらに極端な場合には、エリザベス期以来ローマ法を積極的に摂取しようとしていた当時のコモン・ローヤーの知的態度とカウエルの法的理解との親和性を根拠に、カウエルの絶対主義の言説さえ軽視してしまう傾向がある。

従来の研究に相対的に欠如しているのは、ローマ法学者としてのカウエルの法と国制の観念、およびその意図や政治的文脈に関する十分な検証である。と同時に、庶民院、貴族院、ジェームズがカウエルに対して示したそれぞれの態度を、彼らの統治理念や政治的意図と関連づけながら読み解いていく綿密な考察も求められていると言えよう。加えて、一六一〇年の政治的事件の意味を浮き彫りにするためには、当時のコモン・ローとローマ法と王権の関係を改めて検証し、その歴史的文脈のなかでカウエル事件を再考する必要がある。従来の研究においては、カウエル事件は議会史のなかの幕間のエピソードのごとく扱われがちで、以上のような課題が十分に果たされているとは言い難い。しかし筆者の見るところ、カウエルをめぐる一連の出来事には一六一〇年当時の政治社会の状況変化が集約的に表現されており、それを読み解くことは当時の政治史を理解する上で有益な作業であると思われる。

第二節　ジョン・カウエルと『解釈者』――ローマ法の言説

(一)　カウエルの経歴と『イングランド法提要』

ここではまず、カウエルの経歴と彼のもう一つの著作『イングランド法提要』の内容について検討しておきたい。彼は、もっぱら大学でのローマ法の研究・教育に従事し、イングランドにおいて当時最も著名なローマ法学者の一人となった人物である。主な経歴を確認しておくと、一五五二年にデボン州ランドキーで生まれ、七〇年にケンブリッジ大学キングズ・カレッジに入学し、七五年に学士号を、七八年には修士号を取得、その後八八年に法学博士の学位を取得している。七三～九五年までキングズ・カレッジのフェローを務め、九四年にはケンブリッジ大学ローマ法欽定講座担当教授に就任し、その後一六一一年に死去するまで在職。さらに、九八年にはケンブリッジ大学トリニティ・ホール学寮長に、一六〇三～四年にはケンブリッジ大学副総長に就任。晩年の一六〇八年にはカンタベリー大主教の代理法務官にも任命されている⑦。以上のように、カウエルの経歴は、その生涯を大学でのローマ法の研究・教育に専心してきた学者のそれであり、法実務や政治実践の経験はごく僅かであった。さらに、彼のこうしたキャリア形成が主にエリザベス治世期に行われたという事実は、後の第四節の考察との関連で重要である。

カウエルは、晩年に二つの作品を著しており、問題の『解釈者』(1607)に先立って、『イングランド法提要』(1605)を刊行している。『提要』の執筆目的は、表紙に記されている通り、法学徒が「イングランドの慣習」をより良く理解できるよう、「ローマ法制に従って」イングランド法を編纂し、計九九の一般的原理を定義しようとしたものである [Cowell 1605: its title-page]。このようにローマ法の概念と思考法に基づきながら、コモン・ローに一般的原理を定式化する試みは、ローマ法学者だけでなく、当時のコモン・ローヤーにも見られた傾向である [第二章参照]。

ここでは、『提要』のなかで示されたイングランド法に関するカウエルの見解を確認しておこう。彼によれば、イングランド法は六つの主要な基礎から構成される。理性の法、神法、王国共通の一般的慣習、確実な原理・格率、地域ごとの個別的慣習、制定法がそれである（コモン・ローは一般的慣習に相当し、理性の法と神法に適い、原理・格率を含む）。またイングランド法は大きく二つの部分から成る。一つは「古来の慣習」であり、それは「人民の同意」と「国王の宣誓」によって確証されてきた。もう一つは「制定法」であり、これは既成の慣習を補完・修正すべく議会によって制定される。どちらも自然法と万民法から導出され、正義と理性に適っている。またイングランド法は三つのカテゴリー、すなわちコモン・ロー、慣習、制定法にも分類される。このうち成文法である制定法は国王の意思ではなく、王国全体の同意によって作成され、国王の召集する議会がこれにあたる［Cowell 1605:1-6］。

以上のようなイングランド法の説明は、われわれが第二章と第三章で確認してきた当時のコモン・ローヤーの一般的理解と比べて、さしたる差異はない。また冒頭の一般的説明に続く個別の考察も主に私法の領域に属する個別の事柄を定義したもので、とくに問題のあるものではない。『提要』のなかには、『解釈者』の場合と違って、コモン・ローや議会、国王大権などをめぐって政治論争を惹き起こすような内容のものは見られない。

（二）『解釈者』と絶対主義の国制論

カウエルの二作目の作品『解釈者』は、庶民院に重大な懸念を抱かせることになったが、この著作も全体として見れば、先の『提要』と同様、学術的な作品であり、イングランド法の一般的な法律用語をローマ法の概念と照らし合わせながら解説し、それらをアルファベット順に整序した法律用語辞典であった。この『解釈者』を執筆したカウエルの意図は、作品の表紙、大主教バンクロフトへの献辞、読者への序文のなかに表れている。表紙では、題名に続いてこう記されている。「用語の意味を収録した作品。本書には、勝利と名声の輝くこの王国の法律書や制定法のなかで述べられていて、しかも解説や解釈を必要とする、すべてのあるいはほとんどの用語と術語についてその真の意味が説明されている。本書は、我々の法や制定法その他の古文書の知識を徹底的に習得しようとする人びとにとって有益なだけでなく、必要不可欠なものとなろう」[Cowell 1607: its title-page]。実際それは、カウエルが自負するごとく、三〇〇頁に及ぶ大部の作品で、収録語数が実に二〇〇〇項目を越える本格的な法律用語辞典であった。その学術的有用性は、それが一七世紀だけでなく、世紀を越えて版を重ねていることからも明らかである。[8]

他方、政治的に興味深いのは、カンタベリー大主教リチャード・バンクロフト（Richard Bancroft : 1544-1610）に宛てた献辞である。作品の冒頭に掲載されたこの献辞は、ローマ法学者カウエルの政治的位置と、『解釈者』のなかで絶対君主制を展開した動機を理解するうえで非常に示唆的である。カウエルは、バンクロフトへの感謝の言葉を綴った献辞のなかで、彼の「父のごとき激励」により、ローマ法研究に従事してきたことを述懐し、「あなたは最初、私をこうした研究へと着手せしめ、遂には一種の必然として、私を本書の企画へと向かわしめた」と述べ、その「荘重な助言」に対して感謝の意を記している［Cowell 1607: *2］。ここには、カウエルとバンクロフトの長期にわたる親交関係がうかがわれ、一六〇八年のカウエルのカンタベリー大主教の代理法務官への就任はその端的な例証である。またこの献辞では、ローマ法を専攻した動機とローマ法によるイングランド法の再編という企てそのものが、バンクロフトの助言に由来するものであったことが明かされている。

前期ステュアート朝のローマ法学者には一般的に国王至上主義（royalism）の傾向が見られた。コモン・ローヤーの政治的位置が官職保有者として王権に帰属する場合と庶民院議員として議会（庶民院）派に帰属する場合とに分かれていたのに対し、ローマ法学者は宮廷に接近する共通した傾向を示していた。また彼らの大多数は、ローマ法学者の職能団体である「ローマ法博士協会」に属していたが、その主たる法実務の一つが、カンタベリー大主教の教会裁判に関わるものであった［Levack 1973: preface v and 2-3］。ローマ法学者の国王支持の傾向、宮廷および高位聖職者との密接な関係は、カウエルの場合にもやはり該当していると言えよう。

そして『解釈者』では、『提要』にはなかった「絶対君主制」の見解が明確に表現されている。この種の言説がカウエルにおいて最初に現れたのは、一六〇六年頃のことである。この時の経緯もやはりバンクロフトとの関係によるものであった。それは、大主教に就任したバンクロフトの要請を受けて、「国王は、その主権（sovereignty）が求めた時、あるゆる種類の事柄を聞き、決定する権力を持っている」ことを示す論拠を、カウエルがローマ法のなかからまとめた際のことであった[9]。『解釈者』の刊行はその翌年にあたっている。この事実は、カウエルが先の『提要』とは違って『解釈者』のなかで絶対君主制を論じたその政治的動機を示唆するものとして重要である。

もとより、二〇〇〇項目もの膨大な数の法律用語を詳細に解説したこの作品は、『イングランド法提要』と同様、全体としては、彼のローマ法学者としての長年にわたる学術研究の蓄積によるものであったことは言うまでもない。献辞に続く「読者への序文」では、表紙の記載と同様、本書が「法の技術に属する」術語に主たる関心が置かれ、その目的は一貫して「知識の進歩」にあると宣言している［Cowell 1607: *3-5］。

以上のように、カウエルの『解釈者』には二つの異なる性格が見られる。一つは、先の『提要』と同様に、イングランド法の学術的な解説という側面であり、これはコモン・ローの習得をめざす学生および法律家を名宛人とし、ローマ法の知識と方法に基づいてイングランド法を体系化された法典へと編纂し直そうとする学術的な欲求が執筆の動機となっている。この基本的な性格に加えて、いま一つの性格は、聖職者の絶対主義への傾斜を促進した大主教バンクロフトの後見に対してローマ法学者として応答した側面であり、これはバンクロフト、ジェームズ一世らを名宛人とし、国王の絶対的権力を正当化する論拠をローマ法的見地から調達するという明確な政治的意図が働いていたと言ってよい[10]。この点は、この時期のイングランドにおけるローマ法の二つの意義と、同時代のコモン・ローヤーのローマ法に対する両義的な態度を考察する、この後の考察との関連で重要である。

続いて、『解釈者』のなかに見られるカウエルの国制論を確認し、そこで彼が企図していた点を明らかにしておこう。彼はこの著作のなかで、中世の代表的コモン・ローヤーであるトマス・リトルトンを扱き下ろしながら［Cowell 1607: sig.2S2b］、「コモン・ロー」を軽視する見解を示すとともに「議会」の特権を否定し、国王の「絶対的権力」を原理的に擁護する「絶対君主制（absolute monarchy）」の国制論を展開した。

カウエルによれば、「国王」は、イングランドの「国土全体」に対して「最も高次の権力」を持ち、「絶対的支配」を行う。国王は、「絶対的権力によって法の上に立つ」存在である。たしかに国王は、法作成の過程において、「三身分、すなわち聖職貴族、世俗貴族、庶民」を召集して意見を聴くけれども、それは国王に対する法的制約として行われているのではなく、国王自身の「慈愛」から発しており、「戴冠の際の宣誓」に基づく妥協にほかならない。国王は、戴冠時に「国土の法」を改変しないと宣誓するけれども、公共善に有害であると判断すれば、特定の法を改変もしくは停止することができるのである［Cowell 1607: sig.2Q1a］。このように、カウエルは、本来、絶対的権力を持つ国王は、戴冠時の宣誓に基づいて妥協的に議会の同意を尊重するけれども、必要ならばこの宣誓に拘束されることなく、法の作成や改変を意のままに行う権力を持つと主張する。カウエルのこの見解は、原理的には国王が立法における自由裁量権を持ち、国法の上に立つ存在であるとし、そこに絶対的権力の定義を求めていることから考えて、明らかに当時のローマ法的な絶対主義理論の展開であると言ってよい。しかもイングランドのローマ法学者がしばしば用いたように、公共善の「必要」に立って国王の絶対的権力を擁護するカズイスティクな絶対主義の特徴も見られる。しかしここでカウエルは興味深いことに、国王の絶対的権力の論拠を、イングランド法の権威的著者と見なされていたヘンリー・オブ・ブラクトン、トマス・スミスに求めている［Cowell 1607: sig.2Q1a-b］。

もとより、ブラクトンやスミスの議論は、第一章で確認したようにローマ法のつよい影響を受けているとはいえ、絶対主義の理念ではない。中世後期以来のイングランドの伝統思想は、法や議会による限定を通じて王権の高揚を図るという二重性を持っている。従って、ブラクトンもスミスも、立憲主義としての典拠も可能であれば、全く逆に王権の強化のための引証も可能だったわけである。カウエルはこのことをもとより認識していた。そのうえでローマ法学者としての自らの絶対君主制の構想を、ローマ法の言説ではなく、あえて過去のイングランドの権威的著者のなかに求めることで、イングランドにおける正当性を獲得しようとしていたのである。こうした戦略的なレトリックは、たとえばローマ法の影響を受けたコモン・ローヤーのフレミング（ベイト事件の首席裁判官）の言説のなかにも確認された。彼もまたローマ法から示唆を得た「通常権力」と「絶対的権力」の概念を、あえてブラクトンの言説を引証することによって、イングランドの古来の伝統として説明しようとしたのであった［ST: II, 389］。ローマ法の絶対的権力論をイングランドの統治に適用しようとする者にとって、ブラクトンの言説が持つ二重性は、その一方を強調することで絶好の素材となりえたのである。そしてローマ法学者のカウエルは、イングランドの統治構造における権威の二重性を十分に認識したうえで、それを国王の「絶対的権力」の下に一元化しようと試みたのである。それは、「議会」に関するカウエルの説明のなかにはっきりと表れている。

議会について、カウエルは、ここでもトマス・スミスを典拠としながら、イングランドの伝統的理解に従ってこう説明する。それは、「国王と王国の三身分すなわち聖職貴族と世俗貴族と庶民とで構成された会議体」であり、「コモンウェルスに関する諸問題を討議し、特に法を作成したり、改変したりすること」を目的とする。この議会という「会議体ないし法廷」は、イングランドの他のすべての制度のなかで「最も高次の最も偉大な権威」を持つ［Cowell 1607: sig.3A3a］。しかし、カウエルによれば、王権の至上性と議会の至上性のうち、「どちらか一方が真実」でなければならない。「国王が議会の上に、すなわち王国の実定法の上に立つ」存在なのか、それとも「国王は絶対的君主ではないのか」。カウエルの見解によれば、国王は「王国全体の同意によって法を作る」けれども、それは国王による「慈悲的政策」あるいは「政治的慈悲」であって、議会および王国の実定法に国王を拘束してしまうことは、「絶対君主制の性質と基本構造（constitution）」に矛盾するものである［Cowell 1607: sig.3A3b］。

統治構造の二重性を排し、国家権力を国王の絶対的権力の下で一義的に定義しようとする試みは、「国王大権」の説明箇所でも確認することができる。カウエルによれば、統治様式に関する「民族ごとの慣習は非常に異なっている」としても、「国王大権の射程に含まれる」ような「高次の性格の王権」について言えば、イングランドの国王に属していない権限は、「世界で最も絶対的な君主」にも属していない。「この王国の慣習によってのみ」、国王は「三身分の同意なしには法を作らない」とされている。では、「法を作る国王の権力は制限されているのか」、それとも国王の立法は、「神聖で至高の政策」なのか。カウエルは「イングランドの国王は絶対的君主である」と結論づける［Cowell 1607: sig.3D4a］。彼は、統治様式は各民族の慣習に由来し、多様であるとしつつ、しかし緊急時の「必要」の際の立法や課税という高次の王権の機能は、民族の慣習を超えたところに位置し、その意味で慣習的様式に縛られることなく、絶対的であると主張する。国王大権は、国王が持つ「特殊な権力」あるいは「特権」であり、「コモン・ローの通常の手続を超えたところにある」のだ、と［Cowell 1607: sig.3D3a-b］。以上のようにカウエルの国制論は、イングランドの統治の多元性を意図的に絶対的国王大権の下に一元化しようと企図したものであり、自ら「絶対君主制」と称しているように、それは、ローマ法の絶対的権力論あるいは絶対的主権論をイングランドの国王大権に適用しようとした構想であると言える。それは、本書がこれまで定義してきたように、君主の絶対的権力が「国法」に従うのか否かを基準に判断するならば、明らかに絶対主義の理論と見なされるであろう。さらに、絶対的権力をめぐる同様な見解は、原理的に見れば、一六一〇年議会においてカウエルの言説を非難したジェームズ自身にも確認されうるのである。

またカウエルが〈constitution〉という語を統治の「基本構造」の意で用いている点にも注意したい。従来イングランドでは一般的にこの語は「成文法」の意で用いられていた[11]。イングランドでこの術語を統治の基本構造の意で明確に用い始めたのは、ローマ法学者たちである。そしてそれはしばしば、「絶対君主制の基本構造（constitution）」を論じる文脈で示されたものであった。このことは、コモン・ローヤーの「古来の国制（ancient constitution）」論との関連で重要である。コモン・ローを公法上の基本法として位置づけるこの時代のコモン・ローヤーの構想は、ローマ法の言説を媒介としながら、それに対する反論として展開されたものであったからである。

さらに、以上のようなカウエルのローマ法的な国制論との関連で興味深いのは、カウエル事件が審議された一六一〇年議会におけるカンタベリー大主教バンクロフトの発言である。彼は「思弁的神学（speculative divinity）」と「実践的神学（practic divinity）」の区別を立てながら、国王の課税権を擁護する。五月四日の貴族院の審議で彼はこう発言している。「国王における必要（necessity）」の問題をめぐって、「私は思弁的神学を考証してきたが、それに基づいて言えば、君主制は君主を［法の制約から］免除すべきである」［PP10: I,81］。さらに翌日、庶民院でも同様な見解を披露している。「今日、一種の実践的神学が用いられているが、これについてはほとんど経験を持たない」ので「私は語ることはできない」。しかし「私の知る思弁的神学においては、国王は必要の際には［法の制約から］免除されねばならない」と［PP10: II,79］。つまり、バンクロフトは、実践的な議論は巧妙に回避しつつ、あくまで純粋理論的な神学の立場から、国王は緊急時の「必要」においては法の制約を離れて、つまり議会の同意を経ずに、臣民に対して自由に課税することができると主張しているのである。当時の「神学」は、ジェームズが自らの絶対的権力論を王権神授説に基づいて展開したように、カソリックとの論争において君主の至高かつ絶対的な権力を正当化する際の主要な政治言語となっていた。ここでバンクロフトの示した見解は、「理論（speculation）」と「実践（practice）」の区別という論拠をくり返し持ち出して自己防衛を図っている点でカウエルよりは巧妙であり、またカウエルよりも国王の絶対的権力をカズイスティクに論じているものの、基本的にはカウエルと同様な絶対君主制の議論であると言ってよい。バンクロフトが示した神学的な絶対主義の主張に従えば、原理的には国王は法の制約を離れて好むがままに立法、課税、裁判その他の絶対的権力を行使することができるとされていたからである。カウエルの言説がローマ法学者による絶対主義の表明であったとすれば、バンクロフトのそれは、聖職者による絶対主義の表現であった。ここには、前期ステュアート時代に絶対主義を形成した二つの思想的源泉の典型的な結合関係を見ることができる。

第三節　一六一〇年議会でのカウエル事件の審議

（一）庶民院による弾劾

以下の考察では、議会における審議の過程をたどることによって、カウエル事件に対する庶民院と貴族院のそれぞれの態度を浮き彫りにしていきたい。とりわけ庶民院におけるカウエル問題の審議は、前期ステュアート朝のコモン・ローヤーに見られた議会、なかんずく庶民院の司法的機能を強化しようとする姿勢を物語る好個の事例で、実際後述するように、カウエルの事例は庶民院の裁判機能にとって重要な先例の一つと見なされるようになる。

カウエル問題が最初に提起されたのは、一六一〇年議会が開会してちょうど二週間目の二月二三日のことであった。コモン・ローヤーのジョン・ホスキンズ（John Hoskins）が、庶民院でカウエルの『解釈者』を取り上げ、処分の検討を提起した。ホスキンズはこの会期で政府の財政要求に対して尖鋭的に対立した議員の一人であり［PD10: 9,11,30,55,75; PP10: II,344］、続く一六一四年の議会でも、ジェームズのスコットランド寄りの政策を厳しく批判して、ロンドン塔に投獄されている［PP14: 422-3］。彼はとくに「補助金」「議会」「国王」等の項目に関するカウエルの説明に言及しながら、その作品が「コモン・ローに敵対的な出版物」であり、それが与える悪影響を懸念する。ホスキンズのこの動議は「苦情委員会」（the Committee on Grievances）の審議に付託された［CJ: I,399］。

翌日開かれた苦情委員会では、その作品が「あまりに無分別で思慮を欠いており、コモン・ローの名誉と権力について悪評をまき散らす」ものであると判断された。しかし同時に委員会は、「作品の一文を文脈を欠いたまま非難することは問題がある」と判断し、作品全体をさらに詳細に検証するための「小委員会」（sub-committee）の設置を決議し、同日直ちに結成された。この小委員会には、先のホスキンズ、両院合同委員会で庶民院を代表したヘンリー・ホバート（Henry Hobart）⑫、リチャード・マーチン（Richard Martin）⑬の他、ジョン・ドッドリッジ、ウィリアム・ヘイクウィル、ジェームズ・ホワイトロックら錚々たる庶民院コモン・ローヤーが含まれており、彼らはカウエル事件の審議で中心的な役割を果たした。小委員会は、『解釈者』を検証し、幾つかの項目の解説があまりにも「向こう見ずで、危険かつ有害な形で」述べられていると断定し、この作品によって「我々の権利に異議が唱えられる」のは筋違いで、「彼の方が法廷に召還される」べきだと結論づけ、苦情委員会へ報告した［CJ: I,400］。

この報告を受けた苦情委員会では、カウエル告発の罪状と訴訟方式が審議された。カウエルが「どのような罪状で告発されることになるのか」という点に関して、小委員会に再度検討を要請することになった。さらに今後の審議方式をめぐって当時法務次官の任にあった宮廷派のフランシス・ベーコンが重要な提案をした。彼によれば、カウエル問題は「庶民院だけでなく国王、そして議会全体」に関わるものであり、「国王と人民との間に誤解を惹き起こす」性格のものであるから、「この人物の処罰に当たっては、貴族院と合同で行う」必要がある、と。ここでのベーコンの意図は、カウエル問題の審議を、「諸身分の調和」に立って、国王支持の下に庶民院と貴族院とが合同で進める構図をとることにあったと思われる。庶民院・対・カウエルの構図は、国王の絶対的権力を説いたその作品の性格から考えて、論理的には、庶民院・対・国王の構図にもなりかねないからであった。少なくとも、カウエル問題の審議を継続する限り、国王権力が論争の対象となることは避けられなかった。後述するように、ジェームズがカウエル事件で最も懸念したのは、まさにこの点であった。ともあれ苦情委員会は、ベーコンの提案を受けて、カウエルの罪状と、貴族院との合同審議の方式について、小委員会に検討を要請した［CJ: I,400］。

二月二六日、小委員会は二度にわたって審議を重ね、カウエル事件が「議会の威厳に関係する問題」であるがゆえに、その訴訟は両院が協働で行うべきことを、貴族院に正式に要請すべきだと勧告した［CJ: I,400］。これを受けて、同日直ちに庶民院から貴族院に一通の書簡が送られた。すなわち、庶民院は「カウエルの作品には議会を中傷し侮辱する内容や、危険な帰結と実例が含まれていると考えている。この作品の攻撃的な内容に関する貴族院との合同検証と、その作品を刊行した当の人物を処罰するための訴訟手続をとることを願うものである」。庶民院の要請に対し、貴族院は同日、返答を送った。「議会の名誉を維持するうえで、また国王を頭とした議会という身体を共に構成している両院の結束を促進するために、その訴訟手続は相応しいものと思われ、貴族院は喜んで庶民院と合同する用意がある」と。こうして第一回目の両院合同委員会が、三月二日に開催される運びとなった［LJ: II,557］。

とはいえ、この時の貴族院側の応諾が実際には消極的なものであったことは指摘しておく必要がある。たとえば、バンクロフトはその際にカウエルを弁護したが、これに対して貴族院の他の出席者から特に異論は出ていない。セシルは、庶民院が「この著作に関する審議を求めている」以上、「気が進まない」が応じねばならないであろう、と発言している［PP10: I,18-9］。他方、この時点までの庶民院の態度は、かなり過熱し尖鋭化していた。当時の庶民院議員の一人が両院合同委員会の前日に認めた書簡にはこう記されている。「法の作成と補助金の徴収を、議会の同意もしくは権威なしに国王大権に帰属させて」しまおうとする「途方もない見解」に対し、庶民院の人びとは、「議会の権威によってカウエルを訴訟にかけることに国王が許可を与えるならば、カウエルを絞首刑に処してしまいかねない」であろう、と［MAS: III,125］(14)。しかし庶民院のこうした尖鋭化した態度は、議会の法廷で訴訟に持ち込むために、カウエルの処罰に消極的な貴族院と歩調を合わせながらの審議へと移行していく。

（二）両院合同委員会の審議

三月二日、貴族院の委員会に庶民院の委員が合流する形で、第一回目の両院合同委員会が開かれた。コモン・ローヤーで当時法務長官の任にあったヘンリー・ホバートが庶民院の見解を報告した。彼の説明は、貴族院との「対立を避ける」ために、庶民院の過熱した論調を抑えながら、慎重かつ穏健に進められた。ホバートはまず、カウエル問題が「庶民院と貴族院に同様に関係している」問題であることを確認する。そしてその処罰にあたっては、「著者の目的を十分に確かめ」、その言及が「無知によるものではなく、意図的なものである」ことを証明する必要があると。また、庶民院はカウエル個人の「職位や人格を標的に攻撃しているのではない」ことも付言する。他方、ホバートは、臣民が議会において国王権力をめぐって議論すること自体の問題についても注意深く配慮する。彼によれば、「国家と王国」の統治に関わる事柄を臣民が論争することは適切ではないとしても、しかし「良き結果によって確立されてきた国制の基礎を揺るがすならば」、すなわち王国の「偉大な紐帯」である「古来の議会」が攻撃されるならば、議論しないわけにはいかない、と。ホバートは、カウエル事件が「非常にデリケートで、慎重に取り扱う」べき問題であることを十分に認識していたのである［CJ: I,405］。実際後述するように、ジェームズがカウエル事件の布告において強調したのは、まさに国王権力を臣民が論じること自体の問題であった。国王大権に関して臣民が論争することは、庶民院コモン・ローヤーにとっても一六一〇年議会の最初の段階ではなお慎重を要する事柄だったのである。

ホバートは、このように慎重に議論を進めつつ、『解釈者』に批判を加えていく。彼によれば、「我々はコモン・ローとローマ法の対立を望みはしない。コモン・ローとローマ法は兄弟のようなものである。しかしイングランドではローマ法が弟である」。それゆえ、ローマ法に基づいてコモン・ローを軽視するカウエルの作品は、庶民院から見れば「読者を惑わす危険で不遜な」代物である。ホバートが特に批判の矛先を向けたのは、「国王とその祖先たちは議会の両院に投票を認めたが、それは政治的慈悲あるいは慈悲的政策にすぎない」とするカウエルの議会軽視の態度であった。彼によれば、ローマ法学者カウエルは、「図々しい新奇な説を持ち込み、提議する」ことで、イングランド国制に対して「危険な帰結」を導き出そうとしていると[PP10: I,24]。ホバートの言う危険な帰結とは、国王が議会の同意なしに立法や課税を行うことを指している。一六一〇年議会が冒頭から補助金の徴収をめぐって審議されていたこと、さらに、第四章で既述したように、その直前の一六〇六年の「ベイト事件」で、議会の同意を経ていない国王の新税を合法と認める判決が下っていたこと[ST: II,382-92]などを考え併せるならば、議会の同意という王権への制限は当時極めて実際的で緊要な争点だったことがわかる。

ホバートの説明の後、庶民院が問題と見なす「国王」「議会」「リトルトン」「補助金」「国王大権」等の項目が紹介された[PP10: I,25]。この時、貴族院は、カウエル事件の審議に関して国王に請願することを提案した。同日、国王に請願が届けられ、大蔵卿セシルを介して国王から直ちに返答があった。この時のメッセージでは明確な意思表示はなかったが、国王は「さらに時間を要する旨の根拠と理由」を告げ、追って「直接返答することを約束」するとともに、財政問題の解決に向けて「国王の利益」にむしろ力を傾注するよう要請した[CJ: I,405]。国王への請願を要望した貴族院の立場は、国王を頭とした議会の枠組みに則って、あくまで国王了解の下に両院で審議するという形式にこだわるものであったが、この時の請願と回答は、三月八日の劇的な変化につながる伏線となった。この後ジェームズは、自らカウエルに対して事情聴取を行い⑮、紛糾した議会に向け打開策を練っていくのである。

第一回目の両院合同委員会の議事内容は、翌三日、貴族院に報告された[LJ: II,561]。これを受けて貴族院では、五日、庶民院との今後の審議をどのようなプロセスで進めるかが討議された。セシルは、カウエルを処罰する法的根拠の問題を提起する。セシルによれば、カウエルの事例に該当しうる根拠があるとすれば、それは議会および議員の特権を侵害したという罪状であった。しかしながら、カウエルの作品は「議会の会期以外のところで書かれた」

ものであり、しかも「議会の特定のメンバーには言及していない」ことから、「本件のような特殊な事例で処罰すること」には、セシル自身は懐疑的であった。「同様の先例や本件に似た事例がかつて存在したのかどうか、私は知らない」と。貴族院は、「この種の性格の先例」が存在するか、議会の書記官に調査するよう求めた［PP10: I,27］。

以上の審議には、カウエル事件に対する庶民院と貴族院の温度差がはっきりと表れている。セシルの言葉に端的に示されているように、貴族院側は絞首刑はおろか処罰そのものについても消極的であったように思われる。このように議会のなかでも、庶民院と貴族院とではカウエルに対する態度に相違があったことは指摘しておく必要がある。ともあれ、貴族院は、八日午後に両院合同委員会を再度開催することを了承した［LJ: II,561］。しかしながらその両院合同委員会では、国王の直接介入により劇的な変化を迎えることになる。

第四節　ジェームズ一世の政治的態度

（一）　カウエル事件とジェームズの統治理念

ここでは、カウエル事件の過程でジェームズが示した政治見解を通して、ジェームズ一世の統治理念について検討していく。彼は、第二回目の両院合同委員会の当日、大蔵卿セシルを介して議会にメッセージを送った。午前中に貴族院に伝えられた内容によれば、「カウエルは国王が行使する法たるコモン・ローに対してあまりにも図々しい。コモン・ローの下で国王の統治も息づくのであり、国王およびすべての者はコモン・ローを尊重すべきである」と、コモン・ローの重要性を認める姿勢を示す。また議会についても、「カウエルは議会の威厳を見誤っており、自己の専門外である議会の問題について、あれこれ詮索して書きすぎている」と非難し、議会の権威にも理解を示す。そのうえで彼は、国王の統治権力に言及していく。国王は本来、「絶対的権力」をそなえているが、しかし「体制の確立した国家」においては、国王と言えども既に確立した国制に従って統治する、という両義的な議論を展開する。ジェームズは一方で、「国王はかつてのこの王国の君主たちと同様、絶対的権力を持っている」。それゆえカウエルのように「国王の権力と大権について吟味すること」自体が不遜な行為であると指摘する。しかし他方で、イングランドのような体制の確立した国家においては国王の統治が法に従うことも承認する。ジェームズは、「国王に課せられたこの種の拘束を取り払う意図など持ってはいない」し、常に「自分自身の願望より公共善を優先する」つもりであるから、「国王が既存の国制や国土の法を問題視することなどない」と宣言する［PP10: I,28-9; LJ: II,563］。

さらに同日午後には、庶民院の代表も加わった両院合同委員会の場で、セシルから庶民院にメッセージが伝えられた。それによると、「国王はカウエルの『解釈者』という名の作品について吟味し」、また自ら「カウエルを喚問して、厳格に尋問した」。こうして国王は、カウエルが「コモン・ローに対してあまりに不遜」であるという結論に達したと。国王はコモン・ローを、世界の他の卓越した法と同様、「叡智ある、安定した」法と見なしており、「国王が行為する際の助言者」として尊重していると伝えられた［PP10: I,30-1］。続いて、国王権力の由来が確認された。ジェームズは、国王権力が人民によって立てられた「選定権力」であるという見解をまず否定し、国王の「権原」は「父祖累代の男系」から得られたものであることを強調する。⑯そして、いかなる形にせよ明確な定義によって「国王権力に限定を加えることは、脆く危険な事柄である」と指摘する。しかし他方で彼は、国王の権力が自然法・万民法とともに「王国の法」にも由来し、「コモン・ロー」から恩恵を得ていることも承認する。それゆえジェームズは、王国の諸身分の同意なしに法を作成することができるとか、国王であるという理由だけで自由に補助金を徴収できるといった、カウエルの教説を「馬鹿げたこと」として退ける。こうしてジェームズは、議会との宥和を図りながら、カウエルの作品を発禁処分にする決定を伝えたのである［PP10: II,49-50; I,30-1; CJ: I,408-9］。

ここには、財政問題の解決とそのための補助金の徴収という議会を召集した本来の目的が、皮肉にも国王の絶対的権力と自由な課税を理論的に擁護したカウエルの『解釈者』によって、逆に審議されないまま停滞していることに対する苛立ちがうかがわれる。それは、「議会がこれ以上このような問題で紛糾することがない」よう、「気にかけ、切望して」いるとの言葉にも表れている［PP10: I,29］。従ってジェームズのここでの立憲主義的とも受け取れる言明は、切迫した財政問題の解決を議会に円滑に審議させるための妥協的な宥和策の側面を含んでいるものと思われる。しかしそれは、理論的主張とは別につねに効果的な妥協をさぐるジェームズに特有の統治実践から生まれたものであった。この時に示された彼の統治理念は、直接的にはカウエル事件による議会の紛糾を契機として表明されたものであったが、同時にそれは、イングランドの法と統治の伝統を習得することによって、自らの政治理論をそこに適合的な形で応用しようとしていた即位以来の彼の統治態度の延長線上に位置するものであったと考えられる［第四章第二節参照］。

この時のメッセージの内容は、直後の議会演説において体系的に展開されることになる。三月二一日、ジェームズは自ら議会で演説を行い、その冒頭部分でカウエル問題に改めて触れている。ジェームズはまず、カウエル事件の背景にあった庶民院の「懸念」に言及する。それは、イングランドの「古来の統治形式」と「王国の法」に従って統治し続ける「一般的な確固とした意思」が国王にあるのか、あるいはその種の制限に拘束されずに「国王の絶対的権力によって自らが好都合と考える時に統治形式や法を改変してしまう意図」を持っているのではないかという懸念であった。またローマ法をめぐる庶民院コモン・ローヤーの懸念についてもこう触れる。法の系譜には「コモン・ロー――私はその過大な自負心を嫌うのだが――と並んで別の支流が存在するが、その別の支流の法が確立したところで私が生まれたということから考えて、この国の人びとの統治にコモン・ローが占めてきた位置にローマ法を取って代わらせようという願望を私が持っている」のではないかと。そして彼は、「カウエルが執筆した作品をめぐって汝らのなかに起こった苦情は、こうした懸念に伴う出来事の一部であった」のだろうと指摘する［PW:

180]。

こうした庶民院コモン・ローヤーの抱く「懸念」を払拭するために、彼はイングランド国王ジェームズ一世として形成した統治理念を初めて披露する[第四章第二節参照]。それは、スコットランド時代の統治理念を、その基本的枠組みを維持しながら、イングランドの所与の統治実践に適合するよう鋳造し直したものであった。まず彼は、国王の統治権力の権威と正統性について説明する。「国王は正当にも神と呼ばれる。国王は神の権力行使と同じあるいは類似の方式で権力を行使する者だからである。……神は自らの意のままに創造したり破壊したり、作ったり作らなかったりする権力をそなえており、また生殺与奪の権力を持ち、誰に責任を問われることもなく、すべてのものを判断する権限を有している。……国王もまた同様な権力を持っているのである」。以上のようにジェームズは一六一〇年議会での演説を、王権神授説に基づいたスコットランド国王時代の絶対的権力論を改めて表明することから始めている。

しかしジェームズは、国王の絶対的権力に関する神学的な論拠を示した後、「神学における国王の一般的権力」と「体制の確立した国家」における国王権力との相違を説明する。すなわち、「体制の確立した国家」では、国王と言えども「基本法(fundamentall Lawes)」によって統治しなければならない。「いまやわれわれの時代には、最初の始原的な国王の国家と、体制の確立した国王ないし君主の国家とを区別しなければならない。現在の国王ないし君主は、政治的王国(ciuill Kingdomes)において統治しているのである」。始原的な国王の権力は神から授けられたものであり、それゆえ絶対的である。しかし「政治(ciuilitie and policie)」の状態へと移行してからは、国王は「自身の心を法によって規定する」ようになった。これ以降、国王は「誓約」によって「王国の基本法の遵守」を義務として負うことになったのである。それを放棄することは「専制君主(Tyrant)」へと堕することを意味する。彼は、「法に従う正当な君主」として、以後「すべての時代において」変わることなく法に従う統治を行うことを、ここで約束したのであった[PW: 182-4]。こうして一六一〇年議会の演説のなかでは、王権神授説に基づく絶対的権力は「国王の始原的権力」として把握し直され、「政治的王国」においては、戴冠の際の誓約に基づいて王国の基本法に従うべきことが正式に表明されたのであった。

（二）　カウエル事件に関する国王の「布告」

三月二五日には、カウエルの『解釈者』に関する国王の「布告」が出された。ジェームズは約束した通り、カウエルの『解釈者』を発禁処分にする命令を発した。布告では、その事由を三点挙げている。第一に「君主制の深遠な秘儀」に論及した越権行為のゆえに、第二に「王国の議会の真の地位」に関する誤った見解のゆえに、第三に「イングランドのコモン・ロー」に関する不当な言及のゆえに。これらは、すでに八日のメッセージおよび二一日の議会演説で示された見解とほぼ同じ論点である。もし異なった印象を受けるとすれば、それは、国王大権の不可侵性に関する言明が突出している点である。ジェームズは布告のなかで、以上の三つの事由の説明に入る前に冒頭部分で、国王の統治の深遠性とそれに関する論争の非許容性を強調している。すなわち、国王は「地上における神」であり、「国王の人格や国家に属する諸々の深遠な秘儀のすべて」に関して、人びとは議論する能力も資格も持たない。「君主制および政治的統治の最も深遠なる秘儀」について人びとが議論することは、「その本分から外れて、能力の超えた事柄に干渉する」ことにほかならない、と。このジェームズの布告で重要なのは、議会演説のなかでは一旦国王の始原的権力に限定された王権神授説に基づく絶対的権力論が、ここでは再び現在の国王が持つ絶対的な「国王大権」として登場していることである。絶対的国王大権は、神が国王に対してのみ与えた統治の深遠な「秘儀（mystery）」であり、人びとはそれをいかなる場合にも論争することはできないとされたのである。興味深いことに、カウエルを咎めた直接の罪状はまさにこの国王大権を議論したことに求められているのである。ジェームズのカウエル批判の狙いの一つがここにある。国王大権を議論した事由でカウエルを断罪することは、とりも直さず議会が同様な論争をすることに対しても明確に牽制するものであったからである。

すでに確認したように、カウエルの「絶対的君主制」の理論は、スコットランド国王時代以来ジェームズが説いてきた絶対的権力論と原理的には明らかに重なり合うものであった。しかし理論と実践の二重性を持つジェームズは、イングランドの伝統的統治のコンテクストのなかで自身の統治理論を応用しようとした。それは、「絶対的国王大権」論の文脈において展開されていたと言ってよい。つまり、「体制の確立した国家」における法に従う統治を表明したジェームズにしてみれば、カウエルのような純粋理論的な絶対主義理論を厳しく批判し、それとの差異化を図ることによって、統治の妨げとなっていた庶民院コモン・ローヤーたちのジェームズに対する「懸念」を払拭することは大きなメリットであった。しかも「絶対的国王大権」の文脈で国王の絶対的権力を思考するジェームズにとって、カウエルを国王大権を議論したこと自体で糾弾しておくことは、議会や裁判所も含めて、絶対的国王大権に関する論争を禁じる明確な先例を残すことができるという、もう一つのメリットもあったのである。

こうして布告では、「一ローマ法学者にすぎない」者が、「アルファベット順に並べられた辞典」のごとき作品のなかで、「統治と君主制」に属する事柄を定義しようとした行為自体が咎められる。カウエルは、「身の丈を超えた問題に言及することによって、多くの事柄を誤ってしまった」。その過ちは、第一に、「君主制の秘儀」を論争することによって、「国王の至高の権力を大いに傷つけた」こと。第二に、「王国の議会の真の地位と構造および特権を誤って解釈した」こと。第三に、「イングランドのコモン・ローと、その最も有名な旧き裁判官について不敬な言及をした」こと。以上のような「過ちと不手際を将来においてくり返さないために」、布告では、カウエルの『解釈者』の売買、さらに閲読さえも禁止し、そのコピーを所持している者はすべて提出するよう命じた [SRP: I,243-4]。

こうしてカウエル問題については一応の決着を見ることになる。しかしこの決着は、議会の法廷による訴訟ではなく、布告という国王の権威に依拠してもたらされた。当初、庶民院のコモン・ローヤーは、極刑も視野に入れて、あくまで「議会の権威によってカウエルを訴訟にかけること」[MAS: III,125] を目標としていた。しかし結果的に、彼らの意図した議会の権威による解決は実現しなかった。カウエル問題の決着は、皮肉なことにカウエルの言葉を借りれば、国王の「慈悲的政策」によって解決された格好となったのである。しかも、国王の布告は、カウエルの『解釈者』を発禁処分にはしたが、カウエル本人については極刑はおろか刑事罰そのものも下していない。その一方でジェームズは、カウエル事件の解決を通じて、先述のような二つのメリットを図ることができたのである。

また、議会とりわけ庶民院にとっても、カウエル事件は、その結末自体は国王の布告を通じた解決とはなったものの、庶民院の権能を語るうえで重要な先例の一つとして扱われていくことになる。司法の管轄権を持つとされていた貴族院とは別個に、庶民院が独自に司法権を持つものとして理解されていくのである。たとえば、一六一四年議会において、ヘイクウィルはこう主張している。「庶民院は、貴族院に依存しなくても、人もしくは団体を庶民院の法廷に召喚し、処罰する権限を持っている。そしてまた、コモンウェルスに対する不行跡を審理する権限もそなえている」と [PP14: 128]。そして、貴族のような高位の者（noblemen）であっても庶民院によって処罰された先例としてカウエル事件の他いくつかの先例が列挙されている [PP14: 130][17]。

第五節　コモン・ローとローマ法の関係

（一）　エリザベス期のローマ法継受

以下では、エリザベス治世後期からステュアート朝初期にかけてのコモン・ローとローマ法をめぐる関係の変容を考察することにより、カウエル事件の歴史的意味を再検討してみたい。それは同時に、本書全体がこれまで強調してきたところの、前期ステュアート朝の「古来の国制」論の形成において一六一〇年議会が決定的な役割を果たしたという事実を改めて確認するとともに、ブラクトン、フォーテスキュー以来のイングランドの伝統的理念と、ルネサンス人文主義およびローマ法学という二つの言説の系譜がこの時期に融合し、一七世紀の「古来の国制」論が定式化されていった点を明らかにしようとする狙いに立っている。

本来、慣習法を法源として認め、土着の判例法として発展したコモン・ローは、法原則に基づいて論理的に体系化されたローマ法（中世ローマ法学）とは対照的な法とされる。とくに前期ステュアート時代には、ローマ法が王権の強化にコミットしたこともあって、コモン・ローとローマ法との対立は当然視されてきた。従って、大陸ヨーロッパで流行した新たな知的パースペクティヴがコモン・ローヤーに影響を及ぼすことはついになく、彼らの思考はイングランド特有の島国的性格のものであったと指摘されてきた［Pocock 1987: chap.III,IV; Kelly 1974: 23］。

近代的なコモン・ロー理論の誕生は、一七世紀初期のエドワード・クックの集大成によるところが大きかったとされるが、その際、コモン・ローの卓越性を根拠づけるために、クックが頻繁に引証したのは、一五世紀の法学者ジョン・フォーテスキューであった。フォーテスキューは、この王国は「あらゆる時代を通じて」現在と同じ慣習法によって間断なく支配されてきたとし、イングランド法がブリトン人の時代に起源を持つ不変の法であるがゆえに卓越していると説いた［LLA: 36/37-38/39.（二）六〇―二］。前期ステュアート時代に、クックは、絶対的権力への対抗措置として、フォーテスキューのこの命題を引証して、イングランド法がブリトン人の時代に由来する最も古来の法であり、それゆえ最も卓越した法であると主張し、もって法の支配を訴えた［6th Rep.：Preface(To the Reader),iv-v］。こうした見解は、「ノルマン・コンクェスト」がイングランド法に与えた影響を否定するものであったと言える。しかしながら、コモン・ローの理解は、イングランド法の古来性と不変性を強調した一五世紀のフォーテスキューから一七世紀初期のクックへと直接的に継承されたわけではない。その間には、ルネサンス人文主義の影響を受けたテューダー期、とりわけローマ法を積極的に受容してコモン・ローを再考しようとしたエリザベス治世期が介在している。

すでに第二章で述べたように、エリザベス治世期に生じたローマ法の受容は、当時のイングランド法の実態とも関連していた。この時期の政治社会は、判例法としてカズイスティクに形成されてきたイングランド法を合理的かつ体系的に改革する必要に迫られていた。イングランドの法が不確実で分かりにくいことに対して、当時の一般の人びとは不満を募らせていたし、イングランドの司法運営を担う当のコモン・ローヤーたち自身によっても、その弊害は重大な問題として懸念されていた。それはとりわけ、トマス・エジャートン（エルズミア卿）やフランシス・ベーコンといったローマ法の学識に特に傾倒していた法律家にとって喫緊の課題として認識されていた。たとえば、エルズミアは一五九七年に議会でエリザベス一世に対し、イングランドにはあまりに数多くの法が存在し、しかもすでに「廃れてしまった」り「運用されていない」ものもあれば、「あまりに曖昧で不明確な」ものもあるがゆえに、イングランドの法は「理解するのが非常に困難で、それゆえ臣民の間で多くの論争を引き起こし、多大な問題を発生させている」と進言している［THC: 80］。ベーコンも、「法の曖昧さこそ、この時代のわが国の法に対して申し立てられている、重要かつ最も正しい非難である」と指摘している。合理的な諸学問とローマ法学に関する高い学識を備え、一六世紀末から一七世紀初期にかけてイングランド法の改革を試みたベーコンによれば、こうしたイングランドの不確実かつ曖昧な法の実態を改めるためには、イングランド法を明確な根拠に基づいて合理化・体系化することが必要であるとされた。それは、「理性の結論」としての準則・格率を「法のなかの法」として確立し、「個別の実定法」の知識を統御していくことであった［Bacon 1596: the Preface,B2］。

エルズミアやベーコンにおいて顕著に見られた法改革の必要性とそのための合理的な諸学問やローマ法学の積極的参照という問題関心は、実は彼らだけでなく、当時の多くのコモン・ローヤーに共有された関心でもあった。法の合理化のために格率や準則を定式化しようとする姿勢は、一六世紀後半から一七世紀にかけてのコモン・ローヤーに広く確認することのできるものである。たとえば、ジョン・デイヴィスは、同一のあるいは類似した事例に対して「単一無二の判決」であるには、「固定した確実性のある法の根拠と準則を適用する」必要があると指摘する。そのためには「法律の知識」だけでは不十分で、「論証と論理的思考に従った他のすべての合理的な学問」を取り入れることが必要であると[Davies 1615: preface,sig*4a-4b]。トマス・ヘドリィも、「同じ条理の下にある個別事例」はすべて同じ一つの法として扱われることを主張する。そのためには「衡平（equity）」の原理を適用する必要があり、この原理によって幾世代にもわたって集積された個別事例から一般的法が生み出されると[PP10: II,175-6]。

以上のようなコモン・ローヤーの思考は、本章第一節で確認したローマ法学者カウエルのそれと重なり合うものと言えよう。実際、すでに第二章で考察したように、コモン・ローに一般的原理を形成し、合理化を図る過程で、最も影響力をもった学問はローマ法であった。コモン・ローの研究のなかにローマ法を取り入れる傾向は当時一般化しており、多くのコモン・ローヤーがコモン・ローを構成する一部にローマ法を含めていた。たとえば、ローマ法と教会法の専門的知識に通じていたジョン・ドッドリッジは、コモン・ローは「ローマ法からも非常に多くの公理と準則を得ている。それらは、我々の法において借用されており、通常頻繁に用いられている」と言明している[Dodderidge 1631: 156-61]。フォーテスキューに依拠してコモン・ローの古来性と不変性を説き、それゆえローマ法とは一線を画そうとしたクックの解釈態度とは異なり、この時期のコモン・ローヤーの態度は、合理的な法改正の必要から、積極的にローマ法への接近を図ろうとするものであり、そこにはローマ法への特別な敵意は見られない。

他方で、イングランド法の合理的な改正を進めるという作業は、必然的にフォーテスキューが言う古来性と不変性の命題を見直すことへとつながる。それは、コモン・ローの「歴史的改変」を認めることであった。すでに、ルネサンス人文主義の知的雰囲気のなかで、一六世紀イングランドでは実証的な歴史への関心が高まり、一五八八年には「考古家協会」が誕生していた。この協会は、ルネサンス人文主義の語源学的な歴史研究に立って『ブリタニア』(*Britannia*, 1586)を執筆したウイリアム・カムデンを中心に設立され、数多くの古文書研究の成果を発表していた。カムデンやコットンをはじめとする協会に所属した歴史家たちは、イングランドの制度や官職に関する考古研究のなかで、イングランドの慣習の多くが実は古来の基礎を持つものではなく、歴史の過程でさまざまな征服民族によってくり返し改変されてきたという事実を認識していた［第二章第三節参照］。

そして重要なのは、このカムデン・ソサイエティには、ドッドリッジやデイヴィス、ウィリアム・ヘイクウィル、ジェームズ・ホワイトロック、ジョン・セルデンといったエリザベス期からステュアート期にかけて活躍した代表的なコモン・ローヤーたちも参加していたことである。彼らは、カムデンやコットンといった人文主義の歴史家たちとの交流を通じて、記述における時代錯誤を避けてありのままの過去それ自体を認識しようとするルネサンス人文主義の語源学的な歴史研究の方法を習得し、実際にそれをイングランドの法制度に関する研究に適用しようと試みていた。それは、一六世紀のフランスの人文主義法学者たちが古典期ローマ法の歴史研究に基づいてユスティニアヌス法典の普遍的効力を否定し、同時にフランス固有の封建法を明らかにしていった態度と類似するものであり、彼らは、ブリトン人ないしサクソン人以来の古来のコモン・ローという命題を否定し、ノルマン人が持ち込んだ封建法の影響においてイングランド法を考察したようとしたのであった。そのため、ブリトン人以来の古来性を説いたフォーテスキューとは異なって、彼らは、イングランド法の歴史的変化や征服民族による改変を積極的に考証しようとしていたし、また現に十分な認識を示していた。

たとえば、ヘイクウィルは「イングランド法の古来性」に関する論考のなかで、フォーテスキューの古来性の見解に異論を唱え、ブリトン人の法との連続性をはっきりと否定する。ヘイクウィルによれば、「ブリトン人の古代の法」は、まずローマ人の征服によって廃止され、ブリテン島にはローマ帝国の法が確立された。その後、ブリテン島を侵略したサクソン人は旧来の法を改変し、サクソン人自身の法を実施したのである。かくしてブリトン人の法はイングランドでは「完全に消滅」した。その後もブリテン島に上陸したデーン人が、ノルマン・コンクェスト以前にすでに、サクソン人の法のなかにノルマン人の法と慣習を持ち込み、イングランド法を部分的に改変させていった。その後、ノルマン・コンクェストとともに、サクソン人の法とノルマン人が持ち込んだ法とが混合された結果、イングランドで「現在運用されているコモン・ロー」が形成されたのである［CCD: 6-11］。イングランドの法と制度が歴史的に改変をくり返してきた事実と、とりわけノルマン・コンクェストが現行のコモン・ローに与えた影響を肯定する見解は、カムデン・サークルに参加した他のコモン・ローヤーたちにも確認することができる。

このように、カムデン・ソサイエティの知的影響を受けていたコモン・ローヤーたちは、コモン・ローの歴史的変化を認識していた。それは、コモン・ローの卓越性が単なる古来の不変性にではなく、コモン・ローに含まれる理性にこそ由来するという見解とつながっている。ルネサンス人文主義の下でのローマ法を含めた人文諸学の積極的受容は、このコモン・ローの理性という観点から行われたものであった。フォーテスキューやクックが、コモン・ローの卓越性を「歴史性（古来性）」に求めていたのに対し、一六世紀後半から一七世紀初期のコモン・ローヤーの態度は、コモン・ローの変化を受け容れ、その卓越性の由来を「理性」という点に求めようとしていたのである。

（二）　ステュアート期における変容

しかしながら、こうしたエリザベス期のコモン・ローヤーの態度は、ステュアート期に入って大きく変容する。彼らの主眼は、国王大権の行使に対する「コモン・ローの支配」という点に置かれていく。国王大権に基づく課税の是非が最大の争点となった一六一〇年議会は、まさしくその転換点に当たっていたのである。

このように、国王大権をコモン・ローに制限づけていく必要性が高まると、コモン・ローの時代的変遷を認めるエリザベス期の解釈では不十分とならざるをえない。過去におけるコモン・ローの改変の事実を歴史的に認識し、コモン・ローを歴史の変化の相のなかで相対化してしまうことは、現在におけるステュアート王権によるコモン・ローの改変にも道を開きかねないものであったからである。それゆえ、コモン・ローを古来の不変性において捉え、それを権威ある確固不動の法として定義づけることの方が政治的には望ましくなるのである。こうしてコモン・ロー解釈は、再びフォーテスキューの命題へと旋回していく。しかしそれは、単なる回帰ではなかった。フォーテスキューの古来性の主張は、エリザベス期のコモン・ローヤーが追求した理性の主張と媒介される形で、新たなより洗練された様式で復活していく。その最初の典型的な言説が、一六一〇年の議会において展開されることになる。ヘドリィは、コモン・ローの「移り気な変化と改変」を否定し、その「善性と理性は恒常的」であると主張する。コモン・ローとは「時によって確証された法」である。「唯一、理性を検証することができるもの、それこそがコモン・ローの本質的形式をなす。要するに、それは時（time）である。時は、真実の検証者であり、あらゆる人間の知恵、教養、知識の本源（author）である」。法は、「時と経験の叡知によって、コモンウェルスにとって良きものであるか否か、また適したものであるか否か」を検証されるのだと［PP10: II,180,175］。こうして「時の検証」という論理から、コモン・ローは「時の作品」として捉え直されていく。たとえ素材となる個々の部分では改変があったとしても、全体としてのコモン・ローは古来の連続性と同一性を持ち、時の試練を経た「善性と理性」を備えた権威ある確実な法とされるのである［第三章参照］。このようにイングランドの古来の国制を「時」によって権威を付与されたものとみなす構想は、明らかにジェームズがその直前に表明した見解を反駁しようとするものである。ジェームズは三月二一日の議会演説のなかで、国王は「体制の確立した王国」では「法に従う良き君主」であることを言明した際、しかしその法の由来とは、国王が「話す法（Lex loguens）」となり「国王のみによって適切に作られた法」であるとしていた［PW: 183］。このようにイングランドの法と国制を当初において生み出したのが国王の祖先であったとする見解は、イングランドの法も国制もさらにはそこに保障された臣民の自由もすべて国王によって権威づけられたものであることを意味する。ヘドリィの言説には、コモン・ローの権威を「時の叡智による検証」のなかに求めることによって、臣民の自由はもとより国王権力をもそこに基礎づけようとする狙いが込められていたと考えられる。

他方、ヘイクウィルも一六一〇年議会の段階では、コモン・ローを単なる慣習ではなく、「旧き古来の慣習」とみなし、「大いなる古来性」ゆえの「合理性」をもってコモン・ローの卓越性を説くようになっていた。さらに、かつてルネサンス人文主義の語源学的な歴史研究に基づいてフォーテスキューの古来の「不変性」という命題を否定し、イングランド法の歴史的改変を肯定していた見解さえも一変させている。すなわち、イングランド法はノルマン・コンクェストによっても変化を被らなかったし、サクソン以前の「太古の時代」から「現在」に至るまで恒常的なものであった。コモン・ローのこうした「確実性」こそが、国王と臣民の間の問題を究極的に裁定する、と［Hakewill 1641: 6-8,11］[18]。エリザベス治世後期のコモン・ローヤーの思考が、学問的伝統のなかから生まれたものであったとすれば、こうしたステュアート期の思考は、政治的要請によって生み出されたものであったと言えよう。

このようにステュアート期のコモン・ローヤーの意識は、コモン・ローを国王と臣民の間の問題を裁定する確実な法、すなわち統治の基本法として捉え直すことにより、国王大権に一定の制限を加えようとする点にあった。こうした意識は、課税権をめぐる一六一〇年議会の論争のなかに明瞭に現れている。特に先のヘドリィの演説に続く六月二三日から七月二日の審議では、ホスキンズ、ドッドリッジ、ヘイクウィル、ホワイトロックらがいずれも、「コモン・ローの支配」と「議会の同意」を通じた国王の課税権への制限を議論している[19]。ヘイクウィルによれば、イングランドの統治はすべて「コモン・ローの摂理」に基づくべきであり、国王の課税権もまたコモン・ローから付与されたものである。よって「平時はもとより戦時においても」、「議会の同意なく国王の絶対的権力によって」課税権が行使されることはない［ST: II,476,419-21］。ホワイトロックは、「ローマ法の根拠を認める」国では国王が「法を作成し課税する絶対的権力を持つ」が、フォーテスキューが言うように、コモン・ローが支配するイングランドでは立法権と課税権の二つの権力は議会によってのみ行使されると言明する。さらにホワイトロックは、コモン・ローを「王国の政体本来の枠組みと基本構造（Constitution）、すなわち統治の公法（jus publicum regni）」とし、「王国の基本法」であると定義する［ST: II,481-2］。こうして一六一〇年議会の段階で、コモン・ローを統治の基本法とし、法の支配に基づく統治の主要な担い手を議会に求めるという「古来の国制（ancient constitution）」論の祖型が形成されていくのである。以上見てきたような一六一〇年議会でのコモン・ローヤーの注目すべき言説はすべて、カウエル事件の審理がいちおう収束したその直後に続く庶民院の一連の討議のなかで展開されている。

そして一六一〇年議会において典型的に見られたコモン・ロー解釈における旋回、すなわちコモン・ローとは古来の「時の検証」を経た理性に基づいて、国王と臣民の双方を支配する最も確実なる基本法であるとする見方は、その後の一六二〇年代にもそのまま継承されている。たとえば、一六二五年議会でトマス・カルーは、国王に対して、コモン・ローをこう定義している。「コモン・ローは長期にわたる時の連続性（a long continuance of time）によって、このネーションの性格に適合した」法であり、それは「単に人の創意工夫によるだけでなく」、「神に由来する理性に基礎づけられた古来の法の根拠（the ancient grounds of the laws）」あるいは「古来の格率（the ancient maxims）」であって、「国王と臣民の双方にとって最も確実なる統治原理」なのである。カルーはこう定義しつつ、国王は「コモン・ローを統治における最も適正な準則として遵守」すべきであると主張する［PP25: 197］。

カウエル事件が起きた一六一〇年議会は、まさしく以上のようにコモン・ローヤーの解釈態度が大きく転回する地点に位置していたのであった。それは、エリザベス期の学問的伝統がステュアート期の政治的対立に取って代わられる転換点にほかならなかった。カウエルは、第一節で見たように、研究歴の大半をエリザベス期に形成してきた。すなわち、ルネサンス人文主義の知的影響下で考古的な歴史研究の方法が法学の研究においても駆使され、それによりコモン・ローは歴史的に相対化されるとともに、同時にイングランド法の合理的な体系化のため、ローマ法がコモン・ローヤーによって好んで探求された時代であった。カウエルの学問形成は、こうしたテューダー期の知的雰囲気のなかで行われた。興味深いのは、カウエル自身もカムデンの協会に属し、知的交流を結んでいたことである。その形跡は、『解釈者』のなかにも確認できる。たとえば「バロン」の説明で、カウエルは、「われわれ考古家協会のなかで私がかつて聴いたように」と述懐しつつ、カムデンの見解を引証している。これと同様な例は、他の箇所でも頻繁に見受けられる［Cowell 1607: sig.IIIb-2a］[20]。

しかしながら、こうしたテューダー期の人文主義の知的雰囲気のなかで生まれたコモン・ローとローマ法との姉妹関係は、ジェームズ一世の即位によって、やがて絶対主義的政策の現実的危惧、とりわけ恣意的な課税の懸念が高まるとともに後退していく。一六一〇年当時の人びとは、国王が「コモン・ローを低く評価し、コモン・ローよりもローマ法を高く称賛しており、コモン・ローに対立するローマ法学者カウエル博士が執筆した『解釈者』を是認している」ものと受け取っていた［Wilson 1652: 45-6］。こうして、コモン・ローヤーは、コモン・ローの解釈態度を変化させるとともに、国王大権の全能化につながる論拠を含んだローマ法に敵意を示すようになっていくのである。第二節で確認した庶民院コモン・ローヤーたちの、ローマ法学者カウエルの『解釈者』に対する尖鋭化した敵対心は、こうした政治状況の変化を如実に物語るものであったと言えよう。

最後に本章を結ぶにあたって、ここで若干の総括を試みておきたい。主にテューダー期の知的雰囲気のなかで過ごし、しかも学者としての人生を歩んだカウエルにとって、庶民院コモン・ローヤーの実践的・政治的な意識変化は十分には把握できなかったであろうし、法律用語辞典の『解釈者』がかくも激しい攻撃を庶民院コモン・ローヤーから受けるとは予想できなかったに違いない。しかも不運なことに、バンクロフトの要請で絶対君主制を擁護した当の相手であるジェームズからも処分される破目に陥った。たしかに、ジェームズの統治理論は、原理的にはカウエルのそれと重なり合うものであった。しかしすでに確認したように、絶対主義的な神授権の原理に立ちつつ、実践的にイングランドの伝統的国制との妥協を図りつつ、非常時の必要という名目で国王大権の絶対化をカズイスティクな形で目論むジェームズにとって、カウエルの純粋理論的な絶対主義の教説はむしろ議会との交渉において妨げでしかなかったのである。

他方、当時のコモン・ローヤーにとって、ローマ法はある意味で諸刃の剣であった。法学的には、一連の合理的な準則・原理に基づいて法の体系化を図るうえで、ローマ法は摂取すべき有益な法典であった。しかし政治的には、ビザンティン主義的な君主の絶対的権能を説くローマ法の言説は、国王の絶対的権力を擁護する言説へと容易に転用される危険性を伴っていた。それは先述のカウエルの二つの著作についても当てはまる。ローマ法の方法によってイングランド法の再編を企図した『イングランド法提要』は、庶民院コモン・ローヤーによってとくに問題視されることはなかった。否むしろその作品は、「イングランド法を真に合理的で体系的かつ科学的な方法で整序」しようと試みた最初の本格的事例であり［Rodgers 1984: 136］、その試みは同時代のコモン・ローヤーたちによっても追求されることになる。しかし全体的には同様な目的のもとに編纂されていても、絶対的な国王大権を擁護する論拠を含んだ『解釈者』は、一六一〇年議会で庶民院コモン・ローヤーから激しく攻撃されたのである。ここにはコモン・ローヤーのローマ法に対する両義的な態度がはっきりと表れている。そして歴史的に見れば、エリザベス期にはローマ法のもつ学問的メリットが前景に現れていたのに対し、ステュアート期にはむしろローマ法のもつ政治的な危険性がクローズ・アップされたのだと言える。カウエルの『解釈者』をめぐる事件は、こうした歴史状況の転回を端的に物語る重要な事例と見ることができよう。

またカウエルの『解釈者』は、ジェームズの治世下で国王の統治をめぐって社会に鬱積していた政治的懸念を背景に、国王権力をコモン・ローと議会との関係で公然と議論する足場を庶民院コモン・ローヤーに提供することになった。しかも『解釈者』に表現されたローマ法的な絶対君主制の国制論は、補助金や賦課金をめぐるジェームズの統治政策と絡み合って、前述したように王権と庶民院との間の原理的な国制論争を生み出す契機を与えることにもなったのである。元来コモン・ローは、主に臣民の私的プロパティを対象とし、専ら私法の領域で発展してきた法体系であるがゆえに、公法上の原理については相対的に希薄であった。イングランドでは元々「成文法」という意味で用いられていた〈constitution〉という術語を、統治の「基本構造」という意味で展開したのはローマ法学者であり、イングランドにおけるその最初の明確な表現が、「絶対君主制の基本構造」を強調したローマ法学者カウエルであった。そして重要なのは、コモン・ローの言語のなかで統治の基本構造全体を指す基本法という意味で〈constitution〉という用語が使われた最初の明確な例が、本章が考察の対象とした一六一〇年議会においてであったという事実である。一六一〇年議会のコモン・ローヤーの言説は、コモン・ローを統治の基本構造を定めた公法上の基本法として捉え直していく重大な転回点をなしていたが、それは、「絶対君主制の基本構造（constitution）」を説いたローマ法的な公法上の概念の出現を媒介として、またそれへの対抗概念としてイングランド独自の「古来の国制（ancient constitution）」を構想するなかで生じたものであったと考えられるのである。それは、フォーテスキューの伝統的な古来性の命題を継承しつつも、もはや単なる「古来の慣習」ではなく、「古来の国制」として統治の基本構造の意味で展開されたものであった。イングランドに伝統的な「古来の慣習」の言説は、ローマ法の言説に媒介されて、前期ステュアート時代の「古来の国制」論へと変換されたのであった。そして一六一〇年議会で展開された「古来の国制」論の祖型は、『権利請願』において王権との対立がピークに達する一六二〇年代の一連の議会において、コモン・ローの至上性と議会の絶対性をリンクさせながら継承されていったのである。

（1）ジェームズ最初の議会は、一六〇四年に召集され、一六一一年二月九日に解散されるまで、以下の通り、計五回にわたって開かれた。すなわち、第一会期（1604.3.19- 7.7）、第二会期（1605.11.5- 1606.5.27）、第三会期（1606.11.18- 1607.7.4）、第四会期（1610.2.9- 7.23）、第五会期（1610.9.16- 12.6）。

（2）以上の叙述については以下を参照。Gardiner Reprint 1965: II, chap.XIII. 今井 一九九〇、第五章。

（3）たとえば、Gardiner Reprint 1965: II,chap.XIII; McIlwain 1918: Introduction, Appendix B; Holdsworth Reprint 1982: 20-3; Tanner 1928: 20-1.

（4）Chrimes 1949: 461-87. クライムズは審議の経過を、両院の「日誌」の断片的記述をもとに考察しているため、庶民院コモン・ローヤーやジェームズの見解に十分に踏み込めているとは言い難い。

（5）本書では、一六五一年の英語版を使用した。John Cowell, *Institutes of the Lawes of England, Digested into the Method of the Civill or Imperiall Institutions*, 1605, translated into English by W.G.Esquire, London, 1651, in A Garland Series, Classics of English Legal History in the Modern Era, No.5, New York and London, 1978.

（6）Hawkins 1973: 38,42; Elton 1974[2] 260-84; Sommerville 1999: 113-9. その他、カウエルに関する研究として以下も参照した。Simon 1968: 260-72; Levack 1988: 229-31; Seipp 1991: 61-83; Burgess 1992: 149-55.

（7）カウエルの経歴については、Levack 1973: 221; Chrimes 1949: 462 を参照。

（8）カウエルの『解釈者』は、一六三七、一六五八、一六七二、一六八四年、さらに一七〇一、一七〇八、一七二七年に再版されている［McIlwain 1918: Appendix B,lxxxvii; Chrimes 1949: 474-5］。

（9）この箇所については以下を参照。British Library, Lansdowne Mss. 211, f.141, quoted in Sommerville 1999: 114.

（10）従って、カウエルの『解釈者』を、ローマ法を専攻した学者の学問的帰結として捉え、その政治的意図を否定するクライムズの見解［Chrimes 1949: 463-4］は、一面的である。

（11）たとえば、フォーテスキューの次の説明がその好例である。「すべての人定法は自然法かあるいは成文法（constituciones）とも呼ばれる制定法かである」[LLA: 36/37.（一）、六〇]。

（12）ヘンリー・ホバートは、法曹学院リンカーンズ・インに所属するコモン・ローヤーで、エリザベス治世下で一五八八年、一五八九年、一五九七年、一六〇一年の各議会で庶民院議員として選出され、その後、一六〇四年から一六一一年のジェームズ治世最初の議会においても庶民院議員となっている。一六〇三年に上級法廷弁護士（serjeant-at law）となり、一六〇六年に法務総裁（attorney-general）に任命される。一六一三年に、クックの後任として、人民間訴訟裁判所の主席裁判官に就任した。彼の経歴については、DNB: vol.IX, 924-5を参照。

（13）リチャード・マーチンは、オックスフォード大学を学位未取得のまま退学し、法曹学院ミドル・テンプルに所属したコモン・ローヤーである。一六〇一年に庶民院議員となり、さらにジェームズ治世最初の議会においても庶民院議員として活動した。彼の経歴については、DNB: vol.XII,1176-7を参照。

（14）ここで取り上げた議員の書簡は以下のものである。'Mr.Beaulieu to Mr.Trumbull...,London,1st March 1609'.

（15）ジェームズは、八日までに一度、カウエルを直接、尋問し [PP10: I,30]、さらに、一七日にも再度カウエルを尋問している [MAS: III, 137, 'Sir Thomas Edmonds to Sir Ralph Winwood,London,17th March 1609']。

（16）出席議員の同日付の書簡によれば、ジェームズは国王の権原について、「国王大権は宝石のごときもので、国王の王冠に固有のものである。それは祖先より前任者の手から手へと受け継がれ、長きに渡って所有」されてきたものだと説明した [MAS: III, 129, 'Mr.Beaulieu to Mr. Trumbull..., London, 8th March 1609']。

（17）その他に、庶民院の司法権の先例としてこの時に取り上げられたのは、エドワード三世の時代のWilliam Lord Latimer's Case、リチャード二世期のMichael de la Polo's Case、エリザベス一世期のArthur Hall's Caseである。

（18）同書は一六一〇年議会の演説内容を刊行したものである [Hakewill 1641: to the Reader, A2]。

（19）ホスキンズの演説は、PD10: 75-7を、ドッドリッジの演説は、PP10: II,201-21を参照されたい。

（20）その他、Cowell 1607: sig.1H3b, 1R1a, 1T1a, passim.

むすび

──「古来の国制」論とイギリス政治の伝統──

本書ではこれまで、イギリス立憲政治の源流を形成した一七世紀前半の「古来の国制」論とそれを支えた当時の古典的コモン・ロー理論の言説を分析し、その政治的思考様式と政治的レトリックについて考察を進めてきた。ここでは最後に、こうした本書の考察をもとに、以下四つの論点に即して、若干の総括を試みておきたい。第一に、「古来の国制」論という政治言語の特徴について、第二に、庶民院コモン・ローヤーとステュアート王権との間に存在していた〈対立〉の性格について（それはイングランドにおける「絶対主義」の問題と関係する）、第三に、政治思想としてのコモン・ロー理論の思想的意義と射程について、第四に、一七世紀イングランドの歴史像について、それぞれ見解を示すことによって、本書のむすびにかえたい。

一

まずは「古来の国制」論の思考様式の特徴について、改めていくつか確認しておこう。コモン・ロー理論の基本的な特徴は、「慣習」と「理性」との密接な結びつきという点にあった。「慣習」を法源とするコモン・ローにおいても、法の正当性の根拠となるのはあくまで「理性」であった。そして慣習とは、理性に適った法の具体的内容、つまり法の「形式」を付与する役割を果たしていたのである。このように慣習と理性を結びつけていたのが、「時の観念」であった。コモン・ローの思考様式の本質は、この「時の観念」にあると言っても大げさではない。すなわち、「時」はあらゆる人間事象の生成変化を理性に適った形でもたらす「自然的エクイティ」の働きと見なされていたのである。こうした時の観念あるいはレトリックを通じて、コモン・ロー理論では所与の共同体の〈共通感覚〉に基づいた〈政治的合理性〉が導かれていた。

ここで重要なのは、コモン・ローの理性とは政治思想の系譜で言えば、明らかに〈実践的理性〉に相当するものであり、近代の啓蒙的理性とは異なって、人間の行為に深く関わりを持つ「政治的なもの」の合理性には、多様な形式が存在しうるのだと認識されていた点であろう。そこには、それぞれの政治共同体の慣習や伝統につきまとう、人間社会の歴史形成に不可避の〈偶然性〉を考慮しながら、それをいかにして〈合理的なもの〉の体系のなかで政治的・法的に概念化するかという思考が現れていた。コモン・ロー理論においては、自然法や理性の法というあらゆる人間に共通の存在論的な価値が一方で設定され、他方でそれぞれの社会に固有の伝統や慣習というものの多様性を前提にしつつ、それらを自然法や理性の法に適った合理的なものとして位置づけていく思考様式が採られていたのである。

そしてこのことは、政治共同体における〈権威〉という観点から見た場合、われわれは、この慣習のリアリズムと神法・自然法の超越的規範との機能的結合のなかに、法的・政治的な権威の〈源泉〉と、その具体的な〈執行様式〉とを区別する論理を確認することができるであろう。法と政治における権威の源泉は、究極的には神法や自然法の「理性」に基づくものとされながらも、実際の統治様式は、時の試練を経た合理的な「慣習」が担うものとされていたからである。そしてこの政治的な執行様式を担うとされた「慣習」は、コモンウェルスあるいは人民の「共通善」にとって「有益で必要なもの」という効用の観点に従って形成されてきた歴史的な集積の総体であり、そこには実践的な領域における一定の固有の合理性が存在していたのであった。

こうした意味から言えば、イングランドのコンスティチューショナリズムは、〈合理的なもの〉を何らかの超越的な価値から一義的・抽象的に導出するのではなく、時と経験に基づいて〈合理的なもの〉を思考することによって、〈政治的合理性〉の自律性とその固有の論理を成立させていたのだと見ることができるであろう。

いずれにせよ、コモン・ロー理論に見られた「慣習」と「理性」との連関は、このようにアリストテレス哲学やスコラ哲学の知的系譜に連なる明らかに政治思想的な次元を含んでいたことは改めて指摘しておく必要があるだろう。このように慣習と理性の結びつきをつぶさに確認するとき、コモン・ローは、それが単に「旧きもの」であるがゆえに良き法とされたのではなく、それが「合理的なもの」であるがゆえに良き法として考えられていたことがわかる。イングランドの法と国制における「古来性（Antiquity）」の主張とは、「合理性（reasonableness）」の主張だったのである。「古来の国制」論とは、言ってみれば、この合理性獲得のための説明様式、さらに言えば政治的レトリックにほかならなかった。それゆえ、当時のコモン・ローヤーたちが構想した「古来の国制（Ancient Constitution）」とは、突き詰めて言えば、ブリトン人にせよ、サクソン人にせよ、過去のある特定の時代にかつて存在していた国制それ自体を重要視する観念ではなかったし、また単純に「旧き時代」のなかに完成された理想の国制を見ようとする観念でもなかった。こうした観念は、一七世紀のコモン・ローヤーたちが展開した言説を綿密に検討するならば、彼らが実際に意図していた点と異なっていることに気づくであろう。彼らにとって〈Antiquity〉とは、単に時間的な「過去」を意味するだけでなく、「現在」のあるべき理想の〈Nature〉を導き出すためのものであった。「古来のもの」とは、まさに「本来のもの」「根源的なもの」「自然的なるもの」を意味し、根源的な価値としての「自然」を歴史のなかから導き出すレトリックにほかならなかった。彼らの言う「時」が「超記憶的時代（time immemorial）」のものとして設定されていたゆえんである。この意味でも、イングリッシュ・コンスティチューショナリズムの思考様式の本質は、時の観念あるいはレトリックのなかにこそあると言ってよい。

このように、〈Ancient Constitution〉の政治言説の核心にあるのは、「過去」の国制の正当性に関する主張というよりも、むしろその連続性に立つところのあくまでも「現在」の国制の本来あるべき姿についての主張であった。「古来の国制」論とは言ってみれば、「過去」と「現在」とを連関させて思考することにより、現在の政治社会の望ましき形態を構想する政治的レトリックとしての言説であった。そこでの思考様式の本領は、彼らが描く「イングランド国制」の卓越性と合理性の説明を可能とするような形で、「過去」と「現在」とを継続した一箇の歴史的連関のなかで結びつけるところにある。その意味で、「古来の国制」論の政治言説とは、〈現在〉に立って〈解釈された政治的伝統〉という表現において理解することもできるであろう。いずれにせよ、前期ステュアート時代のコモン・ローヤーたちが構想した「古来の国制」論は、古き伝統の再生という思考様式をとりながら、実際には新たな政治秩序を紡ぎ出していったという点で、過去との連続性を重視したイギリス流の〈近代的〉な政治的思考様式の母胎となる政治言説であったと考えることができるであろう。

二

次に、このようなコモン・ローヤーの「古来の国制」論とジェームズの統治理念との関係について改めて総括を試みておこう。それは、イングランドにおける絶対主義の問題を論じることでもある。ジェームズの政治思想は、従来一般的に言われてきたような生粋の絶対主義ではなかった。ジェームズに特徴的なのは、理論的には王権神授説に立って絶対的権力論を展開すると同時に、実践的には法に従う統治を宣言するという、両義的なフレクシビリティを持っていたという点である。絶対主義か否かを判断する最も有効な基準の一つは、いかなる絶対主義の言説も神法と自然法には拘束されると論じていることから、結局のところ、主権者権力が「国法」に従うとされているか否かという点にあった。ジェームズの場合には、彼の政治理論に即して原理的に言うならば、国王権力が神法と自然法の下にはあるが、国法には拘束されないという意味での「絶対的自由裁量権（arbitrium absolutum）」として把握されているが、しかし実践的な彼の言説に基づいて言えば、国法（イングランドでは「国土の法」としてのコモン・ロー）に従って統治し、そのなかで「絶対的国王大権」というコモン・ローによってその存在が規定された（しかしその執行の中味においては拘束されない）「絶対的自由裁量権（absolute discretion）」の形で絶対的権力論が展開されていた。従って、ジェームズの政治言説は、ボダンの主権理論のような真正の絶対主義と呼べるものではなかった。こうした特徴は、イングランドの統治の伝統のなかで自らの政治理論を適合的に応用しようとした彼特有の実践的考慮から生まれたものであった。しかしながら、この「絶対的国王大権」論は、ローマ法の緊急時の「必要」という政治言語と結びつくことによって、「体制化された絶対主義」とは異なる、個々の政策ごとの「カズイスティクな絶対主義」をもたらす危険性も秘めていたのである。

それゆえ、前期ステュアート朝のコモン・ローヤーとジェームズとの最大の論争点は、国王大権をどう解釈するかという点にあったと見ることができる。コモン・ローに存在が規定され、同時にコモン・ローとは異なる範域にあるとされた絶対的国王大権のなかでかつての神授権論を蘇らせていたジェームズにとって、それは、神が国王にのみ与えた、その限りで議会や裁判所も含めて何びとも論争しえない絶対的な「秘儀（mystery）」でなければならなかった。しかしながら、この絶対的国王大権論がローマ法の「必要」の観念と結びついてカズイスティクに絶対的権力が行使されてしまうことを懸念していたコモン・ローヤーたちにとっては、絶対的国王大権さえも可能な限りコモン・ローに基づいて議会が論争できる体制を作る必要があると考えられたのである。国王大権を神から与えられた秘儀と見なすジェームズにとって、こうしたコモン・ローヤーの構想は到底受け入れられるものではなかった。このように結局のところ、国王大権という「絶対的権力」に関わる最も重要な争点において両者の見解は、同じ共通の政治言語を用いながらも、全く相容れなかったのである。自然法の命令に基づいて非常時の国王大権を公共善の必要に応えるための絶対的権力として把握するジェームズやローマ法学者の観念と、戦時の国王大権をも含めて「コモン・ローの摂理」と「議会の審議」による二重のコントロールを構想していたコモン・ローヤーの国制論は、現実政治のなかでは水と油のごとく決定的に対立していたのである。そしてこうした〈対立〉は、ジェームズに見られたエキセントリックな絶対的権力論と実践的な統治論の両義的な二重性をそのまま継承しながら、現実政治のなかでジェームズのようには効果的に対処できなかったチャールズ一世の統治下においてより緊迫化していったと言えるであろう。

ただし本書が、このように前期ステュアート時代の庶民院コモン・ローヤーと王権との間に「絶対的権力」の解釈をめぐって尖鋭的な〈対立〉が存在していたと見なしているからと言っても、それは本書がウイッグ主義的な解釈枠組みに立っていることを意味しているわけではもとよりない。本書が捉えている〈対立〉は、従来言われてきたような内乱へのハイ・ロードとなる「絶対主義」対「立憲主義」というウイッグ主義的な対立図式とはもとより別のものである。より具体的な表現で説明すれば、前期ステュアート朝の政治社会に存在した〈対立〉とは、国王の意思を法とする型の専制的な「絶対君主制」(それはジェームズ自身も専制君主制として否定した国制であった)と、国王の義務違反に対して抵抗可能な「制限君主制」(それは内乱期以前の庶民院コモン・ローヤーも想定していない、内乱期の議会派の論拠であった)という両極端な対立であったわけでは決してないのである。

しかしながら他方で、コモン・ローヤーとジェームズに見られた一定の政治言語の共有をもって、両者の間に政治的コンセンサスを見て取る修正主義の見解もまた肯定することはできない。両者が表面的には共通の政治言語の枠組みに立脚していたとしても、それをめぐる解釈上の論争が、現実政治において抜き差しならない緊迫した〈対立〉を生み出すことになっていたからである。とりわけ、絶対的国王大権をめぐる解釈は、一方ではカズイスティクな形式においてではあれ、国王の絶対的権力を正当化する帰結を導き出しうるものであったし、他方ではコモン・

ローの至上性と議会の絶対性を導き出そうとする契機にもなっていたことを考えれば、その距離の隔たりはあまりにも大きく、両者の対立は、言説上の親和性とは裏腹に、現実政治のなかでは容易には和解することのできない深刻かつ根本的な性格のものであったと言わなければならない。もちろん、共通の政治言語の枠組みが限定的にではあれ存在し、そのうえに立って解釈上の論争が繰り広げられていたという意味から言えば、そこでの〈対立〉が、体制の原理的な否定や他者の強制的な排除を伴うような〈対立〉と化していたわけではない。それは、あくまで〈政治的アリーナ〉の存在を前提にした〈対立〉であった。しかしだからと言って、前期ステュアート朝が政治的コンセンサスの時代と呼べるものでもない。そうした歴史認識は、当時の史料をつぶさに検証した時、歴史像として適合的なものであるとは思えない。史料を通じて浮かび上がってくる時代の全体像とは、政治的アリーナが両者の妥協において辛うじて維持されながら、ジェームズの統治政策による既存の体制のゆらぎと、コモン・ローヤーによる伝統の解釈を通じた新たな体制の創造が模索されていたという時代像である。そしてこの時代にコモン・ローヤーによって構想された「古来の国制」論こそが、四〇年代、王政復古期、そして名誉革命体制において変化を伴いながらも受容されていったイギリス立憲政治の祖型であったと言えるのである。

三

続いて、コモン・ローが政治思想としてもつ意義あるいは射程について、若干のコメントを試みておこう。すでに見たように、イギリス立憲主義の形成は、資格ある立法者の制定行為に基づく実定法ではなく、コモン・ローというすぐれて規範的な法、すなわち〈Jus〉としての法を基礎にして展開されたものであった。ここにイギリス特有の「法の支配」の原理に立った立憲主義の特徴がある。本書ではコモン・ローの言説のなかに見られる政治的な思考様式を確認することによって、「コモン・ロー支配の立憲君主制」というコモン・ローヤーの構想を検討してきたてておくことにしたい。

が、ここでは最後に、こうしたコモン・ロー理論の政治的思考様式をめぐって、厳密な歴史的考証という本書の本来の意図からはあえて離れて、それが持つ思想的意義を筆者なりの問題関心と重ね合わせながら、発展的に議論しておくことにしたい。

コモン・ローを「古来の慣習」という位相から捉えるならば、それは言うまでもなく〈歴史〉の領域に属するものであり、他方、自然法や神法の「理性」という位相から把握するならば、それはいわば〈存在論〉の領域に属するものと見なされよう。歴史とは変化を本性とするのに対し、理性は不変のものである。この本来、相対立する二つの観念がともにコモン・ローの構成要素として機能的に結合しているところにイングランドのコンスティチューショナリズムの特徴が存在した。そして、この〈歴史〉と〈存在論〉との結びつき、あるいは変化を本性とする「慣習」と、不変の定理としての「理性」の結合、この一見、両立しがたい二つの観念を媒介する形で機能していたのが、「時」であり、「時の叡智による検証」という観念ないしレトリックであった。この意味で、「時」の観念とは、歴史と理性というこの二つの側面がぶつかり合う局面を和解するための概念装置にほかならなかった。逆の言い方をすれば、「時」の観念、あるいはそれと密接に関連した「格率」や「技巧的理性」の観念をめぐる、こうした巧みな解釈を構築しようとする努力のなかに、イングランド特有の「歴史」の観念と、この当時のヨーロッパに広く普及していた人文主義の「理性」の観念という、二つの系譜を切り結ぶ知的営為が集約的に表現されていると見ることができる。

「慣習」は、当該の地域の構成主体から相互主観的に受容され、準拠され、ひいては法的効力を獲得することが可能になるとされる。それは特殊イングランドのものであり、イングランドという個別の場所において妥当性を有するものにほかならない。こうした〈歴史〉に基づいた政治言語は、イングランドの過去と現在とを結ぶ「伝統」と呼ぶにふさわしく、政治社会の方向づけを導く一つの特殊な〈物語〉として〈閉じた体系〉にあると見なすことができるであろう。この意味から言えば、コモン・ローも一定の歴史的ないし文化的な伝統を背景とした〈共同性〉を前提にして成立していると言えよう。〈sensus communis〉の〈communis〉とは、本来、〈共同体〉を示唆した言葉であり、その意味で〈共通感覚 common sense〉とは、一定の共同体において慣習や伝統によって相互主観的に共有された〈感覚〉のことにほかならなかった（そこには他者との間に相互の潜在的な合意が前提とされている）。コモン・ローが「イングランドの古来の法」とされ、その自由概念が「イングランド人民の古来の自由」と表現されていたゆえんである。

しかし同時に他方で、前述の〈存在論〉という位相で見るならば、コモン・ローも臣民の自由も、必ずしも特殊イングランドの伝統のなかに完全に解消されてしまうわけではない。イングランドのこの時代のコモン・ローヤーの思考は、「時の叡智による検証」を経て獲得したとされる合理性によって自然法や神法との一致（ないしは近似）を想定しつつ、そこに「一般性」と「普遍性」を追求しようとするものでもあった。このようにコモン・ローは、歴史的・伝統的な正当化の形式と同時に、存在論的・理性的な正当化の形式によって支えられていたと見ることができる。こうしてコモン・ローは、ある種の道徳的規範としての特徴をも併せ持つことになるのである。以上のような「一般性」と「合理性」のゆえに、イングランドのコモン・ローは、あらゆる人間、あらゆるネーションに共通する「普遍的なるもの」としていわば「開かれた体系」にあるものとしても主張されていたのである。イングランド人の持つ「自由」の問題も、こうした側面から見れば、単に特殊イングランドの伝統に根ざした「自由」として片づけることのできない性格をその内に含んでいたと言わざるをえないのであって、「イングランド人民の自由」は、特殊イングランドの「自由」であると同時に、その「慣習的」側面を越え、あらゆる人間にも及びうる合理性と一般性をそなえた権利としても捉えられていたのである。こうしたコモン・ローの思想的特質あるいは思考様式の特徴は、後にイギリス国民国家の形成においてイングランドを超えてグレート・ブリテンの一般法としてコモン・ローが機能するうえでも、大きな意味を持っていたと言える。

このように、コモン・ローヤーの政治的思考様式のなかには、本質的に、一方においては慣習に根差した「閉じる」契機の思考が存在し、同時に他方では理性に根差した「開く」契機の思考が存在しており、これら二つの契機は、併存あるいは緊張の関係に立っている。そして、コモン・ロー理論のなかにおいてこのような両方の契機を媒介するものとして機能しているのが、まさに「時の観念」にほかならなかったのである。それゆえ、コモン・ローで言う「時」の観念とは、決して「慣習」と同義ではない。むしろそれは、慣習のなかに成立可能な「理性」と密接に関連した概念であったと言える。このことは、当時のコモン・ローヤーが「時の効力」を「自然的エクイティ（natural equity）」や「コモン・ライトと共通理性（common right and reason）」と等価のものとして論じていた点にはっきりと表れている。「超記憶的」な時の検証というレトリックによって、イングランドの慣習は、神法、自然法に一致ないしは近似しうる理性を持つものと考えられたのである。ここに至って、コモン・ローは特殊イングランドの法であると同時に、それを越えた普遍性を持ちうるものとして主張されていくのである。このように、この時期のコモン・ローには、実態的にはイングランドといういわば「島国」の法が、「特定の時間と場所を超越した」性質を求めていくという傾向が見られたのである。こうした特徴は、「コモン」という言葉のなかに集約的に表れていた。コモン・ローの思考様式のなかに確認される、特定の伝統あるいは物語へと「閉じていく」契機を持つ「慣習」に根差した思考と、一般性・普遍性を志向しつつ「開いていく」契機を持つ「理性」に根差した思考との併存は、イングランドのコンスティチューショナリズムにおいて発現するコンサーバティズムとラディカリズムとの併存という性格と密接に関連しているものと思われる。そしてその政治的作用は、状況との関数で決まる相対的なものであった。前期ステュアート時代のように絶対主義への傾斜が懸念された政治状況の局面にあっては、イングランドの伝統あるいは慣習は、「あるべき」次元において、より開かれた普遍的な規範性を持つものとして定義され、そこにはラディカリズムの作用が前景に現れてくることになった。しかし同時に、内乱期において自然権思想の洗礼を受けて、政治社会が革命や革新を現実に経験した時、それは所与の慣習的世界が持つリアリズムを維持しようとする、まさしく〈保守〉へと向かうことになる。そこでは、「現にある」伝統とその継続性を重視したコンサーバティズムの思考様式が前面に立ち現れてくることになるのである。こうした保守主義と自由主義（あるいは改革主義）の表裏一体という特徴は、まさしくイギリスの政治的伝統の一つである。

また、コモン・ロー理論に見られた個別具体性と一般性との併存という思考様式は、〈観念〉と〈現実〉という関係に即して言えば、イングランドという国の歴史状況に対応した側面を多分に有しているとも考えられる。つまり、「コモン」という言葉が、〈観念〉のレベルで（あるいは〈言語〉のレベルで）、かようなまでに強調され、多用されるという背景には、イングランドがその歴史的経緯によって抱えていた多様性・差異という〈現実〉があったからにほかならない。ブリトン、サクソン、ローマ、デーン、ノルマンといったさまざまな民族が征服を繰り返してきた歴史的経緯と、それに関連して「マナ」ごとの個別の慣習の存在、まさにこうした多様性と差異を克服し、ネーションとしての統一を作り上げ、維持するためには、慣習は単なる慣習であってはならず、そこには一定の合理性と一般性が要請されたのである。こうしたイングランドが抱える歴史的課題に対応するものとして、すでに示したように、「コモン」という言語の多義的な解釈の成立があったのである。それゆえ本書が試みたように、イングランドのコンスティチューショナリズムの特徴を読み解く際に、この「コモン」という言語に込められた微妙な意味合いに照準を当てることが必要となるのである。慣習と理性とを機能的に結合させることによって個別性と一般性を並存させようとした思想的位相や、イングランドがその歴史的現実のなかで多様な差異を抱えていたという歴史的位相は、この「コモン」という言葉の用法のなかに集約的に反映・刻印されているからである。

いずれにせよ、このような多様性を抱えたイングランドの歴史的現実を考慮する時、イングランドの古来の慣習とされたコモン・ローも、必ずしも「同質の共同性」を前提にして成立してきたわけではないという点が改めて指摘されてよいだろう。むしろそれは、多様な「差異」をもつ歴史的現実への対応として、解釈的営為を通じて「構想された（imagined）」側面があることを見落としてはならない。たとえば、フランス革命に直面して、〈British Constitution〉の卓越性を最も熱烈に擁護したバークが、実はアイルランドの出身であり（アングロ・アイリィシュ）、言ってみれば英国の「周縁」に位置するいわばアウト・サイダーであった点に注目すべきであろう。〈British Constitution〉とは、単なるイングランドの慣習的伝統にだけ支えられたものではなく、個別の慣習を越えたところに人間の解釈能力による創意工夫によって定立された国制であった。つまり、「古来の国制」として構想されたイングランド国制は、バークの時代にはすでに〈British Constitution〉であることを意味していたのである。同じく、前期ステュアート朝の代表的なコモン・ローヤーであったジョン・グランヴィルが、「平民一般」に属する選挙権の自由を擁護するにあたって、それを「一般的（general）自由」の名の下に王国共通の権利として捉えることによって、個別の慣習を越えた次元においてそれを定立させようとしていた点が、同様な思考様式の現れの一つと見なされてよいであろう。こうした「一般性」の追求を究極的に支える形で機能しているのが、「時」を媒介として獲得される「自然法」「神法」に準じた「理性」の観念であった。それゆえに、コモン・ローあるいはそこに基礎づけられた自由の問題は、道徳的規範としての特性を本質的に帯びているのである。それは、共同体の共通規則としての「掟（lex）」と、普遍的な規範としての「法（jus）」の一致ないし近似を志向する法観念のあり方として、われわれが確認してきたところでもあった。こうしたことのゆえに、グランヴィルは、選挙権を定義した同じ文脈で「公平」を強調するのであって、それは単なる法律論上の〈公平〉に留まるものではなく、ある種の道徳的規範としての性格を根底に帯びた〈正義〉の観念を前提にしていたと解されるのである［RCC: 107; PP28: II,430］。

本書は、イングリッシュ・コンスティチューショナリズムの形成期に見られた思考様式を分析することを通じて、

〈異質なもの〉が〈共同性〉とつながりうるための形式を模索してきた。それは、〈現実〉のなかに存在する多様な〈差異〉と、〈解釈〉行為を通じた〈意味形成〉によって獲得される〈開かれた共同性〉という問題が、〈政治的アリーナの可能性〉を導く重要な思考様式であると考え、そのケース・スタディを、大陸ヨーロッパとは異なったイングランドの政治的伝統のなかに探り出そうとする問題関心に支えられていたと言えよう。

四

最後に、本書の考察をもとにしつつ、イギリス近代の端緒となった一七世紀全体のイメージを、筆者なりに簡潔に総括しておきたい。イングランドの政治制度は、一七世紀のおよそ一世紀を通じて、近代的様式へと大きく変貌していった。それは本書でこれまで見てきた通り、立憲主義と議会主義と古典的自由主義とが相互に内的に連関し合った新たな国制の確立を意味していた。ジェイムズ一世の即位によって前期ステュアート朝が開始されると、絶対主義に対する懸念から、庶民院のコモン・ローヤーたちは、王権への対抗イデオロギーとして、伝統に立脚したイングリッシュ・コンスティチューショナリズムの観念を、新たな様式の下に構想していった。彼らコモン・ローヤーたちは、ジョン・フォーテスキューが提示したところの、古来の慣習に定礎された「政治的かつ王権的統治(regi-nem politicum et regale)」という中世のボディ・ポリティークの観念からさらに進んで、「古来の国制」論という形で「コモン・ロー支配の立憲君主制」を考案していったのである。

この前期ステュアート時代に構想されたイングリッシュ・コンスティチューショナリズムの祖型は、内乱前夜の一六四〇年代の長期議会において継承され、その後、内乱期における逸脱を経て、さらに四九年のコモンウェルス設立以降の「空位期(Interregnum)」におけるイングランド憲政史上唯一の不連続を経験し、六〇年の「王政復古(Restoration)」において再び確証されることになる。ここで指摘しておくべきは、この復古体制が単にステュアート朝の再開を意味するものではなく、王権も一つの構成要素としたイングランドの伝統的国制の「回復」（Restoration）であって、単なる「反動」を意味するものではなかったという点である。ここでいう回復された伝統的国制とは、言うまでもなく前期ステュアート時代にラディカルに再編されたそれであった。その後、一六八〇年代に入って、ジェームズ二世による絶対主義への「反動」期を経て、これに対する抵抗から名誉革命体制が確立するが、当時の文脈に即して言えば、この名誉革命は近代的意味での「革命」というよりは、まさしく伝統の「回復」にほかならなかった。王政復古による回復が、ピューリタン革命期のラディカリズムからの伝統の回復を意味するものであったとすれば、名誉革命のそれは、反動的な絶対主義からの伝統の回復（あるいは確証）を意味するものであった。どちらの場合にも、祖型となったのは前期ステュアート朝の「古来の国制」論であったと言える。

以上のような前期ステュアート時代、王政復古、名誉革命の三地点は、国制の問題に関する限り、基本的には同一線上に位置する。その意味で、一六二〇年代までに再編されたステュアート期のコンスティチューショナリズムこそは、近代のイングランド国制のプロトタイプとなる重要な位置を占めている点を確認しておきたい。もとより、近代的様式に立ったイングランド国制の確立は、前期ステュアート時代、王政復古、名誉革命という三地点からなる緩やかな稜線のなかで、そして内乱期、空位期のリパブリカニズムの影響による変容をも含みながら、漸進的に形成されていったものであり、さらにその十分な定着のためには、世紀を超えて一八世紀を待たねばならなかった。

いずれにせよ、こうしたコモン・ロー理論のなかで培われた政治的思考様式は、この後、名誉革命による体制決着を経て、イングランド特有の政治的伝統の形成に貢献し、もって大陸ヨーロッパとは異なった、もう一つの〈ヨーロッパ近代〉の途とも言うべき漸進主義的・改革主義的な思考様式に大きな影響を与えていくことになるのである。

あとがき

本書は、私が二〇〇四年に早稲田大学に提出した政治学博士学位論文「イギリス立憲主義の形成と『古来の国制』論――前期ステュアート朝時代の政治と法と議会」に加筆修正を施したうえで刊行したものである。本書のテーマに取り組みはじめたのは、早稲田大学大学院政治学研究科に在籍していた一〇年あまり前にさかのぼる。そこには、私がイギリスの研究動向から受けた二つの大きな影響があった。一つは、主にケンブリッジ大学系の研究者によって提起された「言説（discourse）」史の研究方法であり、もう一つは、伝統的なウィッグ史観を批判した修正主義と、それに対する反批判としてのネオ・ウィッグとの間の論争であった。一七世紀イギリス史は最も盛んに研究が進められてきた分野であり、先行研究はあまりに多く、加えて言説史の方法論に必然的に伴う、扱う一次史料群の広範さによって、本書の研究は当初考えていたよりもずっと時間を要するものとなった。

ささやかながらも政治学を研究する者として、本書のなかで私が一貫して持ち続けた関心は、一つには〈権力論〉の問題であり、それを〈自由〉との関係で〈政治的アリーナ〉のなかで位置づけようとする言説上の創意工夫、すなわち政治的レトリックのありようであった。それはまた、〈解釈〉を通じた意味形成によって多様なものが公的レジームの下で共存できる思考様式を歴史のなかから紡ぎ出しつつ、〈政治的アリーナの可能性〉を論じることでもあった。私は、その適当な対象を大陸ヨーロッパとは異なった近世イギリス史のなかに求めようとした。もとより、このような極めてプリミティヴな問題が本書のなかで十分に議論できているとは到底言えない。しかし、政治学上の重要問題を歴史のなかに沈潜してじっくりと考察してみたいというのが、私の考えであった。

こうした私の遅々とした研究は、実に多くの方々からの恩恵によって支えられてきた。学生時代に政治学への興味を抱かせてくれた白石正樹先生には、二〇年の時を経て改めて感謝の意を表したい。博士課程在学時に、闘病生活のなか直接の弟子でもない私に厳しくも温かい指導をして頂いた故・藤原保信先生のお姿はいまもって忘れることはできない。博士課程時代に指導教授の退職に直面して途方にくれていた私の研究指導をお引き受け頂いた栄田卓弘先生のご恩には感謝しきれない。また私にとって加藤節氏との出合いは、自らの研究を高めるうえで最高の刺激であったし、それは自身の研究生活の大きな転機となった。さらに、研究室の先輩であった仲内英三氏と松園伸氏には、研究の初歩から学位論文の完成までずっと貴重なご指導を頂いてきた。学位論文の作成と本書の出版では、飯島昇藏氏から大変にご配慮を頂いた。また、川岸令氏、相馬伸一氏、山田竜作氏、さらには故・田村秀夫氏をはじめとするイギリス革命史研究会の方々にも、折に触れて貴重なアドバイスを頂いた。私事ながら、これまで私の進路を理解し、温かく見守ってきてくれた両親にはここで改めて感謝の意を表したい。またこの一〇年間、いつまでも安定しない私の人生に対して、家計と生活と育児のすべてを担い、物心両面で支えてきてくれた妻・美代子の労に心から感謝したい。彼女の支えがなければ、本書が世に出ることなど到底なかった。最後に、私のような若輩の研究者に本書の刊行の機会を頂いた木鐸社の坂口節子氏に厚く御礼を申し上げたい。振り返れば、いつの時もいかに多くの方々に自分が支えられてきたことか。ここでお名前を挙げられなかった方も含め、すべての方々に深く感謝申し上げたい。

なお、本書は出版にあたって、独立行政法人日本学術振興会の平成一七年度科学研究費補助金（研究成果公開促進費）の交付を受けていることを、ここに記しておく。

二〇〇五年八月　川崎市の自宅にて

土井　美徳

顧問官の政治学■フランシス・ベイコン研究
木村俊道著（九州大学法学部）
A5判・308頁・5000円（2003年）ISBN4-8332-2333-3
「顧問官」という政治的アクターとしての経歴に着目して，「フランシス・ベイコン政治学」の思想史的意義を動態的に解明する。併せて伝統的な「近代」理解や「政治」論の歴史的再考を促すもので，70年代以降の英ケンブリッジを震源とする新たな思想史方法論や政治的人文主義・古来の国制論など，欧米における最先端の研究を踏まえた成果。

主権・神法・自由
鈴木朝生著（二松学舎大学国際政治経済学部）
A5判・430頁・6000円（1994年）ISBN4-8332-2188-8
■ホッブズ政治思想と17世紀イングランド
本書は，17世紀の哲学者ホッブズについてのコンテクスト主義による研究書である。本書の独自性は，ホッブズの時代の政治状況と，『リヴァイアサン』や『ビヒモス』の内容との関連を追求する著者の醒めた眼である。これによって我が国のホッブズ研究は明らかに一歩前進した（『読書人』掲載渋谷浩氏評）

変革期における法思想と人間
小池正行著（静岡文化芸術大学）
A5判・458頁・3800円（1974年）ISBN4-8332-0013-9
序：近代国家の主権と人権　1人権思想の形成　2パトニー論争　3政治危機における抵抗権の諸相　4共和制の成立と平等派の敗北
著者は民主主義と人権思想を生み出した精神を追求する中で，近代人権思想の母胎となった社会契約論から，それを最もラディカルに基礎づけたホッブズに至る。ホッブズが生きた激動の時代精神を理念と情念の相克に苦悶する軌跡とみる動態的歴史分析。

言語慣習と政治
高濱俊幸著（恵泉女学園大学）
A5判・360頁・5000円（1996年）ISBN4-8332-2216-7
■ボーリングブルックの時代
著者はボーリングブルックがその政治的著作で持続的課題とした反対活動に際して採用した政治的言語の戦略を分析する。ある時は，同時代の政治的言語慣習によって訴え，ある時はその意図的修正を行う。それがどこまで成功しているかを，同時代の政治的言語慣習を検討して明らかにする。 1730年代英国の政治思想状況を叙述。

近代化と国民統合
清滝仁志著（駒澤大学法学部）
A5判・300頁・5000円　ISBN4-8332-2346-5
本書は，19世紀イギリスを中心とするIntellectual Historyを政治・社会制度の近代化を基礎づける国民統合の観点から論じる。とくに政治思想史的観点から，同時代の代表的著述家の問題関心とその理論的展開をたどることで，彼らが近代化の時代状況の中で伝統的秩序体系の核心をなしている国教会のあり方と国民統合との密接な連関性をどのように問い直そうとしているのかを解明する。

著者紹介

土井　美徳（どい　よしのり）

1964年兵庫県生れ，早稲田大学大学院政治学研究科博士課程修了，政治学博士．
現在，奥羽大学文学部専任講師．　専攻：西洋政治史，政治思想史．

著　書　『クムロウェルとイギリス革命』（共著）聖学院大学出版会，1999年．
『ヨーロッパの歴史的再検討』（共著）早稲田大学出版部，2000年，ほか．

訳　書　シャンタル・ムフ『政治的なるものの再興』（共訳）日本経済評論社，1998年．
デヴィッド・ヘルド『デモクラシーと世界秩序—地球市民の政治学』（共訳）ＮＴＴ出版，2002年，ほか．

論　文　「初期スチュアート期のコモン・ローと選挙権」日本西洋史学会編『西洋史学』第180号，1996年．
「初期スチュアート期のコンスティチューショナリズム(1)(2)—「古来の国制」論とコモン・ロー思想をめぐって—」『早稲田政治公法研究』第51，52号，1996年，ほか．

イギリス立憲政治の源流　前期ステュアート時代の統治と「古来の国制」論

2006年１月20日第一版第一刷印刷発行　©

著者との了解により検印省略

著　者　土　井　美　徳
発行者　坂　口　節　子
発行所　(有)　木《ぼく》　鐸《たく》　社《しゃ》

印刷　アテネ社　製本　高地製本社

〒112-0002　東京都文京区小石川５-11-15-302
Tel.（03）3814-4195　　Fax（03）3814-4196
郵便振替　00100-５-126746　http://www.bokutakusha.com/

ISBN4-8332-2371-6　C3022　　乱丁・落丁本はお取替致します

事項索引

［サ］

［タ］

［ナ］

［ハ］

人名索引

［ア］

アウグスティヌス（Augustinus）　70
アクィナス，トマス（Aquinas, Thomas）　56-62, 67-9, 97, 196-8, 220-5, 230-1
アリストテレス（Aristoteles）　59, 63, 66-7, 70, 74-6, 86, 106, 112, 149, 176, 198-9, 220-3, 232
アルチャート，アンドレア（Alciato, Andrea）　109, 121-2
イルネリウス（Irnerius）　104
ヴァカリウス，ロンバルド（Vacarius, Lombard）　95, 99
ウィリアム征服王（William I）　141-4, 170
ウェントワース，トマス［ストラフォード伯］（Wentworth, Sir Thomas）　15, 386
ウルピアヌス（Ulpianus）　52-4, 62, 198, 220
エジャートン，サー・トマス［エルズミア卿］（Egerton, Sir Thomas）　147, 155, 202, 242, 266, 417
エドワード1世（Edward I）　187, 309
エリザベス1世（Elizabeth I）　14, 57, 75, 87, 98, 115-7, 126-31, 140-7, 165, 212, 246, 259-60, 309, 318, 327, 352, 382, 415-23, 428
オトマン，フランソワ（Hotman, François）　113-5, 123, 140, 145, 172-3

［カ］

カウエル，ジョン（Cowell, John）　15, 36-7, 49, 76, 84, 88, 97-8, 126-9, 134-42, 157-61, 174-7, 244, 288, 298, 302, 313-4, 319-21, 335, 356, 385, 391-418, 423-8.
カムデン，ウィリアム（Camden, William）　123, 139-45, 330, 419, 424
カルー，トマス（Crew, Thomas）　194, 245, 361, 423
キケロ（Cicero）　42, 111-2, 125, 129, 176, 233, 247
キュジャス，ジャック（Cujas, Jacques）　109, 173
クック，サー・エドワード（Coke, Sir Edward）　22-3, 30-2, 37, 41-2, 49-50, 54, 57-8, 89-93, 98, 100, 142, 146-8, 158-60, 163, 167-71, 176-8, 186, 197, 200, 210-5, 228-32, 244-9, 258-68, 306-9, 329-38, 350-3, 359-63, 379-87, 393, 416-20, 428
グランヴィル，サー・ジョン（Glanville, Sir John）　30, 336, 353, 368-77, 381, 386-9, 440
グロティウス（Grotius, Hugo）　122, 228
クロムウェル，オリバー（Cromwell, Oliver）　14, 38, 247, 389
コットン，サー・ロバート（Cotton, Sir Robert）　139-40, 145, 419

［サ］

サクソフェルラート，バルトールス・デ（Saxoferrato, Bartolus de）　106-7, 173
サマヴィル，J. P.（Sommerville, J. P.）　24, 28-9, 381-3, 394
サルターン，ジョージ（Saltern, George）　168-9, 214
サンディーズ，サー・エドウィン（Sandys, Sir Edwin）　92, 98, 269, 347, 357
ジェームズ1世（James I）　14-5, 24-9, 36-42, 49, 57, 80, 86-998, 122, 129-32, 136, 140, 161, 178, 228, 232-5, 252, 263-4, 269-309, 315-9, 325, 329, 335, 355-62, 373, 382-3, 391-9, 404-15, 421-35, 441
ジェームズ6世（James VI）　14, 36, 42, 136-7, 272-282, 292, 295, 382
ジェンティーリ，アルベリコ（Gentili, Alberico）　84, 88, 121-3, 132-6, 139, 156, 174, 302-3, 313-6
シュミット，カール（Schmitt, Carl）　13, 29, 38
スペルマン，サー・ヘンリー（Spelman, Sir Henry）　23, 145
スミス，サー・トマス（Smith, Sir Thomas）　33-4, 43-4, 51-6, 75-96, 119-21, 136, 162, 179, 257, 295, 312, 318, 323-4, 338, 347-8,

362, 380, 387, 400-1
セイント・ジャーマン（St. German, Christopher） 177, 223-5, 247
セシル，サー・ロバート（Cecil, Sir Robert） 177, 309, 391-2, 408-10
セルデン，ジョン（Selden, John） 30-2, 42, 53-4, 58, 94, 142, 158, 166-71, 177, 262, 306-7, 330-2, 337, 361, 367, 380, 386, 419

［タ］

チャールズ１世（Charles I） 14-5, 24-6, 38-42, 86-95, 234, 273, 282, 300-7, 329, 434
デイヴィス，サー・ジョン（Davies, Sir John） 30, 142, 147, 151, 158, 171, 178, 182-6, 193-4, 203, 206, 211, 229, 232, 236, 245, 305, 313, 418-9
ディグズ，サー・ダドリィ（Digges, Sir Dudley） 30, 94, 169, 212, 343, 361, 381
デュアラン，フランソワ（Duaren, François） 111, 387
ドッドリッジ，サー・ジョン（Dodderidge, Sir John） 30, 140-2, 151-2, 156-8, 171, 178-80, 196, 204-6, 210, 218, 223-5, 243, 246, 322, 326, 330, 405, 418-9, 422, 428
ドノー，ユーグ（Doneau, Hugues） 109, 111, 173

［ナ］

ノイ，ウィリアム（Noy, William） 30, 150, 158, 183-5, 194, 209-10, 213, 331, 336, 381, 386

［ハ］

バーク，エドマンド（Burke, Edmund） 19, 247, 380, 440
バージェス，グレン（Burgess, Glenn） 18, 28, 41, 177, 245, 299-300, 382, 384
バンクロフト，リチャード（Bancroft, Richard） 15, 49, 88-9, 263-4, 397-9, 403-6, 425
ピム，ジョン（Pym, John） 138, 271, 307, 335, 361, 381, 386
ビュデ，ギョーム（Budé, Guillaume） 108-10, 121, 275
フィルマー，サー・ロバート（Filmer, Sir Robert） 97
フィンチ，サー・ヘネイジ（Finch, Sir Heneage） 30, 322, 326
フィンチ，サー・ヘンリー（Finch, Sir Henry） 30, 90, 112, 129-30, 150-2, 158-60, 175-7, 182, 186, 210, 218, 246, 257, 268-70, 306
フォーテスキュー，サー・ジョン（Fortescue, Sir John） 33-4, 43-4, 48, 51, 54-81, 85, 88-96, 100-1, 139, 142-5, 158, 161-71, 176-9, 187-8, 191-2, 196-201, 206, 212, 215, 219-20, 224-5, 244-6, 256-7, 260, 296, 343, 347-8, 384, 387, 416-23, 426-7, 441
ブキャナン，ジョージ（Buchanan, George） 275-7, 292, 382
フラー，ニコラス（Fuller, Nicholas） 213-5, 242, 246-7, 265, 268-9, 296, 322, 327-8, 338-40, 385
ブラクトン，ヘンリー・オブ（Bracton, Henry of） 33-4, 43-56, 62, 75-7, 81, 88-96, 99-101, 105, 142, 145, 156, 162, 176, 179-81, 341-3, 384, 400-1, 416
ブラックストーン（Blackstone, Sir William） 175
フルベック，ウィリアム（Fulbecke, William） 117, 124-9, 135, 155-7, 169, 174, 195-7, 246
フレミング，サー・トマス（Fleming, Sir Thomas） 49, 135-6, 303, 310-20, 384, 401
ヘイクウィル，ウィリアム（Hakewill, William） 30, 37, 90-2, 142-8, 158, 164-5, 169-71, 194, 206, 322, 325-6, 330, 333, 336, 347, 369, 371, 384-7, 405, 415, 419, 422
ヘイル，マシュー（Hale, Sir Matthew） 167-8, 177
ベーコン，フランシス（Bacon, Francis） 130, 147, 158, 174, 196, 312-3, 405, 417
ヘドリィ，トマス（Hedley, Thomas） 30, 37, 147, 151-2, 158, 165, 171, 178, 187-207, 216-9, 225, 229, 233-7, 242-5, 251-4, 257-62, 266-7, 296-7, 321, 325, 340-51, 379-80, 384-7, 418, 421-2
ベンサム，ジェレミー（Bentham, Jeremy） 232

ヘンリー２世（Henry II）　187
ヘンリー８世（Henry VIII）　73, 119, 270, 309
ポコック，J. G. A.（Pocock, J.G.A.）　21-4, 28-9, 34, 100, 128, 144, 158, 161, 173, 211, 221, 383
ボダン，ジャン（Bodin, Jean）　83, 94, 97, 113-4, 123, 127, 132-9, 172-3, 276, 302-3, 316, 324, 334-8
ホッブズ，トマス（Hobbes, Thomas）　18, 31, 41, 167, 238
ポルティウス，アーゾ（Portius, Azo）　45, 56, 99, 104-5, 176
ホスキンズ，ジョン（Hoskins, John）　91, 98, 358, 387, 404-5, 422, 428
ホワイトロック，サー・ジェームズ（Whitelocke, Sir James）　30, 37, 91, 142, 156-8, 206, 216, 257, 269, 319-24, 330-4, 338-41, 348-9, 362-4, 384-7, 405, 419-23

［ヤ］

ユスティニアヌス帝（Justinianus I）　52-4, 105, 129, 174

［ラ］

ラッセル，コンラッド（Russell, Conrad）　21, 41, 383
ラムス，ペトルス（Ramus, Petrus）　111-4, 130, 172-3
ランバード，ウィリアム（Lambarde, William）　169, 177
リトルトン，サー・トマス（Littleton, Sir Thomas）　57, 159-60, 176-7, 400, 408
ロジャー，オーウェン（Owen, Rodger）　169
ロック，ジョン（Locke, John）　31, 97

文献目録

＜一次資料＞

（議事録，布告，判決文など）

Journals of the House of Commons.

Journals of the House of Lords.

Bidwell, William B. and Jansson, Maija (ed.), *Proceedings in Parliament 1626*, 4vols., New Haven, 1991-6.

Bowyer, Robert, *The Parliamentary Diary of Robert Bowyer, 1606-1607*, edited by David Harris Wilson, Minneapolis, 1931.

Croke, Sir George, *Notes of the Judgement Delivered by Sir George Croke in the Case of Ship-money,* edited by S. R. Gardiner, in The Camden Miscellany, vol. 7, 1875.

Foster, Elizabeth Read (ed.), *Proceedings in Parliament 1610*, 2vols., vol. 1 (House of Lords), vol. 2 (House of Commons), New Haven, 1966.

Gardiner, Samuel Rawson (ed.), *Parliamentary Debates in 1610*, New York, 1862.

Gardiner, Samuel Rawson (ed.), *Debates in the House of Commons in 1625*; ed., from a MS. in the Library of Sir Rainald Knightley, Bart., Camden Society, New Series, No. 6, 1873.

Gardiner, Samuel Rawson (ed.), *Notes of the Debates in the Lords; officially taken by Henry Elsing, Clerk of the Parliaments, A. D. 1624 and 1626;* ed., from the Original MS. in the Possession of E. G. Carew, Esq., Camden Society, New Series, No. 24, 1879.

Granville, John (ed.), *Reports of Certain Cases, Determined and Adjudged by the Commons in Parliament in the Twenty-first and Twenty-second Years of the Reign of King James the First*, London, 1775.

Holles, Sir John, *The Holles Account of Proceedings in the House of Commons in 1624*, transcribed by Christopher Thompson, Orset, 1985.

Howell, T. B., *A Complete Collection of State Trials and Proceedings for High Treason and Other Crimes and Misdemeannors*, 21vols., vol. 2 (1 James I. to 3 Charles I. ...1603-1627), Reprinted, New York, 2000.

Jansson, Maija (ed.), *Proceedings in Parliament 1614 (House of Commons)*, Philadelphia, 1988.

Jansson, Maija and Bidwell, William B. (eds.), *Proceedings in Parliament 1625*, New Haven and London, 1987.

Jonson, R. C., Keeler, M. F. *et al.* (eds.), *Proceedings in Parliament 1628*, 6vols.,

New Haven, 1977-83 (The first 4 volumes are entitled Commons Debates 1628).

Kenyon, J. P. (ed.), *The Stuart Constitution 1603-1688*, Cambridge, 1966.

Larkin, James F. and Hughes, Paul L. (eds.), *Stuart Royal Proclamations*, 2vols., Oxford, 1973.

Notestein, Wallace, Relf, Frances H. and Simpson, Hartley (eds.), *Commons Debates, 1621*, New Haven, 1935.

Prothero, G. W. (ed.), *Select Statutes and Other Constitutional Documents Illustrative of the Reigns of Elizabeth and James I*, 4th ed., Oxford, 1913.

Rich, Sir Nathaniel, *Sir Nathaniel Rich's Dairy of Proceedings in the House of Commons in 1624*, transcribed by Christopher Thompson, Wivenhoe, 1985.

Rushworth, John, *Historical Collections of Private Passages of State, Weighty Matters in Law, Remarkable Proceedings in Five Parliaments. Beginning the Sixteenth Year of King James, ANNO 1618. And Ending the Fifth Year of King Charles, ANNO 1629*, London, 1659.

Tanner, J. R. (ed.), *Constitutional Documents of the Reign of James I, A. D. 1603-1625*, Cambridge, 1952.

Townshend, Hayward, *Historical Collections or An Exact Account of the Proceedings of the Four Last Parliaments of Q. Elizabeth...*, London, 1680 [STC, II, T1991].

（著作・パンフレット・書簡，等）

Aquinas, Thomas, *Summa Theologiae*, Latin Text and English Translation, Introductions, Notes, Appendices and Glossaries, by Thomas Gilby and others, vol. 28, *Law and Political Theory,* vol. 29, *The Old Law,* Cambridge, 1966. 邦訳『神学大全』第13冊（稲垣良典訳，創文社，1977年）。

Aquinas, Thomas, *De Regimine Principum: ad Regem Cypri et de Regimine Judaerum*, edtio 2 revisa, Trino, 1971.

Bacon, Sir Francis, *A Collection of Some Principall Rules and Maximes of the Common Lawes of England*, London, 1596, in Bacon, *The Elements of the Common Lawes of England*, London, 1630 [STC, 1134].

Bacon, Sir Francis, *The Letters and the Life of Francis Bacon including All his Occasional Works*, edited by James Spedding, 7vols., London, 1861-74.

Bancroft, Richard, *Daungerous Positions and Proceedings*, 1593 [STC, 1344].

Blackstone, Sir William, *An Analysis of the Laws of England*, the Third Edition, 1758 [Reprint, 1997].

Bracton, Henry de, *De Legibus et Consuetudinibus Angliae*, English translated by S. E. Thorne, Cambridge, 1968.

Burke, Edmund, *Reflections on the Revolution in France* (1790), edited by J. G. A. Pocock, Indianapolis/ Cambridge, 1987. 邦訳『フランス革命の省察』半澤孝麿

訳，みすず書房，1989年。

Camden, William, *Britannia*, Newbery, 1586 [STC, 4503].

Coke, Sir Edward, *The Reports*, Pt. 1-13 (in John Henry Thomas and John Farquhar Fraser's Edition, 6vols., Reprint, New Jersey, 2002).

Coke, Sir Edward, *The Institutes of the Laws of England, or a Commentary upon Littleton*, Pt. 1-4 (in Francis Hargrave and Charles Butler's Edition, London, 1817).

Cowell, John, *Institutes of the Lawes of England, Digested into the Method of the Civill or Imperiall Institutions*, 1605, translated into English by W. G. Esquire, London, 1651, in A Garland Series, Classics of English Legal History in the Modern Era, No. 5, New York and London, 1978.

Cowell, John, *The Interpreter*, Cambridge, 1607, in The English Experience, No. 231, Amsterdam and New York, 1970.

Davies, Sir John, *Le primer report des cases & matters resolves en les courts del roy en Irland*, Dublin, 1615 [STC, 6361].

Davies, Sir John, *The Question Concerning Impositions, Tonnage, Poundage, Prizage, Customs, &c. Fully Stated and Argued, from Reason, Law, and Policy: Dedicated to King James in the Latter end of his Reign*, London, 1656 [STC. II, 710:2].

Dodderidge, Sir John, *The English Lawyer, Describing a Method for Managing the Lawes of This Land* (1631), Reprint, Abingdon, 1980.

Egerton, Sir Thomas, Lord Ellesmere, 'A Coppy of a Written Discourse by the Lord Chauncellor Ellesmere Concerning the Royall Prerogatiue', in L. A. Knafra, *Law and Politics in Jacobean England: The Tracts of Lord Chancellor Ellesmere*, Cambridge, 1977.

Egerton, Sir Thomas, Lord Chancellor Ellesmere, *The Speech of the Lord Chancellor of England, in the Eschequer Chamber, Touching the Post-nati* (1609), in A Garland Series, Classics of English Legal History in Modern Era, New York and London, 1978.

Egerton, Sir Thomas, Lord Ellesmere, 'The Lord Chancellor Egertons Observacions vpon ye Lord Cookes Reportes' (1615), in L. A. Knafra (ed.), *Law and Politics in Jacobean England: The Tracts of Lord Chancellor Ellesmere*, Cambridge, 1977.

Filmer, Sir Robert, *Patriarcha and Other Wrights*, edited by Johann. P. Sommerville, Cambridge, 1991.

Finch, Sir Henry, *Nomotexnia: cestascavoir, Un Description del Common Leys Dangleterre solonque les Rules del Art*, 1613 [STC. 10870].

Finch, Sir Henry, *Law, or, a Discourse Thereof; in Foure Bookes* (1627) [STC. 10871], A Garland Series, Classics of English Legal History in Modern Era, New York and London, 1978.

Fortescue, Sir John, *De Laudibus Legum Angliae*, edited and translated with Introduction and Notes by S. B. Chrimes (Cambridge Studies in English Legal History), Cambridge, 1949. 邦訳『イングランド法の礼賛について』（１～３）北野かほる，小山貞夫，直江眞一共訳（東北大学法学会『法学研究』第53巻第４号～第54巻第１号，1989年）。

Fortescue, Sir John, *De Natura Legis Naturae*, selected by David S. Berkowitz and Samuel E. Thorne (Classics of English Legal History in the Modern Era, No. 1), New York and London, 1980.

Fortescue, Sir John, *The Governance of England: Otherwise Called The Difference between an Absolute and a Limited Monarchy,* edited by Charles Plummer, Second Impression, London, 1926.

Fulbecke, William, *A Direction or Preparative to the Study of the Lawe*, London, 1600 [STC, 11410].

Fulbecke, William, *A Parallele or Conference of the Civill Law, the Canon Law, and the Common Law of England, In Sundry Dialogues*. [With] a Table of the Principal Points, London, 1601 [STC, 11415].

Fulbecke, William, *The Pandectes of the Law of Nations*, London, 1602 [Reprint, 1979, The English Experience, No. 928].

Fuller, Nicholas, *The Argument of Master Nicholas Fuller, in the Case of Thomas Lad, and Richard Maunsell* (1607), The English Experience, No. 738, Amsterdam, 1975.

Gentili, Alberico, *De Juris Interpretibus Dialogi Sex*, London, 1582 [STC, 11736].

Gentili, Alberico, *De Jure Belli Commentationes Tres*, 3 parts, London, 1589 [STC, 11735.7].

Gentili, Alberico, *De Potestate Regis Absoluta*, London, 1605.

Hakewill, William, *The Libertie of the Subject: Against the Pretended Power of Impositions* (1641), reprinted in Classics of English Legal History in the Modern Era, New York and London, 1979.

Hakewill, William, 'The Antiquity of the Lawes of this Island', in Thomas Hearne, *A Collection of Curious Discourse, Written by Eminent Antiquaries Upon Several Heads in Our English Antiquities*, Oxford, 1720.

Hale, Sir Matthew, *The History of the Common Law of England*, 3rd edition, edited by C. M. Gray, Chicago, 1971.

Hearne, Thomas, *A Collection of Curious Discourse, Written by Eminent Antiquaries Upon Several Heads in Our English Antiquities*, Oxford, 1720.

Holland, Joseph 'Of the Antiquity of Terms for the Administration of Justice in England (1601)', in Hearne, *A Collection of Curious Discourse, Written by Eminent Antiquaries Upon Several Heads in Our English Antiquities*, Oxford, 1720.

Hotman, François, *Franco-Gallia* (1573), Latin text by Ralph E. Giesey, translated

by J. H. M. Salmon, Cambridge Studies in the History and Theory of Politics, Cambridge, 1972.

James IV and I, *Political Writings*, edited by Johann P. Sommerville, Cambridge, 1994.

Lambarde, William, *Archeion or, a Discourse upon the High Courts of Justice in England* (1635), edited by, C. H. McIlwain and P. L. Ward, Cambridge, 1957.

Locke, John, *Two Treaties of Government*, edited by Peter Laslett, Student Edition, Cambridge, 1988.

Maynwaring, Roger, *Religion and Alegiance: in Two Sermons*, 1627 [STC, 17751].

Noy, William, *The Principal Grounds and Maxims with an Analysis of the Laws of England* (1641), Reprint, Littleton, 1980.

Saltern, George, *Of the Ancient Lawes of Great Britain* (1605) [STC, 21635].

Selden, John, *Ad Fletam Dessertatio*, reprinted from the Edition of 1647 with Parallel Translation, Introduction and Notes by David Ogg, Cambridge, 1925.

Selden, John (ed.), Sir John Fortescue, *De Laudibus Legum Angliae*, London, 1616 [S. T. C. 11197].

Selden, John, *Table Talk of John Selden*, newly edited for the Selden Society by Sir Frederick Pollock, London, 1927.

Selden, John, *History of Tythes*, London, 1680 [STC, II, 959:3], the English Experience, its Record in Early Printed Books published in Facsimile, No. 147, Amsterdam, 1969.

Selden, John, *Jani Anglorum Facies Altera*, London, 1682 [STC, II, 294:4].

Smith, Sir Thomas, *De Republica Angrorum* (1583), edited by Mary Dewar, Cambridge, 1982.

Sta[u]nford, Sir William, *An Exposition of the Kinges Prerogatiue Collected Out of the Great Abridgement of Justice Fitzerbert and Other Olde Writers of the Lawes of Englande*, London, 1567 [S. T. C. 23213].

St German, Christopher *St. German's Doctor and Student*, edited for the Selden Society by T. F. T. Plucknett and J. L. Barton, London, 1974.

Wilson, Arthur, *The History of Great Britain*, 1652 [STC, II, 2887A].

Winwood, Sir Ralph, *Memorials of Affairs of State in the Reigns of Q. Elizabeth and K. James I, collected (chiefly) from the Original Papers of Sir Ralph Winwood*, by Edmund Sawyer, 3vols., New York, 1972.

Wolfe, D. M., (ed.), *Leveller Manifestoes of the Puritan Revolution*, New York, 1944.

Woodhouse, A. S. P. (ed.), *Puritanism and Liberty, Being the Army Debates (1647-9) from the Clarke Manuscripts with Supplementary Documents*, Chicago, 1951.

<研究文献>

Allen, John, *Inquiry into the Rise and Growth of the Royal Prerogative in England*, Newed, New York, 1963.

Baker, J. H., 'The English Legal Profession, 1450-1550', in Wilfred Prest (ed.), *Lawyers in Early Modern Europe and America*, London, 1981, 16-41.

Baker, J. H., *The Third University of England, The Inns of Court and the Common Law Tradition*, London, 1990.

Baker, Sir John, 'Coke's Note-Books and the Sources of His Reports' (1972), in Boyer, *Law, Liberty, and Parliament: Selected Essays on the Writings of Sir Edward Coke*, Indianapolis, 2003, 357-86.

Barnes, Thomas G., 'Introduction to Coke's "Commentary on Littleton"' (1985), in Boyer, *Law, Liberty, and Parliament: Selected Essays on the Writings of Sir Edward Coke*, Indianapolis, 2003, 1-25.

Berman, Harold J., 'The Origins of Historical Jurisprudence: Coke, Selden, Hale', *The Yale Law Journal*, 103, no. 7 (1994).

Bowen, C. D., 'Historians Courageous', *Proceedings of the American Philosophical Society,* 101:3 (1957), 249-54.

Boyer, Allen D., *Sir Edward Coke and the Elizabethan Age, Stanford*, 2003.

Boyer, Allen D. (ed.), *Law, Liberty, and Parliament: Selected Essays on the Writings of Sir Edward Coke*, Indianapolis, 2003.

Boyer, Allen D., 'Sir Edward Coke, Ciceronianus: Classical Rhetoric and the Common Law Tradition' (1997), in Boyer, *Law, Liberty, and Parliament: Selected Essays on the Writings of Sir Edward Coke*, Indianapolis, 2003, 224-53.

Brooks, Christopher and Sharpe, Kevin, 'Debate: History, English law and Renaissance', *Past and Present* 72 (1976), 133-46.

Brooks, Christopher W., 'The Common Lawyers in England, c. 1558-1642', in Wilfred Prest (ed.), *Lawyers in Early Modern Europe and America*, London, 1981, 42-64.

Brooks, Christopher W., 'The Place of Magna Carta and the Ancient Constitution in Sixteenth-Century English Legal Thought', in E. Sandoz (ed.), *The Roots of Liberty: Magna Carta, Ancient Constitution, and the Anglo-American Tradition of Rule of Law,* Columbia, 1993, 57-88.

Burgess, Glenn, *The Politics of the Ancient Constitution: An Introduction to English Political Thought 1603-1642*, London, 1992.

Burgess, Glenn, *Absolute Monarchy and the Stuart Constitution*, New Haven, 1996.

Burns, J. H., 'The Political Ideas of George Buchanan', *Scottish Historical Review,* 30 (1951), 60-8.

Burns, J. H., 'George Buchanan and the Anti-Monarchomachs', in Roger A. Mason,

(ed.), *Scots and Britons: Scottish Political Thought and the Union of 1603*, Cambridge, 1994, 138-58.

Burns, J. H., *The True Law of Kingship*, Oxford, 1996.

Bushman, Richard L., 'English Franchise Reform in the Seventeenth Century', *Journal of British Studies*, 3:1 (1963), 36-56.

Callahan, E. T., 'Blood, Sweat and Wealth : Fortescue's Theory of the Origin of Property', *History of Political Thought* 17 (1996), 21-35.

Carlton, Charles, *Charles I: The Personal Monarch*, Second Edition, London and New York, 1995.

Carrier, Irene, *James VI and I, King of Great Britain*, Cambridge, 1998.

Chrimes, S. B., 'Sir John Fortescue and His Theory of Dominion', *Transactions of the Royal Historical Society*, 4th ser., 17 (1934), 117-47.

Chrimes, S. B., 'The Constitutional Ideas of Dr John Cowell', *English Historical Review*, 64 (1949), 461-87.

Christianson, Paul, 'Political Thought in Early Stuart England', *Historical Journal*, 30 (1987).

Christianson, Paul, 'Royal and Parliamentary Voices on the Ancient Constitution, c.1604-1621', in Linda Levy Peck (ed.), *The Mental World of the Jacobean Court*, Cambridge, 1991, 71-95; 289-98.

Christianson, Paul, 'Ancient Constitutions in the Age of Sir Edward Coke and John Selden', in Ellis Sandoz (ed.), *The Roots of Liberty: Magna Carta, Ancient Constitution, and the Anglo-American Tradition of Rule of Law*, Columbia, 1993, 89-146.

Christianson, Paul, *Discourse on History, Law, and Governance in the Public Career of John Selden, 1610-1635*, Tront, 1996.

Chrost, A. H., 'The Philosophy of Law of St. Thomas Aquinas: His Fundamental Ideas and Some of His Historical Precursors', *the American Journal of Jurisprudence* 19 (1974).

Coquillette, Daniel R., *The Civilian Writers of Doctors' Commons, London: Three Centuries of Juristic Innovation in Comparative, Commercial, and International Law*, Berlin, 1988.

Cook, Harold J., 'Against Common Right and Reason: *The College of Physicians v. Dr. Thomas Bonham*' (1985), in Boyer, *Law, Liberty, and Parliament: Selected Essays on the Writings of Sir Edward Coke*, Indianapolis, 2003, 127-49.

Croft, Pauline, 'Fresh Light on Bate's Case', *Historical Journal*, 30 (1987), 523-39.

Croft, Pauline, 'Sir John Doddridge, King James I, and the Antiquity of Parliament', *Parliaments, Estates & Representation*, 12 (1992), 95-107.

Cromartie, Alan, *Sir Matthew Hale, 1609-1676: Law, Religion and Natural Philosophy*, Cambridge, 1995.

Cunningham, S. B., 'Albertus Magnus on Natural Law', *the Journal of the History of Ideas*, XXVIII (1967).

Cust, Richard, *The Forced Loan and English politics 1626-1628*, Oxford, 1987.

Daly, James, 'The Idea of Absolute Monarchy in Seventeenth-Century England', *Historical Journal*, 21 (1978), 227-50.

Doe, Norman, 'Fifteenth-Century Concepts of Law: Fortescue and Pecock', *History of Political Thought*, Vol.X (1989), 257-80.

Donahue, Chales, 'The Civil Law in England', *Yale Law Journal*, LXXXIV (1974).

Durston, Christopher, *James I*, London and New York, 1993.

Elton, G. R., 'A High Road to Civil War', in Elton, *Studies in Tudor and Stuart Politics and Government*, 2vols., Cambridge 1974 [1], vol. 2, 164-82.

Elton, G. R., 'The Rule of Law in Sixteenth-century England', in Elton, *Studies in Tudor and Stuart politics and government 1946-1972*, 2vols., Cambridge, 1974 [2], vol. 1, 260-84.

Elton, G. R., 'Parliament in the Sixteenth Century: Functions and Fortunes', *Historical Journal*, 22:2 (1979), 255-78.

Elton, G. R., 'Lex terrae victrix: The Triumph of Parliamentary Law in the Sixteenth century', in D. M. Dean and Norman Leslie Jones (eds.), *The Parliaments of Elizabethan England*, Oxford, 1990, 15-36.

Fischlin, Daniel and Fortier, Mark (ed.), *Royal Subjects: Essays on the Writings of James VI and I*, Detroit, 2002.

Flanagan, Eugene, 'The Anatomy of Jacobean Ireland: Captain Barnaby Rich, Sir John Davies and the Failure of Reform, 1609-22', in Hiram Morgan (ed.), *Political Ideology in Ireland, 1541-1641*, Dublin, 1999, 158-80.

Foss, Edward, *Biographia Juridica: A Biographical Dictionary of the Judges of England 1066-1870*, London, 1870.

Foster, Elizabeth Read, 'The Procedure of the House of Commons Against Patents and Monopolies, 1621-1624' (1960), in Boyer, *Law, Liberty, and Parliament: Selected Essays on the Writings of Sir Edward Coke*, Indianapolis, 2003, 302-27.

Foster, Elizabeth Read, 'Speaking in the House of Commons', *Bulletin of the Institute of Historical Research*, 43 (1970), 35-55.

Franklin, Julian H., *Jean Bodin and the Sixteenth Century Revolution in the Methodology of Law and History*, Columbia, 1963.

Franklin, Julian H., *Jean Bodin and the Rise of Absolutist Theory*, Cambridge, 1973.

Fussner, F. S. (ed.), 'William Camden's "Discourse Concerning the Prerogative of the Crown"', *Proceedings of the American Philosophical Society* 101:2 (1957), 204-15.

Galloway, B. R. and Levack, B. P. (eds.), *The Jacobean Union: Six Tracts of 1604*, Edinburgh, 1985.

Galloway, Bruce, *The Union of England and Scotland, 1603-1608*, Edinburgh, 1986.
Gardiner, Samuel R., *History of England from the Accession of James I to the Outbreak of the Civil War, 1603-1642*, 10vols., London, 1883-4 [Reprint, New York, 1965].
Gilbert, Felix, 'Sir John Fortescue's *Dominium Regale et Politicum', Medievalia et Humanistica* 2 (1944), 88-97.
Gilby, T., *The Political Thought of Thomas Aquinas*, Chicago, 1958.
Gill, Paule, 'Politics and Propaganda in 15th-century England: the Polemical Writings of Sir John Fortescue', *Speculum*, 46 (1971), 333-47.
Gillespie, James L., 'Sir John Fortescue's Concept of Royal Will', *Nottingham Mediaeval Studies*, 23 (1979), 47-65.
Goldsworthy, Jeffrey Denys, *The Sovereignty of Parliament: History and Philosophy*, Oxford, 1999.
Goldsworthy, Jeffrey Denys, 'The Development of Parliamentary Sovereignty', in Harry Thomas Dickinson and Michael Lynch (eds.), *The Challenge to Westminster: Sovereignty, Devolution and Independence*, East Linton, 2000, 12-21.
Goodhart, A. L., *English Law and the Moral Law*, London, 1953.
Gray, Charles M., 'Further Reflection on "Artificial Reason"' (1980), in Boyer, *Law, Liberty, and Parliament: Selected Essays on the Writings of Sir Edward Coke*, Indianapolis, 2003, 121-6.
Greenberg, Janelle, *The Radical Face of the Ancient Constitution: St Edward's "law" in Early Modern Political Thought*, Cambridge, 2001.
Gunnell, John G., *Political Theory: Tradition and Interpretation*, Cambridge, 1979.
Guy, J. A., 'The Origins of the Petition of Right Reconsidered' (1982), in Boyer, *Law, Liberty, and Parliament: Selected Essays on the Writings of Sir Edward Coke*, Indianapolis, 2003, 328-56.
Hawkins, Michael, 'The Government: Its Role and Aims', in C. Russell (ed.), *The Origins of the English Civil War*, 1973, 35-65.
Henshall, Nicholas, *The Myth of Absolutism: Change and Continuity in Early Modern European Monarchy*, London and New York, 1992.
Helgerson, Richard, 'Writings the Law' (1992), in Boyer, *Law, Liberty, and Parliament: Selected Essays on the Writings of Sir Edward Coke*, Indianapolis, 2003, 26-69.
Hill, Christopher, *Intellectual Origins of the English Revolution*, Oxford, 1965.
Hinton, R. W. K., 'English Constitutional Doctrines from the 15th Century to the 17th, 1: English Constitutional Theories from Sir John Fortescue to Sir John Eliot', *English Historical Review*, 75:296 (1960), 410-25.
Hirst, Derek, *The Representative of the People ?: Voters and Voting in England under*

the Early Stuarts, Cambridge, 1975.

Hirst, Derek, *Authority and Conflict: England 1603-1658*, London,1986.

Holdsworth, William S., *A History of English Law,* 17vols., London, 1903-1977, reprint, 1982.

Hostettler, John, *Sir Edward Coke: A Force for Freedom*, Chichester, 1997.

Houts, Elisabeth Maria Cornelia van, 'Camden, Cotton and the Chronicles of the Norman Conquest of England', in C. J. Wright (ed.), *Sir Robert Cotton as Collector: Essays on an Early Stuart Courtier and His Legacy,* London, 1997, 238-52.

Hutton, Ronald, *The Restoration: A Political and Religious History of England and Wales 1658-1667*, Reprinted, Oxford, 2001.

Jacob, E. F., 'Sir John Fortescue and the Law of Nature', *Bulletin of the John Rylands Library,* 18 (1934).

Jones, David Martin, 'Sir Edward Coke and the Interpretation of Lawful Allegiance in Seventeenth-Century England' (1986), in Boyer, *Law, Liberty, and Parliament: Selected Essays on the Writings of Sir Edward Coke*, Indianapolis, 2003, 86-106.

Jones, W. J., 'The Crown and the Courts in England, 1603-1625' (1973), in Boyer, *Law, Liberty, and Parliament: Selected Essays on the Writings of Sir Edward Coke*, Indianapolis, 2003, 282-301.

Judson, M. A., *The Crisis of the Constitution*, New Brunswick, 1949.

Kantorowicz, Ernst H., *The Kings Two Bodies, A Study in Medieval Political Theology,* renewed, Princeton, 1985. 邦訳『王の二つの身体―中世政治神学研究―』小林公訳，平凡社，1992年。

Keeler, Mary Frear, *The Long Parliament, 1640-1641: A Biographical Study of its Members*, Philadelphia, 1954.

Kelley, Donald R., 'Legal Humanism and the Sense of History' *Studies in the Renaissance*, 13 (1966), 184-99.

Kelley, Donald R., *Foundations of Modern Historical Scholarship: Language, Law and History in the French Renaissance*, New York, 1970 [1].

Kelley, Donald R., 'The Rise of Legal History', *History and Theory,* 9 (1970) [2], 174-94.

Kelley, Donald R., *François Hotman: A Revolutionary's Ordeal*, Princeton, 1973.

Kelley, Donald R., 'History, English Law and the Renaissance', in *Past and Present*, 65 (1974), 24-51.

Kelley, Donald R., 'Law', in J. H. Burns (ed.), *The Cambridge History of Political Thought 1450-1700*, Cambridge, 1991, 66-94.

Kisch, Guido, 'Humanistic Jurisprudence', *Studies in the Renaissance*, 8 (1961), 71-87.

Knafla, Louis A., 'The Matriculation Revolution and Education at the Inns of Court in Renaissance England', in A. Slavin (ed.), *Tudor Men and Institutions: Studies in English Law and Government*, Louisiana, 1972, 232-64.

Knafla, Louis A., 'Ramism and the English Renaissance', in L. A. Knafla; M. S. Staum and T. H. E. Travers (eds.), *Science, Technology, and Culture in Historical Perspective*, Calgary, 1976.

Knafla, Louis A., *Law and Politics in Jacobean England: The Tracts of Lord Chancellor Ellesmere*, Cambridge, 1977.

Knafla, Louis A., 'The Influence of Continental Humanists and Jurist on English Common Law' in R. J. Schoeck (ed.), *Acta Conventus Neo-Latini Bononensis: Proceedings of the Fourth International Congress of Neo-Latin Studies, Bologna 26 August to 1 September 1979*, 60-71.

Knafla, Louis A., 'Britain's Solomon: King James and the Law', in Daniel Fischlin and Mark Fortier (eds.), *Royal Subjects: Essays on the Writings of James VI and I*, Detroit, 2002, 235-64.

Kobler, Franz, 'Sir Henry Finch (1558-1625) and the First English Advocates of the Restoration of the Jews to Palestine', *Transactions, Jewish Historical Society of England*, 16 (1952 for 1945-51), 101-20.

Levack, Brian P., *The Civil Lawyers in England 1603-1641, A Political Study*, Oxford, 1973.

Levack, Brian P., 'The Proposed Union of English Law and Scots Law in the Seventeenth Century', *Juridical Review*, 20:2 (1975), 97-115.

Levack, Brian P., 'The English Civilians, 1500-1750', in Wilfrid Prest (ed.), *Lawyers in Early Modern Europe and America*, London, 1981, 108-28.

Levack, Brian P., 'Law and Ideology: the Civil Law and Theories of Absolutism in Elizabethan and Jacobean England', in Heather Dubrow and Richard Strier (eds.), *The Historical Renaissance: New Essays on Tudor and Stuart Literature and Culture*, Chicago, 1988, 220-41.

Levack, Brian P., 'The Civil Law, Theories of Absolutism, and Political Conflict in Late Sixteenth- and Early Seventeenth-century England', in G. J. Schochet, P. E. Tatspaugh and Carol Brobeck (eds.), *Law, Literature and the Settlement of Regimes* (Proceedings of the Folger Institute Center for the History of British Political Thought, 2), Washington, 1990, 29-48.

Lévy-Ullman, Henri, *The English Legal Tradition*, London, 1935.

Lewis, John Underwood, 'Sir Edward Coke (1552-1634): His Theory of "Artificial Reason" as a Context for a Modern Basic Legal Theory' (1968), in Boyer, *Law, Liberty, and Parliament: Selected Essays on the Writings of Sir Edward Coke*, Indianapolis, 2003, 107-120.

Lindquist, Eric N., 'The Failure of the Great Contract', *Journal of Modern History*,

57 (1985), 617-51.

Lockyer, Roger, *James VI & I*, London and New York, 1998.

Lockyer, Roger, *The Early Stuarts: A Political History of England 1603-1642*, Second Edition, London and New York, 1999.

Lurie, Raymond, 'Some Ideas of Commonwealth in Early Modern England', in Schochet, G. J.; Tatspaugh, P. E.; Brobeck, Carol (eds.), *Reformation, Humanism, and 'Revolution'*, Washington, 1990, 293-306.

Lyon, Hastings and Block, Herman, *Edward Coke: Oracle of the Law*, Boston and New York, 1929.

Mackay, R. A., 'Coke-Parliamentary Sovereignty or the Supremacy of Law ?', *Michigan Law Review*, 22 (1924), 215-47.

Malament, Barbara, 'The "Economic Liberalism" of Sir Edward Coke' (1967), in Boyer, *Law, Liberty, and Parliament: Selected Essays on the Writings of Sir Edward Coke*, Indianapolis, 2003, 186-223.

Malcolm, Joyce Lee, *The Struggle for Sovereignty: Seventeenth-century English Political Tracts*, Indianapolis, 1999.

Marshall, Geoffrey, *Parliamentary Sovereignty and the Commonwealth*, Oxford, 1957.

Mason, Roger A., 'Rex stoicus: George Buchanan, James VI and the Scottish Polity', in John Dwyer; Roger A. Mason and Alexander J. Murdoch (eds.), *New Perspectives on the Politics and Culture of Early Modern Scotland*, Edinburgh,1982, 9-33.

Mason, Roger A., 'James VI, George Buchanan, and "The True Lawe of Free Monarchies"', in Roger A. Mason (ed.), *Kingship and Commonweal: Political Thought in Renaissance and Reformation Scotland*, East Linton, 1998, 215-41.

McGiffert, Michael, 'Who wrote the Preface and Notes for Henry Finch's *The Sacred Doctrine of Divinitie*, 1590?', *Albion*, 18 (1986), 247-51.

McGlynn, Margaret, *The Royal Prerogative and the Learning of the Inns of Court*, Cambridge, 2003.

McGurk, John James Noel, 'William Camden: Civil Historian or Gloriana's Propagandist ?', *History Today*, 38:4 (1988), 47-53.

McIlwain, C. H., *The Political Work of James I* , Cambridge, 1918.

McIlwain, C. H., *The Growth of Political Thought in the West*, New York, 1932.

McIlwain, C. H., *Constitutionalism, Ancient and Modern*, Ithaca, 1940. 邦訳『立憲主義―その成立過程』森岡敬一郎訳，慶応通信，1996年。

McKenna, J. W., 'The Myth of Parliamentary Sovereignty in Late-Medieval England', *English Historical Review*, 94 (1979), 481-506.

McRae, Kenneth D., 'Ramist Tendencies in the Work of Jean Bodin', *Journal of the History of Ideas*, XVI (1955), 306-25.

Mendle, Michael, 'The Ship Money Case, *The Case of Shipmony*, and the Develop-

ment of Henry Parker's Parliamentary Absolutism', *Historical Journal*, 32:3 (1989), 513-36.

Mendle, Michael, 'The Great Council of Parliament and the First Ordinances: The Constitutional Theory of the Civil War', *Journal of British Studies*, 31 (1992), 133-62.

Mendle, Michael, 'Parliamentary Sovereignty: A Very English Absolutism', in Nicholas T. Phillipson and Quentin Skinner (eds.), *Political Discourse in Early Modern Britain*, Cambridge, 1993, 97-119.

Miller, John, *The Restoration and the England of Charles II*, Second Edition, London and New York, 1997.

Miller, John, *After the Civil Wars: English Politics and Government in the Reign of Charles II*, Edinburgh, 2000 [1].

Miller, John, *James II*, New Haven and London, 2000 [2].

Mullett, Michael, *James II and English Politics 1678-1688*, London and New York, 1994.

Munden R. C., 'James I and "the Growth of Mutual Distrust": King, Commons and Reform, 1603-1604', in Kevin Sharpe (ed.), *Faction and Parliament: Essays on Early Stuart History*, Oxford, 1978, chap. 2, 43-72.

Nenner, Howard (ed.), *Politics and the Political Imagination in Later Stuart Britain: Essays Presented to Lois Green Schwoerer*, Rochester, 1997.

Oakley, Francis, 'Jacobean Political Theology: The Absolute and Ordinary Powers of the King', *Journal of the History of Ideas*, 29 (1968), 323-46.

Ong, Walter J., *Ramus: Method, and the Decay of Dialogue, from the Art of Discourse to the Art of Reason*, New York, 1974 [c1958].

Osborne, Thomas M., jr., '*Dominium Regale et Politicum*: Sir John Fortescue's Response to the Problem of Tyranny as Presented by Thomas Aquinas and Ptolemy of Lucca', *Medieval Studies*, 62 (2000), 161-87.

Pagden, Anthony (ed.), *The Languages of Political Theory in Early-modern Europe*, Cambridge, 1987.

Pawlisch, Hans S., 'Sir John Davies, the Ancient Constitution, and the Civil Law,' *Historical Journal*, 23 (1980), 689-702.

Pawlisch, Hans S., 'Sir John Davies's Law Reports and the Case of Proxies', *Irish Jurist*, ns 17 (1983), 368-83.

Pawlisch, Hans S., *Sir John Davies and the Conquest of Ireland: A Study in Legal Imperialism*, Cambridge, 1985.

Piggott, Stuart, 'William Camden and the Britannia', in Roger Charles Richardson (ed.), *The Changing Face of English Local History*, Aldershot, 2000, 12-29.

Plucknett, Theodore F. T., 'Bonham's Case and Judicial Review' (1926), in Boyer, *Law, Liberty, and Parliament: Selected Essays on the Writings of Sir Edward*

Coke, Indianapolis, 2003, 150-85.

Plumb, J. H., 'Growth of the Electorate in England from 1600 to 1715', *Past and Present*, 45 (1969), 90-116.

Pocock, J. G. A., *The Ancient Constitution and the Feudal Law: A Study of English Historical Thought in the Seventeenth Century*, Cambridge, 1957.

Pocock, J. G. A., *The Ancient Constitution and the Feudal Law: A Study of English Historical Thought in the Seventeenth Century, A Reissue with a Retrospect*, Cambridge, 1987.

Pocock, J. G. A. (ed.), *The Varieties of British Political Thought, 1500-1800*, Cambridge, 1993 [1].

Pocock, J. G. A., 'A Discourse of Sovereignty', in Nicholas Phillipson and Quentin Skinner (eds.), *Political Discourse in Early Modern Britain*, Cambridge, 1993 [2], 377-428.

Pollock, Sir Frederick, 'The History of the Law of Nature' (1900), in Pollock, *Jurisprudence and Legal Essays*, selected and introduced by A. L. Goodhart, London, 1961. 邦訳「自然法の歴史」(深田三徳訳)『同志社法学』133号。

Postema, G. J., *Bentham and the Common Law Tradition*, Oxford, 1986.

Powell, Damian X., 'Sir James Whitelocke, Chief Justice of Chester 1620-1624', *Transactions of the Historic Society of Lancashire & Cheshire*, 143 (1994 for 1993), 1-34.

Powell, Damian X., 'Sir James Whitelocke's Extra-judicial Advice to the Crown in 1627', *Historical Journal*, 39 (1996), 737-41.

Powell, Damian X., *Sir James Whitelocke's Liber Famelicus 1570-1632: Law and Politics in Early Stuart England*, Frankfurt, 2000.

Prest, Wilfrid R., 'The Learning Exercises at the Inns of Court 1590-1640', *The Journal of the Society of Public Teachers of Law*, ns, 9 (1966-7), 301-13.

Prest, Wilfrid R., 'Legal Education of the Gentry at the Inns of Court, 1560-1640', *Past and Present*, 38 (1967), 20-39.

Prest, Wilfrid R., *The Inns of Court under Elizabeth I and the Early Stuarts, 1590-1640*, London, 1972.

Prest, Wilfrid R., 'The Dialectical Origins of Finch's Law', *Cambridge Law Journal*, 36 (1977), 326-52.

Prest, Wilfrid R., 'The Art of Law and the Law of God: Sir Henry Finch (1558-1625)', in D. H. Pennington and K. V. Thomas (eds.), *Puritans and Revolutionaries: Essays in Seventeenth-Century History Presented to Christopher Hill*, Oxford, 1978, 94-117.

Reeve, L. J., 'The Arguments in the Kings Bench in 1629 concerning the Imprisonment of John Selden and Other Members of the House of Commons', *Journals of British Studies*, 25 (1986), 264-87.

Reeve, L. J., *Charles I and the Road to Personal Rule*, Cambridge, 1989.

Robertson, John, 'The Idea of Sovereignty and the Act of Union', in Harry Thomas Dickinson and Michael Lynch (eds.), *The Challenge to Westminster: Sovereignty, Devolution and Independence*, East Linton, 2000, 33-41.

Rockett, William, 'The Structural Plan of Camden's *Britannia*', *Sixteenth Century Journal*, 26 (1995), 829-40.

Rodgers, C. P., 'Legal Humanism and English Law: the Contribution of the English Civilians', *The Irish Jurist* 14, new series (1984), 115-36.

Rodgers, C. P., 'Humanism, History and the Common Law', *Journal of Legal History*, 6 (1985), 129-56.

Ruigh, Robert E., *The Parliament of 1624: Politics and Foreign Policy*, Massachusetts, 1971.

Russell, Conrad, *Parliaments and English Politics 1621-1629*, Oxford, 1979.

Russell, Conrad, *The Causes of the English Civil War*, Oxford, 1990 [1].

Russell, Conrad, *Unrevolutionary England*, 1990 [2].

Russell, Conrad, *The Fall of the British Monarchies 1637-1642*, Oxford, 1995.

Russell, Conrad and Sebastian, Robert, 'Thomas Cromwell's Doctrine of Parliamentary Sovereignty', *Transactions of the Royal Historical Society*, 6th ser., 7 (1997), 235-46.

Sandoz Ellis (ed.), *The Roots of Liberty: Magna Carta, Ancient Constitution, and the Anglo-American Tradition of Rule of Law*, Columbia, 1993.

Sandoz, Ellis, 'Editor's Introduction: Fortescue, Coke, and Anglo-American Constitutionalism', in Sandoz (ed.), *The Roots of Liberty: Magna Carta, Ancient Constitution, and the Anglo-American Tradition of Rule of Law*, Columbia, 1993, 1-21.

Schoeck, R. J., 'The Strategies of Rhetoric in St. German's *Doctor and Student*' in Richard Eales and David Sullivan (eds.), *The Political Context of Law*, London and Ronceverte, 1987, 77-86.

Seel, Graham E., and Smith David L., *The Early Stuart Kings, 1603-1642*, London and New York, 2001.

Seipp, David J., 'The Structure of English Common law in the Seventeenth Century', in Gordon, W. M. (ed.), *Legal History in the Making: Proceedings of the Ninth British Legal History Conference* (1991), 61-83.

Sharpe, Kevin, 'Introduction: Parliamentary History 1603-1629: in or out of Perspective', in Sharpe (ed.), *Faction and Parliament: Essays on Early Stuart History*, Oxford, 1978, 1-42.

Sharpe, Kevin, *Politics and Ideas in Early Stuart England: Essays and Studies*, London, 1989.

Sharpe, Kevin, *The Personal Rule of Charles I*, New Haven and London, 1992.

Shepard, M. A., 'The Political and Constitutional Theory of Sir John Fortescue', in Carl Wittke (ed.), *Essays in History and Political Theory in Honor of Charles Howard McIlwain*, New York, 1967.

Simon, Jocelyn, 'Dr. Cowell', *Cambridge Law Journal*, 26:2 (1968), 260-72.

Skinner, Quentin, *The Foundations of Modern Political Thought*, 2vols., Cambridge, 1978.

Skinner, Quentin, 'Meaning and Understanding in the History of Ideas', in James Tully (ed.), *Meaning and Context: Quentin Skinner and his Critics*, Cambridge, 1988.

Smith, David L., *Constitutional Royalism and The Search for Settlement, c. 1640-1649*, Cambridge, 1994.

Smith, David L., *The Stuart Parliaments 1603-1689*, London and New York, 1999.

Sommerville, Johann P., 'Richard Hooker, Hadrian Saravia, and the Advent of the Divine Right of Kings', *History of Political Thought*, 4 (1983), 229-45.

Sommerville, Johann P., *Politics & Ideology in England, 1603-1640*, London, 1986 [1] (ditto, *Royalists and Patriots: Politics and Ideology in England 1603-1640*, Second Edition, London, 1999).

Sommerville, Johann P., 'History and Theory: The Norman Conquest in Early Stuart Political Thought', *Political Studies*, 34 (1986) [2], 249-61.

Sommerville, Johann P., 'Ideology, Property and the Constitution', in Richard Cust and Ann Hughes (eds.), *Conflict in Early Stuart England: Studies in Religion and Politics 1603-1642*, Cambridge, 1989, 47-71.

Sommerville, Johann P., 'Absolutism and Royalism' in J. H. Burns and Mark Goldie (eds.), *The Cambridge History of Political Thought 1450-1700*, Cambridge, 1991 [1], 347-73.

Sommerville, Johann P., 'James I and the Divine Right of Kings: English Politics and Continental Theory', in Linda Levy Peck (ed.), *The Mental World of the Jacobean Court*, Cambridge, 1991 [2], 55-70; 283-89.

Sommerville, Johann P., 'Parliament, Privilege, and the Liberties of the Subject', in Jack H. Hexter (ed.), *Parliament and Liberty from the Reign of Elizabeth to the English Civil War*, Stanford, 1992, 56-84, 286-90.

Sommerville, Johann P., 'The Ancient Constitution Reassessed: the Common Law, the Court and the Languages of Politics in Early Modern England', in Malcolm Smuts (ed.), *The Stuart Court and Europe: Essays in Politics and Political Culture*, Cambridge, 1996 [1], 39-64.

Sommerville, Johann P., 'English and European Political Ideas in the Early Seventeenth Century: Revisionism and the Case of Absolutism', *Journal of British Studies*, 35 (1996) [2], 168-94.

Sommerville, Johann P., 'King James VI and I and John Selden: Two Voices on His-

tory and the Constitution', in Daniel Fischlin and Mark Fortier (eds.), *Royal Subjects: Essays on the Writings of James VI and I*, Detroit, 2002, 290-322.

Squibb, G. D., *Doctors Commons*, Oxford, 1977.

Stein, Peter, *Regulae iuris*, Edinburgh, 1974.

Stein, Peter, 'Sir Thomas Smith: Renaissance Civilian', in Stein, *The Character and Influence of the Roman Law: Historical Essays*, London and Ronceverte, 1988 [1], 186-96.

Stein, Peter, 'Bartolus, the Conflict of Laws and the Roman Law', in Stein, *The Character and Influence of Roman Civil Law: Historical Essays*, London and Ronceverte, 1988 [2], 83-90.

Stein, Peter, 'Vacarius and the Roman Law', in Stein, *The Character and Influence of the Roman Civil Law: Historical Essays*, London and Ronceverte, 1988 [3], 167-85.

Stein, Peter, 'Legal Humanism and Legal Science' in Stein, *The Character and Influence of Roman Civil Law: Historical Essays*, London and Ronceverte, 1988 [4], 91-100.

Stein, Peter, 'Continental Influences on English Legal Thought, 1600-1900' in Stein, *The Character and Influence of the Roman Civil Law: Historical Essays*, London and Ronceverte, 1988 [5], 209-229.

Stein, Peter, *Roman Law in European History*, Cambridge, 1999. 邦訳『ローマ法とヨーロッパ』屋敷二郎監訳，ミネルヴァ書房，2003年。

Stephen, Leslie and Lee, Sidney (eds.), *Dictionary of National Biography*, London, 1908.

Stevens, L. C., 'The Contribution of French Jurist to the Humanism of Renaissance', *Studies in Renaissance*, 1 (1954).

Stoner, James R., *Common Law & Liberal Theory: Coke, Hobbes, & the Origins of American Constitutionalism*, Kansas, 1992.

Stroud, Angus, *Stuart England*, London and New York, 1999.

Swales, R. J. W., 'The Ship Money Levy of 1628', *Bulletin of the Institute of Historical Research*, 50:122 (1977), 164-76.

Tanner, J. R., *English Constitutional Conflicts of the Seventeenth Century 1603-1689*, Cambridge, 1928.

Taylor, Craig, 'Sir John Fortescue and the French Polemical Treatises of the Hundred Years War', *English Historical Review*, 114 (1999), 112-29.

Terrill, Richard J., 'Humanism and Rhetoric in Legal Education: The Contribution of Sir John Dodderidge (1555-1628)', *Journal of Legal History*, 2 (1981) [1], 30-44.

Terrill, Richard J., 'The Application of the Comparative Method by English Civilian: the Case of William Fulbecke and Thomas Ridley', *Journals of Legal History*,

2:2 (1981) [2], 169-85.

Thompson, Faith, *Magna Carta: Its role in the Making of the English Constitution, 1300-1629*, Minneapolis, 1948.

Tierney, Brian, '"The Prince Is Not Bound by the Laws': Accursius and the Origins of the Modern State', *Comparative Studies in Society and History*, 5 (1963), 378-400.

Tuck, Richard, '"The Ancient Law of Freedom': John Selden and Civil War', in John Morrill (ed.), *Reactions to the English Civil War 1642-1649*, London, 1982, 137-62.

Usher, Roland Greene, 'Nicholas Fuller: A Forgotten Exponent of English Liberty', *American Historical Review*, 12 (1907), 743-60.

Voegelin, E., *The New Science of Politics, An Introduction*, Chicago, 1987.

Walmsley, D. M., 'Shakespeare's Link with Virginia', *History Today*, 7:4 (1957), 229-35.

Watson, Alan, 'Justinian's Institutes and Some English Counterparts', in P. G. Stein and A. D. E. Lewis (eds.), *Studies in Justinian's Institutes: in Memory of J. A. C. Thomas*, London, 1983.

Weston, Corinne C., 'England: Ancient Constitution and Common Law', in J. H. Burns and Mark Goldie (eds.), *The Cambridge History of Political Thought, 1450-1700*, Cambridge, 1991, 374-411.

Wheeler, Elizabeth Darracott, *Sir John Dodderidge: Celebrated Barrister of Britain, 1555-1628*, San Francisco, 1992.

Wheeler, Harvey, 'Calvin's Case (1608) and the McIlwain-Schuyler Debate', *American Historical Review*, 61 (1956), 587-97.

White, Stephan D., *Sir Edward Coke and 'the Grievances of the Commonwealth', 1621-1628*, Chapel Hill, 1979.

Wormald, Jenny, 'James VI and I, Basilikon Doron and Trew Law of Free Monarchies: Scottish Context and English Translation', in Linda Levy Peck (ed.), *The Mental World of the Jacobean Court*, Cambridge, 1991, 36-54; 278-83.

Yung Chi Hoe, *The Origin of Parliamentary Sovereignty or 'Mixed' Monarchy. Being a Study of the Political Implications of Calvinism and Bodinism, from the Mid-Sixteenth to the Mid-Seventeenth Century, Chiefly in France and England*, Shanghai, 1935.

Zagorin, Perez, 'The Political Beliefs of John Pym to 1629', *English Historical Review*, 109 (1994), 867-90.

Zaller, R., 'Edward Alford and the Making of Country Radicalism', *Journal of British Studies*, 22 (1983), 59-79.

Ziskind, Martha A., 'John Selden: Criticism and Affirmation of the Common Law Tradition', *American Journal of Legal History*, Vol. XIX (1975).

Zook, Melinda S., *Radical Whigs and Conspiratorial Politics in Late Stuart England*, Pennsylvania, 1999.

安藤高行『近代イギリス憲法思想史研究―ベーコンからロックへ―』(御茶の水書房，1983年)。

安藤高行『一七世紀イギリス憲法思想史―ホッブズの周辺―』(法律文化社，1993年)。

石井幸三「ヘイルの法思想―イギリス近代法思想史研究（２）―」『阪大法学』第94号，1975年。

伊藤正己「イギリス法学」(碧海純一，伊藤正己，村上淳一編『法学史』東京大学出版会，1976年)。

今井宏編『イギリス史２』山川出版社，1990年。

岩井淳「初期スチュアート期の外交政策と国際関係」『人文論集：静岡大学人文学部人文学科研究報告』第51号（１），2000年。

栄田卓弘『イギリス自由主義の展開』早稲田大学出版部，1991年。

碧海純一，伊藤正己，村上淳一編『法学史』東京大学出版会，1976年。

恒藤武二『法思想史』(現代法学全集３)，筑摩書房，1977年。

酒井重喜「イギリスの関税徴税請負制（２）―初期スチュアート朝における『大請負』の展開１」『熊本商大論集』第34号（２），1998年［１］。

酒井重喜「イギリスの関税徴税請負制（３）―初期スチュアート朝における『大請負』の展開２」『熊本商大論集』第34号（３），1998年［２］。

酒井重喜「初期スチューアト朝期の関税徴税請負制：『雑請負』の展開」『熊本商大論集』第35号（２），1998年［３］。

酒井重喜「一六二六年と一六二八年の船舶税」『熊本学園大学経済論集』第８号（３／４），2002年。

佐々木有司「中世ローマ法学」(碧海純一，伊藤正己，村上淳一編『法学史』東京大学出版会，1976年)。

柴田光蔵 「ローマ法学」(碧海純一，伊藤正己，村上淳一編『法学史』東京大学出版会，1976年)。

田中英夫編『英米法辞典』東京大学出版会，1991年。

常行敏夫『市民革命前夜のイギリス社会』岩波書店，1990年。

浜林正夫『増補版イギリス市民革命史』未来社，1971年。

浜林正夫『イギリス名誉革命史（上・下)』未来社，1981，1983年。

坂東行和『法の世界とその周辺―法的思考と中世イギリス史』法律文化社，2001年。

村岡健次『新装版ヴィクトリア時代の政治と社会』ミネルヴァ書房，1995年。

望月礼二郎「コモン・ロー考」『神奈川法学』30（１），1995年
矢崎光圀『法思想史』日本評論社，1981年。

拙稿「一六二〇年代イギリスにおける選挙改革の動きと選挙権問題」『早稲田政治公法研究』第42号，1993年［１］。

拙稿「イングランド短期・長期議会までの選挙をめぐる趨勢―コンテスト・党派・選挙権：その全般的分析―」『早稲田政治公法研究』第44号，1993年［2］。

拙稿「初期スチュアート期のコモン・ローと選挙権」日本西洋史学会編『西洋史学』第180号，1996年［1］。

拙稿「初期スチュアート期のコンスティチューショナリズム（1）（2）―「古来の国制」論とコモン・ロー思想をめぐって―」『早稲田政治公法研究』第51，52号，1996年［2］。

拙稿「クロムウェルと議会―神的コモンウェルスと伝統的国制とのはざまで―」田村秀夫編『クロムウェルとイギリス革命』聖学院大学出版，1999年。

拙稿「フォーテスキューの思想と英国立憲主義の系譜―ボディ・ポリティークの理念と『古来の慣習』―」鈴木健夫編『「ヨーロッパ」の歴史的再検討』早稲田大学出版部，2000年。

拙稿「コモン・ロー統治の立憲君主制の諸相（上）―前期スチュアート朝時代のディスクールから―」『奥羽大学文学部紀要』第10号，1998年。

拙稿「コモン・ロー統治の立憲君主制の諸相（中・その一）―前期スチュアート朝時代のディスクールから―」『奥羽大学文学部紀要』第14号，2002年。

拙稿「コモン・ロー統治の立憲君主制の諸相（中・その二）―前期スチュアート朝時代のディスクールから―」『奥羽大学文学部紀要』第15号，2003年。

拙稿「コモン・ロー統治の立憲君主制の諸相（下・完）―前期スチュアート朝時代のディスクールから―」『奥羽大学文学部紀要』第16号，2004年。

【付録】　主要なコモン・ローヤーの略歴

エドワード・クック（Coke, Sir Edward, 1552-1634）

クックは，ケンブリッジ大学トリニティ・カレッジを卒業後，法曹学院インナー・テンプルで国内法について学び，1578年から法律家として活動。その後，1589年の議会においてオルドバラー（Aldborough）の都市選挙区から庶民院議員に選出され，1592年議会ではノーフォークの州選挙区から同議員に選出された。1592年から93年まで庶民院の議長を務め，1593年から94年まで国王の最高の法律顧問である法務総裁（attorney-general）に就任。さらに1606年からはコモン・ロー裁判所の一つである人民間訴訟裁判所（Common Pleas）の主席裁判官を，1613年からは同じくコモン・ロー裁判所の一つである王座裁判所（King's Bench）の主席裁判官を歴任。その後，ジェームズと対立して1616年に失脚した後，1620年代には公的活動の舞台を再び議会に移す。1621年議会，1624年議会，チャールズ一世即位後の1625年議会，1626年議会，1628年議会において庶民院のリーダー的存在として反王権闘争を展開。彼が執筆した四部からなる『イングランド法提要』（*The Institutes of the Laws of England*）と一三部からなる『判例集』（*The Reports*）は，古典的コモン・ロー理論の基礎となった。彼の経歴については，DNB: IV, 685-700; BJ: 174-9 を参照。クックに関する研究文献としては以下を参照。Plucknett 1926; Lyon and Block 1929; Malament 1967; Lewis 1968; Baker 1972; White 1979; Gray 1980; Cook 1985; Jones 1986; Helgerson 1992; Berman 1994; Boyer 1997; Hostettler 1997. またエリザベス期のクックを扱った研究として Boyer 2003 を参照。

ジョン・デイヴィス（Davies, Sir John, 1569-1626）

ジョン・デイヴィスは，1585年にオックスフォード大学に入学後，87年から88年の頃に法曹学院ミドル・テンプルに属し，法学を修得する。1590年に学士号（B.A.）を取得。95年からコモン・ローヤーとして活動。エリザベス治世末期の1601年に庶民院議員に選出され，「大委員会（grand committee）」の一員として政治活動に従事。その後，ステュアート朝下で，すでに詩人としても名を馳せていたデイヴィスは，ジェームズに気に入られ，1603年にアイルランドの法務次長に任命され，1606年から1619年まで法務総裁を務めた。1619年までアイルランド政策に従事した後，1621年議会において庶民院議員に選出される。彼はロバート・コットンと親交があり，コットンがカムデンとともに創設した「考古家協会」に1600年頃から所属し，人文主義の語源学的な歴史研究の方法を用いてイングランド法の研究に従事した。彼が1615年にダブリンで刊行した

作品は，序文のなかではコモン・ローの古来性と卓越性を主張した「古来の国制」論の典型的な言説が展開され，しかし本文ではアイルランドの統治政策のためにローマ法の学識が随所に表現されており，この時代のコモン・ローヤーの思考を探るうえで非常に示唆的な作品である。彼の経歴については，DNB, V, 590-4 を参照。上述のデイヴィスの作品については，Davies 1615 を参照。デイヴィスには，コモン・ローの古来性の主張とともに，ローマ法のつよい影響が見られ，そのローマ法的見地に立って，彼は絶対的国王大権を積極的に肯定してもいる［Davies 1656］。デイヴィスに関する研究として以下を参照。Pawlisch 1980; Pawlisch 1983; Pawlisch 1985; Flanagan 1999.

ダドリィ・ディグズ（Digges, Sir Dudley, 1583-1639）

ディグズは，オックスフォード大学ユニバーシティ・カレッジで1601年に学士号を取得した後，数年間の海外旅行を経て，その後，1610年，1614年，1621年，1624年，1625年，1626年の各議会ではテュークスベリー（Tewkesbury）から，1628年議会ではケント州からそれぞれ庶民院議員に選出された。この間，独占問題等に関する議会の討議において活発に発言し，国王を厳しく攻撃した咎で，一時，短期間ながら投獄された。とりわけ1628年議会ではクックやセルデンらとともに議会の論争において重要な役割を果たした。しかしその後1630年代に入って高等宗務官裁判所の裁判官の要職につくと，国王の政策に反対していたかつての対決姿勢を放棄した。彼の経歴については，DNB, V, 973-5; Kenyon (ed.) 1966: 104 を参照。ディグスに関する研究として以下を参照。Walmsley 1957.

ジョン・ドッドリッジ（Dodderidge, Sir John, 1555-1628）

ドッドリッジは，オックスフォード大学エクセター・カレッジで学士号を取得の後，法曹学院のミドル・テンプルでコモン・ローを修得。1603年に上級法廷弁護士（serjeant-at-law）となり，1604年に法務次長（Solicitor-General）に任命される。1604年から1611年のジェームズ治世最初の議会においてホーシャム選出の庶民院議員となり，賦課金の争点をめぐる庶民院の論争において主要な役割を果たした。1612年にコモン・ロー裁判所の一つである王座裁判所の裁判官に任命される。彼は，コモン・ローと同時に，ローマ法と教会法の高度な学識をそなえていたことで知られる。さらに，ルネサンス人文主義の豊かな知的教養を持ち合わせ，哲学，論理学その他の人文諸学に広く通じていた。また法学の語源学的な歴史研究に関心を示し，カムデンやコットンらの考古家協会に設立当初からメンバーとして加わり，イングランド法の語源学的な歴史研究に従事した。彼の経歴については，DNB: V, 1062-3; BJ: 223-4 を参照。ドッドリッジに関する研究として以下を参照。Terrill 1981[1]; Wheeler 1992; Croft 1992.

ヘネイジ・フィンチ（Finch, Sir Heneage, ? -1631）

ヘネイジ・フィンチは，1597年に法曹学院のインナー・テンプルに入り，コモン・ローを修得。1606年からコモン・ローヤーとして活動し，1623年に上級法廷弁護士となる。1607年の補欠選挙で庶民院議員に選出される。1610年議会の賦課金をめぐる国制論争で重要な議論を展開し，1621年議会では皇太子チャールズのスペイン皇女との結婚問題に反対する庶民院の請願においても重要な役割を果たした。1625年議会では庶民院議長も務めた。ヘンリー・フィンチは彼の叔父にあたる。ヘネイジ・フィンチの経歴については，DNB: VII, 7-8 を参照。

ヘンリー・フィンチ（Finch, Sir Henry, 1558-1625）

ヘンリー・フィンチは，ケンブリッジ大学クリスト・カレッジを卒業後，法曹学院グレイズ・インにおいてコモン・ローを修得。1585年から法律家として活動し，1616年に上級法廷弁護士となる。1592年から93年，さらに1597年に庶民院議員に選出。その後ステュアート朝下で1614年議会に再び庶民院議員として選出される。1613年にラテン語で書かれた四書構成の法書（*Nomotexnia*）を刊行。第一書では哲学者プラトンや古典期ローマ法学者キケロなどを頻繁に引証しながら主に自然法ないし理性の法と実定法について考察し，第二書においてコモン・ロー，慣習，国王大権，制定法などイングランド法制について議論。第三書は主に刑罰等の法手続を，第四書は教会法その他の特殊な法律を考察。彼の死後，1627年に英語版が出版され，その後1636年，78年，79年に再刊された。彼の法学研究は，フランシス・ベーコンと並んで，ローマ法や人文諸学の概念を参照しながら，イングランド法の合理的体系化をめざした当時の法学研究を代表するものである。ヘネイジ・フィンチは彼の甥にあたる。フィンチの略歴については，DNB: VII, 12-3 を参照。彼は晩年の1614年議会で宮廷のコントロール選挙区で指名を受けて庶民院議員に選出され，議会の委員会でも宮廷派寄りの活動を展開したとされる［Prest 1977: 345 and n.42］。またコモン・ローヤーの多くが宗教問題にはコンサーバティヴな態度であったのに対し，フィンチは宗教的にラディカルで，プロテスタントの長老派の宗教的信条に立っていた［Seipp 1991: 77-8; Prest 1977: 340］。フィンチに関する研究としては上記のほか以下を参照。Kobler 1952; Prest 1978; McGiffert 1986.

ジョン・グランヴィル（Glanville, Sir John, 1586-1661）

グランヴィルは，法曹学院リンカーンズ・インで法学研究を受け，1610年頃からコモン・ローヤーとして活動。1637年に上級法廷弁護士となる。ジェームズ治世第二議会にあたる1614年議会で初めて庶民院議員となり，1621年議会，

1624年議会，チャールズ治世下の1625年議会，1626年議会，1628年議会とすべての議会で継続的に再選を果たす。1624年議会では庶民院の特権委員会の委員長を務め，当時重要な政治的争点であった選挙訴訟において選挙権の自由をめぐって画期的な判断を示す。また，1625年議会では議会解散に反対する庶民院の抗議声明を作成し，1626年議会ではバッキンガム公の弾劾にも積極的に関与したし，さらに1628年議会では『権利請願』の草案をめぐる両院協議会において重要な役割を果たすなど，1620年代の反王権闘争を担った代表的な庶民院コモン・ローヤーの一人である。しかし1640年の短期議会に当選した直後に国王の下で要職につき，43年には国王と共にオックスフォードへ赴き，法学博士（D.C.L）の学位を授与され，内乱期には国王派へと転向した。その後，長期議会から訴追され，45年には投獄されるが，48年に釈放。国王処刑後のコモンウェルス期にはオックスフォードの大学選挙区から議員に選出される。彼の経歴については，DNB: VII, 1291-2 を参照。1624年議会の選挙訴訟に関するグランヴィルの報告については，RCC を参照。

ウィリアム・ヘイクウィル（Hakewill, William, 1574-1655）

ヘイクウィルはコモン・ローヤーで，当時の代表的な法制史家の一人。エリザベス治世末期から1629年まで一貫して庶民院議員に選出され，政治家として活躍。オックスフォード大学エクセター・カレッジに入学し（学位は未取得），その後，法曹学院のリンカーンズ・インにおいてコモン・ローを修得するとともに政治学についても知見を深める。彼は複数の選挙区から庶民院に選出されている。エリザベス治世末期の1601年議会ではボシニー（Bossiney）から，1604年から1611年のジェームズ治世最初の議会にはミッチェル（Michell）から，1614年議会と1621年議会ではトレゴニー（Tregony）から，1628年議会ではアマーシャム（Amersham）から選出された。1629年の議会解散の後，政治家を引退。ヘイクウィルは，16世紀末期にはウィリアム・カムデン，ロバート・コットンらが主宰する「考古家協会」に所属し，ルネサンス人文主義の語源学的歴史研究の方法を用いてイングランドの法制度を研究。イングランド法制に関する彼の豊かな学識は庶民院における彼の政治家としての活躍を後押しし，とくに賦課金が最大の争点となって本格的な国制論争が起こった1610年の議会では，コモン・ローと議会を軸とした古来の国制に関する長大な演説を行い，その後その草稿はくり返し複写され，前期ステュアート朝のコモン・ローヤーに広く読まれた。そしてその草稿は，長期議会が開催された後の1614年に刊行された。また，1628年議会では庶民院の特権委員会の委員長を務め，選挙訴訟において平民一般の「選挙権の自由」をコモン・ローの準則として宣言した。彼の経歴については，DNB: VIII, 894-5 を参照。1610年議会での演説は，ST: II, 407-75 を参照。その草稿の刊行物は，Hakewill 1641. 考古家協会でヘイクウィルその他の

コモン・ローヤーが発表した諸論文については，CCD を参照。なお，ヘイクウィルに関する研究として以下を参照。Bowen 1957; Foster 1970.

トマス・ヘドリィ（Hedley, Thomas, ? - ?）

ヘドリィは，1604年から1611年のジェームズ治世第一議会において庶民院議員として活動。とくに1610年議会では，賦課金の是非をめぐる論争で，コモン・ローと議会に関して当時のコモン・ローヤーのなかでも最も体系的かつ精緻な議論を展開。彼の議論は，管見の限り，コモン・ローの至上性と議会の絶対性とを機能的に組み合わせた17世紀型の立憲君主制を表明した最も体系的な国制論である。そこには，フォーテスキューらのイングランドの伝統的国制論に見られたコモン・ローの古来性の言説と，ルネサンス人文主義とローマ法学の学識とが綜合しあって，新たな思考様式の下で国制論が展開されているのを確認できる。ヘドリィの言説に関する本書の分析において明らかなように，彼の思考のなかには，中世ローマ法学や論理学の影響，ルネサンス人文主義の歴史研究を通じた該博な知識が随所に確認されうる。しかしながら，ヘドリィに関しては詳細な経歴は全く不明で，*Dictionary of National Biography* においてさえ取り扱われていない。それゆえ，従来の研究においては十分な検討がなされていない。1610年議会でのヘドリィの演説については，PP10: II, 170-197 を参照。

ウィリアム・ノイ（Noy, William, 1577-1634）

ノイは，1593年にオックスフォード大学エクスター・カレッジに入学し（学位は未取得），翌94年に法曹学院リンカーンズ・インに入り，1602年からコモン・ローヤーとして活動。1604年から1611年のジェームズ治世期の第一議会，続く1614年議会，1621年議会，1624年議会，チャールズ治世期の1626年議会，1628年議会において庶民院議員として政治活動に従事する。1610年および1614年の議会では，議会の同意を得ない賦課金の不当性を訴え，1621年議会では，国王ジェームズの独占政策を非難し，1626年議会ではチャールズの強制公債の違法性を主張し，1628年議会ではトン税・ポンド税に異論を唱えるなど，20年代までの彼の活動は明らかに王権と対峙する庶民院コモン・ローヤーの典型であった。しかしながらその後，1631年に政府の最高の法律顧問である法務総裁に任命されて以降は，それまでの国王との対決姿勢を放棄し，王党派へ転向した。彼の経歴については，DNB: XIV, 698-700; Kenyon (ed.) 1966: 104 を参照。ノイを扱った研究として以下を参照。Swales 1977.

ジョン・セルデン（Selden, John, 1584-1654）

セルデンは，オックスフォード大学を学位未取得のまま退学し，その後，法曹学院インナー・テンプルでコモン・ローを修得。彼は法実務家というよりは，

当時の最も優れた法制史家として知られ，考古家協会でカムデンやコットンらと知的交流を結び，ルネサンス人文主義の知的影響をつよく受けた法学者の一人である。人文主義的な歴史研究に基づいて過去のイングランド法制に関する数多くの著作を刊行した。1616年には，フォーテスキューの『イングランド法の礼賛について』の英訳版を自ら序文を付けて出版。1620年代はもっぱら議会活動に従事し，クックとともに庶民院において重要な役割を果たした。とくに過去のイングランド法と議会に関するセルデンの該博な知識は，庶民院において臣民の自由と議会の特権を擁護する際に大いに役立った。1621年には庶民院の議員ではなかったけれども，『抗議文』の作成にアドバイザーとして参画。その後，ジェームズ治世最後の1624年議会，チャールズ治世の1626年議会，1628年議会に庶民院議員として選出され，とくに『権利請願』の草案作成においてはクックとともに際立った役割を果たした。彼の経歴については，DNB: XVII, 1150-62 を参照。セルデンに関する研究としては以下を参照。Tuck 1982; Ziskind 1975; Christianson 1993; Christianson 1996; Berman 1994.

ジェームズ・ホワイトロック（Whitelocke, Sir James, 1570-1632）

ホワイトロックは，幼少期よりリベラル・アーツの教育を施され，古典学と論理学を修得。オックスフォード大学セント・ジョンズ・カレッジに入学し，当時のオックスフォードのローマ法欽定講座の担当教授であったローマ法学者アルベリコ・ジェンティーリの下でローマ法を学ぶ。その後，法曹学院ミドル・テンプルにおいてコモン・ローを修得し，1600年から法律家として活動。その頃からカムデンとコットンが主宰する「考古家協会」に参加し，ルネサンス人文主義の語源学的な歴史研究に基づいてイングランド法制に関する多くの研究成果を残した。1610年議会にはウッドストック（Woodstock）選出の庶民院議員として，賦課金をめぐる論争においてヘイクウィルらとともに際立った役割を果たす。彼が展開した国制論は，コモン・ローを基本法としての〈Constitution〉として定義づけることによって前期ステュアート朝の国制論に大きな足跡を記した。その後も，1614年議会，1621年議会において庶民院の代表的な論客として活躍。1624年からコモン・ロー裁判所の一つである王座裁判所の裁判官となる。彼の経歴については，DNB: XXI, 118-9; BJ: 721-2 を参照。1610年議会の演説は，ST: II, 477-520 を参照。ホワイトロックに関する研究として以下を参照。Powell 1994 for 1993; Powell 1996; Powell 2000.